필터월드

알고리즘이 찍어내는 똑같은 세상

필터월드

카일 차이카 Kyle Chayka 지음

김익성 옮김

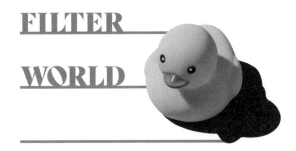

FILTER

WORLD

미래의창

당신은 소셜 미디어를 사용하지 않을 수도 있다.
하지만 소셜 미디어는 당신을 사용하고 있다.

__ 에일린 마일스 Eileen Myles

미국에서 일어나는 수많은 사건이 전하는 메시지는 이렇다.
"이게 싫으면 죽든가."

__ 조지 트로 George W. S. Trow

제스에게

차 례

들어가는 글

: 필터월드에 오신 것을 환영합니다 — 8

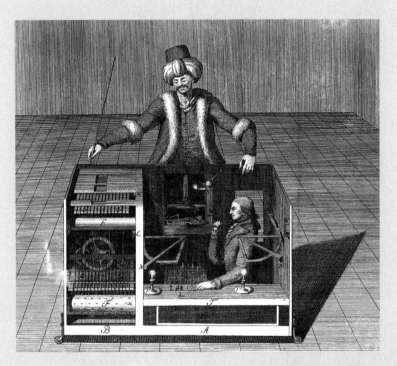

'기계 투르크인'의 상상도

- 요제프 라크니츠Joseph Racknitz(1789)

필터월드에 오신 것을 환영합니다

체스 두는 자동인형, '기계 투르크인'

1769년, 합스부르크 제국의 관리였던 요한 볼프강 리터 폰 켐펠렌 Johann Wolfgang Ritter von Kempelen은 '기계 투르크인the Mechanical Turk'이라는 장치를 만들었다. 이 장치는 합스부르크 제국의 황후였던 마리아 테레지아의 환심을 사기 위해 제작된 오락용 진상품이었다. 폰 켐펠렌이 만든 이 기계 안에 들어 있는 것이라고는 태엽 장치에 쓰이는 톱니바퀴와 벨트 정도였지만 이 기계는 인간을 상대로 체스를 두고 심지어 이기기까지 했다. 그야말로 마술 같은 일이었다. 기계 투르크인은 가로 4피트, 세로 2.5피트, 높이 3피트 정도의 커다란 나무 상자로, 내부에 설치된 정교한 기계장치를 외부에서 관찰할 수 있는 몇 개의 문이 달려 있었다. 장치 맨 위쪽에는 사람의 모습을 한 어린아이 크기의 자동인형이 로브와 터번을 두르고 콧수염을 기른 모습으로 앉아 있었다(유럽인의 눈으로 본 동양풍의 전형으로, 낯선 이방인과 낯선 기계를 하나로 합쳐 놓은 모습이었다). 이 투르크인 자동인형은 왼손으로 체스판 위를 이리저리 오가며 체스 말을 잡아 옮겼다. 착수가 이루어지면 벨이 울렸고, 상대방이 속임수를 쓰면 이를 알아챘으며, 다양한 표정을 짓기도 했다. 켐펠렌이 만든 이 기계는 세간에서 큰 화제가 되었고, 여러 나라를 순회하며 전시되었다. 심지어 1783년에는 벤저민 프랭클린, 1809년에는 나폴레옹 보나파르트 같은 유명 인사와 체스를 두기도 했다. 두 사람 모두 이 기계에 졌다.

그러나 사실 체스를 두는 것은 기계 투르크인이 아니었다. 이 장치에는 기계를 작동시키는 진짜 톱니바퀴도, 다음 수를 판단하는 인공지능 기능도 없었다. 실제로는 아주 작은 사람이 나무상자 안에 몸을 웅크려 넣고 들어가 기계를 조종하는 것뿐이었다. 상자 안의 사람은 체스 전문가로, 체스 시합이 진행되는 동안 체스판 바로 아래에 자석으로 연결되어 장기 말 각각의 위치를 정확하게 보여주는 표시장치를 통해 게임을 지켜볼 수 있었다. 조종자가 지렛대와 끈으로 자동인형의 손을 움직여 체스 말을 잡아 옮기면 자석이 움직이는 구조였다. 기계 안은 어두웠기 때문에 조종자는 양초 램프를 조명으로 사용했는데, 램프에서 나온 연기는 상자 뒷면에 숨겨진 구멍을 통해 밖으로 빠져나갔다. 상자 안을 채운 온갖 태엽 장치는 눈속임에 불과했고 기계의 움직임과는 아무 관련이 없었다. 혹시라도 안을 궁금해하는 관객이 있으면 짐짓 아무것도 감춰진 것이 없다는 듯이 상자의 문을 열어 보이기도 했다. 이때 기계 안의 조종자는 움직이게 설계된 좌석을 앞이나 뒤로 밀어 모습을 숨길 수 있었는데, 이는 마치 마술쇼에서 쓰이는 이중바닥 소품 장치 같은 것이었다.

기계 투르크인은 결국 기계를 제어하는 것은 사람이지만, 스스로 결정을 내릴 수 있고 사람보다 더 똑똑해 보이는 기계라는 아주 인상적인 착각을 빚어냈다. 물론 이 기계를 지켜본 이들 가운데 이 기계가 속임수라고 의심하는 이가 없었던 것은 아니었다. 이 기계를 의심했던 이들 중에 필립 씨크니스Philip Thicknesse라는 영국 사람이 있었다. 기행으로 유명했던 그는 1784년에 한 책에서 "이 기계를 자동인형이라고 부르는 건 협잡이며, 공개리에 조사되어야 마땅하다"라고 하면서 '보이지 않는 공모자'가 이 기계를 작동시켰다고 주장했다. "체스 두는 자동인형은 인간 안에 들어 있는 또 다른 인간이다. 겉으로 보이는 그 형태가 무엇으로 이루어졌든 이 자동인형은 그 안에 살아 있는 영혼을 품고 있다." 씨크니스의 말이 옳았지만 이 기계에 숨겨진 비밀의 전모가 드러난 것은 그로부터 약 80년 뒤인 1860년이 되어서였다. 이 기계는 미국으로 건너가 여러 사람의 손을 거치다가 마침내 에드거 앨런 포의 개인 주치의였던 존 커슬리 미첼이 개인 소장품으로 소유하게 되었다. 기계 투르크인은 화재로 소실되었으나 미첼의 아들이《체스 먼슬리Chess Monthly》에 진실을 폭로하는 글을 실었다. 하지만 이 기계가 뻔뻔한 속임수에 불과하다는 주장은 오히려 기계 투르크인에 대한 관심을 더 높이는 결과를 낳았다.

이후 기계 투르크인은 기술을 통한 조종을 나타내는 은유로 널리 사용되었다. 이는 겉보기에는 매우 앞선 기술의 모습을 띠고 있지만 그 이면에 인간이 숨어 있음을, 나아가 이런 장치가 작동되는 방식을 우리가 모르게 할 수도 있음을 뜻한다(2005년, 아마존은 눈에 보이지 않는 노동 외주 시장을 이용해서 사진에 태그를 달고 데이터를 점검하는 등 디지털 관련 작업을 수행하는 자사의 서비스에 '메커니컬 터크Mechanical Turk'라는 이름을 붙였다). 기계 투르크인은 흡사 〈오즈의 마법사〉에 나오는 장막 뒤의 인물, 즉 모든 것을 아는 초자연적 존재 같지만 결국에는 흔해 빠지고 아무것도 아닌 대상으로 밝혀지고 마는 존재와도 같다. 기계 투르크인과 그 속에 감춰진 속임수는 서로를 강화하는 효과를 발휘한다. 발터 벤야민이 1940년에 이 기계에 대해 언급한 것처럼, "기계 투르크인은 이중 속임수를 써서 '늘' 이길 수 있다."

최근 들어서 나는 이 기계 투르크인에 관해 자주 생각해보곤 한다. 우리가 살아가는 21세기 초반에 출몰한 기술이라는 유령을 떠올리게 만드는 탓이다. 이 유령은 '알고리즘'이라는 이름으로 불린다. '알고리즘'은 보통 '추천 알고리즘'의 줄임말로, 무더기로 쌓여 있는 사용자 데이터를 받아들여 그 데이터를 일단의 방정식을 거쳐 처리한 후 현재 목적에 가장 적합하다고 여겨지는 결과를 도출해내는 디지털 메커니즘이다. 알고리즘은 우리가 구글 검색으로 찾아보는 웹사이트나 페이스북 피드에서 읽는 스토리, 스포티파이가 쉼 없이 재생해주는 음악이나 데이팅 앱에서 성사될 가능성이 크다고 생각하는 사람, 넷플릭스 홈페이지가 추천해주는 영화나 틱톡이 제시하는 개인 맞춤형 영상 피드, 트위터와 인스타그램이 보여주는 게시물의 순서나 받은 이메일을 자동으로 분류해서 정리하는 폴더, 인터넷 어디서나 우리를 따라다니는 광고 등 모든 것과 연관되어 있다. 추천 알고리즘은 우리가 과거에 했던 행동을 고려해서 행동 패턴에 가장 잘 들어맞을 콘텐츠를 선별하고 이를 통해 디지털 세계에서 이루어지는 경험의 대부분을 만들어낸다. 추천 알고리즘은 우리가 무엇을 보고 싶어 하는지 해석한 후 그 결과를 우리에게 보여주는 것이다.

오늘날 우리는 온갖 알고리즘과 마주하고 있다. 이들 각각의 알고리즘은 우리가 답이 무엇인지를 알아내기도 전에 우리가 지금 생각하고 찾고 바라는 것을 앞서 추측해내려 한다. 이메일을 쓸 때면 지메일 앱이 내가 쓰려고 하는 단어와 구절을 앞질러 가늠하고서는 마치 내 마음을 읽고 있다는 듯이 그 단어나 구절을 자동으로 불러온다. 결국에는 습관에 따른 선택일 경우가 대부분이라고 해도, 스포티파이는 내가 듣고 싶어 하는 음악가나 음반을 예상한 후 그 음악가와 음반으로 내 화면을 가득 채워놓는다. 스마트폰의 잠금을 해제할 때면 예전에 찍은 사진 가운데 내가 보고 싶어 할 만한 사진을 미리 화면에 띄워준다. 마치 내 잠재의식에 그런 꼬리표가 있기라도 한 것처럼 '추억'이라는 꼬리표를 달아서 말이다. 실행해보고 싶어 할 앱이나 내가 문자 메시지를 보내고 싶어 할 친구를 추천하는 것 역시 마찬가지다. 인스타그램은 요리나 세계의 건축물 같은, 알고리즘이 내 관심사라고 여기는 내용을 위에서 아래로 줄줄이 늘어놓은 무드 보드mood board(이미지, 사진, 텍스트 등을 콜라주해서 한 장의 보드로 자신이 생각하는 분위기를 표현하는 방법 – 옮긴이 주) 형식으로 보여준다. 틱톡은 사람들이 자기 집 샤워실에 타일을 재시공하는 영상을 내게 보내준다. 수없이 많은 관련 영상이 뜨는데, 그 영상들을 계속해서 들여다보고 있는 나를 깨닫게 되면 다음과 같은 생각이 들곤 한다.

'나라는 사람의 정체성은 단지 문화 소비자 이외에는 없는 걸까?'

우리는 삶과 관련된 모든 소소한 결정을 한 번에 하나씩 따로따로 내리곤 한다. 신문 편집자는 어떤 기사를 1면에 실을지 결정하고, 잡지의 사진 편집자는 잡지에 실을 사진을 고른다. 영화 기획자는 대목을 맞이해서 어떤 영화를 상영할지를 선정하고, 독립 라디오 방송국에서 일하는 DJ는 특정한 날이나 장소의 특별한 분위기에 들어맞는 곡으로 재생목록을 꾸린다. 이런 결정을 내리는 데는 사회적 혹은 경제적 요소가 작용하며, 인간의 결정은 느리지만 인터넷 피드에서는 놓칠 수 있는 질이나 안전함이라는 장점을 지니고 있다.

추천 알고리즘은 기계 투르크인의 최신판이라고 할 수 있다. 인간이 내리는 일련의 결정은 기술적 결정으로 탈바꿈해서 자동화되고, 인간이 파악할 수 있는 규모와 속도를 훌쩍 뛰어넘는 수준으로 이루어진다. 이 기술은 독점적 지위를 누리는 기술 기업의 엔지니어가 구상하고 유지하며 사용자가 매일 접속하여 쉴 틈 없이 제공하는 데이터를 바탕으로 운영된다. 그렇기에 이 **기술은 우리가 만들어낸 것이면서도 우리를 지배하고 지각과 관심을 조종한다. 알고리즘은 '늘' 이긴다.**

필터월드를 발견하다

이 책의 제목이기도 한 '필터월드Filterworld'는 방대하고 널리 분산되어 있으면서도 서로 얽혀 있는 알고리즘 네트워크를 설명하기 위해서 내가 만들어낸 말이다. 알고리즘은 우리의 삶에 많은 영향을 미치고 있으며, 특히 문화와 문화가 유통되고 소비되는 방식에 극적인 영향력을 발휘한다. 또한 필터월드는 정치와 교육, 대인관계 같은 사회의 다양한 측면에도 관여한다. 하지만 내가 주목하고 싶은 분야는 문화다. 시각 예술이나 음악, 영화 또는 문학이나 무용, 그 무엇이 되었든 추천 알고리즘과 관련 피드는 우리가 문화와 맺는 관계를 중간에서 조정하면서 디지털 플랫폼의 구조에 가장 잘 들어맞는 대상으로 우리의 관심을 이끈다. 자동화된 추천은 마치 필터와 같다. 필터는 관심을 끄는 것과 무시되는 것을 분리해내고, 동시에 어떤 특징은 과장해서 보여주는 한편 다른 특징은 인스타그램의 사진 필터처럼 대상의 외관을 알아보기 힘들 정도로 살짝 왜곡하기도 한다.

필터월드가 문화적으로 성공을 거둔 것은 분명하다. 그 대표적인 사례로 다음과 같은 현상들을 꼽을 수 있다. 틱톡에서 한때 컨트리 풍의 춤이 유행했는데, 이 춤 덕분에 릴 나스 엑스Lil Nas X가 2018년에 발표한 '올드 타운 로드Old Town Road'라는 곡이 전 세계적으로 유행했다. 또한 미니멀리즘 스타일의 실내 디자인처럼 진부하고 상투적인 디자인 트렌드가 인스타그램을 한바탕 휩쓸고 지나가기도 했다. 최근 들어서는 여러 패션 브랜드가 단조로운 산세리프체 로고를 채택하고 있으며, 아무 의미도 없이 분노만 유발하는 트위터상의 논쟁이 흘러넘치고 있다.

추천 알고리즘은 무엇이 즉각적으로 가장 큰 관심을 끌었는지를 바탕으로 특정한 표현을 반복하여 피드에서 홍보함으로써 여러 문화 장르에 영향력을 발휘한다. 2018년에 작가인 리즈 펠리Liz Pelly는 '스트림베이트streambait'(낚시성 기사clickbait와 유사한 개념으로 계속 스트리밍하게 하는 음악을 만드는 발상을 의미한다. - 옮긴이 주), 즉 스포티파이 특유의 "차분한 미드 템포의 구슬픈 팝"을 그런 장르의 하나로 꼽은 바 있다. 2019년에는 작가 지아 톨렌티노Jia Tolentino는 인스타그램에서 큰 인기를 끈, 성형으로 만들어낼 수 있는 '인스타그램 페이스Instagram face'에 대해 "완연히 흰색이지만 분간하기 힘들 정도로 인종적인 특징이 뒤섞여 있는 얼굴"이라면서 "눈은 고양이를 닮았고, 속눈썹은 길고 만화에서나 볼 법한 모습이다. 코는 오목조목하고 입술은 도톰하고 생동감이 넘친다"라고 표현했다. 틱톡 영상에서는 수많은 인플루언서가 보이스오버에 사용하는 단조롭고 느려터진 말투를 표현하려고 해 '틱톡 보이스TikTok voice'라는 말이 등장하기도 했다. 각 플랫폼은 자체의 스타일에 맞는 전형을 개발하며, 이런 전형에는 심미적 선호뿐만 아니라 인종이나 성별 그리고 정치적 편향과 함께 해당 플랫폼 소유 기업의 기본 사업 모델이 영향을 미친다.

필터월드에서 번성하는 문화는 접근이 쉽고 반복 가능하면서 참여를 부추기고 주변 어디에서나 발견할 수 있는 자연스러운 것들이다. 이런 문화는 광범위한 청중과 집단에 공유되며, 이들은 자기 나름의 목적에 맞춰 문화를 살짝 바꾸어 적용하기도 한다(필터월드에서는 모든 것이 밈meme, 즉 인터넷을 누비는 데 최적화된 것으로서 마음대로 바꿔쓸 수 있는 농담이나 이미지 같은 것이어야 한다). 또한 이런 문화는 가볍고 일반적인 것들이어서 그저 무시하고 지나치거나 어느새 그 존재감이 엷어져, 찾아보기 전까지는 눈에 띄지 않은 채로 넘어갈 수 있지만 일단 주목을 받기 시작하면 어디서든 쉽사리 찾아볼 수 있다. 2018년 겨울에 뜬금없이 폭발적인 인기를 끌었던 '아마존 코트'가 바로 그런 예다. 이 코트는 평범한 중량 패딩 재킷으로 (또 하나의 알고리즘 공간에 불과한) 자체 온라인 매장 아마존 프라임이 추천한 의류였다. 이듬해에는 '오롤레이'라는 브랜드의 오리지널 재킷이 크게 유행하면서 수십 종의 복제품과 유사품이 불티나게 생산되었고, 아마존도 그런 복제품 생산에 합류했다. **필터월드의 문화는 그 문화적 가공물이 말 그대로 똑같지 않더라도 동질감이 팽배해 있다는 점에 그 특징이 있다.** 이 문화는 지루해지는 시점까지 그 생명을 이어 나간다.

나는 2015년 무렵부터 카페에서 필터월드의 효과를 목격하기 시작했다. 2010년대 내내 프리랜서로 기자 생활을 하면서 업무차 교토, 베를린, 베이징, 레이캬비크, 로스앤젤레스 등 여러 도시를 방문했는데, 그곳에서 세계 각지에서 보아왔던 수많은 카페와 비슷하게 보이는 카페를 하나씩은 늘 발견했고, 이 사실은 내게 황망한 기시감을 안겨주었다. 생각해보면 나에게 기시감을 안겨주었던 (프랜차이즈가 아닌) 일반적인 카페들은 지하철에 쓰이는 흰색 도기 타일로 벽을 마감했고 재생 목재로 만든 널찍한 인더스트리얼 스타일의 테이블과 다리가 가는 20세기 중엽 모던 스타일의 의자와 길게 늘어진 줄에 매달린 백열전구 조명을 갖추고 있었다('인스타 감성Instagrammy'의 대표적인 심미적 특징이다). 어떤 도시든, 하루 중 어떤 시간이든 상관없이 그 카페에는 나와 비슷한 사람, 그러니까 노트북 컴퓨터 자판을 치다가 가끔 소셜 미디어를 이리저리 찾아보곤 하는 프리랜서들이 가득했다. 지리적으로 서로 멀리 떨어져 있으면서도 왜 그 카페들의 인테리어나 기능은 모두 한결같았을까? 세계화라는 통상적인 지표를 훌쩍 뛰어넘는 동질성을 발견한 나는 그 바탕에 놓인 원인을 찾고 싶었다.

이고르 슈바르츠만Igor Schwarzmann은 베를린 출신의 밀레니얼 세대, 경영 컨설턴트로 상당히 많은 곳을 여행한 경험이 있다. 그 역시 일반 카페에 주목하면서 카페가 동질화되는 이 현상에 대해 국제적인 "취향의 일치harmonization of tastes"라고 언급했다. 인스타그램이나 옐프Yelp, 포스퀘어Foursquare처럼 알고리즘에 기반한 디지털 플랫폼을 통해 전 세계의 더 많은 사람이 실제 삶에서 비슷한 제품과 경험을 즐기고 찾아내는 방법을 배우고 있다. 이들은 어느 곳에 살든지 피드를 통해서 서로 비슷한 유형의 디지털 콘텐츠를 소비하며, 이들의 선호가 이미지로 구체화된다. 알고리즘은 조종에 능하다. 앱은 알고리즘을 디지털 세계에서 인기 있는 미학이 적용된 장소로 이끌고 다른 사용자로부터 높은 관심과 평점을 얻어낸다. 높은 평점을 얻으면 훨씬 더 큰 알고리즘상의 홍보를 이끌어내고 더 많은 방문자가 뒤따른다. 하지만 이런 효과가 국제적으로 나타나더라도 이 효과를 뒷받침하는 것은 대부분 서구의 플랫폼들이다. 이들 플랫폼은 대체로 미국 내 실리콘 밸리에 기반을 두고 있으며, 헤아리기 힘들 정도로 막대한 부를 소유한 소수의 백인 남성이 지배한다. 그야말로 다양성의 정반대다.

2012년에 인도 출신의 문학 이론가인 가야트리 차크라보르티 스피박Gayatri Chakravorty Spivak은 다음과 같이 말했다. "세계화는 오로지 자본과 데이터에서만 일어난다. 그 나머지는 전부 피해 수습책에 지나지 않는다." 필터월드 시대에 페이스북, 인스타그램, 틱톡 같은 디지털 플랫폼은 전 세계 수십억 명의 사용자를 확보하고 있으며, 자사의 데이터는 사용자 활동이라는 형태로, 자본은 서버팜server farms(컴퓨터 서버와 운영 시설을 한 곳에 밀집해놓은 시설을 말한다. 옮긴이 주)과 알고리즘 기술이라는 형태로 축적하고 확충하고 있다. 동질적인 문화는 그러한 확산이 가져올 피해에 맞서거나 적응하는 불가피한 반응이라고 할 수 있다. 꽤 오랜 시간 동안 나는 카페들의 동질적인 미적 감각 역시 수없이 나타났다가 사라지는 다른 유행들처럼 시들해질 것이라고 생각했다. 그러나 내 짐작은 보기 좋게 어긋나버렸다. 전 세계 카페를 관통하는 동질적인 미학은 더욱 단단히 자리 잡았고, 디지털 플랫폼이 확장되면서 플랫폼이 불러온 동질성 역시 확산되는 양상을 보이고 있다.

필터월드와 그 안에 담긴 동질성은 숨 막힐 정도로 답답하고 심각할 경우 심신쇠약에 이를 정도로 불안감을 느끼게 한다. 또한 이 동질성은 피할 수 없는 소외감을 불러일으키기도 한다. 사회심리학자 쇼샤나 주보프Shoshana Zuboff가 주장했듯이 '감시 자본주의surveillance capitalism'는 기술 기업이 우리의 개인 데이터를 끊임없이 빨아들여 돈을 버는 방식이자 관심 경제attention economy의 강화다. 하지만 이 수많은 데이터에도 불구하고, 알고리즘 피드는 종종 우리를 잘못 이해해서 엉뚱한 사람과 연결해주거나 잘못된 콘텐츠를 추천해주고, 우리가 원치 않는 습관을 부추기기도 한다. 알고리즘 네트워크는 우리를 대신해서 수많은 결정을 내려주지만, 우리에게는 이 네트워크에 반발하거나 그 작동 방식을 바꿀 방법이 거의 없다. 이 같은 불균형은 수동적인 상태를 불러온다. 우리는 그 내용을 깊이 파고들지 않고 피드가 추천하는 것을 소비한다. 또한 우리는 관심을 끌고 '좋아요'나 클릭을 얻어낼 수 있을 것이라고 생각하는 방식으로 트위터에 글을 쓰고 페이스북에 게시글을 올리고 인스타그램에 올릴 사진을 찍어 올린다. 그리고 이런 행위는 기술 기업의 수익으로 이어진다. 이런 '좋아요'가 뇌에서 급격한 도파민 분출을 유발한다는 사실이 여러 과학적 연구를 통해 입증되었고, 이는 피드를 받아들이는 행위에 중독성이 있음을 의미한다.

우리가 알고리즘 때문에 느끼는 불안의 또 다른 측면에는 무감각 상태가 있다. 도파민 분출이 줄어들고 피드가 만들어내는 소음과 속도가 압도적으로 느껴질 때 우리는 자연스럽게 (도전하거나 호기심을 찾아 나서는 대신) 공허함을 덮어주고 달래주는 문화를 찾아 나선다. 그렇게 감동하거나 흥미나 호기심을 느끼는 우리의 능력은 점점 소진되어 사라진다.

문화의 동질화

필터월드가 어떻게 우리의 경험을 만들어내는지 이해하려면 필터월드가 어떻게 생겨났는지를 먼저 알아야 한다. 알고리즘 기반 피드가 지배적이 된 것은 비교적 최근에 일어난 현상이다. 트위터나 페이스북, 인스타그램이나 텀블러 같은 소셜 미디어의 초창기에는 대부분의 콘텐츠 피드가 시간순으로 나열되었다. 누구와 친구를 맺고 누구를 팔로우할 것인지를 정하면, 이들이 올린 게시물을 글이 작성된 순서대로 보여주는 식이다. 그러나 2010년대에 플랫폼 사용자 수가 수백만 명에서 수십억 명으로 성장하고 사용자가 한 번에 훨씬 더 많은 사람과 연결되면서, 시간순에 의존해서 배열된 피드는 번거로워졌을 뿐만 아니라 흥미를 끌지 못하게 되었다. 우리는 그저 제때 스크롤을 하지 못했다는 이유만으로 인기 있거나 흥미로워서 눈을 떼기 힘든 게시물을 놓치곤 했다. 이렇다 보니 시간순 피드에서 벗어나 추천 게시물로 채워지는 비중이 점차 커졌다. 이렇게 알고리즘을 기반으로 결정된 게시물은 앱을 열면 바로 보이도록 피드에 끼워 넣은 것으로, 심지어 팔로우하지 않는 계정이나 아무 관심도 없는 주제와 관련된 것일 때도 있다.

이렇게 바뀌게 된 동기는 사용의 편의가 아니라 이윤이었다. 사용자가 앱에서 시간을 더 많이 보낼수록 더 많은 데이터를 생산하게 되고 이들의 관심사를 더욱 효율적으로 광고주에게 판매할 수 있게 된다. 이에 따라 피드는 점점 알고리즘화되어갔고, 특히 2010년대 중반에 큰 분수령을 맞이했다.

미국에서 2018년에 출시된 틱톡은 거의 전적으로 알고리즘에 기반한 '포 유For You'라는 추천 피드를 적용했다. 이 앱을 경험하는 데는 사용자가 누구를 팔로우하는지가 중요한 것이 아니라 추천 알고리즘이 사용자에게 어떤 콘텐츠를 선별해줄 것인지가 더 중요했다(그래서 내게 샤워실 타일 재시공 영상이 폭탄처럼 쏟아진 것이었다). 머지않아 틱톡은 가장 빠르게 성장한 소셜 미디어 서비스가 되었고, 채 5년이 지나기도 전에 사용자가 15억 명을 돌파했다. 여러 경쟁 플랫폼은 틱톡을 따라잡기 위해 틱톡을 모방해 피드를 알고리즘화하는 방향으로 개편을 서둘렀다. 인스타그램은 2020년에 추천 기반의 '릴스Reels' 영상 피드를 추가했고, 트위터는 일론 머스크가 인수하고 난 후, 2022년에 '포 유'라는 추천 피드를 도입했다. 인터넷을 사실상 지배하고 있는 대기업 입장에서도 알고리즘이 몰고 온 흐름은 역전될 기미가 전혀 보이지 않았던 것 같다.

그동안 문화 영역에서 게이트키퍼와 큐레이터 역할을 담당하던 인간 편집자와 DJ 대신에, 이제 우리는 여러 알고리즘이 모여 이루어진 게이트키퍼를 갖게 되었다. 이런 변화 덕분에 누구나 자기 작업이나 작품을 온라인에 공개할 수 있게 되어 문화적 진입 장벽이 낮아지기는 했지만, 이 역시 결과적으로는 알고리즘이 이끄는 실시간 데이터가 모든 것을 좌우하는 상황으로 흘러가고 있다. **관심도가 문화를 판단하는 유일무이한 기준이 되고, 관심을 끄는 대상은 실리콘 밸리 엔지니어가 개발한 방정식의 지시를 받는다. 이 같은 알고리즘 기반의 게이트키핑으로 문화 전반에 평준화가 만연하게 되었다.** '평준화flattening'는 동질화뿐 아니라 평이함 속으로 와해되어가는 현상을 뜻한다. 가장 불분명하지 않고 가장 혼란스럽지 않으며 아마도 가장 의미가 없는 문화의 파편이 가장 높게 추앙된다. 평준화는 누구나 이해할 수 있는 최소한의 공통 분모이자 평범함을 의미하며, 이는 인류가 자랑스러워하는 문화적 창조물과는 아무런 관련이 없는 특징이다.

나는 일본 작가 다나카 야스오가 1980년에 발표한 소설 《어쩐지,

크리스탈》을 읽다가 우연히 필터월드의 특징을 떠올리게 하는 한 가지 은유를 찾아냈다. 이 소설은 극적인 서사보다는 패션 레이블, 제품 브랜드, 식당, 고급 양품점을 열거해놓은 목록에 가깝다. 다나카 야스오는 도쿄에 사는 '유리'라는 젊은 여성이 구매한 물건뿐만 아니라 그녀가 사용하는 각종 기구를 이야기하면서 그녀를 둘러싼 소비지상주의적 주변 환경을 완벽할 만큼 세세하게 묘사한다. 어떤 인플루언서의 인스타그램 계정을 문학적으로 표현한다면 이 소설과 같을 것이다. 소설은 유리가 아침에 일어나 침대 곁에 놓인 스테레오라디오를 켜는 것으로 시작한다. 유리는 미리 설정해둔 튜너 버튼을 눌러 미국 록 음악방송인 FEN 채널로 빠르게 넘어간다. 이 책은 한 각주에서 이 버튼 기술에 관한 생각을 이렇게 적고 있다. "이 기술은 당신이 원하는 방송의 주파수를 미리 설정할 수 있게 해주는 훌륭한 기능이지만 손으로 튜너를 조정한다는, 어찌 보면 마니악한 즐거움을 잃어버렸다."

작가는 버튼을 눌러 곧바로 방송 주파수를 맞추는 행동과 튜너 손잡이를 조금씩 앞뒤로 돌려가며 잡음을 뚫고 나아가다가 마침내 아날로그적으로 완벽한 위치를 찾아내는 행동, 이 둘 사이의 차이점을 이야기하고 있다. 후자의 행동은 정확도가 다소 떨어지고 불편함이 있을 수는 있겠지만 좀 더 마술 같기도 하고 우아하기도 하다. 이 행동에는 사전에 설정된 값도, 사전에 정해진 해결책도 없다. 반면에 필터월드의 문화는 사전에 설정된 문화, 즉 이미 자리를 잡고 있어서 무한 반복되는 패턴의 문화다. 기술은 우리를 특정한 소비 방식에 가두고 벗어날 수 없게 한다. 유리가 말했듯 "마니악한 즐거움"은 사라졌다. 디지털 피드를 통해 퍼져나가는 문화의 능력을 너무 지나치게 강조하다 보면, 독창성과 전례 없음과 창의성과 놀라움은 사라져버린다.

이 책의 목적은 단순히 필터월드의 윤곽을 그려 보이고 그 결과를 밝혀내는 것을 넘어서 필터월드를 해체하는 데 있다. 우리는 필터월드에서 벗어나는 방법을 알아내고, 알고리즘에 기반한 피드가 만들어낸 어디에나 존재하는 불안과 권태의 분위기를 씻어낼 것이다. 우리가 알고리즘의 영향력을 떨쳐내려면 알고리즘을 이해하는 것, 다시 말해 기계 투르크인이라는 상자를 열고 그 안에 조종자가 들어가 있음을 밝혀내는 것 말고 다른 방법은 없다.

01

추천
알고리즘의
등장

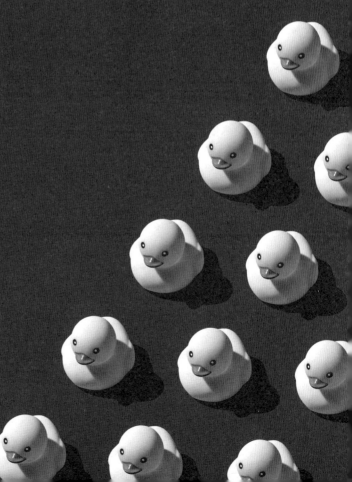

최초의 알고리즘

'알고리즘'Algorithm은 원하는 결과를 만들어내는 공식이나 몇 가지 규칙을 하나로 묶어 나타내는 하나의 방정식을 의미한다. 알고리즘이라고 부를 만한 최초의 사례가 등장한 지역은 고대 바빌로니아로(현재의 이라크), 이곳에서 기원전 1800년에서 1600년대 사이에 제작된 점토판이 발견되었다. 이 점토판에는 저수지의 깊이와 저수지를 만들기 위해 파내야 할 흙의 양을 이용해 저수지의 가로와 세로 길이를 계산하는 알고리즘이 쐐기문자로 기록돼 있다. 수학자 도널드 커누스Donald E. Knuth에 따르면, 바빌로니아인들은 "값을 계산하는 데 쓰는 규칙을 단계별로 나열하고 공식으로 정리하여 알고리즘으로 표현"했다고 한다. 커누스는 바빌로니아인들에게 "기호로 나타낸 언어가 아니라 일종의 '기계어'"를 이용해 계산을 기록하는 특별한 시스템이 있었다고 주장한다. 이런 바빌로니아식 알고리즘을 설명하는 기록은 늘 "이것이 절차다"라는 똑같은 구절로 마무리된다. 이 마지막 문장은 정해진 상황이 발생하면 언제라도 알고리즘이 반복될 수 있고 똑같이 적용될 수 있을 뿐만 아니라 유효하다는 알고리즘 고유의 특징을 강조하고 있다. 오늘날의 실리콘 밸리 종사자라면 바빌로니아식 알고리즘을 보고 확장성 있다고 표현했을지도 모르겠다.

알고리즘은 초기 수학의 역사에서 매우 중요하다. 기원전 300년경에 그리스의 철학자인 에우클레이데스(유클리드)는 《에우클레이데스의 원론Elements》에 두 개 이상의 정수의 최대공약수를 구하는 방법을 수록해두었는데, 이 방법은 현재까지도 유클리드 호제법(또는 유클리드 알고리즘)으로 불리고 있다. 이 공식과 더불어 기원전 3세기경에 등장한 것으로, 주어진 일련의 수에서 소수를 찾아내는 알고리즘인 '에라토스테네스의 체Sieve of Eratosthenes'는 오늘날에도 암호학 같은 분야에서 여전히 사용되고 있다. 이처럼 알고리즘은 공식이나 방정식과 같은 뜻으로 쓰이지만 사실 '알고리즘'이라는 단어는 사람의 이름 또는 그가 태어난 곳에서 유래했다.

무함마드 이븐 무사 알콰리즈미Muhammad ibn Musa al-Khwarizmi는 서기 780년 무렵에 오늘날 투르크메니스탄과 우즈베키스탄 인근 지역인 '호라즘Khwarazm'에서 태어났다. 그의 삶에 관해서는 알려진 바가 많지 않지만, 주로 바그다드에서 활동했다고 한다. 당시 바그다드는 7세기에 이슬람교를 신봉하던 아바스 왕조의 칼리프가 페르시아를 정복한 이래로 그 지역의 중심지 역할을 해오고 있었다. 알콰리즈미는 바그다드 대도서관으로도 알려졌던 '지혜의 집'에서 일하면서 천문학과 지리학, 수학을 연구했다. 그 전신이나 마찬가지인 이집트의 알렉산드리아 도서관처럼 지혜의 집 역시 다양한 학문 분야를 연구하는 배움의 전당이었다. 과학 연구가 장려되었고 그리스어, 라틴어, 산스크리트어, 페르시아어로 쓰인 글들이 아랍어로 번역되었다. 820년 무렵에 알콰리즈미는 《인도 숫자를 이용한 계산법On the Calculation with Hindu Numerals》이라는 책을 집필했는데, 이 책은 오늘날 우리가 사용하고 있는 수 체계를 유럽에 처음 소개한 책이다. 그는 또한 방정식을 푸는 여러 가지 방법에 대한 《복원과 대비의 계산법The Rules of Restoration and Reduction》이라는 책을 쓰기도 했다. 이 책의 아랍어 제목은 '알자브르al-jabr'로 복원 또는 어떤 방정식의 양변에서 같은 항을 소거한다는 의미다. 알자브르는 대수학algebra의 어원이자 토대가 되었다. 《복원과 대비의 계산법》에는 이차방정식의 풀이법과 면적과 부피 계산법 그리고 원주율(π)의 근삿값이 담겨 있다.

12세기 중엽, 에스파냐에는 이슬람, 유대, 기독교 문화가 공존하고 있었다. 이러한 다양성과 공존이 항상 평화로운 것만은 아니지만 다양한 사상이 여러 문명을 가로질러 교류되고 널리 퍼져나가는 계기가 되기도 한다. 당시 에스파냐에 살고 있던 잉글랜드 출신의 아랍어 학자 체스터의 로버트Robert of Chester는 1145년에 《복원과 대비의 계산법》을 라틴어로 옮기는 작업을 했다. 이 번역으로 알자브르는 '알게베르algeber'가, 알콰리즈미는 '알고리트미Algoritmi'가 되었다. 이후 인도-아라비아 숫자를 사용하는 모든 종류의 수학적 절차를 한데 아울러 '알고리스무스algorismus'라고 부르게 되었고, 이런 기법을 실제로 행하는 이들을 '알고리스트algorists'라고 했다(1960년대에 등장해 알고리즘 과정을 활용했던 비주얼 아티스트 집단이 자신들을 지칭하는 말로 이 단어를 택했지만, 현대적 버전의 알고리즘을 기반으로 작업하는 이들에게 더 적합해 보이는 말이다). 알고리즘이라는 말의 어원이 밟아온 여정은 계산이 반복 가능한 과학적 법칙의 산물일 뿐만 아니라 인간적 기술과 노고의 산물이기도 하다는 점을 보여준다.

컴퓨터 프로그래밍의 발명

컴퓨터는 반복적으로 수행되는 일련의 방정식을 토대로 구축된다. 결과치는 0과 1로 기호화되고 최종 결과를 얻어내기 위해서 더욱더 많은 방정식을 통과해 나아간다. 1888년, 영국의 발명가 찰스 배비지Charles Babbage는 천문학 및 수학용 표를 계산할 수 있는 기계, 차분기관Difference Engine을 구상했다. 숫자를 매긴 핸들과 기어를 조합하여 조립한 후 자동으로 연산을 해내는 방식이었지만, 예산과 기술의 부족으로 당시에는 완성되지 못했다(훗날 배비지의 설계에 따라 차분기관이 만들어졌고, 성공적으로 작동했다고 한다). 배비지의 설계안에 따르면, 이 기계는 높이가 8피트(약 2.4미터)에 무게는 4톤에 육박했다. 배비지는 이후 이른바 분석기관Analytical Engine이라는 새로운 기계를 구상했는데, 이 기계가 실제로 만들어졌다면 천공카드로 프로그래밍된 명령을 수행하고 프로그래밍의 특성이라고 할 만한 간단한 연산을 수행할 수 있었을 것이다. 분석기관은 훨씬 더 복잡하고 현대적인 컴퓨터의 바탕이 되었다. 배비지의 아들 헨리가 1888년에 적어 놓았듯이 "이는 그저 카드와 시간의 문제일 뿐"이었다.

에이다 러브레이스Ada Lovelace는 영국 시인 바이런 경의 딸로, 현재는 최초의 컴퓨터 프로그래머로 인정받고 있는 인물이다. 러브레이스는 배비지가 분석기관을 구상할 때, 베르누이 수 계산 과정을 비롯하여 이 기계에 필요한 알고리즘을 작성했다. 그녀는 이 분석기관이 실행할 수 있는 반복적인 기계적 과정이 수학 이외의 분야에도 적용될 수 있음을 간파하고 다음과 같이 언급했다. "그 대상 상호 간의 근본적인 관계가 추상적인 연산 과학의 관계로 표현될 수 있고 또 그 대상을 이 기계의 연산 기호와 메커니즘의 작동에 맞춰 바로바로 바꿔 쓸 수 있다면, 분석기관은 수 이외의 다른 것에서도 작동할 수 있을 것이다." 다시 말하면, 일련의 숫자로 이루어진 데이터로 바꿀 수 있다면 어떤 것이라도 정해진 방식으로 조작하여 처리할 수 있다는 이야기였다. 글이나 음악, 예술을 비롯해 체스 같은 게임까지도 말이다. "만약 화성학이나 작곡법에서 다루는 음의 높낮이를 수식으로 바꿔 쓸 수 있다고 해보자. 그렇다면 이 분석기관은 얼마나 복잡하건 얼마나 규모가 크건 상관없이 정교하고 과학적인 방식으로 음악 작품을 작곡해낼 수 있을 것이다." 러브레이스는 작곡가 브라이언 이노Brian Eno가 1995년에 선보였던 '생성 음악generative music'과 비슷한 무언가를 이미 머릿속에 그리고 있었던 것이다. 생성 음악은 앰비언트 신시사이저 작품으로서 음악 소프트웨어로 구동되는데, 이 소프트웨어는 실행될 때마다 매번 다른 음을 만들어낸다. 러브레이스는 오늘날 알고리즘에 기반한 피드가 수행하고 있는 방식과 마찬가지로, 문화가 신기술에 의해 주조되고 영속되는 방식을 앞서 내다보고 있었다.

러브레이스는 기계적 명령을 조작하는 일에도 그 나름의 형식과 자기표현이 포함될 수 있다는 점을 일찍이 알아차렸다. 1990년대와 2000년대 들어, 컴퓨터 프로그래밍은 아동 교육에 필수적인 요소로 자리 잡아 기초 수학이나 과학과 어깨를 나란히 하게 되었다. 2002년쯤으로 기억하는데, 당시 고등학생이었던 나는 학교 '컴퓨터실'의 데스크톱에서 컴퓨터 프로그래밍을 처음으로 접했다. 친구들과 나는 그곳에서 프로그래밍 언어와 흡사한 교육용 비디오 게임을 했다. 하지만 내가 제대로 된 컴퓨터 프로그래밍을 배운 것은 두툼한 플라스틱 재질의 공학용 계산기 TI-83을 통해서였다. 당시에는 고급 수학 수업을 듣기 위해서는 이 계산기가 꼭 필요했다. 이 계산기에는 TI-베이식TI-Basic이라는 언어로 코드를 짤 수 있는 기능이 탑재돼 있었고, 간단한 조건문if-then을 반복 처리하고 변수를 지정하는 기능도 있었다. 처음에는 시험을 치려면 꼭 알고 있어야 할 공식을 자동 계산하는 소소한 프로그램을 만들었지만, TI-베이식 언어에 더 능숙해지면서 나만의 버전으로 틱-택-토tic-tac-toe와 커넥트 포Connect Four 같은 간단한 보드게임을 만들기도 했다. 그 시절 이 계산기는 내 창의성의 동반자였고 마치 마술처럼 느껴졌던 순간도 있었다.

러브레이스 이후 한 세기가 지나고 제2차 세계대전이 한창이던 때, 영국의 수학자이자 컴퓨터 과학자였던 앨런 튜링은 정부를 위해 암호 해독, 특히 독일의 암호 기계 에니그마Enigma를 해독하는 일을 도왔다. 1946년에 종전이 되면서, 튜링은 '자동 계산 엔진'의 개발을 제안하는 보고서를 작성해 국립 물리학 연구소에 제출했다. 이 보고서는 인공지능을 이론적 개념이 아니라 실제로 실현 가능하다고 언급한 최초의 문서였다. 이 보고서에서 튜링은 특정한 과업을 수행하도록 설계된 계산 기계나 분류 기계가 이미 존재하지만, 자신의 제안은 그것을 뛰어넘는 것이라고 주장했다. "이 기계에서 자료를 꺼내고 적절한 순간에 다시 집어넣으려고 사람이 반복 노동을 할 필요 없이 모든 일을 기계 스스로 알아서 감독하게 될 것이다."

튜링에 따르면 이 장치는 계산의 종류나 규모에 상관없이 어떤 계산이라도 수행할 수 있었으며, 어떤 유형의 문제라도 풀어낼 수 있도록 그 내부에 자체적인 논리 언어를 갖추고 있었고, 이 언어는 여러 가지 목적에 맞게 조정될 수 있었다. "어떻게 하나의 기계를 통해 이렇게 다양한 일을 해낼 수 있을까? 그 기계는 기계가 이해할 수 있는 표준적인 형식으로 단순히 자기에게 부여된 명령을 수행한다고 보면 된다." 튜링의 기계는 알고리즘을 실행한다는 이야기였다. 튜링은 오늘날 기계학습Machine Learning 알고리즘이 인간의 의사결정 없이도 조정을 구체화해가면서 시간이 흐름에 따라 진화해가는 방식에 대해서도 암시했다.

튜링은 이런 시스템은 훨씬 더 빠르고 훨씬 더 복잡한 계산을 수행함으로써 인간을 뛰어넘을 것이라며, 다음과 같이 말했다. "더는 이 기계의 속도가 이를 작동시키는 인간의 속도에 제한받지 않을 것이다." 하지만 그는 이런 기계를 이상적인 도구라고 여기지는 않았다. 기계가 자동으로 작동한다고 해서 늘 옳을 것이라는 의미는 아니기 때문이었다. 튜링은 이렇게 글을 이어간다. "어느 정도 기계적 오류가 발생하여 형태가 바뀔 가능성은 있겠지만, 인간적 요소에서 비롯되는 오류 가능성은 완전히 사라진다." 튜링의 보고서는 삭제가 가능한 메모리 장치에서부터 입력 메커니즘과 이진법 언어에서의 변환 그리고 기계가 과열되지 않도록 하는 온도 제어에 이르기까지 이제는 친숙한 개인용 컴퓨터의 요소 여러 가지를 예측했다. 하지만 당시만 해도 튜링의 보고서에서 '컴퓨터computer'는 기계가 아니라 계산을 수행하는 사람을 지칭했고, 이는 다시 한번 그 인간적인 요소를 강조한 것이라고 볼 수 있다.

튜링은 이미 1936년에 현재 '튜링 머신'이라고 불리는 기계를 구상했는데, 1948년에 작성된 〈지능 기계Intelligent Machinery〉라는 글에서 튜링 머신에 대해 다음과 같이 설명했다. "정사각형으로 구획된 무한히 긴 테이프로, 각각의 사각형에는 한 개의 기호가 기록될 수 있다." 테이프는 판독기(리더)를 통과하며 이때 판독기는 정사각형을 한 번에 하나씩 읽고 정사각형에 기록된 기호가 지시하는 연산을 수행한다. 이 기호는 지우기나 덮어쓰기가 가능하다. 수학적 과정의 역사적인 의미에서 볼 때, 어떤 알고리즘이라도 튜링 머신으로 계산할 수 있었다. 또한 튜링 머신과 동일한 계산 능력을 가진 계산 체계를 일컬어 '튜링 완전Turing-complete'하다고 한다. 예를 들어, 모든 프로그래밍 언어는 어떤 종류의 방정식이든 모델링할 수 있기에 튜링 완전하다 (2021년에는 스프레드시트 소프트웨어인 엑셀마저 튜링 완전해졌다). 튜링은 어떤 계산 기계든 다른 계산 기계의 작업을 동일하게 수행할 수 있으리라고 결론지었고 이는 정확한 결론이었다. 규모를 무한히 키우고 시간이 무한히 주어진다면, 찰스 배비지가 고안한 19세기식 분석기관조차 이론적으로는 현재의 컴퓨터가 수행하는 복잡한 과제를 수행할 수 있다.

한편 튜링의 삶에 기계적으로 적용되는 규칙과 이를 작동시키는 인간의 행위가 충돌을 일으키는 일이 일어났다. 1952년, 튜링의 집에 강도가 들었고, 이후 골치 아픈 소송을 진행하던 와중에 '동성애 혐의'로 고발당했다. 당시 영국에서는 법적으로 성관계 동의 결정을 할 수 있는 연령에 이르렀더라도 동성애 행위를 하는 것은 불법이었다. 법은 그 자체로 일련의 엄격한 규칙을 토대로 판결하는 그 나름의 알고리즘이라고 할 수 있다. 튜링은 결국 죄를 인정했고 유죄를 선고받았다. 튜링은 수감되는 대신에 강제적인 화학적 거세를 받아들였다. 그리고 1954년 6월, 가정부가 튜링의 시신을 발견했다. 향년 41세였다. 사인은 시안화물 중독이었고, 그의 침대 옆에서 반쯤 베어 문 사과가 발견되었다. 이 때문에 오랜 세월 튜링의 사망원인이 자살이라고 알려졌지만 명확한 근거는 없다.

우리는 '알고리즘'에 대해 이야기할 때, 마치 소셜 미디어 시대에 들어서야 존재하기 시작한 것처럼 생각하곤 한다. 하지만 우리가 지금 논의하고 있는 알고리즘 기술에는 인터넷이 존재하기 훨씬 전부터 여러 세기에 걸쳐 천천히 형성되었던 역사와 유산이 있다. 이러한 큰 그림을 복원함으로써 우리는 알고리즘이 오늘날 발휘하고 있는 위력을 더 명확히 이해할 수 있다. 제아무리 복잡하더라도 알고리즘은 그 본질상 여전히 방정식일 뿐이다. 그것이 곡물을 여러 사람에게 똑같이 분배하는 수메르의 도식이든, 웹사이트를 열었을 때 어떤 게시물이 맨 먼저 보일지를 결정하는 페이스북 피드든, 원하는 결론에 다다르기 위한 방법일 뿐이란 이야기다. 모든 알고리즘은 자동화를 이끌어가는 동력이며, 에이다 러브레이스가 예견했듯이 자동화는 이제 순수 수학 분야를 넘어 삶의 여러 측면에 파고들고 있다.

알고리즘 기반 의사결정

1971년, 칠레의 수도 산티아고 도심의 사무용 건물에 육각형 방 하나가 만들어졌다. 이 방은 나라 전체를 살펴볼 목적으로 구상된 일종의 통제실이었다. 나무판으로 마감된 방의 벽은 모니터 여러 대와 디스플레이 장치로 꾸며져 있었고, 판독된 데이터는 국내 원자재 공급량이나 노동 참여율 같은 수치로 화면에 표시되었다. 방 중앙에는 의자 일곱 개가 서로 마주 보도록 원형으로 배치되었다. 등받이와 머리 부분 날개가 더해진 형태로 유리 섬유 재질의 흰색 의자는 공상 과학 소설에 나오는 우주 순양함의 함장석과 흡사했다. 각 의자의 오른쪽에는 여러 화면을 오가며 검색할 수 있도록 제어판을 비롯해 재떨이와 모르긴 해도 위스키 잔을 놓으면 딱 맞을 컵 거치대가 설치되어 있었다. '프로젝트 사이버신Project Cybersyn'이라는 대형 프로젝트의 '상황실'이었던 이 방은 당시 칠레의 대통령이었던 살바도르 아옌데Salvador Allende가 영국인 스태퍼드 비어Stafford Beer의 조언을 받아서 구상한 것이었다.

비어는 고국에서 '사이버네틱스'를 경영 관리에 적용한 사람으로, 그는 사이버네틱스를 '제어의 과학'이라고 설명했다. 여기에는 기업체든 생물학이든 복잡한 시스템을 분석하고, 이 시스템이 어떻게 작동하여 모델을 개선하거나 지능형 자기 교정 시스템을 만들어내는지를 알아내는 작업이 포함된다(미국에서는 랜드 연구소가 1950년대에 처음으로 이와 비슷한 시스템 분석을 실행했다). 프로젝트 사이버신은 칠레 정부의 의사 결정권자 여럿이 이 방에 모여 앉아 담배를 피우고 위스키를 마시는 동안(냉철한 기술적 요소와 뒤죽박죽인 인간적 요소의 또 다른 만남이다) 실시간으로 이들을 보좌하는 이상적인 모델을 제공한다는 계획이었다. 독일인 자문가 기 본시페Gui Bonsiepe가 주도한 프로젝트 사이버신의 물리적 설계는 20세기 중반의 모더니즘에 바탕을 둔 유토피아주의의 이미지를 만들어냈다. 모니터는 벽에 걸려 있었고, 모니터와 의자를 연결하는 배선은 눈에 띄지 않게 감춰져 있었다. 조종석 의자는 일체형으로 매끈하고 균일하며 완만한 곡선 형태로 되어 있었다. 이 방은 정부가 하는 일을 마치 비디오 게임처럼 데이터의 조종이나 조작으로 축소해서 보여주는 상징과도 같았다. 프로젝트 사이버신은 스크린 몇 개로 필요한 정보를 얻고 그 정보에 따라 인간이 기술적 감독과 지휘를 하는 시스템이다. 상황실 의자에 앉으면 나라 안에서 벌어지는 모든 일을 지켜볼 수 있게 되는 것이다.

그러나 프로젝트 사이버신이 구상한 기술은 그저 무엇이 가능할지를 다루는 양방향적 허구인 '디자인 소설design fiction'에 불과했다. 이 프로젝트가 계획한 것은 사실상 당시의 컴퓨터 네트워크로는 실현 불가능한 일이었다. 데이터를 보여주는 슬라이드 쇼는 자동으로 생성되는 것이 아니라 일일이 손으로 작성되었고, 단 한 대의 컴퓨터로 운영되었다. 심지어 이 컴퓨터는 텔렉스 기계로 데이터를 받았다. 칠레 내 여러 공장에서 전화선을 통해 텔렉스 기계로 정보를 보내오는 식이었다. 결과적으로 이 방은 완공되기는 했지만 실제로 작동되지는 못했다. 1973년 9월 11일, 미국 중앙정보부CIA의 지원을 받은 아우구스토 피노체트Augusto Pinochet가 아옌데 정권을 전복하고 권력을 탈취하는 과정에서 프로젝트가 중단되었기 때문이다.

성공하지는 못했지만 프로젝트 사이버신을 찍은 사진을 보면 여전히 부인하기 힘든 매력을 느낄 수 있다. 아마도 현실의 미가공 데이터를 가공하고 이를 고속으로 처리해서 디지털 그래프로 바꾼 뒤, 바뀐 디지털 그래프를 평가하고 거기에서부터 정확한 행동 경로를 찾아낸다는 프로젝트 사이버신의 꿈을 우리가 아직까지도 간직하고 있기 때문일 것이다. 비록 튜링 같은 과학자는 컴퓨터가 그렇게 완벽하게 작동할 리 없다는 것을 알고 있었지만, 프로젝트 사이버신을 계획한 이들은 절대 오류 따위는 없을 것이라고 생각했던 것 같다. 사이버네틱스 분야의 선구자인 스태퍼드 비어가 주장했듯이, 우리는 기계를 사용해서 (인간의 창작물이었던) 이미 존재하는 구조나 과정을 자동화하려는 경향이 있다. 비어는 1968년에 쓴 《경영과학Management Science》에서 "컴퓨터의 발명은 손과 눈과 뇌의 한계를 뛰어넘으려는 시도였지만, 우리는 그 한계를 강철과 유리와 반도체에 고스란히 담아두고 있다"고 쓰면서 그 역설을 정확히 짚어내고 있다. 인간은 기계 속에서 끈질기게 살아남는다. 마치 '기계 투르크인'처럼.

오늘날 우리는 정말로 다양한 버전의 알고리즘에 기반한 삶을 살아간다. 은행은 기계학습을 활용해서 누가 대출금을 받게 될지를 결정한다. 스포티파이는 사용자의 과거 행동 데이터를 활용해 사용자의 감성에 가장 잘 부합하는 곡으로 추천곡을 정한다. 이 같은 기술 어디에도 프로젝트 사이버신의 육각형 방이나 등받이에 머리 날개가 달린 의자를 찾아볼 수는 없지만, **알고리즘은 어디에나 존재하고 있다**. 알고리즘의 데이터는 대부분 물리적으로 어딘가 먼 곳에서, 자연 경관이 훌륭한 오지에 세워지고 냉방장치가 가동되는 어마어마한 규모의 서버 팜 내에서 호스팅되지만, 스마트폰 앱을 통해 늘 우리 곁에 있는 것이다.

프로젝트 사이버신의 상황실이 데이터로 움직이는 세계가 일관성 있고 이해할 수 있음을 시사했다면, 우리는 이제 그 세계가 추상적이고 분산되어 있으며 어디에나 존재하는 동시에 어디에도 존재하지 않는다는 사실을 알고 있다. **알고리즘에 둘러싸여 있지만 알고리즘의 존재를 잊으라는 부추김을 받고 있는 셈이다.**

신기술은 보통 새로운 행동을 불러일으키지만, 대개는 그 기술의 발명자가 기대한 형태로는 발현되지 않는다. 그러나 기술에는 나름의 내재된 의미가 있고, 그 의미는 결국 전면에 부각되기 마련이다. 마셜 매클루언Marshall McLuhan은 1964년에 출간한《미디어의 이해: 인간의 확장Understanding Media: The Extensions of Man》에서 "미디어는 메시지"라는 유명한 말을 남긴 바 있다. 전화, 텔레비전 같은 새로운 미디어의 구조가 이런 미디어를 통과해 지나가는 내용보다 더 중요하다는 뜻이다. "모든 미디어나 기술의 '메시지'는 그런 미디어나 기술이 인간사에 도입하는 규모나 속도나 양식의 변화다." 우리의 경우, 미디어는 알고리즘에 기반한 피드다. 이런 피드는 인류가 상호 연결하는 규모와 속도를 상상할 수 없을 만큼 증대시킨다. 그것이 의미하는 메시지는 데이터로 변환된 우리의 집단적 소비 습관이 결국에는 동질성으로 치닫는다는 것이다.

추천 알고리즘의
작동 원리

알고리즘은 일련의 입력을 특정한 출력으로 바꿔주는 디지털 기계로, 공장에 놓인 컨베이어 벨트와 같다. 한 알고리즘과 또 다른 한 알고리즘 사이에서 차이를 만들어내는 것은 알고리즘의 구조가 아니라 이들을 구축하는 구성요소다. 모든 알고리즘은 일단의 미가공 데이터를 수집함으로써 작동한다. 이런 데이터 집합을 '신호signal'라고 하며, 이렇게 수집된 데이터를 해당 기계에 투입한다. 신호 데이터에는 사용자가 이전에 아마존에서 구매했던 이력이나 스포티파이에 올라온 특정 곡을 재생한 횟수 등이 포함될 수 있다. 이때 수집되는 데이터는 질적이라기보다는 양적인데, 이는 데이터를 기계가 처리할 수 있어야 하기 때문이다. 따라서 선호하는 음악처럼 주관적인 내용을 다루더라도 결국 관련 데이터는 숫자로 바뀐다. x명의 사용자가 y라는 밴드를 평균 z라는 값으로 평가했다거나, x명의 사용자가 y라는 밴드를 z번 청취했다는 식으로 말이다. 여러 소셜 미디어에 투입되는 기본 신호는 '참여도engagement'로, 사용자가 하나의 콘텐츠와 어떻게 상호작용하고 있는지를 설명한다. 이는 '좋아요'나 리트윗이나 재생의 형식을 띨 수도 있는데, 게시물 옆에 달린 어떤 종류의 버튼이라도 무방하다. 참여도가 높다는 것은 '좋아요'나 시청 횟수나 공유 횟수가 다른 게시물의 평균값보다 높다는 뜻이다.

신호는 '데이터 변환기data transformer'를 통해 투입되는데, 이 변환기는 신호를 여러 종류의 알고리즘에 의해 처리될 수 있도록 설정된 가용 패키지 속에 집어넣는다. 경우에 따라서는 참여도 데이터를 평점 데이터나 콘텐츠 자체의 주제 관련 데이터와 분리할 필요도 있다. 사용자가 단일 플랫폼 내에서 서로 어떻게 관계 맺는지를 다루는 정보를 추가하기 위해 '소셜 계산기social calculator'를 사용할 수도 있다. 가령 나는 종종 내 친구 앤드루가 인스타그램에 올린 게시물에 '좋아요'를 누르곤 하는데(참여), 이런 행동은 추천 시스템이 내 개인 피드에서 앤드루의 게시물을 더 높은 순위에 위치시킬 가능성을 높여줄 것이다.

많은 사람들이 이용하는 플랫폼에서 단 하나의 알고리즘만 사용하는 경우는 거의 없다. 대부분 여러 개의 알고리즘을 사용하며, 이 방정식들은 데이터 변수를 고려하여 여러 가지 방식으로 정보를 처리한다. 어떤 방정식은 참여도만을 기준으로 결과를 계산해서 평균 참여도가 가장 높은 콘텐츠를 찾아내며, 다른 방정식은 특정 사용자에 맞춰서 한 콘텐츠의 사회적 맥락에 우선순위를 부여한다. 이처럼 다른 알고리즘을 통해 이끌어낸 정보는 서로 비교하여 검토되며, 이것을 '하이브리드 필터링hybrid filtering'이라고 한다. 이후 출력되는 '결과물'은 추천으로 이어지며, 자동 재생목록에서 바로 다음에 재생될 곡이나 게시물의 순서 목록을 구성한다. 예를 들어, 알고리즘은 당신이 제공하는 데이터를 다방면으로 분석한 후 페이스북 피드에 친구의 라이프 업데이트를 정치 뉴스 위에 놓아야 할지 말지를 결정한다.

음악 목록 자동 작성 및 추천 시스템 서비스인 판도라Pandora의 경영진 중 한 사람이 나에게 판도라의 시스템을 하나의 '지휘자' 알고리즘이 여러 알고리즘을 지휘하는 '오케스트라'와 같다고 설명한 적이 있다. 각각의 알고리즘이 상이한 여러 전략을 활용해서 하나의 추천을 내놓으면 지휘자 알고리즘이 바로 다음에 어떠한 곡을 추천할지 지시하는 식이다.

단 하나의 일체형 '알고리즘'이 존재하지 않는 이유는 각 플랫폼이 사용자 맞춤형 변수와 여러 개의 방정식 집합을 한데 묶어 독자적으로 운영되기 때문이다. 잊지 말아야 할 것은 페이스북 피드의 작동 원리는 결국 식품 제조업체가 어떤 재료를 사용할 것인가를 결정하는 문제와 마찬가지로 상업적 결정이라는 점이다. 알고리즘은 시간이 흐르면서 변화하고 기계학습을 활용해 알고리즘 자체를 개선해나간다. 알고리즘이 받아들이는 데이터는 훨씬 더 많은 참여를 끌어내기 위한 점진적 자기 개선을 목적으로 사용된다. 기계는 사용자에 맞춰 적응하고 사용자는 기계에 맞춰 적응한다. 소셜 미디어 서비스와 스트리밍 서비스가 알고리즘 기반 피드를 더욱 강화하고 이들이 사용자 경험을 지배하기 시작하면서, 2010년대에 접어들어 플랫폼 간의 차이가 더 현저해지고 더 유의미해졌다.

기본적으로 사용자는 추천 알고리즘이 매일매일 어떻게 작동하는지 이해하지 못한다. 알고리즘의 방정식과 변수와 가중치는 공개되지 않으며, 이는 기술 기업이 그런 정보를 공개해서 좋을 이유가 없기 때문이다. 기업은 그 같은 정보가 사업에 얼마나 중요한지 인지하고 있으며, 대부분 핵무기 발사 코드 급으로 철저히 비밀을 보호하고 있다. 만약 알고리즘이 공개될 경우에 사용자가 자신의 콘텐츠를 홍보할 목적으로 편법을 쓸 수도 있다는 점 때문이기도 하지만, 또 다른 이유는 경쟁의 두려움 때문이다. 다른 디지털 플랫폼이 비법을 훔쳐

내 더 나은 제품을 만들 수도 있는 것이다. 하지만 수많은 디지털 기술과 마찬가지로 이런 디지털 플랫폼 알고리즘 역시 처음에는 비영리적 맥락에서 사업을 시작했다.

정보를 자동으로 처리하고 선별하는 방식의 추천 알고리즘은 1990년대에 처음 실행되었다. 최초의 사례 가운데 하나를 들자면, 이메일 선별 시스템을 꼽을 수 있겠다. 이메일을 선별해내는 일은 지금까지도 여전히 성가신 일거리 중 하나다. 1992년, PARC라는 명칭으로 더 잘 알려진 제록스Xerox 산하 팔로알토 연구소Palo Alto Research Center의 연구원들은 쏟아지는 이메일에 치이고 있었다. 이들은 전자 우편 사용의 증가로 막대하게 흘러들어오는 수신 문서를 감당하기 힘들어, 이 문제를 해결하기 위해 갖은 애를 쓰고 있었다. 데이비드 골드버그David Goldberg, 데이비드 니콜스David Nichols, 브라이언 오키Brian M. Oki, 더글러스 테리Douglas Terry로 이루어진 네 명의 연구자는 1992년에 논문 한 편을 작성했다(당시 이들은 21세기에 우리가 얼마나 많은 양의 디지털 통신을 마주하게 될지 전혀 예상하지 못했을 것이다). 이들이 구상한 이메일 필터링 시스템은 '태피스트리Tapestry'라고 불렸는데, 태피스트리에는 '콘텐츠 기반 필터링content-based filtering'과 '협업 필터링collaborative filtering'이라는 두 가지 종류의 알고리즘이 사용되었다. 전자는 이미 몇몇 이메일 시스템에 사용되고 있던 것으로, 가령 '알고리즘'이라는 단어가 들어간 모든 메일에 우선순위를 부여하고 싶다면 이메일에 담긴 텍스트를 분석하여 평가하는 방식이다. 후자의 경우는 더 혁신적인 기법으로 사용자의 행동을 바탕으로 한다. 특정한 이메일을 누가 열어보았고 그 이메일에 어떻게 반응했는지와 같은 요소가 이 시스템이 해당 이메일에 어느 만큼 우선순위를 부여할 것인지를 판단할 때 고려되었다. 논문에서는 협업 필터링 기법을 이렇게 설명하고 있다.

> 사람들은 자기가 읽은 문서에 대한 반응을 기록으로 남김으로써 필터링을 수행하는 데 도움이 되도록 협업한다. 이런 반응은 어떤 문서가 특히 흥미로웠다는 (혹은 흥미롭지 않았다는) 것이 될 수 있다. 이 같은 반응을 보통 주석annotations이라고 하며, 이는 다른 사람의 필터에 의해 평가될 수 있다.

태피스트리는 '선별자filterer'를 사용해서 일단의 문서에 대해서 반복적으로 쿼리queries(데이터베이스 등에서 원하는 정보를 검색하기 위해 요청하고 질문하는 것 – 편집자 주)를 실행했고, '메일함'을 사용해서 해당 사용자에게 흥미가 있을 법한 자료를 수집했으며, '평가자appraiser'를 사용해서 문서의 우선순위를 정하고 범주별로 분류한다. 이 시스템은 개념상 우리가 현재 알고 있는 알고리즘 기반 피드와 매우 흡사하다. 태피스트리의 목표는 사용자가 중요하게 여길 가능성이 가장 큰 콘텐츠를 선별하는 데 있다. 하지만 이 시스템이 제대로 돌아가기 위해서는 사용자가 콘텐츠나 다른 사용자의 행동을 토대로 자기가 보고 싶은 것이 무엇인지를 가늠할 쿼리를 작성해야 하는 등 사용자 입장에서는 많은 선행 행동이 필요했다. 이 시스템에서는 여러 사용자가 자료가 주목할 만하다거나 안 봐도 무방하다고 표시하는 등 매우 의식적인 행동을 수행해야만 했다. 따라서 이미 서로 잘 알고 있고 동료가 이메일로 어떻게 소통하는지를 이해하는 소규모 집단의 사람이 필요했다. 예를 들어, 제프가 답신해야 할 이메일을 모두 제프에게 보여주기를 원한다면 제프가 중요한 이메일에만 답신을 하는지 모든 이메일에 답신을 하는지 등을 알고 있어야 한다. 태피스트리는 아주 친밀한 조직에서 매우 효율적으로 작동하는 프로그램이었다.

1995년, MIT 미디어랩의 우펜드라 샤르다난드Upendra Shardanand 와 패티 메이스Pattie Maes는 한 논문에서 '사회관계 정보 필터링social information filtering'에 대해 "어떤 사용자와 다른 사용자의 관심사 프로필 사이에 나타난 유사성에 기반하여, 데이터베이스가 어떤 유형이든 간에 그 데이터베이스로부터 해당 사용자에게 개인 맞춤형 추천을 제공하는 기법"이라고 설명했다. 태피스트리가 구상했던 아이디어를 기반으로 구축된 이 필터링 기법은 온라인상에서 정보가 범람하는 현상에 대응하기 위한 것이었다. "정보의 양이 특정 개인이 좋아할 만한 정보를 찾기 위해서 해당 개인이 걸러낼 수 있는 정도를 훌쩍 넘어선다." 이들은 자동화된 필터가 필요할 것이라고 말하면서 이렇게 결론을 내렸다. "우리에게는 정말로 바라고 원하는 정보를 찾아내고 알고 싶지 않은 정보를 제거할 수 있도록 도움을 줄 기술이 필요하다." 물론 이는 여전히 온라인에서 커다란 문젯거리 가운데 하나다.

샤르다난드와 메이스는 콘텐츠 기반 필터링에 몇 가지 중대한 결점이 있다고 주장했다. 콘텐츠 기반 필터링에는 텍스트처럼 기계가 이해할 수 있는 데이터로 번역될 수 있는 재료가 필요하다. 하지만 여기에는 '의외성serendipity'이 결여되어 있는데, 이는 이 필터링이 오로지 사용자가 입력한 어휘에 따라서만 필터링되고 내재적 질을 측정하지 않기 때문이다. 예를 들어, 콘텐츠 기반 필터링은 잘 쓴 기사와 그렇지 못한 기사가 있을 때, 두 기사가 똑같은 용어를 사용하고 있다면 이 두 기사를 구분하지 못한다. 질을 평가할 능력이 없다는 점에서 인공지능을 떠올리게 한다. 챗GPT 같은 새로운 도구 역시 유의미한 언어를 이해하고 생성할 능력을 갖춘 것처럼 보이지만, 실제로는 그저 학습 대상으로 주어진 기존 데이터에 내재하고 있는 패턴을 반복할 따름이다. 질은 주관적이다. 인간의 판단 없이 데이터를 분석하는 것만으로는 고작해야 질을 추정하는 정도까지일 뿐이다.

사회관계 정보 필터링은 이런 문제를 어느 정도 해결할 수 있는데, 이는 사회관계 정보 필터링이 양적인 판단과 질적인 판단을 동시에 사용하여 스스로 콘텐츠를 평가하는 인간 사용자의 행동 패턴에 의해 작동되기 때문이다. 이는 자기와 선호가 비슷한 친구에게서 무엇을 들을지 아니면 무엇을 시청할지에 관해 조언을 얻는 입소문 혹은 구전에 더욱 가까운 형태. 논문에 따르면 "비슷한 취향을 지닌 다른 사람이 부여한 가치를 기반으로 사용자에게 추천되는 항목이 결정된다"고 한다. 각 사용자의 취향 간의 유사성은 통계적 상관계수를 사용해 계산한다. 연구자들은 이메일 리스트를 활용해서 음악을 추천하는 링고Ringo라는 시스템을 설계했다. 한 사용자가 125명의 음악가로 구성된 첫 번째 묶음을 1점에서 7점까지 평점을 부여해서 음악을 평가하면, 음악가에 대한 선호도 다이어그램이 작성된다. 이후 그 다이어그램을 다른 사용자의 다이어그램과 비교함으로써 시스템은 사용자가 즐겁게 듣거나 아니면 극도로 싫어할(이 또한 한 가지 선택지였다) 음악을 제안했다. 링고의 추천곡에는 신뢰도를 나타내는 지수가 함께 표시되는데, 이는 그 추천이 정확할 가능성이 얼마나 되는지 알려주고, 사용자가 추가로 알고리즘에 기반한 선택을 고려할 수 있도록 해주었다. 1994년 9월까지 2,100명이 링고를 사용했고 하루 약 500통의 이메일로 음악을 평가했다.

링고는 음악 평점을 기반으로 결정을 내리는 알고리즘을 다양한 방식으로 시험했다. 첫 번째 알고리즘은 사용자 취향의 차이점을 측정했고 취향이 비슷한 사용자끼리 묶었다. 두 번째 알고리즘은 유사성을 측정했고 다른 사용자와의 상관관계를 분석하여 결정을 내렸다. 세 번째 알고리즘은 여러 다른 음악가 간의 상관관계를 알아내서 한 사용자가 좋아하는 음악가와 밀접한 상관관계를 갖는 음악가를 추천했다. 연구자들에 따르면 네 번째 알고리즘이 가장 효과적이었는데, 이 알고리즘은 똑같은 대상에 대해서 긍정적으로 평가하는지 부정적으로 평가하는지를 기반으로 사용자를 묶었다. 다시 말해서, 사용자의 취향을 일치시킨 것이다. 시스템의 사용자가 더 많아질수록 사용자가 사전에 제공하는 정보량이 증가했고, 링고는 더 훌륭하게 작동했다. 사용자 중에는 링고에 대해 "무서울 정도로 정확하다"고 표현한 사람도 있었다. 링고의 혁신은 이 시스템이 최고의 추천, 즉 관련성을 나타내는 최고의 지표가 콘텐츠 자체의 분석이 아니라 다른 인간에게서 나올 가능성이 크다는 점을 인정한 방식이었다. 링고는 인간 취향의 확장을 대변하는 것이었다.

초창기의 인터넷 알고리즘은 사용자에게 중요한 것이라면 무엇이든 방대한 양의 자료를 꼼꼼히 살펴 추려낸 다음에 이를 일관된 방식으로 사용자에게 제시하도록 설계되었다. 그 한 가지 목적은 오로지 정보나 노래, 이미지나 소셜 미디어 업데이트를 '추천'하는 것이었다. 알고리즘 기반 피드에는 문자 그대로 '추천 시스템'이라는 꼬리표가 붙기도 했는데, 콘텐츠를 선택하는 간단한 행동을 나타내기 위한 것일 때가 많았다.

완전히 주류의 위치를 차지하게 된 최초의 인터넷 알고리즘은 누구나 알고 있고 대부분의 인터넷 사용자가 접해보았을 구글 서치 Google Search 알고리즘이다. 구글의 공동 창립자인 세르게이 브린과 래리 페이지는 스탠퍼드대학교에 재학 중이던 1996년에 나중에 페이지랭크PageRank가 될 프로그램을 연구하기 시작했다. 페이지랭크는 인터넷의 정보를 자동화된 방법으로 수집, 분류, 저장하고(당시에는 인터넷상의 문서량이 아마 총 1억 개 정도였을 것이다) 어떤 사이트와 페이지가 다른 사이트나 페이지보다 유용하거나 유익한 정보를 제공하는지를 식별하는 시스템이었다. 페이지랭크는 한 웹사이트가 다른 사이트에 의해서 몇 차례나 링크되었는지를 측정하는 방식으로 작동했는데, 이는 학술논문이 과거의 연구 가운데 중요한 연구를 인용하는 방식과 비슷했다. 링크가 많으면 많을수록 중요한 페이지일 가능성이 더 커졌다.

브린과 페이지는 1998년에 발표한 〈대규모 하이퍼텍스트 웹 검색 엔진의 해부The Anatomy of a Large-Scale Hypertextual Web Search Engine〉라는 논문에서 "인용 지수는 중요도에 대한 사람의 주관적 생각에 매우 잘 부합한다"고 썼다. 인용지수가 사람들이 무엇을 중요하다고 생각하는지 가장 잘 드러낸다는 의미다. 페이지랭크는 콘텐츠 필터링과 협업 필터링의 형식을 결합했다. 각종 페이지를 링크함으로써 사용자는 알고리즘에 통합될 수 있는 추천에 대한 주관적인 지도를 작성했고, 페이지랭크는 어떤 페이지의 링크 수와 링크의 상대적인 질 그리고 나아가서는 텍스트의 크기까지 측정했다(텍스트가 크면 클수록 특정 검색어와의 관련성이 더 커질 수 있다). 이때 페이지랭크가 더 높은 페이지는 구글 검색 결과 목록 최상단에 나타날 가능성이 컸다.

페이지와 브린은 인터넷이 성장함에 따라 시스템이 확장 가능해질 것이라고 예측했는데, 이 예측은 정확히 들어맞았다. 수십 년 후, 페이지랭크는 어떤 웹사이트를 언제 어떻게 나타내 보여줄지를 좌우하는 시스템이 되었다. 어떤 사업이나 자료를 띄우고 싶다면 페이지랭크 알고리즘에 맞춰 구글 검색 결과의 맨 처음 페이지에 나타나도록 하는 것이 필수인 시대가 된 것이다. 2000년대 초에는 찾고 있던 내용에 대한 정확한 정보를 얻기 위해 구글 검색 결과 페이지를 읽고 또 읽어야 했다. 그러나 최근 들어서는 두 번째 페이지 이상으로 넘어가는 경우가 좀처럼 드물다. 구글 검색은 이제 관련성이 높을 것이라고 추측하는 텍스트를 찾아 웹사이트에서 그 텍스트를 끌어온 다음에 검색 페이지 최상단에 노출하기 때문이다. 따라서 사용자가 또 다른 사이트를 화면에 불러오지 않고서도 답변을 전달하며, 이는 구글의 위상을 한층 더 굳건하게 만들었다. 16세기에 **프랜시스 베이컨은 "아는 것이 힘"**이라고 했지만, 인터넷 시대에는 지식을 선별하는 일이 훨씬 더 큰 힘이 될 수도 있다. 이제 정보는 차고 넘치며 찾기도 쉬워졌지만, 이런 정보를 이해하고 어떤 정보가 유용한 정보인지를 알아보는 일은 훨씬 어렵다.

페이지와 브린은 자신들이 만든 시스템이 각 사이트를 관련성에 따라 중립적으로 평가하기를 바랐다. 그러므로 그 시스템의 알고리즘은 사용자에게 무엇이 최선의 정보인지 그 우선순위를 제시하기 위한 것이어야 했다. 특정 사이트나 사업에 영합하여 검색 기준을 조절한다면 검색 결과는 엉망이 될 것이다. 페이지와 브린은 1998년에 "우리는 검색 엔진에 자금을 대는 광고는 광고주 쪽으로 편향될 수밖에 없으므로 소비자의 니즈에서는 벗어날 것이라고 예상한다"라고 말한 바 있다. 그러나 이제는 기업가가 된 이들은 2000년에 광고주를 위한 시험 제품으로 구글 애드워즈AdWords를 출시했다. 그리고 2020년에는 구글 수익의 80퍼센트 이상을 광고로 벌어들였으며, 현재도 광고는 구글 수익의 막대한 부분을 차지하고 있다. 페이지랭크가 수십억 명의 사용자를 구글 검색으로 유인했고, 회사는 사용자가 무엇을 검색하는지 추적할 수 있게 되어 광고주에게 더욱 효과적인 특정 검색 쿼리의 공간을 판매할 수 있었던 것이다. 사용자가 보는 광고는 검색 결과와 마찬가지로 알고리즘이 제공하는 것이다. 이렇듯 검색 알고리즘을 기반으로 구축된 광고는 구글을 거대 기업으로 탈바꿈시켰다.

2000년대 초반 무렵에는 이미 알고리즘에 기반한 필터링이 디지털 경험을 좌우하고 있었다. 아마존 웹사이트는 1998년부터 고객에게 구매 예정 상품을 추천할 목적으로 협업 필터링을 사용하기 시작했다. 이 시스템은 링고처럼 취향의 근사치를 계산하기 위해 사용자의 프로필에서 유사성을 분석하지 않았다. 대신 젖병과 딸랑이처럼 동시에 구매할 가능성이 큰 품목이 무엇인지를 알아내는 방식으로 작동했다. 2017년에 아마존 직원 여럿이 작성한 글에는 사이트에서 폭탄처럼 쏟아지는 추천을 이렇게 설명했다.

우리 홈페이지의 눈에 띄는 특징은 당신이 과거에 구매했던 이력과 상점에서 훑어본 품목을 기반으로 추천이 이루어진다는 점이다. …… 장바구니 페이지에서는 고객이 장바구니에 추가하면 좋을 품목을 제안했다. 아마 이런 제안은 충동구매로 막판에 쓸어 담거나 아니면 고객이 생각하고 있었지만 미처 담지 못했던 물건을 채워 넣으라는 유도일 터였다. 주문 막바지에 이르러서는 더 많은 제안이 나타나 앞으로 구매하면 좋을 품목을 제시한다.

추천 알고리즘은 당신에게 필요할지도 모를 상품을 마지막으로 한번 더 들이민다는 점에서 마트 계산대 바로 앞에 설치된 매대와 비슷하다. 하지만 아마존의 경우, 추천된 상품이 웹사이트 사용자에게 맞춤형으로 제시되어 "고객 한 사람마다 상점 하나"가 제공되는 것과 마찬가지가 된다. 아마존은 배너 광고나 가장 잘 팔리는 상품 리스트처럼 표적 고객을 정확히 설정하기 힘든 마케팅 전략보다 개인 맞춤형 상품 추천이 매출액 측면에서 훨씬 더 효과적이라는 사실을 알게 되었다. 이런 추천 알고리즘을 통해 아마존은 사업 성과를 개선할 수 있었고 고객은 쇼핑이 더 편리해졌다고 받아들였다. 고객은 맞춤형 추천을 통해 필요하다고 생각하지 못했던 상품을 찾을 수도 있었다(바로 지금 내 아마존 홈페이지는 무선 고압 세척기와 일본산 오믈렛 팬을 추천하고 있다).

이 같은 초창기 알고리즘은 개인 이메일이나 음악가(특정한 곡이 아니라), 웹 페이지나 상품을 선별해내는 일이 고작이었다. 디지털 플랫폼이 확장되면서 추천 시스템은 더욱 복잡한 문화 영역으로 파고들었다. 훨씬 더 빠른 속도로 작동했고 훨씬 더 많은 양의 데이터를 처리했으며 수백만 개의 트윗과 영화와 사용자 게시 영상과 심지어 장래 연애 상대까지 선별해냈다. 필터링은 온라인에 접속하면 반드시 겪어야 할 기본값이 되었다.

이 같은 필터링의 역사는 추천 시스템이 전지적 존재가 아니라 기술 연구자나 노동자 집단이 만들어낸 도구라는 점을 상기시킨다. 이 시스템 역시 오류를 범할 수 있다. 터프츠대학교 교수 닉 시버Nick Seaver는 알고리즘의 인간적 측면, 즉 알고리즘을 만든 엔지니어가 추천 알고리즘에 관해서 어떻게 생각하는지를 중심으로 추천 시스템을 연구하고 있다. 시버는 알고리즘이 명확하게 규정되지 않았다고 주장한다. 개별 방정식을 그 설계와 사용자에 대한 영향 이면에 놓여 있는 기업의 동기와 구분해야 한다는 것이었다. 시버는 "알고리즘은 기업 전체를 드러내는 환유換喩"라고 말했다. "페이스북 알고리즘 같은 것은 없다. 페이스북이 있을 뿐이다. 알고리즘은 페이스북이 내린 결정을 말하는 방식이다."

이 기술 자체가 문제는 아니다. 공학상의 하자가 있다고 다리를 비난할 수 없는 것과 마찬가지로 추천을 잘못했다고 알고리즘 자체를 비난할 수는 없다. 디지털 플랫폼에서 방대한 양의 콘텐츠를 이해할 수 있게 만들려면 어느 정도의 재정렬은 불가피하다. 필터월드의 부정적 측면은 사용자의 경험을 충분히 고려하기보다 이들 사용자를 표적으로 삼는 광고주를 고려하면서 너무 광범위하게 적용되었기에 드러난 것일 수도 있다.

초창기 소셜 미디어

내가 처음으로 유의미하게 사용했던 소셜 미디어는 터프츠대학교에서 입학 허가를 받고 나서 가입했던 페이스북이었다. 2006년 여름에는 사용자가 이 플랫폼의 대학교 섹션에 접근하려면 대학교의 공식이메일 주소(.edu)가 있어야 했다. 당시 페이스북의 사용 범위는 극히 제한적이었다. 나는 페이스북을 주로 터프츠대학교의 동기들과 연락하는 수단으로 사용했다. 오늘날의 페이스북이 몇 초마다 진입과 진출이 일어나는 정신없이 바쁜 고속도로라면 금세기 초반에는 기껏해야 몇몇이 모여 시간을 보내는 고등학교 휴게실에 더 가까웠다. 사용자는 자기 프로필을 만들고 현재 상태를 프로필에 업데이트하고 공통된 관심사를 중심으로 그룹에 가입했다. 그 외에 다른 것은 없었다.

사실 온라인을 사람과 교제하는 공간으로 바꿔놓은 것은 페이스북이 아니었다. 페이스북에 앞서 프렌드스터Friendster와 마이스페이스MySpace가 있었고, AOL의 인스턴트 메신저나 구글의 지챗gChat이 실시간으로 친구들과 어울릴 수 있는 흥미로운 플랫폼을 제공했다. 2006년 무렵, 나는 이미 비디오 게임과 음악을 토론하는 철 지난 포럼 웹사이트에서 활동 중이었다. 하지만 저커버그가 만든 페이스북은 일관성 있고 한결같은 방식으로 온라인상의 정체성을 오프라인 세계와 하나로 묶어냈다. 이 플랫폼은 사용자에게 가명보다는 실명 사용을 권장했고, 대학이라는 작은 세계에서 벌어지는 현실의 여러 가지 계획, 즉 파티를 열고 학업에 관한 계획을 세우고 교우관계를 맺는 등의 일에 영향을 미쳤다. 그렇게 하면서 페이스북은 수백만, 나아가서는 수십억 명의 사용자의 사회생활에도 관여하게 되었다.

2006년 9월, 내가 가입하고 얼마 지나지 않아 페이스북은 뉴스 피드News Feed라는 큰 변화 한 가지를 단행했다. 이것은 모든 상품을 판매하는 창고형 대형 매장처럼 인터넷상의 모든 것을 게시하겠다는 페이스북의 향후 방향을 결정지을 만한 특징적 서비스였다. 뉴스 피드는 업데이트와 게시물과 알림이 이어지는 목록으로 페이스북의 가장 중요한 특징이 되었다. 페이스북의 공식 업데이트 소식은 이렇게 알렸다. "이제 로그인할 때마다 당신의 친구와 소셜 그룹 활동으로 생성된 최신 헤드라인을 볼 수 있습니다."

같은 해에 뉴스 피드에 대한 특허가 출원되었으나 특허권이 부여된 것은 2012년이 되어서였다. 이 특허는 뉴스 피드의 목적을 "일개 시스템 및 방법이 소셜 네트워크 환경에서 전자 장치를 사용하는 자에게 동적으로 선택된 콘텐츠를 제공한다"고 서술했다. 뉴스 피드는 알고리즘이 지시하는 정보의 흐름이며, 사용자에게 무엇을 보여줄지를 이 알고리즘이 결정한다는 말이다. 또한 "웹 기반 소셜 네트워크의 구성원에게 맞춤형으로 제시되는, 동적 관계 기반 콘텐츠를 생성할 수 있다"고 주장하기도 했다. 물론 뉴스 피드도 처음에는 그저 그날그날의 상태가 달라졌고 프로필의 사진이 업데이트됐음을 알려주는 일련의 알림에 불과했다.

뉴스 피드의 특허 출원서에 길게 기재된 설명에서는 1990년대의 이메일 시스템보다 훨씬 대규모로 작동하는 협업 필터링 시스템을 제안하고 있다. 여기에는 소셜 네트워크에서 스트리밍이나 전자상거래에 이르기까지 온라인에서 이루어지는 생활 대부분이 다가올 10년 안에 어떻게 변화할지를 내다보고 있는 내용이 담겨 있다. 즉, 자동화된 피드가 사용자가 아니라 기업의 손에 좌우되어 사용자와 콘텐츠 간에 더욱 수동적인 관계를 형성하게 되리라는 것이었다.

> 미디어 콘텐츠 항목이 사용자를 대상으로 선별되며 이 선별은 해당 사용자가 한 명 이상의 다른 사용자와 맺은 관계를 기반으로 이뤄진다. 해당 사용자와 다른 사용자의 관계는 선별된 미디어 콘텐츠와 그 구성 형식에 반영된다. 예를 들어, 미디어 콘텐츠 항목이 해당 사용자에게 얼마나 중요할지 예상해보고 그 예상된 중요도를 기반으로 해당 미디어 콘텐츠 항목에 순서가 부여되면 그 미디어 콘텐츠 항목은 부여된 순서대로 해당 사용자에게 보인다. 이 사용자는 미디어 콘텐츠 항목의 순서를 변경할 수 있다. 이 사용자와 소셜 네트워크 환경에서 가용한 미디어 콘텐츠와의 상호작용이 모니터링되며, 이런 상호작용은 해당 사용자를 대상으로 추가적인 미디어 콘텐츠 항목을 선별하는 데 사용된다.

알고리즘 기반 피드를 구성하는 요소가 모두 나타나 있는 글이다. 다시 말해, 개별 사용자가 과거에 관심을 기울였던 콘텐츠를 감시함으로써 (해당 사용자에 대한) 특정 콘텐츠의 상대적 중요도를 예상하고 똑같이 관심을 기울일 가능성이 큰 콘텐츠를 목록의 최상단에 위치시키는 시스템이 바로 그것이다. 이 시스템의 목표는 콘텐츠를 필터링해서 가장 흥미로운 것을 선택하고 따라서 사용자가 더 많은 양의 콘텐츠를 소비하고 더 많은 계정을 팔로우하도록 부추기는 데 있다. 소셜 미디어를 더 자주 사용하고 그 사이트에 더 오래도록 머무르는 사용자는 그 사이트가 성공할 수 있도록 만든다.

처음에는 가장 최근의 업데이트가 맨 앞에 오도록 시간순으로 정렬되었던 뉴스 피드도 점점 알고리즘의 논리를 따라갔다. 페이스북이 성장하고 사용자가 더 많이 접속하고 대인관계에서 출판물이나 브랜드로 연결이 확장해가면서 개인의 업데이트 양도 증가했다. 시간이 흐르면서 업데이트 내용 또한 그저 시시콜콜한 친구의 소식을 넘어 그룹 메시지와 뉴스 링크와 실적 발표가 되어갔다. 이렇게 데이터가 늘어나면서 페이스북을 가볍게 사용하는 사용자가 양도 많고 종류도 다양한 시간순 피드를 팔로우하리라고 기대하기란 더욱 힘들어졌다. 설령 팔로우를 시도하더라도 피드에 압도당하거나 아니면 중요한 게시물을 놓치거나 둘 중 하나였고, 이는 플랫폼에 대한 불만을 일으킬 수 있었다. 궁극적으로 소비의 규모와 속도 때문에 공격적인 알고리즘 기반 필터링이 페이스북에 필수가 된 것이다.

페이스북의 '좋아요' 버튼은 엄지를 치켜세운 그 특유의 표시와 함께 2009년에 도입되었고, 한 사용자가 특정 콘텐츠에 얼마나 흥미를 느끼는지 보여주는 한 가지 형식의 데이터를 제공했다. '좋아요'와 댓글 그리고 한 계정과 다른 계정 사이에서 이루어진 상호작용으로 측정되는 사용자 참여도는 피드의 순서를 결정하는 요인으로 고려되었다. 이런 알고리즘 시스템을 엣지랭크EdgeRank라고 불렀고, 페이스북은 엣지랭크의 주요 변수로 친밀도 점수, 엣지 가중치와 시의성을 들었다. '엣지'는 사람들이 페이스북에서 수행하는 모든 행동을 가리키며, 이후 뉴스 피드로 보내져 업데이트 목록에 반영된다. 친밀도 점수는 한 사용자가 게시물의 게시자와 어떻게 연결되었는지 그 방법과 연결의 강도를 나타낸다(친구의 게시물에 꾸준히 댓글을 남기는 행동이 그 한 가지 예다). 친밀도 점수에서는 댓글이 '좋아요'보다 중요했고 최근의 상호작용이 예전의 상호작용보다 중요했다. 엣지 가중치는 상호작용이 일어나는 각기 다른 범주를 평가한다. 알고리즘은 뉴스 기사 링크를 게시하거나 새로운 그룹에 가입하는 것보다 새로운 사진을 게시한 친구의 업데이트에 더 높은 가중치를 부여했다. 시의성은 이를테면 행동의 나이로, 다른 요인이 같다면 최근의 행동이 오래전 행동보다 뉴스 피드의 상단에 위치할 가능성이 더 컸다. 엣지랭크 점수는 부여된 점수가 영구히 지속되는 것이 아니라 시시각각 변했다. 그리고 이 세 개의 범주는 그저 단일하고 중립적인 데이터 점수가 아니라 페이스북에 의해 특정한 방식으로 일괄적으로 꾸려져 해석된 데이터 모음이다.

페이스북의 알고리즘 기반 피드가 진화하는 양상을 추적하기란 어렵다. 알고리즘 기반 피드가 수시로 업데이트될 뿐만 아니라 회사가 그 세부 사항을 일부만 간헐적으로 공개하기 때문이다. 우리가 공식 발표 외에 알 수 있는 것은 결국 기자들의 탐사보도와 업데이트된 알고리즘이 공개되기 훨씬 이전에 그 알고리즘의 결과를 확인한 사용자의 경험에서 얻은 것들뿐이다. 피드 메커니즘이 달라지면 익숙한 웹사이트라도 다르게 느껴진다. 예를 들어, 페이스북에서 친구의 게시글이 잘 보이지 않고 그룹이나 기업의 게시글을 많이 보게 된다거나 인스타그램이 특정한 친구의 게시글을 당신의 피드에서는 절대 보여주지 않아서 검색 바를 써서 게시글을 추적할 필요가 있다는 것을 알아차리게 될 때 등이다.

알고리즘 기반 피드는 그 자체로 일관성이 있다거나 궁극의 완벽함을 추구하지도 않는다. 피드는 회사의 우선순위에 따라 바뀐다. 2011년, 페이스북은 뉴스 피드를 "당신만의 개인 신문"이라고 설명했다. 뉴스 피드의 목적이 사회관계 업데이트와 바깥 세계의 뉴스 기사를 하나로 아우르는 것임을 시사한 것이었다. 2013년, 페이스북은 자사의 알고리즘이 "고급이라고 정의된 콘텐츠를 탐색"하기 위해 작동됐다고 언급했다. 하지만 회사가 고급이라고 평가하는 것이 무엇이든 간에 이를 추적하는 일은 요원하다는 것이 밝혀졌다. 만약 당신의 페이스북 게시글이 주목받기를 원한다면(이는 언론 출판물이나 프리랜서 작가에게는 중요한 문제인데) 어떤 종류의 소재가 우선순위를 얻을지 짐작하고 알고리즘을 '역이용'해야 한다. 더 이상 당신의 게시물을 보고 팔로우하거나 친구를 맺은 사용자에게 의존하는 것만으로는 우선순위를 차지하기 힘들다.

언젠가 알고리즘이 더는 기사 링크에 높은 가중치를 주지 않는다는 소문이 떠돌았다. 그러자 나를 비롯한 다른 기자들은 단순히 링크를 사용해 기사를 게시하는 방식에서 벗어나 게시물에 댓글을 다는 방식으로 기사에 대한 링크를 추가했다. 나름의 이 꼼수가 독자에게는 혼란스러웠겠지만, 알고리즘에 기반한 시스템에서는 효과적이었다. 또 언젠가는 결혼 발표와 비슷한 글을 쓰거나 '축하합니다'라는 내용이 들어간 댓글을 남기면 게시물이 피드 최상단으로 올라간다는 사실이 알려졌다. 이후 나는 가짜 결혼식이나 인생의 이정표가 될 만한 사건과 내가 쓴 기사를 엮기 시작했다. 이런 현상은 사용자가 알고리즘을 역이용하거나 발각되지 않으려 의도적으로 데이터를 제공할 때 알고리즘이 어떻게 왜곡될 수 있는지를 잘 보여준다. 좀 더 최근에는 틱톡에서 알고리즘이 영상을 차단하거나 순위를 뒤로 미룰 가능성이 높은 단어를 돌려서 언급하는 '완곡한 표현euphemism'이 등장하고 있다. 이에 대해서는 《워싱턴포스트》의 테일러 로렌츠Taylor Lorenz 기자가 상세히 보도했는데, 살해는 '살아있지 않다unalive'로, 성폭행은 'SA'로, 자위기구는 '매운(음란한) 가지spicy eggplant' 등으로 돌려 표현된다. 이런 단어는 알고리즘 이미지에 맞춰 주조된 어투라는 뜻의 '알고스피크algospeak'라고 불리기도 한다.

내가 페이스북에서 사용했던 꼼수가 얼마나 효과적이었는지는 잘 모르겠지만, 어쨌거나 당시 나는 잠재적 독자를 확보할 수만 있다면 어떤 일이라도 기꺼이 해볼 생각이었다. 그리고 이는 구글 검색에 맞춰 웹사이트를 설계하는 엔진 최적화optimization와 비슷한 작업이다. 기자들은 알고리즘의 기준이나 아니면 적어도 우리가 기준이라고 생각하는 바에 맞도록 콘텐츠를 최적화한다. 이 과정은 때로는 부조리하게 느껴지기도 했다. 우리는 늘 보이지 않고 이해 불가능하며 변화무쌍한 적수와 드잡이질을 벌였다.

2015년을 전후로 페이스북은 영상 콘텐츠의 우선순위를 높이겠다고 결정했고, 이에 따라 추천 알고리즘은 예전보다 훨씬 더 많이 영상 콘텐츠를 홍보했다. 그러자 미디어 기업은 시청자를 확보하기 위해 맞춤 영상을 제작하는 데 집중했으며, 때로는 페이스북에서 자금을 지원받기도 했다. 그러나 이런 변화 역시 불과 몇 년 정도 이어졌을 뿐이었고, 페이스북은 다시 영상의 우선순위를 낮췄다. 이는 버즈피드BuzzFeed나 매쉬어블Mashable이나 엠티비MTV를 비롯한 미디어 회사에서 줄줄이 직원을 해고하는 사태로 이어졌다(이 프로젝트가 끝난 후, 영상이 수신하고 있는 트래픽에 관해 페이스북이 거짓말을 해왔다는 사실이 드러났다. 소송에서 밝혀진 바에 따르면, 페이스북은 트래픽 수치를 최대 9배까지 부풀렸다고 한다). 알고리즘 기반 피드는 계속해서 변화했다. 2016년, 페이스북은 게시글에 '이모티콘'을 사용할 수 있게 했고, 사용자는 '좋아요' 버튼 외에도 다양한 이모티콘으로 자신의 반응을 내보일 수 있게 되었다. 당연하게도 이모티콘 반응을 더 많이 얻은 게시글이 더 많이 피드에 올라갔다. 하지만 이 변화는 자극적이고 선동적인 콘텐츠, 가령 분노를 일으키는 정치 이야기처럼 화난 표정의 이모티콘 반응을 많이 받은 게시글이 과도하게 피드되면서 사이트 전체의 분위기를 해치게 되는 역효과를 불러오기도 했다. 더 많은 참여를 끌어냈다고 해서 꼭 그만한 가치가 있지는 않다는 것을 잘 보여주는 현상이었다.

시간순으로 정렬된 피드에서 점차 알고리즘에 기반한 추천의 양을 늘려간 것은 페이스북만이 아니었다. 2010년대 내내 거의 모든 주요 소셜 네트워크 서비스가 똑같은 길을 따라갔다. 필터월드는 알고리즘화가 강화되었던 2010년대 중반부터 그 모습을 갖춰나가기 시작했다.

2012년에 페이스북은 인스타그램을 인수했다. 인수된 지 몇 년 만에 이 사진 공유 앱은 친구들이 올린 사진을 선형적 방식으로 보여주는 피드에서 벗어나 영상과 광고와 추천 게시물의 흐름으로 이동함으로써 페이스북에 더욱 근접해갔다. 2016년 3월, 인스타그램의 피드는 시간순에서 알고리즘 기반의 배치로 전환되기 시작했다. 이 변화는 소규모의 사용자 집단에서 테스트를 거친 뒤에 적용 범위를 계속 넓혀 나가다 결국 모든 사용자에게 적용되기에 이르렀다. 시간순에서 벗어난 피드는 점차 혼란과 불안감을 불러왔다. 이는 자신도 모르는 새에 누군가가 집의 가구 배치를 모조리 바꿔 놓았을 때 느끼는 감정과도 같았다. 전에는 피드를 스크롤하면 과거로 거슬러 올라갈 수 있었지만 어느날 갑자기 이틀 전 게시글이 피드 최상단에 나타나게 된 것이다.

2016년 초에는 트위터 역시 시간순으로 정렬되었던 피드에서 벗어나 알고리즘 기반 피드를 시범적으로 운영했다. 사람들은 시간순으로 정렬하는 선택지를 마치 인기 있는 정크푸드라도 되는 양 '트위터 클래식Twitter Classic'이라고 불렀다. 그러나 트위터 앱은 얼마 지나지 않아 시스템을 알고리즘 기반 피드로 완전히 전환했다. 2016년은 또한 (넷플릭스가 오랫동안 알고리즘에 기반해 콘텐츠를 추천하기는 했지만) 스트리밍 서비스가 추천 콘텐츠에 우선순위를 부여하고 이 콘텐츠를 사용자 맞춤형으로 개별화하는 방향으로 자체 홈페이지 인터페이스를 바꾸기 시작한 해이기도 했다. 그러자 마치 강에 댐을 세우면 전체 생태계에 변화가 일어나듯이 사용자도 기업도 예상하지 못했던 광범위한 문화적 변화가 일어나기 시작했다.

피드가 알고리즘에 기반하게 되면, 이 피드는 사람마다 다르게 나타난다. 즉, 특정 시점에 다른 사용자가 무엇을 보고 있는지 알 수 없게 되면서, 온라인에서 다른 사람과 (극장에 앉아 영화를 보거나 방송 시간에 맞춰 케이블 TV 프로그램을 보려고 모여 앉아 있을 때 느낄 법한) 공동체 의식이나 집단의식을 느끼기란 더더욱 힘들게 되었다. 필터월드가 출현함으로써 단일한 공동체 문화가 와해된 것이다. 이런 현상에는 우리가 모두 과거 어느 때보다도 더 넓은 범위의 미디어를 소비할 수 있게 되었다는 이점도 있지만 부정적인 결과도 있다. 문화는 공동체적인 것으로 청중 전반에 일정한 정도의 일관성을 요구한다. 공동체성이 없다면 문화는 그 본질적인 영향력을 일부 잃는다.

인터넷도 그랬지만, 알고리즘 기반 피드 역시 서서히 스며들어 한순간에 모든 것을 점령해버렸다. 2020년대 초반, 나는 추천 시스템이 어떤 형태든 우리의 모든 디지털 미디어 소비에 영향을 미치므로 이 시스템을 피하기는 어려울 것 같다고 쓴 바 있다. 기술은 스위치를 올리기 바로 직전까지는 종종 먼 미래에 해당하는 것처럼 보이다가 어느새 일상적 삶의 한 단면이 된다. 20세기 초반 마르셀 프루스트Marcel Proust가 쓴 《잃어버린 시간을 찾아서》는 진화하는 기술을 배경으로 개인의 감성에 나타나는 미묘한 변화를 파고든다. 소설의 한 구절에서 프루스트의 화자는 전화를 "예전에는 그 기적에 감탄을 금하지 못했지만, 지금은 아무 생각 없이 재봉사를 부르거나 아이스크림을 주문하려고 사용하는 초자연적인 도구"라고 묘사했다. 전화는 프루스트의 소설에서 배경이 되는 19세기 후반에서야 발명되었다. 1899년에 파리의 전화 가입자 수는 고작 7천 명뿐이었지만 전화는 이미 진부한 것이 되어 있었다. 첫 통화를 하다가 화자는 경외심을 갖기보다는 짜증을 낸다. 프루스트는 이렇게 쓰고 있다. "습관이란 우리가 접촉하는 성스러운 힘에서 느끼는 신비로움을 아주 짧은 시간에 제거하므로, 즉시 통화가 이루어지지 않자 내 머릿속에 떠오른 생각은 전화가 너무 오래 걸리며 불편하다는 생각뿐이었고, 하마터면 항의까지 할 뻔했다."

1933년에 일본 소설가 다니자키 준이치로谷崎潤一郎는 수필집《음예예찬陰翳禮讚》에서 도쿄에 도착한 전등 이야기를 풀어놓으면서 기술적 변화의 또 다른 순간을 기념했다. 1867년에 서구의 침략이 시작되면서 개화의 파고가 높아지고 뒤이어 문화 충돌이 벌어지는 와중에 미지의 문물이었던 전등은 일본에서 흔하디흔한 물건이 되어버렸다. 다니자키는 이 수필에서 "서구인은 더 밝은 빛을 탐색하는 일을 절대로 멈추지 않는다"라고 쓰면서, 집안의 미닫이문에 붙인 금박의 어스름한 빛에서부터 어둑해진 식당에서 볼 수 있는 탁한 미소 된장국의 외양에 이르기까지 약간 어스름한 촛불이 연상시키는 일본 문화 특유의 형식을 애도한다. "우리의 요리는 언제나 음예를 바탕으로 하여 어둠과 끊으려 해도 끊을 수 없는 관계에 있다."

하지만 다니자키는 전기와 더불어 자기로 만든 변기나 난로, 네온사인 같은 새로운 이기를 무시하지는 못했다. "내가 서양 문물이 주는 편리함에 반대하는 것은 아니다." 다니자키가 자신의 글에서 묘사하고 있듯이, 그는 전통을 높이 평가했던 만큼이나 영화관과 현대 건축을 사랑했다. 《음예예찬》은 기술이 어떻게 바뀌고 문화는 어떻게 적응하며 결국 개인의 취향은 어떻게 달라지는지를 추적한다. 이는 필터월드 시대에 살고 있는 우리가 도처에서 목격하는 양상이기도 하다.

신기술과 더불어 기적이라 여겨졌던 것이 일상적인 것이 되고 기능에 작은 문제만 생겨도 성가시게 느껴지다가 마침내는 무시해도 좋을 만한 것이 되고 이 기적은 버려진다. 우리는 예전에는 멀리 떨어져 있는 사람에게 직접 말을 전할 수 없었고, 전등으로 온 방을 환히 밝히지도 못했으며, 기계가 정보와 미디어를 자동으로 걸러주지 않았다는 사실을 종종 잊고 있다. 하지만 어느 순간 익숙해진 것들이 제 기능을 발휘하지 못한다든가 기존과는 다른 방식으로 작동할 때 인식하게 된다. 알고리즘도 마찬가지다. 마치 집안에 놓인 가구처럼 평소에는 알아차리지 못하다가 문득 존재감을 깨닫게 된다.

알고리즘 불안에
사로잡히다

체스를 두는 기계 투르크인이 수 세기 전 인간의 조작 없이 독자적으로 결정을 내리는 기적 같은 기술과의 마주침이었다면(물론 큰 착각이었지만), 지금은 우리가 익숙하게 의지하는 디지털 공간에서 하루에도 수십 번씩 그러한 경험과 맞닥뜨리고 있다. 현재 페이스북은 거의 30억 명에 가까운 사용자를 확보하고 있다. 인스타그램에는 약 20억 명의 사용자가 있다. 틱톡도 사용자가 10억 명이 넘는다. 스포티파이 사용자는 5억 명이 넘는다. 트위터 사용자는 4억 명이 넘고, 넷플릭스 사용자는 2억 명이 넘는다. 이렇게 수많은 사람들이 플랫폼에서 서로 교류하고 수동적으로 소비할 때마다 추천 알고리즘의 영향을 받는다. 설령 몇몇 사용자가 알고리즘 기반 피드에서 벗어날 수 있다고 하더라도, 이들의 그러한 움직임만으로도 관련 데이터가 모이고 이렇게 모인 데이터는 다른 사용자에게 추천할 때 적용된다. 알고리즘은 바다 밑바닥부터 쓸고 다니는 저인망처럼 우리를 가두어 도망칠 수 없게 한다. 소셜 네트워크와 스트리밍 서비스는 전 세계 인구의 상당 부분이 (그것이 음악이든 오락이든 예술이든) 정보를 주고받는 주요 방식이 되었다. 우리는 알고리즘에 기반한 문화의 시대에 살고 있는 것이다.

기술 기업은 규모를 더 키우기 위해 오랫동안 갖은 애를 다 써왔다. 이들 기업에게는 사용자 경험의 질이나 문화의 다양성이나 독창성보다 독점적 성장이 더 중요하다(디지털 플랫폼은 미술관의 큐레이터가 아니므로 책임을 질 필요도 없다). 실리콘 밸리식 이데올로기에 따르면, 그 어떤 부정적 결과가 발생하더라도 규모를 키우는 일이 더 중요하며, 이는 페이스북에서 마크 저커버그를 보좌하던 앤드루 보즈워스Andrew Bosworth가 2016년에 작성한 글에서 입증된다.

따라서 우리는 더 많은 사람을 연결한다. 사람들이 이를 나쁘게 사용한다면 나쁜 결과가 나올지도 모른다. 어쩌면 누군가는 누군가의 괴롭힘으로 목숨을 잃을 수도 있다. 어쩌면 누군가는 페이스북을 통해 모의된 테러 공격의 희생양이 될 수도 있다. 그래도 우리는 여전히 사람을 연결한다. 불편한 진실은 우리가 사람을 연결한다는 것에 너무 심취한 나머지 더 많은 사람을 더 자주 연결할 수 있도록 해주는 것이라면 우리에게는 그 어떤 것이든 '사실상'de facto 선善이라는 점이다.

보즈워스의 글은 만약 사람들이 어떤 플랫폼에 계속해서 참여하고 활동한다면, 그들이 무엇을 하고 있든 그 플랫폼은 성공적이라고 받아들이겠다는 태도를 적나라하게 드러내 보인다. 이 같은 참여는 자극적인 뉴스 머리기사나 아무 생각 없이 보게 만드는 오락물을 자동 추천함으로써 그 생명을 계속 이어간다. 오늘날에는 문화적 창작물을 만들어낼 때 알고리즘 기반 피드와 따로 떨어뜨려 생각하기가 매우 어렵게 되었다. 이는 수십억 명의 디지털 관객이자 소비자에게 창작물이 어떻게 노출될지를 결정하는 것이 바로 알고리즘 기반 피드이기 때문이다. 피드가 없으면 관객도 없다. 디지털 속에서 창작은 그저 창작자creator를 위해서 그리고 창작자와 관객의 직접적인 연결을 통해서만 존재하게 된다. 또한 피드의 추천이 텔레비전에서 무엇을 보여주고 라디오에서 무엇을 들려주며 무슨 책을 출판할지에 영향을 미치는 일이 불가피하게 되면서 알고리즘 기반 피드가 보여주지 않는 다른 무언가를 소비하는 것은 훨씬 더 어렵게 된다. 필터월드는 어디서나 흘러넘친다.

고등학교 교사로 일하는 연극학자 트레버 보폰Trevor Boffone은 알고리즘에 기반한 문화가 어디에 이르게 될지 적절히 설명해주었다. "성공한 영화는 틱톡에서 팔로우를 받은 영화예요. 빌보드 핫100 차트는 틱톡의 영향력에 좌우되죠. 반스앤노블 서점에 가면 북톡BookTok(틱톡에 있는 문학 인플루언서 커뮤니티) 매대가 있을 정도입니다." 문화 창작물이 상업적으로 성공하려면 디지털 플랫폼에서 흡인력을 갖추고 있어야 한다는 말이다. 보폰의 독특한 이력 역시 알고리즘 기반 피드가 만들어냈다. 자기가 가르치는 10대 학생들과 함께 틱톡에서 유행하는 춤동작을 배우면서 그 영상을 온라인에 게시하자, 인스타그램을 비롯한 다른 플랫폼에서 수십만의 팔로어가 빠르게 생겨났다. 보폰은 미국 전역에 방송되는 텔레비전 프로그램에 출연했고, 이내 '춤 선생님'이라는 캐릭터로 널리 알려지게 되었다. 이후 그는 춤 공연에 관한 논문을 발표하여, 여러 대학교와 출판사의 눈길 또한 사로잡았다. 보폰은 "올해 한 달 동안 내 연구에 쏟아진 관심이 지난 10년을 다한 것보다 훨씬 많았어요"라고 말했다.

보폰의 경험은 알고리즘 기반 피드 아래서는 유명한 것은 더 유명해지고 잘 알려지지 않은 것은 아예 눈 밖으로 사라지게 된다는 필터월드의 기본 규칙을 잘 보여준다. 플랫폼에서는 성공이든 실패든 빠르게 결판이 난다. 보폰은 이렇게 말했다. "인스타그램 게시물의 생명은 그 게시물을 올리고 처음 3분에서 5분 사이에 판가름 나요." 만약 어떤 게시물에 사용자가 즉각 참여하게 되면 그 게시물은 더 많은 참여를 얻을 가능성이 크고 그 반대 또한 마찬가지다. 이런 역학은 잔인한 것이기도 하다. 관심을 받지 못한다는 것은 암묵적으로 더 안전한 선택을 부추기고 순응을 권고한다.

피드가 무엇을 홍보할 것인지뿐만 아니라 누가 홍보의 대상이 되는지 역시 문제다. 알고리즘 기반 피드에서 특정한 밈이나 유행이 인기를 얻을 때, 그 인기에 힘입어 평판을 쌓고 관심을 얻고 결국에는 금전적으로 이득을 보는 사람은 그 밈이나 유행의 원작자가 아닌 경우도 비일비재하다. 틱톡의 춤 영상이 그 대표적인 사례다. 틱톡 인플루언서인 찰리 디아멜리오Charli D'Amelio는 2019년에 틱톡에 춤추는 영상을 올리면서 유명해졌다. 하지만 찰리가 유행시킨 '레니게이드

Renegade'라는 춤동작은 사실 조지아 출신의 10대 흑인 소녀인 잘라이아 하먼Jalaiah Harmon이 만든 것이다. 레니게이드는 틱톡 화면에 맞게 정면을 바라보고 움직이는 일련의 움직임으로 여기에는 주먹 쥔 손을 휘두른다거나 엉덩이를 흔드는 동작이 포함되어 있다. 동작이 어렵지는 않지만 외우기가 쉽지 않아 한번 도전해보고 싶게 만드는 매력이 있었다.

하먼은 인스타그램과 퍼니메이트Funimate라는 앱에 먼저 이 춤을 게시했지만 알고리즘이 주도적으로 피드를 관리하는 틱톡에서 빠르게 알려지기 시작했다. 그러나 사람들은 춤의 원작자보다는 이 춤을 따라 한 디아멜리오의 영상에 열광했고, 결국 인기와 성공은 디아멜리오가 가져가버렸다. 콘텐츠의 창작자가 디아멜리오처럼 백인인 데다가 사립학교 출신의 전문적인 훈련까지 받은 댄서가 아닌 (미디어의 관심을 받을 수 없는) 소외 집단 출신일 경우, 필터월드에서 이득을 얻기란 더 어렵다(춤의 원작자로 인정을 받은 이후, 하먼의 틱톡 팔로어는 300만 명으로 증가했다).

다른 친구와 사귀는 일에서부터 창작 프로젝트를 위해 관객을 유치하는 일까지 우리 삶의 많은 부분이 이런 변덕스러운 시스템에 장악된 상황에서, 소셜 미디어 사용자가 피해망상에 시달리는 것도 놀라운 일은 아니다. 알고리즘이 작동하는 과정은 무시하라고들 하지만, 이 알고리즘이 안고 있는 결함을 떠올릴 때마다 우리는 알고리즘이 별다른 노력 없이 과분한 권위를 누리고 있는 것은 아닐까 하는 생각을 하게 된다. 알고리즘의 영향을 잘 알지 못한다는 점은 '알고리즘 불안'이라는 감정을 낳는다. 알고리즘 불안은 페이스북 피드나 운전 방향을 알려주는 구글 맵, 아마존의 제품 홍보 등 우리가 이해하고 제어할 수 있는 범위를 넘어선 자동화된 기술적 과정을 끊임없이 맞닥뜨려야 하는 부담감에 다름 아니다. 우리는 알고리즘이 내리는 결정을 예견하고 비판하는 일을 쉴 새 없이 거듭하고 있다. 알고리즘 불안은 가설이나 추상적인 관념이 아니라 이미 널리 퍼져 있는 개념이다. 기술 기업들은 이미 이 사실을 알고 있으며 여러 해 동안 사용자의 감정을 조종해오고 있다.

2018년, 조지아공과대학교 박사과정에서 공부하고 있던 샤군 제이버Shagun Jhaver는 에어비앤비 직원의 도움을 받아 에어비앤비 사용자에 대한 사회학적 연구를 진행했다. 이들은 에어비앤비 서비스에 집을 빌려주고 수입을 얻는 집주인이 (고객이 등록된 숙소를 찾고 예약하는 데 도움을 주는) 에어비앤비의 추천 알고리즘 그리고 그 검색 방법 및 평가 시스템과 어떻게 상호작용하고 그에 대해 어떻게 느끼는지를 분석했다. 제이버와 그의 연구팀은 연구보고서에서 집주인이 느끼는 "에어비앤비 알고리즘 작동 방식의 불확실성과 이들이 느끼는 통제의 결여"를 설명하기 위해 '알고리즘 불안'이라는 용어를 만들어냈다고 적고 있다. 집주인은 검색 알고리즘이 자신이 등록한 숙소를 부당하게 무시하거나 다른 숙소에 우선순위를 부여하지 않을까 걱정했다. 제이버는 이런 불안이 집주인이 임대하고 있는 숙소의 질이 아니라 알고리즘 기술 때문이라는 점을 알아차렸다. 제이버는 이렇게 말했다. "이 같은 불안은 숙소의 목록이나 부동산을 다른 방식으로 개선하는 일보다는 알고리즘 자체와 관련이 있었습니다."

연구팀은 에어비앤비가 집주인에게 '이중 협상'을 강요하고 있다고 주장했다. 집주인은 고객이 어떤 숙소를 원하는지는 물론 자기가 임대하고 있는 숙소를 목록의 상위에 올리기 위해 알고리즘이 어떤 변수에 우선순위를 부여하는지까지 알아야 했기 때문이다. 하지만 사실상 집주인들은 어떤 변수가 자신의 숙소 목록을 끌어올리는지 알 수 없었다고 한다. 집주인들은 누적 방문 후기의 수와 방문 후기의 질과 등록된 사진의 수 같은 요인이 우선순위를 높여 숙소를 홍보하는 데 도움을 줄 것이라고 생각했지만, 알고리즘이 책정된 가격이나 숙소의 편의시설, 집주인으로서의 숙소 보유 기간 등을 분석하는지는 그다지 확신하지 못했다. 이들에게는 시스템이 작동하는 방식에 관한 정보가 거의 없다시피 했다. 이는 모두 인식의 문제였다. 이 연구에서 한 집주인은 이런 불평을 털어놓았다. "검색 페이지에서 우리 집보다 못한 숙소들이 버젓이 더 높은 자리를 차지하고 있는 걸 보면 울화통이 치밀어요."

물론 만족도에 대한 평가는 주관적이지만 이 집주인이 느끼는 감정은 사용자가 어떻게 알고리즘에 기반한 평가로 인해 잘못된 정보를 얻거나 잘못 판단한다고 느끼는지를 이야기해준다. 제이버는 이렇게 설명했다. "이건 마치 시험 같은 거예요. 하지만 문제는 이 시험에서 무슨 일이 벌어지는지, 또 어떻게 해야 이 시험에서 점수를 잘 받을지 모른다는 겁니다." 게다가 무슨 일이 벌어지는지 모르는 건 사용자만이 아니다. "결국 가장 중요한 건 이 알고리즘을 만든 사람조차 어떤 요인 때문에 그러한 결정이 내려지는지 모른다는 거예요. 알고리즘이 복잡해지면서 다른 요인을 따로 구분해내는 것은 불가능에 가까운 일이 되었습니다."

알고리즘을 역이용하지 못하면 집주인의 수입에 바로 영향을 미치기도 한다. 다른 노동자나 마찬가지로 에어비앤비 집주인도 일정한 생활 수준을 유지하기 위해 임대 수입에 의존한다(알고리즘 기반 홍보 시스템에는 일관성이 없기 때문에 우리는 더 큰 스트레스를 받게 된다. 카지노에서 잭팟을 터뜨리기 위해 계속해서 슬롯머신의 손잡이를 당기는 것과 같다). 에어비앤비 같은 긱 경제(임시직 경제) 플랫폼은 탄력적인 노동과 함께 생계를 꾸리거나 보조할 대안적 방법을 약속해왔지만, 다른 한편으로는 알고리즘 우선순위의 변화에 따라 계속해서 최신 상태를 유지해야 하는 새로운 형태의 노동을 창출하기도 했다. 집주인이 에어비앤비의 검색 알고리즘에 대해 걱정하듯이, 예술가는 인스타그램의 검색 알고리즘을 걱정하고 음악가는 스포티파이의 검색 알고리즘에 연연한다.

사용자는 이러한 알고리즘 불안에 대해서 이런저런 '속설'을 만들어내는 식으로 반응한다. 이 같은 알고리즘 관련 속설은 미신이나 다를 바 없는 나름의 꼼수인데, 알고리즘에 기반한 광고 효과를 더 많이 보거나 더 나은 검색 결과를 얻으려는 것이었다. 내가 쓴 기사를 가짜 결혼 발표에 링크를 걸어 게시하곤 했던 것과 비슷한 방법들이다. 집주인들은 숙소 목록에 딸린 일정을 수시로 갱신하고, 프로필 세부 사항을 수정하거나 심지어 쉴 새 없이 에어비앤비 웹사이트를 들락날락한다. 이런 꼼수는 눈이 내리길 바라면서 베개 밑에 숟가락을 넣어놓는 아이를 떠올리게 만든다. 모르긴 해도 효과 역시 비슷할 것이다. 연구팀에 의하면 "집주인은 대부분 그런 속설이 맞는지 의구심을 느끼고 있었음에도 불구하고, 알고리즘에 조금이라도 영향을 미치기를 바라면서 그런 행동을 계속했다."

알고리즘 불안은 현대의 전염병이라고 할 수 있다. 이 불안은 많은 사용자가 자극에 과도하게 반응하거나 똑같은 의례적 절차를 반복하는 강박장애를 유발한다. 이는 의례적 절차가 '먹혀들어' 관심을 받게 될 때 매우 강력한 심리학적 도파민 분출이 일어나고, 온라인상에서는 그 관심이 잠재적인 경제적 보상으로 이어질 수 있기 때문이다. 알고리즘 불안은 온라인에서 이루어지는 우리의 수많은 행동, 즉 프로필에 올릴 만한 사진을 고른다든가, 인스타그램 계정에서 시선을 사로잡는 사진을 엄선해서 배치한다든가, 온라인 쇼핑몰 상품 목록에서 올바른 키워드를 선택한다든가 하는 행동을 뒷받침한다. 우리는 올린 게시글이 적절한 사람에게 보여지지 않을까 봐 걱정하면서도 입소문의 대상이 되어 낯선 사람들에게까지 노출되는 것은 아닐까 우려한다. 이렇게 관심을 얻는 일은 정서적으로 부정적인 결과로 이어진다. 과도한 자극에 노출되어 점점 무감각해지고, 이것은 마치 슬롯머신 앞에 앉아서 멍한 눈으로 일치하는 그림이 나오기를 기다리는 사람과 크게 다르지 않다.

알고리즘 불안이 생기는 이유는 사용자와 알고리즘 사이에 극적인 비대칭적 관계가 존재하기 때문이다. 개별 사용자에게 알고리즘의 결과를 예측하거나 자신에게 유리한 방향으로 유도하려고 애쓰는 일은 파도를 제어하려고 애쓰는 일이나 마찬가지다. 그러나 결국 사용자가 할 수 있는 일이라고는 이미 만들어진 파도에 올라타는 일뿐이다. 사용자의 혼란이 플랫폼 사업자들에게는 이득으로 이어질 가능성이 높으므로 회사가 이러한 불안을 누그러뜨릴 유인 요소는 거의 없다. 만약 어떤 회사의 제품에 문제가 있을 경우 이는 모두 '알고리즘'의 불투명한 실체 때문이라고 떠넘기면 그만이다. 알고리즘은 사용자나 회사 모두에게 외부적인 요소로 인식되기 때문이다. 그러나 실제로 페이스북 같은 회사는 자사의 알고리즘을 전적으로 통제하고 있으며, 임의로 이 알고리즘을 바꾸거나 끌 수도 있다.

알고리즘 불안은 결과를 일으키는 행동에 대한 부담을 회사가 아니라 개인에게 떠넘기므로, 사용자는 행동에 따라 자신의 게시물이나 상품이 눈에 띄지 않게 될 위험을 감수해야 한다. 간혹 어떤 사용자는 자신이 플랫폼에 올린 게시물이나 콘텐츠의 관심 수나 댓글 수가 갑자기 줄어들 경우, 게시물이나 콘텐츠가 '동의 없이 차단'된 것이 분명하다고 불만을 터뜨리기도 한다. 또는 자기 계정이 사전 경고나 요청 없이 차단될지도 모른다고 걱정하기도 한다. 그러나 플랫폼의 알고리즘은 사전 공지 없이 바뀔 수도 있으며, 그럴 경우 트래픽은 더 이상 예전과 같은 방향으로 흘러가지 않는다. 이것은 우리로 하여금 다시 한번 '기계 투르크인'을 떠올리게 한다. 실재하지 않는 것을 실재한다고 인식하는 것만으로 현실 세계에 영향을 미치는 한, 우리는 기술이 작동하는 것과 기술이 만들어낸 착각 사이의 차이점을 알 수 없을 것이다.

퍼트리샤 드 브리스Patricia de Vries는 2019년에 〈현대 예술에 나타난 알고리즘 불안Algorithmic Anxiety in Contemporary Art〉이라는 논문에서 알고리즘 불안을 "자아가 알고리즘 체제에 제약되고 구속되며 지배당하고 있다고 인식되는 조건"이라고 정의한 바 있다. 드 브리스의 말은 숨이 멎을 만큼 정확하다. 우리가 스스로를 표현하고 창조하는 방식은 이제 디지털 플랫폼의 구조 안에 존재한다. 드 브리스는 알고리즘 불안의 결과로 "알고리즘 결정론, 숙명론, 냉소주의, 허무주의"를 들 수 있다고 주장한다. 알고리즘 불안은 사용자가 알고리즘 기술을 통제할 수 없으니 알고리즘 문화의 한계를 불가피한 것으로 받아들이는 편이 낫다고 생각하면서 시작된다. 이미 많은 사용자가 불만스럽긴 하지만 대안을 떠올릴 수 없어 체념 상태에 들어선 지 오래다.

드 브리스는 2013년부터 이러한 문화적 변화를 관찰하기 시작했는데, 이는 몇몇 미술관에서 자동화된 감시 체제나 데이터 수집에 비판적인 미술가를 조명하기 시작한 것과 때를 같이 한다. 또한 알고리즘 기반 피드가 주류 시장에 진입하기 시작하면서, 알고리즘 기반 주식 거래가 일으킨 2010년의 주식시장 대폭락 같은 사건이나 안면 인식 같은 기술로 인해 알고리즘이라는 말이 뉴스에 오르내리게 되었다. 연구를 진행하고 있던 2010년대 중반, 드 브리스는 "알고리즘이라는 연구 주제에 매료되었다"라고 말했다. **알고리즘은 디지털 플랫폼과 마주할 때 그리고 우리 삶에 침입해 들어오는 디지털 플랫폼의 존재감과 마주할 때면 어김없이 출몰하는 유령 같은 존재다. 우리는 알고리즘에 대해 수없이 이야기하지만 알고리즘이 정확히 무엇을 하고 있는지는 이해하지 못한다.** 드 브리스는 이렇게 말했다. "고소공포증이 높이에 관한 것이 아니듯 알고리즘 불안 역시 단순히 알고리즘에 관한 것이 아닙니다."

결국 우리가 앞으로 나아가기 위해서는 온라인 소통의 주요 문지기로서 알고리즘을 습관적으로 채택해왔던 방식에서 벗어나 추천 알고리즘의 효과를 기술로서 분리해내야 한다. 알고리즘은 인간이 만들어내고 끊임없이 갱신하고 있는 (알고리즘의 작동 기반인) 데이터와 불가분의 관계에 있다. 알고리즘은 우리의 생각과 욕망을 예측하여, 우리를 위한 결정을 내리겠다고 약속함으로써 우리의 삶에 들어왔다. 필터월드는 알고리즘의 작동 방식뿐만 아니라 사용자가 어떻게 그것에 의존하게 되었는지를 보여주며, 우리가 알고리즘의 존재감에 분개할 때조차 알고리즘의 선택을 따르는 등 알고리즘의 정신적 체계가 단단히 뿌리내렸음을 보여준다.

02

—

개인적인
취향의
몰락

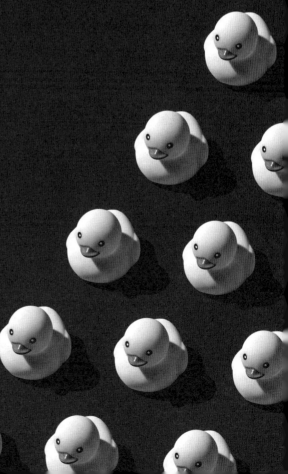

아마존 서점

어느 날 오후, 나는 워싱턴 D.C.의 대표 상점가 중 한 곳인 조지타운을 향해 걸어가고 있었다. 조약돌이 깔린 길과 강을 옆에 낀 간선도로는 흡사 야외 쇼핑몰 같은 분위기를 자아냈다. 나이키, 룰루레몬, 자라, 클럽 모나코 같은 세계적인 패션 브랜드 매장 사이로 깜찍한 식당과 컵케이크 가게가 간간이 섞여 있었다. 쇼핑객은 그 브랜드의 특별한 심미적 특성이나 그 브랜드가 담고 있는 라이프스타일을 고려하여 자기에게 가장 잘 어울리는 브랜드를 선택하고 그곳으로 발걸음을 옮긴다. 고객이 선택한 브랜드를 보면 그 고객에 대해 알 수 있으며, 고객은 그 브랜드의 기풍이 자신의 정체성을 대변한다고 믿는다 (혹은 그러길 바란다). 쇼핑객이 나이키 매장에 가는 이유는 단순히 좋은 운동화를 원해서가 아니다. 운동화든 운동복이든 나이키가 생산하는 모든 제품에서는 젊음과 활력을 느낄 수 있다. 자라는 명품 브랜드처럼 비싼 돈을 들이지 않고도 최신 스타일의 감각을 드러내는 드레스를 만든다. 자라 드레스를 산다는 것은 큰돈 들이지 않고도 세련된 이미지를 얻을 수 있다는 의미다. 이 매장의 제품 하나하나가 이같은 감성을 표방하고 있다. 다시 말해 브랜드 매장은 각각의 특별한 감성을 제공하며, 소비자는 개인적인 취향에 따라 제품을 고른다.

하지만 조지타운의 한 매장이 눈에 띈 이유는 그곳이 다른 곳과는 달랐기 때문이었다. 바로 초대형 인터넷 기업이 운영하는 아마존 서점이다. 아마존은 2015년에 시애틀을 시작으로 실물 매장을 열기 시작했다. 2018년에 워싱턴 D.C. 매장을 열었을 때, 현실 세계에서 아마존의 산세리프체 로고를 마주치는 일은 꽤 낯설게 느껴졌다(이는 아마존 트럭이 도시의 거리와 고속도로를 점령하기 이전의 일이었다). 이 서점 내부 역시 낯설기는 마찬가지였다. 내가 아마존 서점을 처음 방문했을 때, 시각적으로 엄청난 혼란이 나를 덮쳐왔다. 보통 서점에서 느낄 법한, 사색에 잠길 수 있는 차분한 분위기가 아니었기 때문이다. 아마존 서점은 잡화점에 더 가까웠다. 책 표지는 모두 바깥쪽을 향해 있었고 수많은 디지털 아이콘처럼 서가에 나란히 진열되어 있었다. 게다가 책마다 그 아래에 다양한 정보가 담긴 디지털 라벨이 붙어 있었다. 이 라벨에는 독자 리뷰와 판매량, 판매 순위 그리고 심지어 이 책을 구입한 독자가 읽은 페이지 수를 아마존 전자책 리더기 킨들Kindle로 측정한 수치까지 기록되어 있었다.

서점의 책 배치는 '인기' 도서가 눈에 잘 띄는 맨 앞에 배치한 아마존 웹사이트의 디자인을 그대로 따랐다. 책은 저자나 저자의 국적, 장르 등에 따라 일관성 있게 배열된 것이 아니라 그 책이 온라인에서 얼마나 잘 팔리는지를 기준으로 배열되었고, 이것이 바로 아마존 서점이 도서의 질과 가치를 판단하는 알고리즘이었다. 참여도가 대세를 장악한 대표적인 사례다. 서점 여기저기에 붙어 있는 게시물을 보면 왜 특정한 책이 그렇게 뽐내듯 선전되고 있는지를 알 수 있다. 그 책은 '가장 잘 팔리는 책'이거나 독자 평점이 '별 4.5개 이상' 혹은 심지어 '별 4.8개 이상'인 책이다. (그런데 별 0.3개를 추가로 받았다고 해서, 정말로 그 책이 그만큼 더 가치가 있음을 나타내는 것일까?) 또 다른 표제는 '아마존닷컴에서 가장 많이 찾는 책' 등이었는데, 이는 아마존 온라인에서 선주문을 얼마나 많이 받았는지를 강조했다.

  서가로 채워진 몇 개의 벽면은 아날로그 방식의 추천 시스템으로 배치되었다. 각 서가의 왼쪽에는 '좋았다면 ←'이라는 라벨이 붙은 책이 한 권 있고 그 오른쪽으로는 '좋아할 만한 →'이라는 라벨과 함께 여러 권의 책이 진열되었다. 예컨대, 유발 노아 하라리의 《사피엔스》를 고르면, 재레드 다이아몬드의 《총, 균, 쇠》나 피터 프랭코판의 《실크로드 세계사》 같은 다른 논픽션 베스트셀러가 적극적으로 추천되는 식이었다. 하지만 이 모든 것 가운데 가장 눈에 띄는 것은 책마다 아마존 웹사이트 알고리즘에 따라 가격이 매겨지고 이 가격이 실시간으로 조정된다는 점이었다. 이는 제각각 독특한 특징으로 매력 넘치는 독립 서점과는 정반대되는 것이었다. 독립 서점의 서가에는 뉴에이지나 화집이나 지역사 같은 전문 분야를 나타내는, 시류에서는 벗어났지만 그들 나름의 라벨이 붙어 있다. 이 서점의 주인들은 동네 고객을 잘 알고 있어서 이를 반영해서 재고목록을 조금씩 바꿔가며 유지한다. 어떤 책은 그다지 잘 팔리지 않더라도 서점 주인의 이상이나 개인적인 취향을 반영하여 계속 진열되기도 한다.

아마존 서점에서는 그 같은 취향을 느끼기 힘들었다. 그곳에서는 어떠한 정신적인 면도 확인할 수 없었다. 대신 아마존 서점은 전적으로 시장 그리고 무엇이든 관심을 유발하는 것이 지배했으며, 책 진열은 피상적이고 즉각적인 참여에 따라 달라졌다. 아마존 서점 어딘가에도 내가 자주 찾는 동네 서점처럼 잘 안 팔리지만 누군가의 취향에 따라 진열된 책이 있었을 수 있겠지만, 그 같은 의도를 쉽게 찾아보기 힘든 환경이었고 나에게는 너무나도 낯선 공간처럼 느껴졌다.

인터넷에서 운영되는 많은 사업과 마찬가지로, 아마존 서점도 비인간적이었다. 이 서점은 모든 아마존 고객이 만들어낸 데이터 더미를 기반으로 책을 추천했다. 그곳에서는 《뉴욕타임스》 베스트셀러 목록에 오른 책만 구입할 수 있을 것처럼 보였다. 아마존의 추천 목록은 책을 가능한 한 빨리 팔아넘겨야 할, 대체할 수 있는 대상으로 취급하는 데 특화된 회사에서 만든 것이다. 페이스북이 '좋아요'로 콘텐츠를 평가하듯이 아마존은 매출액으로 책을 평가했고, 이러한 접근 방식은 서점이 일상에서 벗어나 뭔가 새롭고 놀라운 것을 발견하는 장소라는 나의 낭만적인 관점과는 상반되는 것이었다.

아마존 서점이 낯설게 느껴진 이유 중 하나는, 이 서점이 알고리즘의 논리가 실생활 속으로 노골적으로 침입하는 현상을 대표하기 때문이다. 우리에게는 늘 음악이나 이미지나 온라인 텔레비전 프로그램 추천이 폭탄처럼 쏟아진다. 디지털 화면 위에서 추천받는 경험을 몇 번 하고 나면, 알고리즘의 추천과 자동적인 중개를 거리낌 없이 받아들이게 된다. 하지만 기계가 우리의 선택을 대체하거나 지시하는 일이 드문 현실 세계에서 그러한 추천을 마주하게 되면 상황은 달라진다. 뭔가 낯설고 거슬리는 느낌을 받는 것이다. 아마도 내가 아마존 서점에서 느낀 낯섦은 그곳이 내 눈앞에 내게 자유가 없음을 들이밀고 있기 때문이며, 이는 알고리즘이 얼마나 우리에게 스스로 생각하지 말라고 다그치고 있는지를 보여주는 것이다.

아마존 데이터 알고리즘에 의해 채택된 아마존 서점의 선정 도서는 비슷비슷했고 따분했다. 아마존 선정 도서는 나에게 다른 사람들도 진열된 책들을 정말로 좋아했다고 거듭 안심시키고 구매를 유도하기 위해 사전에 적극적으로 필터링된 것 같았다. 하지만 나는 그중 하나를 골라 훑어보고 싶은 마음이 전혀 들지 않았다. 아니, 차라리 어쩔 줄 몰랐다는 편이 맞겠다. **이는 필터월드에서 소비자의 기본적인 상태일 수도 있다. 수많은 콘텐츠에 둘러싸여 있으면서도 그 많은 콘텐츠 가운데 그 무엇에도 자극받지 않는 그런 상태 말이다.**

2017년에 쳇 하스Chet Haase라는 구글의 엔지니어가 트위터에 써서 올린 농담은 이 문제를 정확히 짚어내고 있다. "기계학습 알고리즘이 바에 걸어 들어갔다. 바텐더가 '무엇을 주문하시겠어요?'라고 묻자, 알고리즘이 이렇게 말했다. '다른 사람은 모두 뭘 주문하죠?'" 여기서 핵심을 찌르는 부분은 알고리즘 문화에서 올바른 선택이란 늘 다른 사람 대다수가 이미 선택한 것이라는 사실이다. 하지만 나는 다른 사람 모두가 그렇게 하더라도 딱히 위스키 사워를 마시고 싶다는 생각이 들지 않을 것 같다.

내가 가장 좋아하는 서점은 맥널리 잭슨McNally Jackson이라는 독립 서점이다. 맥널리 잭슨은 뉴욕시 지역 서점의 집합체로 소호에서 처음 문을 열었다. 이 서점은 어떻게 보더라도 개인 맞춤형은 아니었다.

그러나 나는 그럼에도 불구하고 이 서점이 나를 위해 늘 그곳에 있는 것처럼 느껴졌다. 그러니까 이 서점은 내가 무엇을 찾고 있는지 잘 알고 있는 것처럼 느껴졌다는 말이다. 브루클린에 10년을 살면서, 나는 종종 지하철을 타고 맨해튼으로 간 다음 6번가에서 내려 나뭇잎이 우거진 거리를 지나 맥널리 잭슨 서점 앞까지 걸어가곤 했다. 서점의 유리문을 열고 입구로 들어서면 그 안쪽으로 서점이 펼쳐져 있었다. 정면에는 같은 크기의 매대가 두 개 놓여 있는데, 이 매대가 이 서점의 중심이었다. 왼쪽 매대는 논픽션용이고 오른쪽 매대는 문학용이었다. 매대 뒤편으로는 매대와 같은 분야의 서가가 쭉 늘어서 있었다. 매대에 전시된 책은 신간이 많았지만, 서점 직원이 판단하기에 자세히 읽을 가치가 있는 책을 선별하여 모아놓은 것도 있었다. 소규모 출판사가 펴낸 전문적인 철학 서적이 인기 있는 논픽션 옆에 자리했고, 문학 매대에는 소설뿐 아니라 시나 회고록, 혼합 장르의 책도 진열되었다. 맥널리 잭슨의 책 배치는 늘 이렇게 말하는 것 같았다.

"우리만 믿으세요."

맥널리 잭슨의 매대 위에 진열되는 책은 주 단위로 바뀌었다. 매주 책이 재배치될 때마다 나는 그 이면에서 공식이 아니라 그 책을 가려내는 사람의 손과 개인의 지성을 느꼈다. 브라우징browsing, 즉 쭉 훑어보고 탐색하는 행위는 새로운 것을 발견하는 방법이다. '이걸 좋아한다면 저것도 좋아할 것'이라는 아마존의 공식도 이처럼 작동한다고 주장할 수 있겠지만, 맥널리 잭슨에서 이뤄지는 연결은 직접적이지도, 일반적이지도 않았다. 이들은 특정한 카테고리에 무엇이 포함될 수 있을지 구매자의 생각을 넓혀주었다.

아마존이 알고리즘 논리의 승리를 대변했다면, 맥널리 잭슨은 인간적인 취향을 선도하는 곳이었다. 우리는 우리가 소비하는 문화를 골라 가려내는 사람을 일컬어 '취향 선도자tastemaker'라고 한다. 서점은 취향 선도자다. 그리고 도서관 이용자에게 책을 추천하는 사서, 생활용품 전문점의 전문 MD, 라디오 방송국의 DJ, 전국의 극장에 영화를 홍보해주는 영화 예매 대행사, 공연장에서 연주할 밴드를 섭외하는 콘서트 기획자도 모두 취향 선도자다. 취향 선도자는 문화 창작자와 소비자 사이의 접점을 제공한다. 이들은 끊임없이 새로운 소재를 모으고 판단해서 그 소재가 어떻게 그리고 왜 관객으로부터 반향을 불러일으킬 수 있는지를 밝혀낸다. 이 과정은 넓은 의미에서의 '큐레이션curation'이라는 단어에 포함된다.

디지털 플랫폼 콘텐츠를 소비하다 보면, 우리가 보는 것이 취향 선도자가 아니라 방정식에 의해 결정된다는 사실을 간과하기 쉽다. 넷플릭스 홈페이지, 페이스북 피드, 스포티파이의 자동 재생 라디오에는 편집자나 DJ나 공연 기획자의 직접적인 영향이나 큐레이션이 없다. 대신 해당 사이트의 사용자를 망라하도록 확장된 크라우드 소싱 데이터의 수학적 처리에 영향을 받는다. 수치에 따라 자동화된 큐레이션은 특정 개인이 파악할 수 있는 정도를 넘어 확장된다. 그러나 알고리즘 기반 피드를 통해서 우리가 얻을 수 있는 것은 맥널리 잭슨의 큐레이터적 시각이 아니라, 아마존 사용자의 구매 경험일 뿐이다.

고상한 취향

취향 선도자에서 '취향'은 개인의 선호, 음악이나 패션, 음식, 문학 등에서 우리가 좋아하는 것을 파악하고 선택하는 안목을 뜻한다. 우리는 끊임없이 다른 음악이나 책이나 옷이 아니라 바로 이 음악을, 바로 이 책을, 바로 이 옷을 듣고 읽고 입기로 결정한다. 이런 선택은 친숙하고, 또 우리가 순간적으로 느끼는 기분과 서서히 쌓아온 개인적 감성이나 자아를 반영한다.

누구에게나 '취향이 고상'하다고 여길 만한 친구 한 명쯤은 있을 것이다. 예를 들어, 무대 디자인을 하는 내 친구 마크는 누구나 부러워할 만한 음악적 지식을 갖췄다. 음악은 마크의 직업이 아니고 단지 열정을 쏟는 분야일 뿐이다. 비록 많은 사람이 청소년기에 느꼈던 열정을 잊어버리고 그저 자신이 좋아했던 음악을 반복해서 듣는 데 그치고 말지만, 마크는 새로운 밴드의 음악을 하나하나 찾아 듣고 나서 친구들과 함께 들을 만한 음악인지를 판단한다. 나는 몇 달에 한 번씩 마크에게 노래를 추천해달라고 부탁한다. 마크가 추천해준 음반을 내가 늘 좋아하는 것은 아니지만 그래도 그가 골라준 음악에 무언가 귀 기울여 들을 만한 가치가 있다는 사실을 안다. 나는 그의 판단을 믿고 그는 내 개인적 취향을 충분히 아는 상태에서 어떤 음악이 내게 가장 잘 어울릴지를 판단한다.

다른 예를 들어보자면, 언제나 저녁 식사 자리에 가져가기 딱 좋은 와인을 알고 있는 친구나 가장 적절한 패션을 딱 골라내는 친구나 볼 만한 텔레비전 프로그램을 추천해주는 친구가 있다. 취향이라는 말은 우리가 문화를 어떻게 평가하고 문화와 맺고 있는 관계를 어떻게 판단할지를 나타낸다. 무언가가 취향에 맞는다면 우리는 그것과 가깝다고 느끼고 동일시할 뿐만 아니라 그것을 바탕으로 다른 사람과의 관계를 형성한다. 고객이 의류 레이블을 놓고 교감하는(특정 브랜드를 아주 좋아하거나 아니면 극도로 싫어하거나) 식으로 말이다. 의도적으로 저속한 취미를 드러내는 일은 고상한 취미를 드러내는 일만큼이나 강력하게 사람의 눈길을 끌기도 한다. 작가인 랙스 킹Rax King은 《싸구려 취향Tacky》에서 "싸구려 감성tackiness에는 즐거움이 넘친다"라고 말한다. 하지만 취향은 훨씬 더 깊은 철학적 개념이다. 취향은 선한 것이 무엇인지에 대한 타고난 감각을 나타내는 도덕성에 가깝다고 할 수 있다.

1750년대, 프랑스 백과사전에 취향은 한자리를 차지하고 있다. 이 단어에는 철학자인 볼테르와 몽테스키외의 주석이 달려 있는데, 이 두 철학자는 취향이라는 서구적 개념에 훌륭한 근거를 제시했다. 볼테르는 이렇게 쓰고 있다.

"취향을 가지려면 특정 작품에서 무엇이 아름다운지 보고 아는 것만으로는 충분하지 않다. 반드시 아름다움을 느껴야 하고 그 아름다움에 감동해야 한다. 아니, 막연하게 느끼고 감동하는 것으로도 충분치 않다. 서로 다른 느낌을 가려내는 안목이 필수적이다."

취향은 피상적인 관찰, 즉 뭔가를 '끝내주게 멋지다'라고 판단하는 것 이상이다. 취향에는 창작물을 전체로서 온전하게 경험하고 그 창작물에 대해 자신이 갖는 진정한 정서적 반응을 평가하여 그 효과를 분석하는 과정이 필요하다(취향은 수동적이지 않으며, 품이 들어야 한다). 남작이자 법관이었던 몽테스키외는 〈취향론An Essay Upon Taste, in Subjects of Nature, and of Art〉이라는 문학적 소론을 집필했는데, 1755년에 사망할 때까지 미완으로 남아 있었다. 이 글은 영혼을 기쁘게 하는 것을 펜이 가는 대로 써 내려간 아름다운 작품이다. 몽테스키외에 따르면 "취향은 인간이 세상 만물로부터 마땅히 누려야 할 쾌락의 정도를 섬세하고 순발력 있게 발견하는 능력에 다름 아니다."

몽테스키외는 또한 이렇게 말했다. "타고난 취향은 이론적인 지식이 아니다. 그것은 심지어 우리가 알지도 못하는 규칙을 재빠르고 예리하게 적용하는 것이다." 취향은 추상적이고 말로 다 표현할 수 없고 가변적인 것이다. 음악을 듣는 청취자나 책을 읽는 독자는 경험해보기 전까지는 자신이 무엇을 즐기게 될지 정확하게 가늠하지 못한다. 예술 작품 한 편이 주는 즐거움 역시 보장할 수 없다. 그렇기에 우리는 예술 작품과 마주쳤을 때 몇 가지 원칙에 기대어 그 작품을 평가하고, 그 속에서 아름다움을 발견하고 긍정적인 느낌을 받길 기대한다. 설령 그 아름다움이 무엇인지, 아니 애당초 그 작품을 얼마나 정확히 판단했는지 명확하게 설명하지 못하더라도 말이다. 취향은 본디 모호하기 마련이다. 이탈리아 철학자인 조르조 아감벤Giorgio Agamben은 1979년에 취향을 다룬 글에서 "취향은 아름다움을 설명하지는 못하더라도 그 아름다움을 향유한다"라고 썼다.

취향은 자아를 이루는 근본적인 부분이다. 취향을 개발하거나 그 취향에 탐닉하는 일은 더 굳건한 자아의식을 구성해나간다는 뜻이다. 취향은 정체성의 토대가 된다. 1906년, 일본 작가 오카쿠라 카쿠조岡倉覚三는 일본적 취향을 소중히 간직하고 이를 미국의 친구와 후원자에게 전하기 위해 영어로《차의 책The Book of Tea》을 썼다. 이 그룹의 일원으로는 미술품 수집가였던 이사벨라 스튜어트 가드너가 있었다. 오카쿠라는 예술은 애당초 일반적이거나 광범위한 청중의 구미를 맞추려는 것이 아니라면서 다음과 같이 주장했다. "어떤 개인의 취향에 맞게 다실을 만드는 것은 예술에 생명력을 불어넣는 일이다." 오카쿠라는 17세기 예술가인 코보리 엔슈의 이야기를 예로 들어 취향에 대해 다시 한번 강조했다. 엔슈는 제자들과 이야기를 나누다가 동료 다도 사범의 다기 수집품에 대한 이야기를 하면서 이 수집품을 극구 칭찬했다. 그는 그 수집품의 진가를 제대로 아는 사람이 거의 없다는 것이 바로 극찬의 이유라고 말했다. "저 위대한 리큐(일본 다도를 정립한 것으로 유명한 승려이자 정치가 – 편집자 주)가 사랑했던 것은 전적으로 개인의 취향에 들어맞는 것들이었지만, 나는 무의식적으로 다수의 취향에 구미를 맞추고 있었다." 엔슈는 자신의 취향이 진정으로 위대하다고 말하기에는 너무 시류에 편승하고 있다고 자조했다. 하지만 '다수의 취향'에 구미를 맞추는 것, 즉 데이터에 기반해 다수의 구미를 맞추는 것이야말로 알고리즘 기반 피드가 추구하는 유일한 목적일지도 모른다.

몽테스키외는 놀라움이 취향의 기본 요소라고 주장했다. "어떤 것은 그것이 경이롭기 때문에 놀랍기도 하다. 우리의 영혼은 종종 자신이 분석할 수 없는 뭔가를 느끼거나 어떤 대상이 예상했던 모습과 완전히 다르게 나타날 때, 즐거움을 경험한다." 이런 놀라움의 감정을 이해하는 데는 시간이 걸릴 수 있다. 취향은 반드시 즉각적일 필요가 없으며, 경험을 숙고하고 소화해나가면서 바뀌기도 한다. "처음에는 가벼울 뿐이지만 계속되고 커지다가 마침내 감탄으로 탈바꿈되는 놀라움으로 우리를 고취시킬 때, 우리는 위대한 아름다움의 존재를 깨닫게 된다."

몽테스키외는 르네상스 시대의 이탈리아 화가 라파엘로의 작품을 인용하면서, 강력한 예술 작품이 서서히 그 진가를 드러내는 현상을 설명했다. 이런 작품에서는 처음에는 알아차리기 힘들지만 예기치 않게 우아함이 드러나기도 한다. 내 경우에는 프랭크 오션Frank Ocean의 2016년 앨범 〈블론드Blonde〉가 그랬다. 이 앨범은 그가 첫 음반 〈채널 오렌지Channel Orange〉를 내고 나서 4년 만에 발매한 음반이었다. 처음에는 이 음악의 진가를 깨닫지 못했다. 가사는 모호하다 못해 불가사의할 지경이었고 감정은 오토튠된 목소리에 숨겨져 잘 느껴지지 않았다. 하지만 정의하기 힘든 어떤 매력에 이끌려 계속 듣다 보니, 이 앨범에서 가장 중요한 것은 추상적 특징이고 이해하기 힘든 그 모호함이 현대적 소외의 초상이자 그런 소외에도 불구하고 계속 살아가야 함을 노래했다는 것을 깨닫게 되었다. 당연하게도 〈블론드〉는 21세기 초를 대표하는 대중음악계의 걸작이자 베스트셀러가 되었다. 이 앨범과 음악가 둘 다 알고리즘 기반 피드의 규칙을 따르지 않았다.

만약 취향이 정말 깊이 느껴야 하고, 몰두하는 데 시간이 필요하며, 익숙하지 않음에서 오는 놀라움을 통해 얻을 수 있는 것이라면, 알고리즘 기반 피드는 이 같은 기본적인 특징에 어긋나는 것이기에 기술이 취향을 복제하기란 불가능할 것 같다. 추천 알고리즘은 플랫폼 사용자가 이미 무엇을 좋아하고 있는지에 관한 데이터만을 기반으로 삼기 때문에, 몽테스키외가 언급했던, 곧바로 즐거움을 줄 수 없는 종류의 놀라움을 제공할 수 없다. 피드의 구조 또한 특정 콘텐츠에 시간을 너무 많이 허비하지 않도록 사용자를 독려한다. 사용자는 조금이라도 콘텐츠가 따분하다는 생각이 들면 계속 손으로 화면을 넘겨댄다. 여기에서는 커다란 경탄이 펼쳐질 시간이 없다. 우리는 피드에 매달려 점점 더 매사에 조급함과 천박함을 받아들이도록 부추김을 받는다. 한국의 철학자 한병철은 2017년도에 출간한《무리 속에서In the Swarm》에서 사람들이 온라인을 통해 아무 거리낌도 없이 서로에게 고스란히 노출되고 있으며, 이 같은 인터넷의 탈미디어화demediatization로 인해 "언어와 문화가 평준화되고 저속해진다"고 주장했다.

자신만의 취향을 가려내는 기준을 세워나가는 것은 콘텐츠 피드가 전하는 것을 무조건적으로 소비하는 수동적 행동에 비하면 매우 힘든 과정이다. 하지만 이 상황이 알고리즘의 존재 때문이라고 탓할 수만은 없다. 오늘날 우리에게는 과거 어느 때보다 문화적 선택지가 많으며, 필요하면 언제든지 다양한 선택지에 접근할 수 있기 때문이다. 우리는 무엇이든 자유롭게 선택할 수 있을 것 같지만 때로는 (피드에 의해) 선택권이 없는 선택을 하기도 한다. 이러한 선택은 집합적인 인간의 행동에 기반하지만, 그 선택 자체는 인간적이지 않은 자동화된 피드에 의한 것이다.

어떤 면에서는 이렇게 알고리즘에게 맡겨두는 것이 편하다. 자신에게 쓸모 있는 새로운 문화 상품을 조사하고 잡지를 읽거나 친구가 추천한 책을 주문하고 어디에서 무엇을 먹을지를 결정하는 등 자신의 선호를 따져 선택하는 일은 피곤하다. 이는 사치스러운 형태의 노고다. 18세기 프랑스 철학자들이었다면 시간이 차고 넘쳤겠지만, 빠르게 돌아가는 현대사회에서는 대부분 그럴 만한 여유가 없다. 예를 들어, 넷플릭스 홈페이지의 추천 작품을 그대로 선택하는 것은 일종의 지름길을 선택하는 것과 같다.

취향은 개인적인 만족을 느끼게 하는 원천이기도 하지만, 우려를 일으키는 원인이 되기도 한다. 개인적인 취향을 바탕으로 결정을 내렸는데, 이 결정이 눈앞의 상황이 요구하는 규범과 충돌하는 경우 당혹스러움을 불러일으킬 수 있다. 편한 운동복 차림으로 출근을 한다거나 화려한 옷을 입고 장례식장에 가는 것처럼 말이다. 한번도 가본 적은 없지만 모두 좋아할 만한 곳이라고 생각해서 고른 식당에서 친구들과 만나기로 했는데, 그곳의 실제 분위기가 예상과는 완전히 다르다면 크게 당황할 것이다. 이런 상황이라면 옐프나 구글 맵의 자동 추천을 이용하는 것이 더 좋을 수도 있다. 자동 추천에 올랐다는 것은 많은 사람이 평균적으로 선호한다는 증거가 될 수 있고, 유별나지 않은 무난한 선택이라는 이야기이기도 하다. 하지만 나는 누구나 따를 법한 규칙에 따라 책을 읽고 텔레비전 프로그램을 시청하고 싶지 않다. 문화는 별 다섯 개로 평점을 매길 수 있는 가전제품이 아니기 때문이다. 이제는 아마존이 소유하게 된 굿리즈Goodreads 같은 웹사이트가 그런 평점 시스템을 책에 적용하려고 애쓰고 있지만 말이다. 예를 들어, 레이철 커스크Rachel Cusk의 《아웃라인Outline》처럼 플롯이 없는 소설은 많은 이들이 좋아하는 장르가 아니지만 나에게는 매우 매력적인 경험으로 다가왔던 책이다. 그러나 필터월드는 평점 시스템처럼 모든 것을 대상으로 일정한 규칙을 적용하고 시행한다.

취향은 평범하지 않은 방향에 발을 깊숙이 담그는 도전과 위험을 바탕으로 발전하기도 한다. 안전한 것은 당혹스러움을 피해 갈 수는 있지만 또 한편으로는 따분하기도 하다. 20세기를 거치면서 취향은 예술의 특징과 관련된 철학적 개념이 아니라 산업화 시대의 소비지상주의, 즉 무엇을 사야 할지 판단하고 사람이 무엇을 사는지로 그들을 판단하는 방식과 유사한 것이 되었다.

조르주 페렉Georges Perec은 1965년에 발표한 소설《사물들Things》에서 대중의 취향에 지나치게 영합한 나머지 개인적이고 더 많은 영감을 불러일으킬 수 있는 문화로부터 스스로를 절연하는 현상을 묘사했다. 이 소설은 갓 20대에 접어든 한 커플의 이야기를 다룬다. 마케팅 조사원으로 일하고 있는 제롬과 실비는 "왜 이 바퀴 달린 진공청소기는 잘 안 팔리는가? 중산층은 치커리를 어떻게 생각하는가?" 같은 질문을 가지고 소비자를 면담한다. 이 두 젊은이는 인간 자료 수집기로, 이들이 개인적으로 품고 있는 욕망도 마케팅 조사의 결과와 닮아 있다. 이들은 자신이 좋아하도록 정해져 있는 것을 좋아한다. 페렉은 꿈에 그리는 아파트를 스케치하는데, 여기에는 비취 재떨이, 등나무 의자, 트왈 드 주이Toile de Jouy(18세기 프랑스식 날염원단 - 옮긴이 주) 문양의 벽지, 스웨덴식 램프, 파울 클레의 그림 따위가 담겨 있다. 인정한다. 페렉의 스케치는 지금의 내게도 여전히 근사하게 들린다.

하지만 완벽함에는 공허함이 뒤따른다. 취향이 지나치게 표준적이 되

면, 취향은 타락한다. 페렉은 이렇게 쓰고 있다. "여전히 수시로 오락가락하는 취향에다가 좀스럽게 구는 소심증, 경험 부족 그리고 고상한 취향이라고 못 박아놓고 다른 데는 눈도 돌리지 않는 주변머리 때문에 분위기를 망치는가 하면 굴욕을 맛보기도 했다." 가령 제롬은 영국식 멋쟁이처럼 옷을 입고 당대의 유행을 따라 하려고 애쓰지만 결국에는 영국식 멋쟁이가 아니라 "넉넉지 않은 월급을 받는 갓 이민을 온 이민자"에게서나 볼 수 있는 "전형적인 유럽 스타일"이라는 평가를 듣고 만다. 제롬은 멋들어진 영국제 구두 한 켤레를 닳아 구멍이 날 때까지 신고 다닌다. 제롬과 실비는 자신이 무엇을 좋아해야 마땅한지 알고 있지만 그 이유나 방법은 이해하지 못한다. 취향 없는 소비는 그저 희석되지 않고 가속화된 자본주의일 뿐이다.

취향을 형성하는 힘은 두 가지다. 첫째는 우리가 개인적으로 향유하는 것을 독립적으로 추구하는 것이고, 둘째는 대부분의 다른 사람이 좋아하는 지배적인 주류를 인식하는 것이다. 이 둘은 반대 방향으로 움직이기도 하지만, 인터넷이 다른 사람들이 소비하는 것을 곧바로 공개할 때는 후자를 따르는 쪽이 훨씬 쉽다. 알고리즘 기반 피드는 그러한 주류 또는 대세의 존재를 더욱 강화하고 우리의 개인적인 선택은 알고리즘의 선택과 비교해 평가된다. 취향은 매순간 우리를 따라다닌다. 프랑스 사회학자 피에르 부르디외Pierre Bourdieu는 1984년에 발표한 책《구별짓기: 문화와 취향의 사회학》에서 취향이 "요리나 의복, 또는 실내장식처럼 일상생활에서 가장 일상적인 선택"과 관련되어 있다고 썼다. 이런 선택은 심미적 선호를 넘어 경제적 계급과 정치 이데올로기와 사회적 정체성 같은 다양한 것을 상징적으로 나타낼 수 있다. 부르디외는 "취향은 구분하고, 분류하는 자를 분류한다"고 썼다. 우리가 무엇을 좋아할지 걱정하는 것은 당연하며, 때로는 그 책임을 기계에 미루는 편이 훨씬 쉽다는 것을 발견하게 된다.

아마존은 취향의 근사치를 찾아낼 수 있는 (또는 그러리라고 기대한) 장치를 하나 만들었다. 바로 패션과 관련된 결정을 내릴 때 도움을 줄 수 있는 아마존 에코 룩Amazon Echo Look이다. 2017년에 이 장치가 출시된 후, 나는 이 장치를 시험적으로 사용해볼 수 있는 기회를 얻었다. 에코 룩은 플라스틱 재질의 흰색 작은 원통형 실린더 모양으로 중앙에는 그리스 신화에 나오는 괴물 키클롭스의 외눈처럼 카메라가 하나 달려 있다. 에코 룩을 사용하면 혼자서도 쉽게 전신을 촬영할 수 있다. 이 장치를 선반 위에 올려놓은 다음에 음성 명령으로 사진을 찍으라고 말한 후, 멋진 포즈를 취하면 된다. 그리고 나서 찍은 사진을 스마트폰으로 전송해 앱에 저장하면 당신의 옷장에 있는 옷들이 마치 도감처럼 정리된다. 비밀 인스타그램 계정처럼 갖고 있는 옷을 스크롤하면서 살펴볼 수도 있고, '스타일 체크' 기능을 이용하면 평가를 받을 수도 있다. '스타일 체크' 기능은 알고리즘 분석과 인간 전문가를 결합한 시스템으로(이는 가짜로 자동화된 아마존의 메커니컬 터크를 떠올리게 한다) 그 옷이 잘 어울린다거나 최신 유행 조합은 무엇인지 이야기해준다.

아마존 에코 룩이 어떤 방식으로 스타일을 평가하는지 알아보기 위해 나는 에코 룩 앞에 서서 두 종류의 다른 티셔츠와 청바지를 조합해 입어봤다. 한 조합은 모두 검은색이었고 나머지 한 조합은 모두 회색이었다. 내가 이 두 가지 조합을 스타일 체크로 비교하자 검은색 조합이 더 낫다는 평가를 받았다. 총 100퍼센트 만점에 검은색 조합은 73퍼센트를 차지했고, 회색 조합은 27퍼센트를 차지했다. 그러나 에코 룩의 스타일 체크 시스템은 "이런 옷을 입는 것이 더 보기 좋다"고 말할 뿐, 점수나 이유에 대해서는 어떤 설명도 제시하지 않았다.

"더 나은 색상 조합"이나 "옷의 모양이 더 잘 어울립니다" 같은 짤막한 추천도 있었다. 스타일 체크 기능은 또한 내게 옥스퍼드 셔츠 차림을 할 때는 손목 단추를 채우는 것보다 소매를 접어 올리는 편이 낫고, 셔츠 깃을 세우는 것도(전혀 내 취향은 아니다) 좋은 생각이라고 알려줬다. 에코 룩의 알고리즘에 따르면 청바지에는 청셔츠가 최고의 선택이다. 이 알고리즘은 평가를 제공하기도 하지만, 감정에 관한 총체적인 이해나 근거 따위는 없었다. 스타일 체크 기능은 그저 당신이 내린 선택을 분석해 아카이브에 담겨 있는 데이터의 순 평균과 비교할 뿐이다. 에코 룩에 따르면 패션에 대한 당신의 취향은 다른 사람들의 취향을 따를 때 최고였다. 한술 더 떠서 에코 룩은 자기가 추천한 이상적 패션과 일치하는 옷을 바로 구매할 수 있는 기능도 제공했다. 물론 아마존이 판매하는 옷이었고 아마존은 알고리즘상의 평균을 제시하여 이익을 얻었다.

이는 문화적 선호에 관한 상향식 모델로, 취향에 대한 개인적 정의와 상충하는 동시에 취향 선도자가 이끌던 인터넷 이전 시대의 시스템과도 상충한다. 취향 선도자들은 멋진 것을 숙고해서 고르고, 그렇게 고른 것을 다른 사람에게 소개했다. 이 같은 시스템을 가장 잘 묘사한 것은 2006년에 개봉한 영화 〈악마는 프라다를 입는다〉에 나오는 한 장면이다(이 장면은 이제 밈이 되었다). 메릴 스트립은 《보그

Vogue》의 편집 주간인 애나 윈투어Anna Wintour를 떠올리게 하는 인물을 연기하고, 앤 해서웨이는 그녀의 조수로 이제 막 패션 업계에 입문하여 일을 터득하느라 바쁘고 세상 물정 모르는 순진한 인물이다. 한 장면에서 해서웨이는 올이 굵은 푸른색 스웨터를 입는다. 이 스웨터는 그녀가 백화점 세일에서 충동 구매한 것으로, 디자인보다는 실용성을 따져 구입한 옷이었다. 하지만 스트립은 해서웨이에게 그 결정은 그녀를 대신해 훨씬 전에 자신과 같은 패션 편집자에 의해서 결정된 것이라고 이야기해준다. 스트립의 독백은 고압적이다. "그러니까 그 파란색에는 수백만 달러와 수도 없이 많은 일자리가 얽혀 있는 거야. 이 방에 있는 사람들이 '이따위 것들'에서 골라낸 스웨터를 입고, 난 패션업계랑은 상관없네 하는 건 좀 우습지 않니?" 정리하자면, 그 스웨터를 고른 것은 인간 취향 선도자라는 이야기다.

결국 취향이란 사물을 좋거나 나쁘게 분류하는 그 나름의 알고리즘이다. 이 알고리즘이 기반하고 있는 방정식은 개인의 선호와 마케팅에서 비롯된 선입견과 사회적 상징성뿐만 아니라 문화에 대한 즉각적인 경험을 고려하여, 당신이 보기에 눈앞의 대상이 즐거운지 아니면 역겨운지에 답해준다. 그런 까닭에 자연스럽게 생겨나는 사회적인 관습을 추천 알고리즘의 소프트웨어 코드와 구분하는 것이 쉽지는 않다. 비록 그런 구분이 필수적이기는 하지만 말이다.

그렇다면 과연 인간 패션 편집자가 당신에게 무엇을 좋아해야 할지 말해주는 것이 좋을까, 아니면 아마존 서점이나 스포티파이의 피드 또는 넷플릭스 홈페이지 같은 알고리즘 기계가 정해주는 것이 좋을까? 이것이 바로 필터월드 문화의 핵심 딜레마다. 전자의 선택지는

변덕스럽고 엘리트 게이트키퍼에 의해 좌우된다. 이들 게이트키퍼
는 한 세기에 걸쳐 구축된 현대 문화 산업을 주도하는 강력한 집단으
로 젠더와 인종을 포함해 그들 나름의 맹점과 편견으로 점철되어 있
다(이 집단에는 뉴욕의 백인 패션 잡지 편집자뿐만 아니라 할리우드의 영화 제작
자, 음반 레이블의 임원진과 박물관 큐레이터 등이 포함된다). 하지만 알고리
즘 생태계에서는 이러한 인간적 결함이 대중의 행동으로 훨씬 더 극
적으로 나타난다. 인종차별과 성차별 그리고 다른 형태의 편견은 사
실상 알고리즘 방정식의 일부라고 할 수 있다.

온라인에서 사용자는 자신의 관점이나 문화와 충돌하는 다른 관
점이나 문화로부터 차단당한다. 디지털 환경을 좌우하는 것은 무자
비하게 자본주의적이고 팽창주의적인 기술 기업이며, 이들은 문화를
꽃피울 토양을 제공하지 않는다. 패션 잡지 편집자는 정기적으로 능
력을 활용해 이전에는 볼 수 없었던 패션이나 디자인을 골라 널리 알
릴 수 있는 반면에, 알고리즘 기반 피드는 절대 그렇게 하지 않는다.
알고리즘 기반 피드는 이미 확인된 데이터를 기반으로 반복해서 작
동할 뿐이다. 따라서 사용자들이 충격적일 만큼 새로운 대상과 마주
칠 기회 그리고 우리가 그 대상을 좋아할지 말지 스스로 결정할 기회
가 줄어든다. 한 가지 예를 들자면, 패션이 예술 형태로서 가장 강력
할 때는 기존의 규칙을 따르지 않거나 평균을 쫓지 않을 때다. 패션이
호소력을 갖는 부분은 사회적 관습과 절연한다는 데 있다. 예상치 못
하거나 낯선 무언가를 입거나 때로는 자신의 취향에 도전하기도 한
다. 패션은 자동화된 추천만으로는 가까이 다가가기 어렵다. 알고리
즘 기반 피드는 양날의 검이다. 관심을 얻지 못하는 패션 디자이너라

면 인스타그램 알고리즘을 역이용하는 방법을 찾아내 자신에게 편견을 품고 있을지도 모를 백인 편집자가 주목해주기를 기다리지 않고서도 대중의 인기를 얻을 수도 있다. 하지만 그 이후에는 편집자보다 더 강력하고 시야는 더 편협한 기술 기업의 방침을 순순히 따르게 될 것이다.

아마존 에코 룩은 취향 선도자에서 알고리즘으로 자연스럽게 건너가는 다리로는 그다지 성공적이지 못했다. 이 제품을 살펴본 사람들은 이 장치의 혁신성을 높이 평가했지만 스타일을 돕는 기능보다는 카메라로서의 기능에 더 주목했다. 결국 에코 룩은 대중의 사랑을 받지 못했고, 아마존은 2020년에 장치가 단종될 예정이며 카메라와 부속 앱 기능이 완전히 중단될 것이라고 발표했다. 이어진 부속 성명에 따르면, 아마존의 향후 목표는 "인공지능과 기계학습을 패션에 적용"하는 것이었다. 에코 룩의 스타일 체크 기능은 아마존 쇼핑 앱에 통합되었고, 완벽해진 추천 알고리즘을 갖춘 미래의 특정 애플리케이션에서 활용하기 위해서 사람들의 취향에 관한 데이터를 수집한다는 목적은 일단 달성할 것으로 보인다.

취향의 표준화

알고리즘이 지배하는 세상은 단순히 이론적인 이야기가 아니다. 앞으로 다가올 암울한 디스토피아적 미래도 아니며, 이미 문화 소비자와 창작자에게 구석구석 스며들어 실제로 영향을 미치고 있는 힘이다. 소비자들은 마구잡이로 쏟아지는 추천 폭탄에 맞아 일종의 최면 상태에 빠져 어떤 상품을 듣거나 보거나 구매한다. 이 상품이 정말 취향에 들어맞는지 아닌지는 상관없다. 2020년, 나는 패션 비평가 레이철 타쉬지안Rachel Tashjian이 이메일 소식지 《오퓰런트 팁스Opulent Tips》에 게재한 한 칼럼에서 소개된 사연에 주목했다. 20대 초반의 여성 발레리 피터는 알고리즘 기반 피드 때문에 자신이 어떤 스타일을 선호하는지 알아차리기가 더 어려워졌다고 하소연하는 글을 레이철에게 보냈다. 피터는 급성 알고리즘 불안 증세를 보이면서 다음과 같이 말했다. "지난 10년 동안 인터넷을 해왔지만, 내가 좋아하는 것이 정말로 내가 좋아해서 좋아하는 것인지 아니면 알고리즘이 내가 좋아하길 바라서 좋아하는 것인지 모르겠어요. 인스타그램이나 틱톡, 핀터레스트가 전부 막다른 길처럼 느껴져요." 피터는 "내가 지금 원하는 것은 알아차리지도 못하게 조용히 쏟아지는 광고들이 아니라 내가 정말로 좋아하는 것이에요"라는 말로 편지를 끝맺었다. 나는 무엇이 취향의 위기를 유발했는지 알아보기 위해 피터에게 연락을 취했고, 우리는 **소셜 미디어의 출현이 우리가 문화와 맺는 관계를 근본적으로 바꿔버렸다**는 결론에 도달했다.

당시 피터는 영국 맨체스터에 살면서 대학원에서 전자공학을 전공하고 있었다. 어린 시절 나이지리아에서 영국으로 이민을 온 피터는 패션쇼라면 죄다 쫓아다닐 정도로 패션에 관심이 많았다. 친구들은 하나같이 피터에게 패션 관련 직업을 갖는 게 좋겠다고 이야기했지만, 경제적으로 더 안정적인 길을 가기로 결정하면서 패션에 대한 열정은 그저 개인적 즐거움으로만 간직했다. 피터는 어릴 때부터 인터넷을 사용했고 10대 초반에 페이스북에 가입했다. 시간이 흐를수록 그녀는 소셜 미디어에서 벗어날 수 없었다. 특히 팬데믹이 한창일 때 피터는 외부 세계와 소통하는 수단으로 소셜 미디어를 사용하면서 더욱더 빠져들었다. 피터는 "소셜 미디어가 어느 정도 실제 생활을 잠식하기도 했어요"라고 말했다. 최근 들어서 유행의 주기는 몇 주 만에 나타났다가 사라지는 '일시적 유행microtrends'의 등장으로 그 속도가 점점 빨라지고 있다. 피터는 자기가 보지 못한 밈이나 영상을 친구가 언급할 때면 자신이 뒤처지고 있다는 느낌을 받았다(알고리즘을 따라가지 못하지는 않을까 하는 불안이다).

2021년 말에 피터는 일시적 유행 중 하나에 빠져들었다. 보송보송한 천 재질로 무릎까지 당겨 신는 발 토시 열풍이 갑자기 피터의 인스타그램 탐색 페이지와 틱톡의 '포 유' 추천 피드와 핀터레스트의 추천에 이르기까지 그녀의 피드를 일제히 점령한 것이었다. 유료 광고가 아니었는데도 어디에서든 발 토시를 볼 수 있었다. 피터는 내게 이렇게 말했다. "온라인에서 이런 열풍에 노출되기 전에는 발 토시라니, 생각해본 적도 없었어요. 추하고 흉물스럽고 우스꽝스럽다고 생각했거든요." 하지만 정신을 차리고 보니 어느새 토시 한 켤레를 온라인으로 주문하고 있었다. 무의식적 충동으로 마치 "마법처럼" 그러고 있었다고 피터는 말했다. 하지만 발 토시를 한 켤레 샀다고 피터의 기본적인 취향이나 생각이 바뀔 리는 없다. 피터는 발 토시를 몇 번 신고서는 옷장 한구석에 던져두었다. 발 토시를 구매한 것은 "지금도 내가 했으리라고는 믿을 수 없는 선택"이었다고 피터는 말했다.

피터는 소셜 미디어 피드에서 알고리즘의 영향력이 급속히 확산하고 있다고 느꼈다. 흥미진진한 영화 중간에 노골적인 PPL 광고를 끼워넣는 식이다. 하지만 나에게 세계 각지에서 마주쳤던 똑같은 취향의 카페와 다양한 인플루언서나 플랫폼의 유행에 동참하라고 직접적으로 강요하는 사람이나 구체적으로 드러난 실체는 없다. 발 토시가 유행한 것 역시 관심과 팔로어 수를 늘려 더 큰 광고효과를 얻기 위해 피드를 역이용한 것이 주효했을 뿐이다. 피터가 발 토시를 언급한 게시물에 잠시 관심을 보이자, 추천이 쏟아졌고, 그녀는 그 콘텐츠에서 벗어날 수 없었다(이는 "이것을 좋아한다면, '분명히' 그것을 더더욱 좋아하게 될 것"이라는 알고리즘의 논리를 따른다).

피터는 반클리프 아펠Van Cleef & Arpels의 보석 장신구와 점성술에 관련해서도 비슷한 경험을 했다. 한 리얼리티 쇼에 노출된 후 반클리프 아펠의 장신구는 틱톡을 점령했고, 잠시 팔로우했다가 이내 흥미를 잃었던 점성술 관련 트윗은 거듭된 중단 요청에도 아랑곳없이 추천 트윗에 계속해서 나타나 그녀에게 불운한 일이 일어날지 모른다고 경고했다. "수성이 역행할 때마다 내 삶이 걱정되기 시작했어요. 그런 트윗을 보고 싶지 않았지만 계속 눈에 띄었어요. 이게 내 삶을 끌어가고 있던 거죠." 알고리즘 피드는 그저 당신이 무엇을 좋아하는지 추측해보려고 하지만, 당신의 선호가 언제 바뀌는지 또 언제까지 지속되는지 이해하지 못할 수도 있다.

피드와 똑같은 종류의 알고리즘을 사용하는 표적 온라인 광고 역시 알고리즘 불안을 부채질한다. 디지털 감시를 통해 당신이 관련 정보에 참여했다는 데이터를 수집하고 나면, 당신의 눈길을 잡아끌 만한 브랜드에서 당신이 참여한 내용과 관련된 상품의 광고를 받는다.

광고는 여러 디지털 플랫폼과 온라인 배급사가 수익을 얻는 주된 방법이므로 기사 중간에 끼워 넣거나 자동 재생되는 영상에서 튀어나오는 식으로 어디에나 존재할 수 있다. 텔레비전 광고나 잡지의 지면 광고와 달리, 온라인 광고는 개인 맞춤형으로 제공되고 당신이 평소같으면 무시할 법한 주제의 광고도 반복해서 보여준다. 수많은 배급사가 구글 애드센스AdSense 같은 똑같은 소프트웨어를 통해서 광고를 판매하기 때문에, 똑같은 광고가 모든 웹사이트에 나타날 수 있다. 나는 독일 제조업체 USM이 만든 장식장 광고에 시달린 적이 있다. 선명한 색상의 철제 선반이 달린 현대적 감성의 격자형 장식장이었는데, 인터넷에 들어가면 이 가구가 사방에서 나타나서 내가 깨닫기도 전에 눈길을 사로잡는다. 하지만 이런 광고 때문에 내가 이 장식장을 더 원하게 되지는 않았다. 오히려 이내 싫증이 났고, 급기야 내가 이 가구를 좋아했는지조차 의심하게 되었다.

"이제는 소셜 미디어를 중심으로 수많은 문화가 형성되고 있어요. 일시적 유행이 너무 많아요. 당신이 눈 한 번 깜빡이기도 전에, 당신이 좋아하는 것인지 아닌지를 판단하기도 전에, 소셜 미디어의 피드는 이미 다음으로 넘어가 있죠." 피터는 이 문제를 이렇게 요약했다. "내가 알고 싶은 건 내가 좋아하는 게 진짜로 내가 좋아하는 것이냐는 거예요." 바꿔 말하면, 피터는 자신의 취향이 믿을 만하고 안정적이기를 바라고 있었다. 비록 그런 추천의 책임이 자기에게도 일부 있음을 알고 있지만, 온라인에서 알고리즘을 통한 콘텐츠의 가속화는 피터의 일상 경험을 압도할 정도였다. 피터는 이렇게 말했다. "실생활에서 이뤄지는 모든 교류가 내 선택을 구체화하지는 않을 거예요. 그런데 온라인에서는 아주 작은 것이었을 뿐인데, 왜 나는 발 토시를 한 인플루언서와 교류해야만 했을까요? 그들이 내가 그렇게 하게끔 만든 거죠." 모두 같은 곳을 향해 함께 달려가는 디지털 피드보다는 맨체스터 거리를 실제로 걸어 다닐 때 더 많은 다양성과 독창성을 발견할 수 있다.

이제는 인스타그램에서 흔하게 볼 수 있는 일반적 스타일이 되고 말았지만, 20세기 중반 모던 스타일의 미니멀리즘 디자인도 마찬가지 경우다. 나는 소셜 미디어를 사용하기 전부터 이미 이 스타일에 관심을 갖고 있었다. 이후 소셜 미디어를 사용하게 되면서 관련 내용을 전문적으로 엄선해서 게시하는 계정을 팔로우했는데, 초창기에는 드문드문 보내지던 정보가 최근 들어 홍수처럼 밀려들었다. 원치 않았음에도 내 피드는 그 어느 때보다 많은 계정 추천으로 가득 차 있다. 이 계정들은 하나같이 우아한 실내 인테리어를 표방하는, 즉 깔끔하고 담백하면서 베이지색 벽에 식물로 장식된 멕시코나 스웨덴 혹은 일본의 집을 게시하고 있다. 피터의 발 토시 관련 피드처럼 내가 이런 콘텐츠를 종종 찾아봤다고 해서 줄곧 그것만 보고 싶어 한다는 것은 아니다. 이처럼 쏟아지는 피드는 내 관심을 계속 붙들어 두겠다는 목표를 이루기는커녕 오히려 내 취향은 미니멀리즘 디자인이 아니라는 것을 깨닫게 해주었다. 알고리즘 기반 피드는 내가 예전에 좋아한다고 생각했던 것을 실은 좋아하지 않는다는 사실을 확신시키거나 아니면 너무 질리게 만들어서 내 취향을 급속도로 바꿔놓았던 것일지도 모른다. 어떤 음식이든 너무 자주 먹으면 결국 구미가 당기지 않게 되는 것처럼 말이다.

알고리즘에 기반한 취향은 따분하고 동시에 소외감을 심어준다. 창작자 쪽에서 보면, 어디든 존재하는 것이 이익이 될 수 있다. 반클리프 아펠 같은 상업 브랜드의 입장에서는 특정 제품에 많은 관심이 쏟아진다는 것은 대부분 긍정적인 일이다. 어떤 제품이 노출되는 대중의 범위가 넓으면 넓을수록 그 제품은 더 많이 팔린다. 밈은 퍼지면 퍼질수록 더 좋다. 하지만 추천 알고리즘 피드에 들어가는 것만으로도 문화 창작자의 의도가 틀어져, 이들이 자기 작품과 맺고 있는 관계를 바꿔놓기도 한다.

2018년 초, 1980년대 인디 밴드였던 '갤럭시 500Galaxie 500'의 드러머 데이먼 크루코스키Damon Krukowski는 스포티파이에서 자신의 밴드 음악과 관련하여 뭔가 심상치 않은 일이 일어나고 있다는 사실을 알아차렸다. 밴드의 앨범 중 〈온 파이어On Fire〉에 수록된 '스트레인지Strange'라는 곡이 다른 곡에 비해 훨씬 더 많이(수십만 번 이상) 재생된 것이다(이는 이 곡이 크루코스키를 비롯한 밴드의 동료들에게 더 많은 돈을 벌어다주고 있었다는 뜻이기도 하다). 이 밴드는 음악의 저작권을 밴드 자체 소속사에서 관리하고 있었기 때문에 크루코스키는 밴드의 음악이 얼마나 많이 스트리밍되는지 자세히 알 수 있었다. 스트리밍된 횟수를 보여주는 차트에서 '스트레인지'를 표시하는 그래프만 45도 각도로 상승하고 있었다. 이 곡은 싱글로 발매된 적도 없었고, 최초 발매 당시에도 마케팅을 하거나 다른 곡보다 우선해서 홍보를 하지도 않았다. 알 수 없는 일이었다. 크루코스키는 "내가 보기에 이건 완전히 복불복이었다"고 말했다. 게다가 '스트레인지'의 갑작스러운 인기는 스포티파이에만 국한된 일이었으며, 다른 스트리밍 서비스에서는 그 정도로 인기를 얻지 못했다.

밴드 시절 크루코스키는 농담을 섞어 이 곡을 '헤비메탈 발라드'라고 불렀다. 내향적인 스타일의 노래를 부르는 갤럭시 500의 음악과는 장르가 다른 별종 같은 곡이었기 때문이다. 갤럭시 500은 단 석 장의 음반만을 발표한 뒤 1991년에 해체됐다. 하지만 크루코스키는 음악가이자 작가로서 경력을 이어 나갔고 매사추세츠주 케임브리지에 정착했다. 그러고는 2010년대에 밴드의 음악 저작권을 상업적으로 관리하다가 스트리밍 업계에 대한 비판자가 되었다. '스트레인지' 현상을 일으킬 만한 이유 중 하나로는, 2017년에 스포티파이가 자동 재생 옵션을 기본 설정으로 바꿨다는 점을 들 수 있다. 사용자가 곡이든 음반이든 재생목록이든 자신이 선택한 음악을 멈추면 언제든지 알고리즘이 추천한 다른 곡이 곧바로 재생되는 시스템이었다.

"스포티파이가 기본 설정값을 바꾼 그날, 우리 밴드의 노래 목록에서 한 곡이 나머지 다른 곡과 따로 놀기 시작했어요"라고 크루코스키는 말했다. 이 시스템은 밴드 갤럭시 500의 다른 어떤 곡보다도 '스트레인지'를 자주 추천하고 있었다. 크루코스키는 한 소식지에 자신이 관찰한 내용을 게재했고, 이는 당시 스포티파이에서 '데이터 연금술사'로 일하던 글렌 맥도널드Glen McDonald의 이목을 끌었다. 맥도널드는 내부 조사를 통해 '스트레인지'가 알고리즘 대박을 터뜨린 이유는 이 곡이 갤럭시 500의 다른 곡과는 달리 인기 밴드의 곡 스타일과 유사했기 때문이라고 결론지었다. 다른 밴드의 음악을 듣던 청취자들은 '스트레인지'가 자동 재생되었을 때 이질감을 느끼지 못했고, 이는 건너뛰기나 멈춤 버튼을 누르지 않았을 가능성이 높다는 이야기다. 따라서 추천 시스템은 이 곡을 유효한 선곡으로 등록하고 더욱 더 많은 청취자에게 제안했다.

내가 크루코스키에 이 곡이 성공을 거둔 이유가 무엇이라고 생각하는지 묻자, 크루코스키는 이 곡에는 1980년대에 유행했던 헤비메탈 발라드의 특징이 몇 가지 담겨 있다고 밝혔다. 드럼의 규칙적인 백비트, 갤럭시 500답지 않은 첫소리 나는 기타 톤, 긴 솔로 연주의 부재, 3분 19초라는 짧은 재생 시간이 그것이었다. 바꿔 말하면, '스트레인지'는 평범한 음악처럼 들렸다는 말이다. "이 곡을 연주할 때면 항상 재미있었어요. 우리끼리도 평소보다 조금 더 신나게 연주한다는 걸 인정하고 있었으니까요." 크루코스키는 다음과 같이 말했다. "그걸 바로 알고리즘이 알아차린 것 같아요." 더불어 인기 있는 것이 더 큰 인기를 얻게 되는 알고리즘의 피드백 회로도 한몫했다. "일단 인기를 얻게 되면, 훨씬 더 많은 추천을 얻게 되는 식이죠." 당시 스포티파이 추천 시스템의 우선순위에 따르면, 가장 일반적인 콘텐츠가 가장 큰 성공을 거뒀다.

이것이 바로 알고리즘을 통해 표준화가 일어나는 방법이다. '표준 혹은 정상normal'은 평균적인 것으로 부정적인 반응을 일으키지 않는 것을 가리키는 말이다. 무엇이든 평범함의 영역에 들어맞는 콘텐츠라면 ('스트레인지'가 그랬듯) 가속화된 홍보와 성장이 뒤따르지만 영역을 벗어난 콘텐츠는 사라져버린다. 홍보가 되지 않으면 콘텐츠를 보는 사람이 점점 줄어들고 이에 따라 콘텐츠에 관한 관심도 급감하여 창작자가 관련 콘텐츠를 생산할 유인도 줄어든다. 부분적으로는 이런 콘텐츠가 금전적으로 지속 불가능하기 때문이다(필터월드에서 문화의 유일한 규칙은 '입소문이 나거나 아니면 죽거나'다). 심미적 수용성의 한계는 사라지지 않고 남아 있는 모든 것이 한 가운데서 한 열을 이룰 때까지 계속된다. 인기 있는 스타일이 바뀌는 동안에도 중심화와 표준화는 꾸준히 이어진다. 이것이 바로 특정한 패턴의 트윗이 성공하기 시작하면 트위터에 있는 모든 사람들이 이를 그대로 따라 하는 것처럼 보이는 이유다. 가령 추천을 받기 위해 아무 제약 없는 개방형 설문을 올린다든가 (진짜든 가짜든 상관없이) 친구가 이야기해줬다면서 터무니없는 농담을 늘어놓거나 하는 행동이 그 예다. 언어 자체가 표준화된다. 크루코스키는 말했다. "일반적이고 평범해야 한다는 압박감이 있어요. 이 압박감은 이렇게 말하는 것 같습니다. '튀지 마라, 친숙하면 그게 뭐든 안전한 거야. 어떻게든 그게 집단에 소속감을 느끼게 만들어줄 거야'라고 말이에요." 그리고는 이렇게 말을 이었다. "이런 현상이 수렴해가는 소실점이 있습니다. 바로 파시즘이죠." 크루코스키는 필터월드의 조건을 "평범함의 블랙홀"이라고 설명했다.

파시즘은 단일한 이데올로기적 세계관이 떠받치는 교의에 순응하라고 강제하는 상태를 뜻하며, 특정한 정체성이나 인구 통계적 특성을 완전히 무시당한다. 파시즘은 동질성이 내리는 명령이다. **알고리즘 기반 피드가 사물이 어떻게 존재해야 마땅한지에 대해 그 본보기를 만들어내는 경향이 있다는 점에서 필터월드는 파시즘에 가까워질 수도 있다.** 이러한 본보기에는 늘 현실을 몇 개의 카테고리로 묶어 구별하는 그 특유의 편향이 주입되기 마련이다. 이후 사용자는 본보기에 맞는 콘텐츠를 만들어내 구별을 완성한다. 이 같은 구별에는 정체성뿐만 아니라 문화의 형태도 포함된다. 어쩌면 **필터월드는 전제적이거나 봉**

건적이라고 설명하는 편이 정확할지도 모르겠다. 우리는 모두 우리가 어떠한 힘도 행사하지 못하는 공간 속에 살면서 우리가 승인하지도 않은 조삼모사의 규칙을 따르고 있으니 말이다.

크루코스키는 "때늦은 '스트레인지'의 인기가 싫지는 않았지만, 사실 이 곡이 아주 훌륭한 곡이라고는 생각해본 적이 없어요. 알고리즘이 하는 것처럼 한 번 흘깃 보고 나서 하나의 기준으로 들어보세요. 그러면 아마 이 곡을 다른 밴드의 곡으로 착각할 수도 있을 겁니다"라고 말했다. 그에게 있어 이 곡은 (창작 측면에서만큼은) 갤럭시 500이 이뤄내고자 했던 것을 보여주는 곡이 아니었다. 어쩌다보니 농담 비슷한 것으로 시작된 곡이 이 밴드 전체 작품을 상징하는 곡이 되었다. 그는 더 느리고 더 차분한 분위기의 '블루 썬더Blue Thunder'라는 곡을 밴드의 대표작으로 꼽았다. 물론 밴드의 소속사 경영진은 동의하지 않겠지만 말이다.

현대의 추천 알고리즘 탓에 예술가는 무엇이 인기를 얻을지 선택할 수 있는 권한이 훨씬 줄어들고 심지어 자기 작품이 등장할 맥락에 대한 통제권조차 줄어들었다. 한 밴드의 곡 중에서 가장 많이 재생된 곡을 페이지 최상단에 올려서 강조하는 스포티파이의 인터페이스에서는 음반 한 장을 찾아 원래 곡이 수록된 순서대로 듣기가 더 어렵다. 크루코스키는 이렇게 말을 이었다. "알고리즘에서 가장 섬뜩한 부분은 우리가 모두 그 영향력의 압력 아래 있다는 겁니다. 원하든 원치 않든 말이에요. 내가 알고리즘과 엮이길 원치 않더라도 알고리즘이 덮쳐와서 가장 특별하게 '당신을 보여주는' 곡이 아니라 가장 '인기 있는' 곡을 골라주고 그 곡과 자신을 동일시하게 하죠." 이것은 예술가나 작가뿐만 아니라 자신에 대해 이야기할 때 임의로 정한 '개인 브랜드'로 말해야 한다는 압력을 느끼는 온라인상의 누구에게나 적용된다.

게다가 스포티파이는 청취자가 음악과 소통하는 방식을 아주 철저히 통제하기 때문에, 음반사처럼 음악가에게 금전적으로 큰 이익을 안겨주는 계약이나 그 밖의 특전 같은 인센티브를 제공할 필요가 없다. "알고리즘의 압박 속에서도 그들은 우리에게 어떤 것도 제공하지 않아요"라고 크루코스키는 말했다. 심지어 안정적인 생계까지도 말이다. '스트레인지'는 스포티파이에서 1,400만 회 이상 스트리밍되었지만, 스포티파이에서 벌어들인 수익은 기껏해야 1만 5천 달러에 불과했다. 특히나 노출을 대가로 밴드의 정체성을 잃어버리는 것은 음악가에게 공정하게 느껴지지 않는다. "이건 그야말로 착취입니다." 하지만 이것은 수많은 창작자들이 필터월드에서 살아가려면 반드시 해야만 하는 거래이기도 하다.

넷플릭스의
카테고리 분류

성인이 된 후로 나는 한동안 텔레비전이 필요 없었다. 대학생 시절에는 보고 싶은 드라마를 무단 복제해서 봤고, 이런 불법적인 습관은 2010년대 〈왕좌의 게임Games of Thrones〉 시대까지 이어졌다. 나는 텔레비전 드라마나 영화를 침대에 누워 바로 옆에 노트북 컴퓨터를 거치해놓고 베개로 머리를 받쳐 완벽한 감상 각도를 만들어내는 아주 전형적인 자세로 소비했다. 넷플릭스는 2007년에 스트리밍 서비스를 출시했지만, 나는 오랫동안 넷플릭스 계정이 없었다. 그저 가족이 구독한 계정의 사용자 프로필에 이름을 올려놓고 그때그때 필요한 콘텐츠를 시청했다. 그 당시 나는 내가 어떤 작품을 시청하고 싶은지를 알기 위해 친구가 추천하는 작품이나 소셜 미디어나 블로그 등에서 찾아낸 추천 작품 등을 검색했다. 그런 다음에는 인터넷을 뒤져 작품을 찾아 내 컴퓨터에 다운로드받은 다음 어두컴컴한 방 안에서 감상했다. 1990년대에 거실에 놓인 텔레비전 화면에 나오는 프로그램을 시청했던 시절과는 완전히 다른 경험이었다.

하지만 2020년에 코로나19 팬데믹이 들이닥치면서 내 시청 습관이 또다시 바뀌었다. 격리가 시작되었다는 소식이 전해지면서 전 세계 공급망이 둔화할 조짐을 보이기 시작하자, 나는 아파트에 대형 텔레비전을 꼭 들여놓아야겠다고 생각했다. 내 돈 주고 내가 산 첫 번째 텔레비전이었다. 60인치 평면 스크린에 짙은 유광 검정 플라스틱 재질의 이 텔레비전은 외계인처럼 내 거실에 불쑥 모습을 드러냈다. 아내와 나는 우리 집에 놓인 텔레비전의 존재에 좀처럼 익숙해지지 않았다. 하지만 달리 방법이 없었다. 봉쇄가 계속되는 동안에는 텔레비전 드라마의 방송 목록을 따라잡는 것 말고는 별다르게 할 일도 없었다. 그래서 나는 마침내 내 이름으로 된 넷플릭스 계정을 시작했다.

드라마나 영화를 광고하는 섬네일을 격자 형식으로 배치해 화면을 위아래로 스크롤하면서 찾아볼 수 있도록 한 넷플릭스 홈페이지는 스포티파이나 인스타그램이나 트위터처럼 또 다른 콘텐츠 피드가 되었다. 그 당시 나는 넷플릭스 홈페이지를 자주 확인하면서 넷플릭스 인터페이스가 내가 선호하는 작품이라고 인식한 것에 인터페이스를 어떻게 맞추고 있는지를 알게 되었다. 이 인터페이스는 여행 다큐멘터리나 요리 프로그램이나 세계의 불가사의 시리즈처럼 특정 카테고리로 분류되는 프로그램을 서서히 내 초기화면 최상단에 올려놓기 시작했다. 이 같은 선별 목록은 '카일을 위한 최고의 선택'이나 '당신을 위한 카테고리'라는 태그라인 아래에 모여 있었다. 위에서 아래로 카테고리별로 분류된 행과 왼쪽에서 오른쪽으로 나열된 프로그램들은 모두 알고리즘이 배열한 것이다. 넷플릭스 공식 고객센터에서는 이에 대해 다음과 같이 설명하고 있다. "넷플릭스 시스템은 사용자가 좋아할 만한 작품을 가능한 한 최고의 순서로 제시하도록 설계된 방식에 따라 작품에 순위를 부여한다."

넷플릭스는 추천 엔진을 통한 문화 필터링을 개척했다. 2017년에 자체 스트리밍 서비스를 출시하기 전, 우편 주문 DVD 대여 시스템이었던 넷플릭스는 자사 웹사이트에 다른 사용자의 평점(별 다섯 개 만점)을 기반으로 사용자에게 영화를 추천해주는 시네매치Cinematch를 운영하고 있었다. 2002년에 출시된 시네매치는 바로 앞 장에서 언급했던 초창기 음악 추천 시스템인 링고와 비슷한 사회관계 필터링의 한 가지 형태였다. 여러 해에 걸쳐 이 서비스가 내놓은 대여시간과 평점 예측이 대체로 들어맞는다는 점이 증명되었고, 시네매치 추천 영화를 대여했던 넷플릭스 사용자 중 절반이 그 영화에 별 다섯 개의 평점을 부여했다. 2006년에 넷플릭스는 추천 정확도를 10퍼센트 개선하는(더 나은 알고리즘을 구축하는) 기계학습 엔지니어에게 100만 달러의 상금을 수여하는 대회를 열었다. 이 대회에 참가했던 한 개발자는 2008년《뉴욕타임스》에 특정 장르의 영화 때문에 프로그램 개발에 어려움을 겪었는데, 이 문제는 일단 해결되기만 하면 알고리즘 점수를 무려 15퍼센트 개선할 수 있는 것이었다고 이야기했다. 그가 언급한 특정 장르의 영화는 〈나폴레옹 다이너마이트〉, 〈사이드웨이〉, 〈사랑도 통역이 되나요?〉, 〈킬 빌: 1부〉 등으로 독특한 줄거리에 평가가 극과 극으로 갈려서 좋아하는 관객은 아주 좋아하고 싫어하는 관객은 아주 싫어하는 영화들이었다. 이 영화들은 이른바 '컬트 고전'에 해당하는 것으로, 그 문화적 중요성은 수학적 계산으로는 가늠할 수 없는 것들이다. 이는 알고리즘에 기반한 표준화에 맞서는 것으로, 필터월드의 시대에는 놓치기 쉬운 특징이다.

2009년, 통신업체 AT&T 소속 연구 엔지니어가 주축이 된 '벨코어 인 빅 케이어스BellKor in BigChaos' 팀이 '프래그매틱 씨어리Pragmatic Theory'라는 팀과 연합해서 넷플릭스 알고리즘 대회에서 우승을 차지했다. 이 두 팀은 공동으로 '프래그매틱 케이어스Pragmatic Chaos'라는 툴을 개발했는데, 추천 정확도가 기존 알고리즘보다 10.06퍼센트 더 높았다. 이 툴의 중요한 혁신 사항은 로맨스나 코미디처럼 특정한 속성을 공유하는 영화를 하나로 묶어주는 통합 알고리즘 전략인 '특잇값 분해singular value decomposition'를 사용하고 있다는 점이었다. 특잇값 분해에 추가하는 레이어는 '피 튀기는 잔인한 장면이 등장하지 않는 액션 영화'처럼 더 미묘한 요인을 분류할 수 있었다. 이제 취향이라는 개념은 자아에 깊이 뿌리내려 자아를 전체적으로 나타내는 감각이 아니라 B 대신에 A를 좋아하는 것처럼 계속해서 이어지는 세분화된 선호가 되었다.

넷플릭스 웹사이트 최상단에 자리 잡은 시네매치의 '당신이 좋아할 만한 영화'라는 섬네일 한 줄은 오늘날 넷플릭스 사용자가 알고 있고 좋아하는(혹은 극도로 싫어하는) 훨씬 더 역동적인 스트리밍 홈페이지의 전신이었다. 스포티파이의 추천은 각 곡이 끝날 때마다 빠르고 반복적으로 이루어진다. 하지만 동영상 스트리밍 서비스의 알고리즘은 더 느리게 작동한다. 우선 사용자가 시청할 드라마를 고르는 빈도가 훨씬 낮다. 이 플랫폼은 대부분의 시간에 연속물의 다음 회차를 재생하기만 하면 그만이고 이런 추천에는 계산이 필요하지 않다. 하지만 넷플릭스는 그럼에도 불구하고 스포티파이와 비슷하게 작동하면서, 우리가 특정한 콘텐츠를 선택하도록 유도하고, '스트레인지'가 갤럭시 500의 대표곡이라는 오해를 불러일으킨 것과 똑같은 방식으로 우리가 특정 장르의 대표작으로 여기는 것을 만들어낸다.

넷플릭스 앱에 포함된 검색 기능은 느리고 부정확하다. 장르별 검색은 어렵고 배우나 감독 같은 정보로 필터링하기란 불가능하다(이런 기능 결여가 '검색 엔진 최적화 문서search-engine-optimized articles'를 만들어냈다. 이 문서는 스트리밍용 전화번호부처럼 넷플릭스에 무엇이 있고 무엇이 없는지를 쭉 열거한다). 또한 검색 결과는 다른 사용자의 이전 활동에 영향을 받는다. 따라서 넷플릭스의 검색 결과는 그저 정보 색인이 아니라 또 다른 추천 피드로 다른 사람이 이미 좋아하는 것을 보여줄 가능성이 훨씬 크다. 넷플릭스는 사용자의 의도를 고려하지 않으며, 초기화면의 추천 작품은 시청자가 무엇을 보는지에 영향을 미친다. 2015년 카를로스 고메즈-유리베Carlos A. Gomez-Uribe와 닐 헌트Neil Hunt의 연구에 따르면, 사용자 스트리밍 시간의 80퍼센트 이상이 넷플릭스 추천 엔진으로 가동된다. 2018년 넷플릭스 리서치Netflix Research에서 공개한 홍보 영상에서 기계학습 관리자였던 에이시 펜턴Aish Fenton은 이렇게 말했다. "우리가 하는 일은 거의 대부분이 추천 알고리즘에 관련된 것입니다."

넷플릭스 알고리즘은 사용자의 시청 이력과 평점, 비슷한 취향을 가진 다른 사용자의 활동 그리고 장르나 배우, 개봉일처럼 해당 콘텐츠 자체에 대한 정보를 중요 요인으로 고려한다. 또한 이 알고리즘은 사용자가 하루 중 어느 시간대에 시청했는지, 어떤 장치를 사용해서 시청했는지 그리고 이런 맥락에서 얼마나 오래 시청하는 경향이 있는지와 같은 정보를 포함한다. 넷플릭스는 연령이나 인종 그리고 성별 같은 특정 사용자의 인구 통계적 요소는 고려하지 않지만, 사용자에 관한 다른 정보에서 그런 정체성이 암시될 수는 있다고 발표했다. 콘텐츠 기반 필터링과 협업 필터링을 결합한 넷플릭스의 초기화면은 사용자에게 어떤 입력도 요구하지 않은 상태에서 그 순간 그 사용자가 소비했으면 하고 바랄 만한 콘텐츠를 제시하는 일종의 마법 거울과 같다. 넷플릭스 초기화면은 선택해야 한다는 부담과 디지털 문화의 초창기에 반드시 일어나기 마련이었던 더 의식적인 선택의 과정을 제거한다. **필터월드의 수많은 다른 측면과 마찬가지로, 알고리즘 인터페이스는 중립적이며, 당신의 개인적 취향을 정확히 반영하고 강화한다고 주장한다. 하지만 이런 인터페이스는 결코 중립적일 수 없다.**

2021년, 커뮤니케이션 전략가인 니코 파즈코비치Niko Pajkovic는 뉴미디어 저널《컨버전스》에 넷플릭스의 추천 시스템을 다룬 한 편의 논문을 발표했다. 파즈코비치는 "알고리즘이 근본적으로 인간적인 (또는 최소한 디지털적으로 덜 매개된) 문화적 의미의 과정과 의사결정 과정을 대체하고 있다"고 썼다. 파즈코비치는 넷플릭스가 개인적 취향에 미치는 영향을 확인하는 실험에 착수했고, 이 실험을 위해서 각기 다른 전형적 개성을 가진 가짜 계정을 설계했다. 예를 들어, '골수 스포츠 팬'이나 '고상한 척하는 문화 속물' 또는 '가망 없는 낭만주의자' 등이다. 스포츠 팬은 격렬한 신체 활동과 관련된 것이라면 드라마든 다큐멘터리든 가리지 않고 시청했으며 은밀하게 슈퍼 히어로 영화를 즐겼지만 로맨틱 코미디는 보지 않았다. 속물은 잘 알려지지 않은 예술 영화나 외국 감독의 작품을 비롯해 감성을 환기할 수 있는 것이라면 무엇이든 시청했지만 텔레비전을 많이 시청하지는 않았고 리얼리티 쇼를 극도로 싫어했다. 낭만주의자는 고품격 드라마와 막장 드라마를 오가면서 시청했으며, 격정적이고 신나는 드라마를 좋아했다. 넷플릭스는 신규 사용자에게 최초의 추천을 구체화하기 위해서 자신의 취향과 일치하는 콘텐츠를 몇 가지 선택해달라고 요청한다. 하지만 파즈코비치는 아무것도 고르지 않았고, 그러자 가짜 계정 각각의 초기화면이 대부분 동일하게 시작되었다. 하지만 동영상을 시청하면서부터 초기화면은 빠르게 바뀌었다.

파즈코비치는 각 계정에 차례로 접속해서 꾸며낸 해당 인물의 허구적 취향에 적합한 드라마와 영화를 시청했고 시간 변수를 제거하기 위해서 하루 중 시간을 무작위로 선택해서 시청했다. 시청을 시작하고 이틀째가 되자 개인 맞춤화가 시작되었고 각 계정의 초기화면이 서로 달라지기 시작했다. 시청 5일째가 되자 낭만주의자 계정에는

'가망 없는 낭만주의자를 위한 영화'를 광고하는 카테고리가, 속물 계정에는 '평단의 찬사를 받은 작가주의 시네마'라는 카테고리가 생겨났다. '친숙한 최애 작품'이나 '흥분감 넘치는 영화'처럼 더 일반적인 초기화면의 카테고리 역시 개인에게 맞춰져 낭만주의자를 위한 로맨틱 코미디와 스포츠 팬을 위한 운동선수 다큐멘터리처럼 동일한 종류의 콘텐츠를 반영하여 추천했다. 이렇게 살짝 어긋난 방향을 취하는 전략은 사용자의 기분을 맞추기 위한 것일지도 모르겠다. 홈페이지의 추천 카테고리를 통해서 자신이 시청하는 것이라고는 로맨틱 코미디뿐이라는 사실을 노골적으로 상기하고 싶은 사람은 별로 없을 테니까 말이다.

　넷플릭스 알고리즘은 사용자로 하여금 2천 개 이상 존재하는 커뮤니티 중에서 특정 '취향 커뮤니티'에 참여하게 한다. 또한 '지적인 프랑스 예술 영화', '1970년대부터 아프리카계 미국인이 주연을 맡은 액션 영화와 모험 영화', '실화를 바탕으로 한 감명 깊은 전쟁 드라마'를 비롯해 7천 개의 '대안 장르' 또는 틈새 카테고리도 존재한다. 사용자는 대부분 자신이 어떻게 분류되는지 알지 못할 뿐만 아니라 이런 다양한 틈새 카테고리 역시 알지도 못한다. 사용자는 해당 카테고리를 의식적으로 선택하지 않으며, 알고리즘이 내놓은 결과를 그저 넷플릭스가 자기가 시청할 가능성이 가장 큰 동영상을 주제별로 좁혀준 것일 뿐이라고 여긴다.

　심지어 추천 그 자체보다 더 눈에 띄는 것은 넷플릭스가 모든 자체 콘텐츠의 섬네일 사진을 특정 사용자에 맞추기 위해 알고리즘을 기반으로 변경한다는 사실이다. 이 방식은 '도판 개인 맞춤화artwork personalization'라는 이름으로 2017년 말에 시작되었다. 파즈코비치는 자신이 만든 실험용 계정에서 벌어진 '도판 개인 맞춤화' 과정을 관찰했다. 시청 시작 후 2주가 되었을 무렵, 초기화면의 모든 섬네일이 서로 비슷하게 보였다. "가망 없는 낭만주의자에게 추천된 10편의 작품은 홈페이지 상단 두 줄에 있었는데, 이 가운데에서 5편이 로맨틱한 장면을 담고 있는(가령 한 커플이 키스하거나 서로의 눈을 지긋이 바라보는) 이미지를 보여줬다." 스포츠 팬의 홈페이지는 주먹을 날린다든가 축구공을 막아낸다든가 황소 등에 올라타거나 하는 극적인 행위를 수행하는 남성의 이미지로 도배되었다. 화면을 가득 채운 동일한 이미지는 불쾌감을 일으킬 정도였고, 콘텐츠는 오로지 햄버거만 파는 식당의 메뉴처럼 똑같아 보였다.

섬네일 이미지에 오류가 있을 때도 있었다. 넷플릭스가 자체 제작한 연속물 〈아우터 뱅크스Outer Banks〉의 경우, 스포츠 팬의 초기화면에는 등장인물 두 사람이 바다에서 서프보드를 타는 섬네일 이미지가 떴지만, 낭만주의자에게는 등장인물 두 사람이 키스하려는 장면을 클로즈업한 이미지가 제공되었다. 두 경우 모두 해당 계정 특유의 선호도를 고려한 추천이었다. 그러나 사실 〈아우터 뱅크스〉는 실종과 살인에 관련된 액션 중심의 미스터리물로 그 누구의 취향에도 맞지 않는 장르의 드라마였다.

2018년, 사용자들은 넷플릭스가 사용자의 인종을 추적하지 않는다고 밝혔음에도 불구하고 어떻게 사용자와 같은 피부색의 섬네일을 보여주는지 궁금해했다. 일부 흑인들은 자기들에게 로맨틱 코미디 영화 〈러브 액츄얼리〉가 추천되었는데, 이 영화에서 비중이 매우 적은 흑인 배우의 이미지가 추천 섬네일에 등장했다고 이야기했다. 넷플릭스는 작품의 섬네일 게시 방식을 공격적인 방식으로 변경함으로써 사용자를 조종하고 있다. 사용자가 좋아할 만한 작품을 추천하는 것이 아니라 같은 콘텐츠라도 제시하는 방식을 차별화하여 그 콘텐츠가 사용자의 취향과 더욱 비슷하다고 여겨지게 만드는 것이다. 이렇게 알고리즘에 기반한 '도판 개인 맞춤화'는 만약 그런 이미지가 아니었다면 (그리고 제대로 된 이미지가 제공되었더라면) 거들떠보지도 않았을 작품을 보게 만든다. 혹시나 결국에는 알고리즘이 당신을 위해 작동하지 않을까 하는 일말의 기대를 품고서 말이다. 이는 개인 맞춤화를 제공하겠다는 인터페이스의 메시지뿐만 아니라 개인적 취향의 구축에도 상반되는 것이다. 애당초 **인터페이스는 조종된 것이다.**

파즈코비치는 실험을 통제하는 수단으로 콘텐츠를 무작위적으로 선택하는 계정도 만들었는데, 이 계정에서 또 다른 조종이 벌어졌다는 사실을 발견했다. 이 계정의 홈페이지에는 〈분노의 질주〉 시리즈 8편 전부가 추천 목록에 올라왔다. 사실 〈분노의 질주〉 시리즈는 파즈코비치의 모든 실험 계정에 추천되었다. 넷플릭스가 이 시리즈물의 라이선스를 얻기 위해 거액의 비용을 지불했다는 사실을 빼면 이런 추천을 정당화할 만한 이유는 없었다. 파즈코비치에 따르면, "넷플릭스 알고리즘은 개인 맞춤화라는 미명 아래 사용자 참여를 창출할 개연성이 큰 콘텐츠를 추천하도록 기본 설정되어 있었다." 일반적으로 많은 사람들이 〈분노의 질주〉를 좋아하므로 당신도 이 영화를 좋아할 수 있다. 하지만 이것은 〈분노의 질주〉가 당신의 취향을 겨냥한 추천이라는 말이 아니다. 넷플릭스의 추천은 사용자의 선호에 일치하는 콘텐츠를 찾는 것보다 이미 대중적인 인기를 얻었거나 접근이 쉬운 작품, 즉 취향이라는 환상을 제안하는 데 더 큰 힘을 쏟고 있다. 2023년에 넷플릭스가 스트리밍을 제공한 작품은 4천 편이 조금 안 되는데, 이는 넷플릭스의 등장으로 결국 문을 닫게 된 비디오 대여점, 블록버스터의 대형 매장 한 곳이 보유하고 있던 총 작품 편수(6천 편)에도 미치지 못한 수치다. 결국 넷플릭스의 알고리즘 추천은 현실에는 존재하지 않는 다양성과 깊이라는 환상을 만들어낸다.

필터월드 시대의 취향은 속빈 강정이며, 디지털 플랫폼이 참여를 측정하는 방식과 비슷한 점을 갖고 있다. 둘 다 어떤 것이 즉각적으로 좋은지 싫은지를 근거로 성급한 판단을 내린다. 개인을 더 나은 사회나 더 나은 문화로 이끄는 취향의 도덕적 능력은 사라진 지 오래다. **이제 취향은 소비지상주의의 한 부분이 되었으며, 필터월드에서는 무엇을 사고 무엇을 보는지가 자기 정체성을 나타내는 결정적 근거이며, 미래의 소비까지 좌우한다.**

물론 파즈코비치가 꾸며낸 가짜 넷플릭스 사용자가 모든 사례를 대표할 수는 없다. 특정 카테고리에 그렇게 고도로 집중하는 소비자는 사실상 많지 않기 때문에, 넷플릭스의 개인 초기화면도 더 다양할 가능성이 크다. 하지만 추천 메커니즘이나 섬네일 이미지를 맞춤형으로 제시하는 일이 문화에 대한 인식을 획일화하고 우리가 지평을 확장할 가능성을 제한하는 것은 분명하다. 넷플릭스 알고리즘은 부드러운 강제를 통해 우리를 특정한 카테고리로 유도하면서 결국에는 우리의 취향을 하나의 고정된 사물로 규정한다. 이렇게 규정된 취향은 플랫폼에서 이루어지는 연속적인 상호작용으로 더 단단해지고 더 작은 세계로 빠져든다. 알고리즘 추천이 정확한 경우에도, 그 범위는 매우 제한적이다. 파즈코비치는 다음과 같이 말했다. "피드백 고리는 다양한 문화적 대상에 사용자가 노출될 가능성을 줄이고, 사회적 주류에 반하여 대립하는 예술이나 미학, 문화를 부정함으로써 사용자가 기존에 가지고 있는 선호를 강화한다." 대립이 없다는 것은 우려할 만한 일이다. 이는 위대한 예술이 반드시 태생적으로 대립각을 세우거나 주류에 반하는 것이어야 한다는 뜻이 아니다. 이미 단단히 자리 잡은 문화에 순응하기만 한다면, 우리는 불편하지만 진보적이고 정해진 것에서 벗어나 기존의 것을 전복할 수 있는 문화를 놓치게 될 수도 있다는 말이다.

스포티파이는 사용자를 미리 정의된 취향 범주에 맞춰 분류함으로써 넷플릭스와 흡사하게 운영된다. 다른 플랫폼처럼 스포티파이의 알고리즘 역시 문제가 빈번하게 나타나며 편향적이다. 2019년 9월, 컨트리뮤직 스타인 마티나 맥브라이드Martina McBride는 스포티파이에 컨트리뮤직 재생목록을 만들려고 했다. 스포티파이는 자동으로 추천곡을 재생목록에 추가했다. 맥브라이드는 재생목록을 열네 번이나 새로고침 하는 동안 여자 컨트리 가수가 부른 곡은 단 한 곡만 추천되었고 나머지는 전부 남자 컨트리 가수가 부른 곡이라는 사실에 충격을 받았다. 이후 그녀는 인스타그램에 이렇게 올렸다. "게으른 거야, 아니면 차별하는 거야? 음치야? 아니면 무지한 거니?"

컨트리 뮤직 방송을 연구하는 오타와대학교 교수 제이다 왓슨Jada Watson 역시 비슷한 결과를 얻었다. 그는 재생목록을 열두 번 새로고침했는데 남자 가수의 곡만 추천되었다. "처음 200곡(19번 새로고침)

에는 여자 가수의 곡이 고작 여섯 곡(3퍼센트), 혼성 그룹의 곡이 다섯 곡(3퍼센트) 포함되었다(이 곡들은 모두 남자 가수의 곡이 121곡 나오고 나서야 목록에 나타났다)." 스포티파이의 추천은 왓슨이 스포티파이에서 듣는 다른 곡과 큰 관련이 없어 보였다. 맥브라이드는 스포티파이의 재생목록 추천 기능이 사용자의 청취 습관과는 전혀 무관하며, 전적으로 재생목록에 붙은 표제에 바탕을 두고 있음을 발견했다. 스포티파이 알고리즘에 따르면 컨트리뮤직은 남자와 관련이 깊은 장르였고, 이 공식은 심지어 왓슨이 '질vaginas 있는 가수가 부른 컨트리뮤직'이라는 재생목록을 만들 때도 지켜지고 있었다. 편향된 알고리즘은 편향된 방식으로 컨트리뮤직이라는 장르를 정의했다. 왓슨은 이를 "컨트리뮤직에 대한 협소하기 이를 데 없는 관점"이라고 말했다. 개인 맞춤화라는 메시지에도 불구하고, 스포티파이는 이 사례에서 다양성의 부재를 잘 보여주었다.

2014년, 마이크로소프트 연구소가 운영하는 블로그의 한 게시글에서 크리스천 샌드빅Christian Sandvig이라는 학자가 사용자를 조종하려는 넷플릭스의 영화 섬네일이나 편향적인 스포티파이의 재생목록처럼 결함이 있는 추천 알고리즘을 설명하기 위해 '타락한 개인 맞춤화 corrupt personalization'라는 용어를 만들었다. 샌드빅은 "타락한 개인 맞춤화는 당신의 것이 아닌 관심사로 당신의 관심을 끌어가는 과정"이라고 주장했다. "추천 시스템은 때로 우리의 이해와 상충하는 상업적 이해에 봉사한다." 넷플릭스의 경우, 오해를 일으킬 만한 이미지를 보여주거나 모든 사용자에게 〈분노의 질주〉를 제안하는 행위는 사용자 참여를 높이는 한편 사람들이 이 서비스가 돈값을 한다고 생각하도록 부추겨 구독을 계속 갱신하게 하는 데 기여하며, 이를 통해 회사의 성장을 유지한다.

타락한 개인 맞춤화의 또 다른 사례로는 다른 브랜드의 제품보다 자체 브랜드의 제품을 먼저 제안하는 아마존이나 정보를 얻을 수 있는 방법으로 구글 지도 같은 자사의 제품을 우선해서 제시하는 구글 검색을 들 수 있다. 이 같은 방식으로 회사는 이익을 보겠지만 사용자는 불편하거나 곤란을 겪을 수도 있고, 이는 문화 생태계를 전반적으로 퇴화시킨다. 샌드빅은 다음과 같이 말했다. "시간이 흐르면서 자신의 관심사와 일치하지 않는 대상이 너무 자주 제시되다 보면, 사람들은 무엇을 원해야 하는지 학습당하게 된다. …… 사람들은 그것이 자신의 진정한 관심사라고 잘못된 믿음을 품게 되고, 세상을 다른 방식으로 보는 법을 잊게 된다."

인터넷은 점점 다양한 관점을 찾기가 더 힘들어지는 자기 강화적 공간으로 빠져들고 있다. 정치계에서는 이 같은 일이 이미 익숙하다. 자유주의자는 자신의 신념을 반영한 디지털 콘텐츠를 소비하고 보수주의자도 마찬가지다. 하지만 이런 생각이 문화에도 적용된다는 것은 큰 문제다. **자신의 개인적 취향을 아는 것은 어려운 일이지만, 뭔가가 아주 열심히 '당신을 위한 것'이라고 제시되는 상황에서 당신이 언제 그것을 좋아하지 않거나 원치 않는지를 아는 일도 어렵기는 매한가지다.** 필터월드에서는 알고리즘의 추천을 의식하는 가운데서도 스스로에 대한 믿음을 가지거나 나 자신이 누구인지를 아는 것이 점점 어려워지고 있다.

2011년, 인터넷에서 활발하게 활동하고 있는 작가 일라이 파리저Eli Pariser는《생각 조종자들Filter Bubble》을 출간했다. 이 책에서 파리 저는 어떻게 추천 알고리즘을 비롯해 다른 디지털 커뮤니케이션 방식이 인터넷 사용자를 폐쇄된 공간에 집어넣고서 오직 자신의 이데올로기와 일치하는 것하고만 마주치게 만드는지 설명한 후 이것을 '필터 버블'이라고 부르기로 한다. '필터 버블'이라는 개념은 그 이후 10년 넘게 논쟁의 대상이 되어왔고, 정치 뉴스 미디어에서는 특히 그러했다. 액슬 브런스Axel Bruns는 2019년에 출간한《필터 버블은 진짜일까?Are Filter Bubbles Real?》에서 필터 버블의 효과가 제한적이라고 결론지었다.《계간 여론Public Opinion Quarterly》이 2016년에 실시한 '필터 버블 조사' 같은 과학적 연구에서는, 특히 여론에 민감한 콘텐츠에서는 어느 정도 "이데올로기적 분리"가 존재한다는 사실을 밝혀냈다.

하지만 문화와 문화적 취향은 정치적 콘텐츠나 이데올로기적 신념과는 다른 역학으로 움직인다. 심지어 똑같은 피드를 통해 이동하더라도 문화와 문화적 취향을 움직이는 유인 요소는 다르다. 정치적인 필터 버블은 사용자를 고립시키고 동의하지 않게 만들어 상대편에 반대하도록 하지만, **문화적 추천은 사용자를 모아 최소공통분모에 더욱 많은 청중을 끌어들인다는 목표를 향해 나아간다. 알고리즘에 기반한 문화는 중앙으로 모이게 되어 있다.** 증오나 갈등을 동기 삼아 문화 창작물을 소비하는 일은 좀처럼 드물기 때문이다. 인디애나대학교 교수로 추천 알고리즘을 연구하는 장 징징Jingjing Zhang은 개인 맞춤화된 음악 추천을 공동 연구하면서 동질화 이론을 입증하는 증거를 발견했고 이 사실을 2012년 추천 시스템에 관한 더블린 국제학술대회에서 발표했다.

학생들에게 여러 곡이 제시되었고, 학생들은 이 곡들의 별 평점이 자신들의 취향을 기반으로 매겨지고 추천되었다고 들었다. 하지만 사실 평점은 아무렇게나 꾸며낸 것이었다. 그런 다음에 학생들은 제시된 곡에 얼마의 금액을 지불할 것인지 질문을 받았다. 별 평점이 높으면 높을수록 학생들이 지불하려고 마음먹은 금액은 높았다. 별이 하나 추가될 때마다 그 곡에 자발적으로 돈을 지불할 가능성이 10~15퍼센트까지 상승했다. 이 실험은 추천이 어떻게 특정한 문화 창작물의 가치를 왜곡하는지, 어떻게 특정 창작물이 더 마음에 들고 더 중요한 것처럼 여기게 만드는지를 보여주었다. 이 같은 결함은 추천 알고리즘의 자기 강화적 고리로 더욱 강화된다. 장 징징은 팟캐스트 〈플래닛 머니Planet Money〉에서 다음과 같이 말했다. "시간이 흐를수록 이 시스템이 제안하는 추천의 다양성은 더 줄어들게 될 것이다. 결국 이 추천 시스템은 개인적 취향과는 상관없이 모두에게 비슷한 항목을 제공하게 될 것이다. 이것이 바로 오늘날 우리가 동질화를 경험하고 있는 이유다."

사라져가는 수집 문화

추천 알고리즘이 외부로 제일 잘 드러나는 앱 인터페이스는 우리가 어떤 문화를 소비하고 그 문화에 대해 우리가 어떻게 느끼는지를 판단할 수 있는 중요한 요소다. 인터페이스 디자인은 '사용자 경험'과 밀접하게 연관되어 있으며, 사용자 경험은 사용자가 인터넷에서 이동하고 검색하고 클릭할 때 일어나는 미시적 상호작용micro-interactions을 말한다. 오늘날 플랫폼에서의 사용자 경험은 압도적으로 수동적인 경향을 보인다. 우리는 속내나 의도를 드러내지 않으며, 그저 이미 눈앞에 있는 것을 소비할 뿐이다. 이론적으로 보면 알고리즘은 우리가 스스로에 대해 아는 것보다 우리를 더 잘 안다. 비록 그것이 명백히 틀렸을지라도 말이다. 디스커버 페이지나 틱톡의 '포 유' 추천 피드는 우리가 관심을 가지는 대상이 무엇인지 보여준다. 이렇게 알고리즘이 보여주는 것을 따라가다 보면 우리가 필요하고 중요하다고 여기는 것을 직접 찾고 뒤를 쫓으며 저장할 수 있는 동력이 부족해진다. 우리는 문화 창작물을 저장함으로써 개인적 취향을 인식하고 구축한다. 새가 둥지를 트는 것처럼 천천히 그러나 차근차근 자신에게 중요한 것을 수집하거나 선호에 맞춰 기념물을 만들기도 하는 것이다.

그러나 알고리즘 기반 피드가 자동화되면 될수록 소비자는 점점 더 수동적이 되고 자신에게 중요한 것을 보존하기 위해 수집품을 모을 필요성을 크게 느끼지 못하게 된다. 지난 20년 동안 DVD 영화든 LP 음반이든 아니면 서가에 꽂힌 책이든 문화를 수집하는 행위는 꼭 필요한 것이었지만, 이제는 호사가들이나 즐길 만한 취미가 되었다. 내가 원하면 언제든지 접근할 수 있는 디지털 플랫폼이 있고, 플랫폼이 제공하는 문화가 (그들이 주장하는 대로) 영원하다면, 눈앞에 놓인 것을 보존하기 위해 신경 쓰고 걱정할 필요가 있을까? 그러나 문제는 그 어떤 것도 디지털 플랫폼이 제공하는 것들의 영속성을 보장하지 않는다는 점이며, 플랫폼의 인터페이스는 끊임없이 변화하고 있다는 점이다. 인터페이스가 갑자기 바뀜으로써 발생하는 혼란은 필터월드에서는 매우 흔한 일이다.

2021년 말의 어느 아침, 나는 노트북 컴퓨터에서 스포티파이를 열었다가 갑자기 길을 잃은 것 같은 느낌이 들었다. 나는 좋아하는 음악을 듣기 위해 익숙한 방식으로 클릭을 하려고 했다. 그날 듣고 싶었던 음악은 유세프 라티프의 〈이스턴 사운즈〉 앨범이었다. 팬데믹 동안 재택근무를 하면서, 나는 아침마다 이 앨범의 노래를 제일 먼저 들었다. 그런데 그날 아침에는 내가 스포티파이의 '좋아요'를 눌러 저장해둔 음반의 목록을 쉽사리 찾을 수 없었다. 스포티파이는 나에게 고지를 하거나 선택권을 주지 않은 채 목록을 재배열해버린 것이다. 이 일은 마치 누군가 밤새 내 거실 가구의 자리를 이리저리 바꿔놓았고, 나는 하던 대로 거실에서 필요한 것들을 찾으려 애쓰는 것 같은 느낌이었다. 검은색과 녹색으로 꾸며진 스포티파이의 분위기 있는 인터페이스에 '내 라이브러리'라는 새로운 탭이 생겨 있었고, 이 탭은 내가 찾고 있는 것이 그곳에 있다고 넌지시 드러내고 있었다. 하지만 그 탭을 누르자 자동 생성된 재생목록 창이 열렸는데, 열린 재생목록은 나랑 전혀 상관없는 것들이었다. 심지어 그 옆에 팟캐스트를 제공하는 탭도 생겼는데, 나는 스포티파이 앱에서 팟캐스트를 한 번도 들어본 적이 없었다. 말도 안 되는 일이었다.

미디어 대부분이 스트리밍으로 옮겨가면서, 클릭 한 번으로 모든 것이 가능한 것처럼 보이게 된 세상에서 우리는 창작물과 알고리즘에 기반하지 않은 관계를 맺을 수도 있다는 사실을 잊기 쉽다. 우리는 과거 (그리고 지금도 여전히) 책을 서가에 보관하고 거실 벽에 미술작품을 걸고 LP 레코드를 쌓아두었다. 또한 책등에 적힌 제목을 확인하여 책을 찾고 듣고 싶은 음악을 찾아 음반을 뒤진다. 뭔가를 경험하고 싶을 때 우리는 그것을 찾아낸다. 우리가 문화 창작물과 교류하는 방식 그리고 그것을 보관하는 장소의 변화는 우리가 그것을 소비하는 방식의 변화로 이어진다. 마치 스포티파이의 업데이트가 강제로 내게 저지른 일처럼 말이다. 트위터가 자체 알고리즘에 기반한 '포 유' 피드를 추가했을 때 그리고 인스타그램이 사진 게시 버튼을 틱톡 스타일의 영상 시청 버튼으로 바꿨을 때, 트위터와 인스타그램에서도 똑같은 일이 일어났다.

이 같은 변화는 나로 하여금 정반대되는 것, 즉 우리가 원하는 어떤 문화든 접근할 수 있으면서도 고정적이고 안정적이면서 믿을 만한 방식을 갈망하게 만든다. 이것이 바로 주어진 문화를 수집하고 소비하는 이전의 형태다. 우리는 그동안 안정성을 당연한 것으로 여겼다. 1931년, 독일의 문화비평가 발터 벤야민Walter Benjamin은 인간과 물리적인 문화적 대상물과의 관계를 설명하는 〈나의 서재 공개 Unpacking My Library〉라는 글을 썼다. 이 글에서 벤야민은 여러 해 동안 책이 담겨 있었던 먼지 쌓인 나무상자에서 장서를 꺼내는 것에 대한 이야기를 한다. 이 책들은 바닥에 무질서하게 흩어져 있었고 "좀 지루할 정도로 질서정연하게 꽂혀 있지는 않지만" 곧 다시 서가에 진열될 것이다. 벤야민에게는 이 책들을 소유한다는 행위 자체가 (비록 모두 다 읽지는 않았다고 해도) 독서가이자 작가인 그의 정체성을 형성한다. 이 책들은 벤야민이 열망하는 지식이나 그가 여행했던 여러 도시를 보여주는 상징으로 그의 서가에 자랑스럽게 꽂혀 있었다. 책을 모으는 일은 벤야민이 세상과 교류하는 방식이었고, 그가 비평적 글쓰기를 통해 발전시킨 세계관을 구축하는 방식이었다.

벤야민의 서재는 개인적 기념물로, 우리가 좋아하거나 동일시하는 대상을 물리적으로 구축하여 취향에 관한 의식을 쌓아가는 방식이다. 이러한 개인적 기념물의 중요성은 그것이 영속한다는 점에 있다. 우리가 소유한 수집품은 없애버리겠다고 마음먹지 않는 한 사라지지 않는다. 벤야민은 "소유는 사물에 대해 가질 수 있는 가장 깊은 관계"라고 썼다. "사물이 우리 안에서 살아 움직이는 것이 아니라 우리가 그 사물 속에서 사는 것이다." 우리는 주변 대상 속에서 자신을 발견하고 또 재발견하곤 한다. 하지만 벤야민의 서가의 배열 방식이나 장서 목록이 벤야민의 동의 없이 몇 달에 한번씩 바뀐다면, 수집품과 개인이 서로에게 영향을 미치고 함께 진화하는 일은 일어나지 않을 것이다. 이것이 바로 내가 스포티파이의 인터페이스 업데이트와 알고리즘 변화에서 느낀 점이다. 나를 만들어낸 예술과 문화의 창작물이 완전히 붕괴되어버렸다.

필터월드에서 우리가 모은 문화적 수집물은 더 이상 우리만의 것이 아니다. 그것은 마치 서가가 실시간으로 스스로 그 형태를 바꾸고 이리저리 책을 섞다가 어떤 책은 앞으로 보내고 나머지는 손에 닿지 않는 곳으로 옮기는 것이나 마찬가지다. 마치 손재주가 뛰어난 마술사를 보는 듯하다. 이 마술사는 무의식적으로 당신을 조종해 특정한 카드를 고르도록 만든 후, 그것이 당신의 선택이라고 믿게 한다. 이렇게 마술사에 의해 주체적으로 행동할 능력을 잃게 되면 우리가 사랑하는 문화와의 연결고리 역시 흔들린다. 일반적으로 서가를 그 안에 담긴 책과 분리해서 생각하기는 쉽지 않지만, 사실 서가는 그 자체로 위대한 장치다. 서가에는 책이나 음반이 진열되고 특정한 기준에 따라 진열된 선택지 중에서 선택을 한다. 수집가는 소유물을 어떻게 정돈할지 결정할 수 있다. 저자나 제목이나 주제나 심지어 표지 색깔 같은 기준에 따라 책을 정리하면, 책은 놓였던 자리에 계속 놓여 있게 된다. 하지만 디지털 인터페이스는 그렇지 않다. 디지털 인터페이스는 이를 소유한 기술 기업의 변덕스러운 우선순위에 따라 달라진다. 가령 스포티파이가 갑자기 팟캐스트 분야에 눈에 확 띄는 새 자리를 마련해주기로 결정했다면, 이는 팟캐스트가 장차 회사 수익에서 차지하는 비중이 더 커지리라고 판단했기 때문이다. 인터페이스는 회사가 정한 기준에 따라 회사의 프로모션 제품을 앞에 내놓거나 사용자들이 새로운 기능을 사용하도록 익숙한 패턴을 바꾸기도 한다.

벤야민은 수집가에게는 자신의 수집품에 대한 "책임감"이 있다고 주장했다. 하지만 인터넷에서 수집한 대상에 그 같은 소유관계를 느끼는 것은 어려운 일이다. 인터넷에서 문화를 소비하는 우리는 벤야민처럼 그 문화를 소유하고 진가를 인정하는 관리인이 될 수 없다. 우리는 그런 대상을 실제로 소유하고 있지 않으며, 매번 같은 방식으로 그 대상에게 접근할 수 있다고 보장할 수도 없기 때문이다.

공을 들여 엄선한 디지털 음악 라이브러리를 만들어도, 앱이 바뀌면 온통 엉망이 되어버릴 수 있다. 또는 스트리밍 서비스가 아예 중단되면 그동안 열심히 모아서 정리해둔 수집품은 사라져버린다. 디지털 인터페이스는 아무 경고도 없이 기록도 남기지 않고 쉽게 바뀐다. 디자인을 다시 바꿀 때마다 그 이전 버전은 완전히 사라진다. 과거에는 업데이트를 거절하고 이전 버전의 소프트웨어를 그대로 고수하는 것이 가능했지만, 스포티파이나 인스타그램은 그렇지 않다. 이제 대부분의 앱은 클라우드에 존재하고 회사가 앱의 운영 방식을 전적으로 관리하기 때문이다. 이러한 불안정성은 문화적 동질화를 강화한다. 사용자는 온라인에 접속하여 앱을 사용하지만 지난 버전의 사용자 경험을 저장하거나 다시 꺼내 볼 수 없다. 모든 것은 디지털 세상의 현재 시제 안에만 존재하며, 이 시제는 가차 없이 변화한다.

특정 앱이 사라지거나 대대적인 정비를 거치게 되면 사용자가 모아놓은 콘텐츠는 대부분 사라진다. 온라인에서 수집품을 모으는 일은 해변에 모래성을 쌓는 일과 아주 흡사하다. 파도가 밀려들면 모래성은 애초에 존재하지 않았던 것처럼 사라지고 만다. 나는 일본 만화 파일과 시에서 뽑은 짧은 문구, 옛 추억을 떠올리게 하는 비디오 게임 스크린 숏 링크 등을 모아둔 텀블러 계정이나 2007년 무렵에 페이스북에 게시했던 사진 앨범들이 원래부터 그랬던 것처럼 완전히 사라진 것을 볼 때면 정확히 같은 기분을 느낀다.

종잡을 수 없는 디지털 기술은 수집품의 의미를 앗아간다. 수집품은 이제 한때는 많은 사람이 북적였으나 이제는 조용하고 가끔 향수를 느끼게 하는 대도시의 유물처럼 되어버렸다. 내가 한때 텀블러에서 공유했던 수많은 이미지들 역시 이제는 링크가 끊어져 있다. 그때는 언제든 그 자료에 접속할 수 있을 것이라고 확신했기 때문에 모아둔 자료를 다운로드해놓을 생각을 하지 못했다. 관련자료들의 링크는 끊어져 있지만 온라인에 남아 있는 내 텀블러 계정을 볼 때면, 나는 알고리즘 시대에 들어서면서 더 강력해지고 더 빨라진 피드와 비교되는 더 느리고 더 친밀하며 직선적이고 일관성이 있는 디지털 공간을 느낀다. 일면 서가와 닮아 있었던 텀블러를 떠올리면, 그때는 상황이 지금과 달랐다는 생각이 들지만, 그렇다고 그때의 명상적인 속도를 다시 찾을 수 있으리라는 희망을 가지기는 쉽지 않다.

10대 시절, 내게는 음악 CD를 보관하는 바인더가 하나 있었고 나는 이 바인더를 차에 보관해두었다. 일부는 산 것이고 일부는 내가 좋아하는 곡을 모아 만든 편집 CD로 내 개인적 취향의 집대성이라고 할 수 있다. 나는 아직도 그 바인더를 보관하고 있다. 1990년대 스타일로 가장자리에는 고무를 둘렀고 튼튼한 직물로 만들어진 바인더를 보고 있자면, 그 안에 담긴 음악에 대한 추억과 향수를 떠올리게 된다. 그러나 스포티파이에는 내가 가지고 있는 CD 바인더 같은 것이 없다. 내가 이 플랫폼을 처음 사용하면서부터 지금까지 인터페이스는 계속해서 그 형태를 바꿔왔고, 어느 순간 내가 점점 더 수동적인 사용자가 되어가고 있다는 생각이 들었다. 저장한 음반은 줄어들고 일관성 있는 창작물로서의 음반의 주제나 그 음반이 전하려는 이야기에 관해서는 더 적게 생각하게 되었다. 하지만 이처럼 수집가이자 문화 소비자로서 정체성을 잃어가는 것들이 플랫폼을 운영하는 회사의 입장에서는 수익에 긍정적인 영향을 미치는 일이었다. 물론 나는 스포티파이를 계속 구독할 것이다. 하지만 이는 내 음악에 접속할 수 있는 유일한 방법이 스포티파이밖에 없어서 그럴 뿐이다.

우리는 선택의 자유가 주는 이점을 누리지만, 알고리즘 기반 피드가 내놓는 끊임없는 선택지는 종종 허무라는 감정을 불러일으키기도 한다. 무엇이든 들을 수 있기 때문에, 그 어떤 것도 중요하게 느껴지지 않는 것이다. 수집 행위와 문화 사이의 건설적 관계는 양방향으로 나아간다. 수집 목록에 추가하고 저장할 만큼 충분히 의미 있는 대상을 찾았을 때, 그런 행동은 대상물을 마음에 더 깊숙이 아로새기는 동시에 (텍스트든 노래든 이미지든 영상이든 상관없이) 그 대상물들을 아우르는 맥락을 만들어낸다. 이런 맥락은 우리 자신뿐만 아니라 타인을 위한 것이기도 하며, 함께 만들어나가고 공유하는 문화 전반을 위한 것이기도 하다. 벤야민은 "수집품은 주인을 잃게 되면 그 의미를 상실하게 된다"고 말했다. 수집품에는 개인 관리인이 필요하며 수집품은 관리인의 목소리와 취향을 표현한다. 그러나 스포티파이는 일관성 있는 수집품이 아니라 일종의 눈사태 같은 것이다.

사용자는 간혹 그런 눈사태에 휩쓸린 재수 없는 피해자라고 느낄 수 있다. 스트리밍 서비스는 (경영진이 내게 설명해주었던 것처럼) 사용자를 두 가지 소비 스타일로 구분해서 분석한다. 첫째, 사용자가 '몸을 앞으로 기울이는lean-in' 순간이 있다. 이때 사용자는 관심을 기울이고 무엇을 소비할지 선택하고 그 결과를 적극적으로 판단한다. 둘째, 사용자가 '몸을 뒤로 젖히는lean-out' 순간이다. 이때 사용자는 배경에 흘러가고 있는 콘텐츠가 무엇인지, 다음에 재생될 콘텐츠가 무엇인지에 그다지 신경 쓰지 않으며 관성적으로 그 콘텐츠를 따라간다. 추천 알고리즘은 우리를 후자 쪽으로 향하게 만든다. 그리고 우리는 마치 푸아그라를 만들기 위해 사육당하는 거위처럼 질보다는 양에 치중하며 문화를 먹는다. 이 양이 의미하는 것은 우리가 문화를 소비한 순수 시간으로, 이는 표적 광고를 통해 해당 플랫폼에 돈을 벌어다준다.

소비자가 점차 수동적으로 바뀌고 남다르게 닦고 쌓은 취향을 발휘하지 못하게 되면서, 예술가는 하는 수 없이 알고리즘의 압력에 더 많이 맞서야 한다. 피드를 통한 작업만이 이들 예술가가 생계를 이어 가는 데 필요한 청중의 규모와 참여에 닿을 수 있는 유일한 방도이기 때문이다. 이제는 예술가가 우리가 있는 곳으로 다가와야 한다. 우리 는 피드를 보며 등을 뒤로 젖히고 앉아 있다. 큰 관심을 기울이지 않 은 채로 최신 추천 알고리즘을 받아들이다가도 마음에 들지 않으면 후딱 넘어갈 가능성이 크다. 적응하는 것 외에 다른 방법은 없다.

피드에 순응하는
창작자

틱톡은 내가 비교적 최근 가입한 플랫폼이었다. 때는 2020년으로 몇 달 동안 팬데믹 격리가 이루어진 후였다. 나는 온라인 연예산업이 취 할 수 있는 형식을 모두 섭렵했다고 생각했지만 틱톡은 써본 적이 없 었다. 내게 잘 맞지 않을 것 같았고, Z세대가 아닌 밀레니얼 세대인 나는 틱톡이 의도한 청중이 되지 못하리라고 생각했다. 하지만 팬데 믹 격리로 무엇이든 하고 싶었던 나는 틱톡 앱을 다운로드하고 메인 피드를 살펴보았다. 내 첫 피드는 당시 인기를 끌고 있던 영상 클립 이었고 겉보기에는 무작위로 선정된 것처럼 보였다. 알고리즘은 내 가 계속 시청하는 영상과 내가 화면을 쓸어 다음으로 넘어갔던 영상 을 주시하면서, 내 개인 취향을 알아내려고 했다. 스케이트보드 기술, 귀여운 강아지, 기타를 연주하는 음악가를 비롯해 여러 주제가 나타 나기 시작했고, 나는 아무것도 하지 않은 채 마치 최면에 걸린 것처럼 영상을 바라봤다. 이내 나는 몸을 뒤로 젖히고 내 뇌가 무의식적으로 무엇이 흥미로운지 결정하도록 놓아두었다. 점차 여행기, 요리 영상, 황무지에서 아주 기본적인 도구로 만든 건축물 등 새로운 주제가 피드에 등장했다. 그리고는 불과 몇 주 만에 대부분의 사람들이 즐기는 일반적인 카테고리로 폭이 좁혀지다가 내가 주변의 사람들과 공유할 만한 일련의 특정한 관심사로 세분되었다. 틱톡의 알고리즘 피드는 제대로 작동하고 있었다. 틱톡은 내 선호를 취향의 카테고리로 분류한 후, 관련 주제를 골라 제공했다. 그때까지 내가 써봤던 플랫폼 피드 중에서 가장 개인화가 잘 되어 있었고 정확한 피드였다. 틱톡 피드는 그 자체로 즐거운 것이면서 또 소름이 끼치는 경험이기도 했다.

틱톡은 바이트댄스ByteDance라는 중국 회사가 운영하며 중국판 틱톡인 더우인Douyin을 소유하고 있지만 미국에서는 2018년까지 출시되지 않았었다. 2018년, 바이트댄스가 또 다른 중국의 소셜 네트워크 서비스 뮤지컬리Musically를 인수했다. 2014년에 출시된 뮤지컬리는 10대들이 립싱크 음악 동영상을 올리는 서비스로 유명했고 미국 내에서 이미 강력한 사용자 기반을 다져놓은 상태였다. 뮤지컬리가 틱톡에 합병되면서 틱톡은 음악이나 춤을 담은 짧은 동영상으로 유명해지기 시작했다. 처음에 틱톡 동영상의 길이는 최대 15초가 고작이었고, 이는 비록 단명했지만 많은 사랑을 받았던 동영상 앱 바인Vine을 연상시켰다. 이후 동영상 시간제한이 1분까지 늘어났고 다음에는 10분까지 늘어났다.

틱톡이 눈에 띄는 점은 틱톡의 주력인 '포 유' 피드가 전적으로 알고리즘에 기반하고 있다는 점이다. 사용자는 누구를 팔로우할지 선택할 필요 없이 그저 방정식의 결정을 신뢰하면 된다(여전히 어느 정도는 시간순으로 배열되고 팔로우에 기반하고 있는 트위터나 페이스북의 '좋아요'와는 대조적이다). 이 방식은 성공적이었다. 2021년에 틱톡의 월간 활성 사용자가 10억 명을 돌파하면서 거대 디지털 소셜 네트워크의 계보를 잇는 후계자 자리를 차지했다. 틱톡의 성공은 '완전한 알고리즘 기반 피드all-algorithmic feed'가 점차 기본 설정값이 되고 있음을 뜻하며, 틱톡은 디지털 세계에서 명성을 얻고 문화적 성공을 거두는 새로운 시대를 열어나가기 시작했다.

내가 내 틱톡 피드에서 보기 시작했던 영상들 중 일부는 짧고 서사 없이 일상생활을 짜깁기한 것으로 커피를 따르고, 침구를 정리하고, 아파트 창문으로 햇빛이 들어오는 장면을 잠깐씩 보여준다. 이런 영상 대부분은 익명의 창작자들이 만들었으며, 이들은 스마트폰을 들고 주변을 찍고 이를 편집한다. 보통은 익숙한 팝 음악이 배경으로 깔리면서 그 순간을 영화적 분위기로 가득 채운다. 이런 동영상은 특히 팬데믹 격리 기간에 인기를 끌었다. 밖에 나갈 수 없었던 시기에 늘 머무르는 공간인 집안이 '낭만화'되어야 했기 때문이다. 고층 아파트 건물 최상층에 있는 수영장에서 수영하고 있는 자신의 모습을 영상으로 찍어 틱톡에 올리는 한 남자도 있었다. 배경음악은 프랭크 오션의 '흰색 페라리White Ferrari'로 늦은 밤에 차를 몰면서 느끼는 심경을 노래한 곡이었다.

이것이 내가 처음으로 본 나이절 카비나Nigel Kabvina의 영상이었다. 당시 그는 영국 북부 맨체스터에 거주하고 있었던 스물다섯 살의 무명 청년으로 전문 칵테일 바에서 바텐더로 일했으나 팬데믹의 여파로 일자리를 잃은 상태였다. 내가 카비나의 수영 동영상을 보았을 때 그의 팔로어는 고작 수천 명에 불과했다. 2년 후 그의 팔로어는 400만 명이 되었고, 틱톡 창작자 중 최상급이 되었다. 이는 어떤 영상을 올린 계정이 유명하지 않더라도 그 영상을 수백만 명의 사용자들에게 보여주어 급부상시킬 수 있는 '포 유' 피드의 능력 덕분이었다. 카비나는 적극적으로 피드의 요구를 충족시키고 자신의 취향이 드러나는 창의적 표현이 알고리즘을 통해 홍보될 수 있도록 함으로써 성공을 거두었다. 하지만 그가 처음부터 틱톡의 인기를 노린 것은 아니었다. 처음에는 그저 느긋하게 즐기는 마음으로 격리로 인한 스트레스를 풀기 위해 영상을 올리기 시작했다고 한다. 카비나는 수영장 영상을 만들면서 틱톡이라는 포맷에 맞춰 찰나의 분위기를 포착하려고 애를 썼다고 설명했다.

카비나는 요리 동영상도 찍기 시작했다. 그는 정성을 들인 요리를 만들어 내놓았는데, 종종 룸메이트를 위해 브런치를 만들기도 했다. 카비나는 아보카도 토스트에 바로크식 무늬를 새기기도 했고, 로즈메리를 태워 그 연기를 유리잔 안에 잡아두기도 했으며, 얼음을 얼려 수정같이 투명한 시리얼 그릇을 만들기도 했다. 나는 그의 계정의 팔로어가 수만 명에서 수십만 명으로 늘어나는 과정을 지켜보았다. 카비나의 동영상은 그야말로 대박이었다. 그의 동영상 댓글에는 자기들끼리만 통하는 농담을 주고받는 커뮤니티가 생겨나 활발히 활동하기도 했다. 2021년 8월, 카비나는 100만 팔로어를 달성했고 틱톡을 전업으로 삼기로 마음먹었다. 이후 카비나는 빠르게 구글과 영국 잡화점 체인 세인즈버리스Sainsbury's와 계약해 협찬을 받았다.

어느 겨울날, 맨체스터로 출장을 간 나는 런던에서 카비나를 직접 만나기로 했다. 나는 카비나에게 만날 장소를 추천해달라고 요청했고, 카비나는 소호에 위치한 유명 칵테일 바를 추천하면서 "런던에서 꼭 들러야 할 곳"이라고 문자를 보냈다. 바에서 만난 카비나는 검은색 상하의를 입었고 환하게 웃는 표정이었다. 최근 들어 그가 틱톡에서 얼굴을 공개하기 시작했기 때문에 나는 그를 금방 알아볼 수 있었다. 카비나의 틱톡 팔로어와 시청자는 그가 생활하는 데 금전적인 지장이 없을 정도로 커졌다고 한다. 비록 그 엄청난 규모에 아직도 어안이 벙벙하지만 말이다. 카비나는 이렇게 말했다. "당신이 부엌에서 차를 한 잔 만드는데 수십 명이 그 방에 걸어 들어와 당신만 뚫어져라 쳐다보고 있다고 상상해보세요. 자, 이제 그 인원이 백만 명이라고 상상해보세요." 매달 그의 틱톡 영상 조회 수는 4천만 회에 달한다. 카비나의 영상과 알고리즘 피드와 탐욕스러운 시청자가 하나의 피드백 고리를 형성한 것이다. 그는 틱톡 영상으로 "즉각적인 만족감"을 느낄 수 있다고 말했다. "제가 틱톡에 게시물을 올리고 십 분이 지난 후 확인해보면 이미 3만 명이 그 영상을 시청했다는 걸 알 수 있죠."

카비나의 성장 배경에는 그가 장차 소셜 미디어에서 명성을 얻으리라는 점을 암시하는 부분이 전혀 없었다. 카비나는 말라위에서 태어났고, 그의 아버지는 맨체스터 외곽 소도시의 교환학생 프로그램으로 영국에서 공과대학을 다녔다. 2000년대 초, 카비나가 여섯 살이 되었을 때 그의 가족은 아버지가 있는 맨체스터로 이주했다. 카비나의 가족은 말라위 사람들이 모여 사는 마을에 정착했지만, 영국인들의 인종차별을 피할 수는 없었다. 그는 "사람들이 우리 집에 물건을 던졌어요. 저에게 침을 뱉기도 했고요. 어릴 적부터 그런 일을 겪게 되면 점차 둔감해지게 됩니다"라고 말했다. 소외감을 느끼며 자란 카비나는 학교생활에도 잘 적응하지 못했지만 마음이 잘 맞는 선생님을 만나 회계사가 되겠다는 꿈을 갖게 되었다. 그는 부모님이 바쁜 탓에 혼자 장을 보고 점심 도시락도 스스로 싸갔으며 옷도 직접 다려 입어야 했다. 그러면서 자신이 요리를 좋아한다는 것을 알게 되었지만 요리사가 되겠다고 하면 부모님이 좋아하지 않을 것 같아 대학에 진학해 수학과 회계학을 공부했고 틈틈이 영화학 강의도 들었다. 이 모든 것들이 그의 틱톡 경력에 큰 힘이 되었다. 이후 런던 UBS 은행에서 일자리를 제안받았지만 관료제의 복잡한 절차로 취소되고, 맨체스터로 돌아가 바텐더 일을 하게 되었다. 카비나는 바텐더라는 직업이 마음에 들었고 열심히 노력해서 칵테일 경연대회에서 우승도 하고 바의 관리자로 승진했다.

2010년대 중반에는 누구나 그랬겠지만 소셜 미디어가 사람들의 삶에 큰 영향을 미치지는 않았다. 카비나 역시 개인 소장을 위해 사진 찍는 일을 좋아하기는 했지만, 자신이 만든 음식을 찍어 인스타그램에 올리는 일은 없었다. 그의 동료들은 대부분 나이가 좀 있는 바텐더들이었는데, 이들은 인터넷을 그다지 좋아하지 않았고 카비나가 스마트폰을 꺼내 들어 사진을 찍을 때면 한마디씩 했다. "지금은 집중을 해야 해. 그런데 그렇게 사진이나 찍고 있다니, 그럴 시간에 사람들과 이야기를 나누는 게 어때? 나 때는 다 그랬어." 그를 망설이게 했던 것은 사람들이 있는 곳에서 우스꽝스럽게 보이는 것을 극도로 꺼리는 영국인 특유의 수치심이라는 감정이었다. 하지만 아이러니하게도 틱톡 피드는 이런 행동을 가장 높게 평가한다.

2020년에 팬데믹으로 봉쇄 조치가 시행되면서 모든 것이 바뀌었다. 카비나의 아파트는 맨체스터에 처음 세워진 고층 건물 14층에 있었다. 이 건물 18층에는 수영장과 운동시설 그리고 사우나가 있었고, 이곳들은 카비나의 촬영을 위한 완벽한 스튜디오가 되었다. 바닥에서 천장까지 이어지는 통창 덕분에 따로 전기 조명이 필요하지 않았고, 흑백으로 된 깔끔한 기하학적 구조가 카비나가 내놓는 음식을 돋보이게 하는 훌륭한 배경이 되어주었다.

카비나는 자신의 틱톡 계정에서 기승전결을 갖춘 자신만의 서사를 구축함으로써 소셜 미디어 시대를 사는 한 사람의 여정을 창조해냈다. 그는 여기에서 멈추지 않고 찰리 디아멜리오나 에밀리 마리코 같은, 무명에서 출발해 유명해진 인플루언서들의 계정을 연구하고 공부한다. 카비나는 다음과 같이 말했다. "제가 주목하는 가장 큰 트렌드는 이것입니다. 팔로어들은 주인공의 여정에 함께 하고 싶어 한다는 거죠." 또한 그는 요리 영상을 틱톡에 맞춰 세심하게 편집했다. 한 가지 예를 들자면, 말이나 자막을 너무 많이 넣으면 다양한 국적의 사용자들에게 호소력을 발휘할 수 없다. 사실 음식에는 번역이 필요하지 않다(이것은 이미 증명된 전략이다. 유명 틱톡커인 에밀리 마리코는 말 한마디 없이 음식 영상만을 올려 유명해졌다). 틱톡 앱은 사용자가 영상의 어떤 시점에 더는 그 영상을 보지 않고 다음 영상으로 넘어가는지를 창작자에게 공개한다. 만약 시청자가 19초에 영상을 건너뛰었다면, 카비나는 그 부분을 검토하고 다음 영상에서는 그런 일이 일어나지 않도록 노력한다. 틱톡에서 제공하는 데이터를 통해서 카비나는 매 순간 참여가 이루어지도록 영상을 최적화할 수 있었다.

카비나는 상세하고 꼼꼼한 피드백과 작업을 반복해서 개선해나가는 과정을 좋아한다. 아마 수학을 전공했기 때문일 수도 있다. "저는 알고리즘 때문이라며 좌절하는 창작자들을 많이 봐요. 뭔가 잘못됐다고 짐작은 하지만 '내 콘텐츠가 그리 좋지는 않아'라고 말하는 것보다 알고리즘을 탓하는 쪽이 훨씬 쉽기 때문이죠." 소속된 회사가 없는 독립 창작자의 경우에는 알고리즘이 사장이자 실적을 평가한다. 늘 변화하는 알고리즘에 얼마나 성공적으로 적응하고 있는지 실시간으로 평가하는 일종의 권위자인 것이다.

카비나는 자신이 만든 영상을 객관적으로 평가하기 위해 자신만의 방정식을 만들었다. 우선 영상을 시청한 사용자의 수를 확인하고 그 수의 10퍼센트를 구한다. 이것이 바로 성공의 숫자다. 그의 방정식에 따르면 특정 영상을 시청한 사용자의 10퍼센트 이상이 '좋아요'를 누른다면 그 영상은 성공적이다. 예술가는 방송 시청률이나 판매된 극장표, 전시회 관람객 수처럼 늘 숫자를 근거로 작품이나 작업을 평가받는다. 하지만 필터월드 이전에는 (예술가가 스스로의 작품을 평가하거나 소비자가 작품을 체험하고 느낀 감상을 평가하는 기준인) 창작의 취향이 데이터와 세분화된 관심에 따른 평가에 이토록 크게 영향을 받은 적은 없었다.

배경처럼 존재하는
앰비언트 문화

나이절 카비나가 알고리즘 기반 피드의 압력을 받으면서도 큰 성공을 거두고 계속해서 더 많은 수의 팔로어를 얻으며 협찬을 통해 콘텐츠를 제작할 기회를 늘려가고 있는 동안, 다른 창작자들도 똑같은 압력에 영향을 받고 있었다. 추천 알고리즘이 사용자의 개인 취향을 대신하는 소비 카테고리로 사용자를 분류하듯이, 사용자 또한 문화적 창작물을 카테고리로 분류하고 창작자는 이렇게 분류한 카테고리에 맞닥뜨리게 된다. 이 같은 카테고리는 필터월드의 고유한 스타일이며, **필터월드에서 위대함은 미지를 향한 창조적 도약이 아니라 최적화로 정의된다.** 문화는 디지털 플랫폼이 생성하는 과잉 데이터에 따라 끊임없이 가다듬어지고, 플랫폼은 사용자가 무엇에 언제 어떻게 참여하는지를 초 단위로 기록해 제공한다. 어디에나 사전 설정된 스타일이 존재하고 이것은 생각을 무디게 만든다. 이렇게 만들어진 동질화는 소비자를 소외시키기 시작했고 그 원흉은 '알고리즘 자체'라고 할 수 있다. 최근에는 알고리즘에 기반한 문화가 (여러 번 복제된 탓에 색이 바랜 복사본처럼) 근본적으로 얄팍하고 천박하며 심지어 퇴화하고 있다고 주장하는 이들도 있다. 이 역시 문화를 만드는 인간의 노력이 자동화되면 진정성을 잃을 수밖에 없다는 알고리즘 불안의 한 형태라고 볼 수 있다.

사방에 퍼져 있는 얄팍함을 경험한 이들 사이에서 빈번하게 그리고 점점 더 강하게 불만이 터져 나오고 있다. 나는 커지는 반감을 기록해두려는 생각으로 그런 불만들을 조사하기 시작했다. 시인 에일린 마일스Eileen Myles는 창작 과정을 디지털 기술에서 분리하기란 불가능하다면서 이렇게 말했다. "당신은 소셜 미디어를 사용하지 않을 수도 있다. 하지만 소셜 미디어는 당신을 사용한다. 트위터를 좋아하든 싫어하든 당신은 트위터에 글을 쓴다." 극작가이자 소설가인 에이야드 악타르Ayad Akhtar는 뭔가를 촉발하도록 설계된 피드에 무엇이 담겨 있든 그것과 소통하도록 훈련된 우리의 '낚인 의식click-bait consciousness'에 대해 이야기했다. 방송작가인 코드 제퍼슨Cord Jefferson은 "알고리즘 숭배가 창조 산업을 불구로 만들고 있다"고 불평을 털어놓았다. 반反기술주의 생활양식을 추구하는 인플루언서 폴 스칼라스Paul Skallas는 "더 이상 문화는 만들어지지 않는다. 그저 기존의 문화에서 세심하게 골라내서 가다듬은 다음에 우리에게 되돌려질 뿐이다. 알고리즘은 새로운 발견의 가능성을 차단한다"고 주장했다. 스칼라스는 2010년대 내내 마블의 슈퍼히어로 시리즈물의 속편이 제작되면서 이 시리즈물이 끝도 없이 이어지는 상황에 시달렸다고 한탄했다. 스칼라스는 이 같은 혁신의 부재를 '갇힌 문화stuck culture'라고 불렀다. **미래학자인 재런 러니어Jaron Lanier는 "알고리즘이 미래를 과거로 제한하고 있다"고 말했다.** 영국 철학자인 마크 피셔Mark Fisher는 다음과 같이 말했다. "21세기는 유한성과 소진이라는 참담한 의식에 짓눌려 있으며, 이는 전혀 미래처럼 느껴지지 않는다." 문화가 동질성에 발이 묶여 시달리고 있다는 인식은 사실 알고리즘 기반 피드가 어디에나 존재하기 때문이다. 하지만 그렇다고 혁신이 일어나지 않는다는 말은 아니다. 단지 그 혁신이 피드가 내리는 지시 속에서만 개선되고 디지털 플랫폼 구조에 봉사하는 제품 개발을 부추기고 있다는 말이다. 나이절 카비나의 영상이 바로 그 대표적인 예다.

알고리즘 기반 문화의 완벽한 창작물은 고의가 아닐까 생각될 정도로 반복적이고 재미가 없다. 때로는 그런 창작물의 공허함이 말 그대로 텅 비어 있는 경우도 있다. 2014년에 벌프펙Vulfpeck이라는 밴드가 아무 소리도 녹음되지 않은 열 개의 트랙을 앨범 한 장으로 묶어서 〈슬리피파이Sleepify〉라는 제목을 붙이고는 스포티파이에 올렸다. 이 앨범은 각 트랙에 영문자 Z의 개수를 늘려가면서 제목을 붙였다. 이 밴드는 트위터 같은 디지털 플랫폼을 이용해서 사용자에게 자면서 이 앨범을 반복 재생하라고 홍보했고 스포티파이로부터 스트리밍 사용료를 받았다. 스포티파이로서는 사용자가 정말 이 음악에 관심을 기울였는지 아닌지를 가늠할 방법이 전혀 없었다. 벌프펙은 이 앨범으로 2만 달러 이상의 스트리밍 수수료를 벌었지만, 스포티파이는 이 앨범이 자사의 콘텐츠 약관을 침해하고 있다는 이유로 밴드에 이 앨범을 내려달라고 요청했다(그 답변으로 이 밴드는 '공식 성명Official Statement'이라는 트랙을 녹음해서 스포티파이에 올렸다). 디지털 플랫폼에 맞서는 모든 콘텐츠들이 그렇든 이 앨범은 결국 사라졌지만, 말 그대로 내용이 텅 비어 있었음에도 〈슬리피파이〉는 일종의 성공을 거두었다.

비록 20세기에 등장했지만 21세기 문화와 가장 크게 관련이 있는 개념 중 하나가 바로 작곡기 브라이언 이노의 신조어인 '앰비언트 음악ambient music'이다. 이노는 1978년에 자신의 앨범 〈공항을 위한 음악Music for Airports〉에 실린 해설에서 이 새로운 장르에 이름을 붙였다. 그의 해설에 따르면 "앰비언트 음악은 흥미로운 만큼 무시할 수도 있어야 한다. 앰비언스ambience는 공기나 주변을 감싼 영향력, 색조로 정의된다." 이노는 의도적으로 앰비언트한 음악을 만들었다. 〈공항을 위한 음악〉은 해변의 모래를 때리고 서서히 사라져가는 파도처럼 밀려왔다 밀려가는 듯한 느리고 부드러운 신시사이저 작품 모음집으로, 사람들이 스쳐 지나가는 공항 같은 공간에 잘 어울리는 사운드였다. 이 앨범에 실린 곡들은 듣는 이들의 환경을 조용히 바꿔 나간다. 이 앨범은 어떠한 방해도 하지 않기 때문에 앨범을 들으면서 일할 수도 있고 대화를 이어갈 수도 있다. 당연하게도 하나의 예술 작품으로 앨범의 곡들을 감상할 수도 있다. 이 앨범은 모든 형태의 관심에 보답하며, 어떤 목적에도 잘 들어맞는다. 필터월드에서 문화는 더 앰비언트해진다. 〈슬리피파이〉처럼 신경을 쓰지 않아도 되도록 설계되거나 마블의 영화 시리즈처럼 늘 소비될 것이 즐비하기 때문에 문화의 어느 순간이나 어느 부분도 특별히 중요하거나 큰 의미를 갖지 않는다. 앰비언트 문화를 받아들이면 우리는 유한한 것과 개별적인 것의 의미를 잃어버리게 될 것이다.

틱톡의 '포 유' 피드는 이런 경향을 보여주는 좋은 사례다. 이 피드는 스치듯 지나가며 사용자는 어떤 대상에 너무 집중하거나 주목하지 않아도 된다. 또 다른 피드가 사용자의 과거 활동을 기반으로 개인 맞춤화되어 늘 기다리고 있기 때문이다. 틱톡 피드는 그 어떤 것도 개인의 취향을 소외시키지 않으며 어떤 것도 취향을 강요하지 않는다. 이런 피드는 한결같이 참여라는 기준치를 고려하므로 앰비언트 문화를 부추긴다. 그리고 사용자는 그 흐름을 절대 멈추지 않는다.

하지만 틱톡을 너무 무리해서 오랫동안 소비하면 탈개인화로 이어질 수 있다. 당신은 알고리즘 기반 피드가 바로 자신이라고 인식하는 사람이 되고 있는 중일까, 아니면 이미 그런 사람이 되었을까?

브라이언 이노가 만든 〈공항을 위한 음악〉의 뒤를 잇는 앰비언트 음악은 '로파이 힙합 라디오-휴식과 학습을 위한 비트'라는 유튜브 스트리밍 방송으로, 2015년에 칠드카우ChilledCow라는 사용자명으로 활동하는 DJ 드미트리DJ Dmitri가 개설했다. 이 방송은 생방송 라디오 채널처럼 하루 종일 또는 일주일 내내 중간 빠르기에 어쿠스틱풍으로 변형된 일렉트로니카 음악을 스트리밍한다. 이 음악은 고정된 라디오 방송에서 흘러나오는 미래의 음악처럼 종종 안개가 낀 것처럼 흐릿한 분위기를 전하거나 향수를 불러일으키기도 한다. 한 번에 2만 시간이 넘는 시간 동안 음악을 재생한 적도 있는 이 유튜브 채널의 구독자는 1,200만 명이 넘는다. 아마도 이 시대에 가장 인기 있는 음악방송 가운데 하나가 아닐까 싶다. 이 방송의 특징은 틀어놓고 그 존재를 완전히 잊을 수 있다는 데 있다. 이 방송에 나오는 음악은 서로 거의 구분되지 않으며, 불필요한 관심을 끌지 않는다. 방송의 표제가 시사하듯이 휴식과 학습 또는 말 그대로 수면이라는 목적에 완벽히 부합하는 음악들이다(커다란 헤드폰을 쓰고 책상에서 공부하고 있는 소녀를 묘사한, 일본 만화풍의 애니메이션은 스튜디오 지브리의 영화에서 영감을 얻은 것으로 적절한 시각적 분위기를 제공한다). 이 음악들은 이노가 말했듯이 무시할 수도 있고, 능동적으로 청취할 수도 있다. 하지만 대부분은 배경음악처럼 틀어놓고 다른 일을 한다.

나이절 카비나가 초창기에 찍은 분위기 있는 클럽이나 말없이 요리를 보여주는 영상은 구체적인 의미 없이 분위기를 전하고 그 의미는 소비자의 해석에 맡긴다. 이 영상들은 어떤 것을 의미할 수도 있고 아무것도 의미하지 않을 수도 있다. 수많은 스트리밍 텔레비전 방송도 역시 앰비언트하다. 서사보다는 매력적인 분위기를 강조하며 시청자가 시청 중에 스마트폰을 들여다보더라도 많은 부분을 놓치지 않도록 구성한다. 팬데믹으로 격리 중이었던 2020년에 넷플릭스에서 로맨틱 코미디 드라마 〈에밀리, 파리에 가다Emily in Paris〉를 선보였다. 여주인공은 파리에서 끝내주게 멋진 생활을 하면서 그 장면을 소셜 미디어에 올리고 사람들은 그런 여주인공을 예찬한다. 개인적인 감상이지만 드라마라기보다는 차라리 파리 풍경이 나오는 일련의 배경화면이라고 하는 편이 나았을지도 모르겠다. 우리가 스트리밍 텔레비전을 시청하지 않거나 넋을 놓고 소셜 네트워크 앱에 몰두하지 않을 때는 앰비언트한 잡담을 늘어놓는 팟캐스트가 사회적 접촉이 없는 상태에서 사회적 자극을 재현하는 소음을 제공한다.

알고리즘 기반 피드를 통해 퍼져나간 문화는 대부분의 경우 감각적 공허감을 만들어내거나 아니면 동질화되어 삶의 배경처럼 존재하게 된다. 모르는 사이에 예술의 지위는 하락해 월페이퍼 비슷한 것으로 전락한다. 개인화된 피드는 알고리즘 불안을 낳고 피드를 통해 얻을 수 있는 유일한 위안거리는 앰비언트 문화뿐이다. 그러나 지금 당신이 소비하는 예술이 너무 무미건조하여 너무 많이 생각할 필요가 없다면, 그 예술이 진정으로 당신을 대변하는지 아닌지조차 걱정할 필요 없다. 애써 차별화하려 하지 않고 그저 자신의 눈앞에 놓인 것에 만족하면 된다. **필터월드에서 취향을 만드는 일은 권장되지 않는다. 참**

여를 극대화하는 데 있어서 취향은 효율적이지 않기 때문이다.

취향의 차단과 타락한 개인화는 개인의 문제이며, 자신이 진정 좋아하는 것을 알아내기 위해서는 사용자가 더욱 노력해야 한다고 느껴질지도 모르겠다. 하지만 이런 문제는 결국에는 급속히 규모를 키워가다가 사회적 이슈로 비화하기도 한다. 수백만 명의 소비자가 자신도 모르는 사이에 현혹되어 소비를 호도당하고, 자본의 지원을 받아 끝없이 쏟아지는 특정 문화 피드에 질식당한다. 이 같은 현상은 우리가 텔레비전 드라마를 시청하거나 옷을 고를 때처럼 무언가를 선택할 때 가장 노골적으로 드러난다. 그뿐만 아니라 우리가 가는 식당, 여행하는 장소 그리고 이웃과 지역사회 구성원과 소통하는 방법처럼 점점 더 우리 삶의 많은 부분에 영향을 미치게 된다.

03

알고리즘의
세계화

특징 없는 카페를
찾아서

필터월드는 디지털 플랫폼에 국한되지 않는다. 필터월드는 어디에나 스며들어 있으며, 물리적 세계에도 관여한다. 알고리즘 시스템은 우리가 개인적으로 소비할 문화를 선택하고 취향을 만들어나가는 데 영향을 미치기 때문에 우리가 어떤 장소와 공간에 자연스럽게 끌리는지도 결정한다. 그리고 그렇게 우리가 선호하게 된 공간에는 우리에게 물건을 팔거나 관심을 끌고 싶은 기업이 자리 잡고 앉아 우리의 구미를 맞춘다. 넷플릭스나 스포티파이 그리고 인스타그램이 알고리즘을 사용해 각 플랫폼의 구조에 적합한 특정한 종류의 디지털 콘텐츠에 우선순위를 부여하는 것처럼, 다른 여러 앱 역시 해당 플랫폼의 동기를 충족시키는 장소로 우리의 관심을 이끈다. 에어비앤비는 사용자가 희망 사항에 딱 맞는 (그러나 사실은 알고리즘이 선택한) 공간을 선택하도록도록 유도한다. 구글 지도는 디지털 지도 위에 몇몇 매장을 강조해서 보여줌으로써 그 매장이 개인 맞춤형으로 제공된다는 점을 강조한다. 옐프와 포스퀘어는 식당이나 바, 카페 순위표에 대한 사용자의 평가와 참여도를 대조해준다. '피드'가 화면 바깥에 존재한 다고 생각하는 일이 낯설게 느껴질 수도 있겠지만, 이런 앱들은 물리 적인 실제 공간을 대상으로 하는 알고리즘 기반의 넷플릭스 초기화 면과 같다. 목록 화면을 아래로 내려 하고 싶은 경험을 선택하고 이를 실생활에 반영하는 것이다.

2010년대에 나는 매우 충실한 옐프 사용자였다. 옐프는 식당을 비롯한 지역의 매장을 찾아내서 평가하는 앱이다. 브루클린에 살던 시절, 나는 종종 옐프 앱을 열어 내가 사는 아파트 근처에 새로 문을 연 카페가 있는지 찾아보거나 아직 가본 적 없는 장소에 대한 평가를 확인했다. 나는 출장을 가거나 약속 시간 사이에 시간을 보낼 장소가 필요할 때도 옐프를 사용했다. 베를린과 교토 그리고 레이캬비크에 서 나는 카페를 찾으려고 별점 순으로 정리된 옐프의 목록을 빠르게 훑어보곤 했다. 별점은 다른 사용자들이 각각의 장소를 평가한 것으 로 그들이 그 장소를 얼마나 마음에 들어 했는지 알 수 있다.

나는 검색란에 '요즘 잘 나가는 카페'를 입력해보곤 했다. '요즘 잘 나가는 카페'는 나처럼 서양인에 (그 당시에) 20대이고 인터넷 사 용에 능숙한 밀레니얼 세대로 자신의 취향을 아주 예민하게 인식하 고 있는 사람이 가고 싶어 할 만한 종류의 카페를 줄인 말이었다. 그 리고 옐프의 검색 알고리즘은 내 줄임말이 무슨 뜻인지 매번 정확히 알아차렸다. 아니나 다를까 곧바로 검색 결과에서, 가게 정면의 큰 유 리창으로 넉넉히 들어오는 햇빛, 딱 적당한 크기의 나무 테이블, 흰색 페인트로 칠하거나 밝은색 타일로 마감한 환한 내부, 글을 쓰거나 빈둥거릴 때 접속할 수 있는 와이파이 등 내가 이러이러해야 한다고 생각했던 특징을 다 갖춘 카페 하나를 찾아냈다. 물론 커피 맛도 중요했다. 이런 카페에서라면 틀림없이 요즘 유행에 따라 가볍게 로스팅한 에스프레소(강하게 로스팅된 전통적인 에스프레소보다 산미가 더 있다)로 만든 카푸치노를 마시고, 추가할 우유 종류를 정하거나(두유나 아몬드, 귀리로 만든 우유 등 다양한 선택지가 있어야 한다) 멋진 라테 아트를 구경할 수 있을 것이다. 만약 유행에 민감하고 열정적인 이가 카페를 운영하고 있다면 '플랫 화이트'(호주식으로 변형된 카푸치노의 일종)와 아보카도 토스트를 제공할 것이다. 이 간단한 요리는 호주에서 맨 처음 시작되었는데, 2010년대 내내 밀레니얼 세대 소비자의 선호를 대표하는 메뉴가 되었다.

스타벅스 체인점처럼 본사가 있는 카페들은 본사에서 정해둔 방침에 따라 인테리어를 하고 동일한 메뉴를 제공한다. 기업의 입장에서 통일성은 효율성과 친숙함 그리고 신뢰성을 보장하고, 이는 고객 충성도와 수익성으로 이어진다. 그러나 내가 옐프에서 검색한 카페들은 본사가 있는 것도 아니었는데 심미적 특징 면에서 모두 비슷했고 똑같은 메뉴를 내놓았다. 이런 카페들은 서로 지리적으로 멀리 떨어져 있고, 서로 어떠한 연관 관계도 없이 별개로 운영되지만 모두 같은 종착점을 향해 떠밀려가는 것 같았다. 급격히 확장되어가는 동질성을 목도하면서 나는 너무 충격적이고 새로워서 지루할 틈도 없었다. 밤새 비행기를 타고 다른 나라에 도착했을 때 찾아오는 약간 비현실적인 느낌이 이런 것이리라. 이 모든 것이 너무 쉬워 보였다.

물론 과거 기록을 살펴보면, 고대 로마 제국 지역 곳곳에서 동일한 특징을 가진 대리석 사원과 목욕탕의 흔적을 찾아볼 수 있다. 이처럼 식민주의와 세계적인 대이주 등을 통해 문화가 세계화된 사례는 많이 있다. 18세기에는 우유를 넣은 영국식 차를 어디에서나 볼 수 있었고, 이민자들이 연 아일랜드식 술집이나 중식당은 어디든 똑같았다. 1890년, 프랑스의 사회학자인 가브리엘 타르드Gabriel Tarde가 이에 대해 불만을 표한 적이 있는데, 당시 여객 열차의 등장으로 유럽 전역에서 관광 산업이 활발히 이루어지면서 동질성이 강화되었기 때문이었다. 타르드는 《모방의 법칙The Laws of Imitation》에서 다음과 같이 말했다.

오늘날 대륙의 관광객은 (특히 대도시와 상류층 사이에서) 호텔 요금이나 서비스, 가구, 의복과 보석, 짧은 연극평, 상점 진열창의 크기가 모두 한결같이 똑같다는 사실을 알게 될 것이다.

장소가 연결되면 이 장소들은 특정한 방식으로 서로 닮아간다. 그저 서로 연결되었기 때문이기도 하지만 상품과 사람과 생각이 이동하기 때문이기도 하다. 특히 교통이 빨라지면 빨라질수록 유사성이 더 빠르게 자리를 잡는다. 하지만 21세기의 카페는 물리적으로 서로 연결되어 있지 않음에도 불구하고 세부적인 면에서도 서로 일치하는 구석이 많고, 각 소재지에서 자연스럽게 등장했다는 점에서 주목할 만하다. 나는 이 매장들이 모두 디지털 지리라는 새로운 네트워크에 연결되어 있고 소셜 네트워크에 의해 실시간으로 함께 엮여 있기 때문이라는 결론을 내렸다.

2016년, 나는 〈에어스페이스에 오신 것을 환영합니다Welcome to AirSpace〉라는 제목의 글을 뉴스 웹사이트《버지Verge》에 실었다. 이 글에서 나는 동질성이라는 현상에 대한 나의 첫인상을 이야기했다. '에어스페이스'는 디지털 플랫폼이 만들어낸, 이상하다 싶을 만큼 아무 방해도 없는 지리적 연결을 설명하기 위해 내가 고안해낸 말이다. 에어스페이스에서는 앱의 경계 내에서 길을 잃지 않고 자유롭게 이동할 수 있다. 이 말은 에어비앤비에 대한 나의 생각이기도 했는데, 에어비앤비는 세계 여행을 가능하게 할 수 있는 능력을 보유하고 있는 동시에 (내가 느끼기에) 비현실적이고 실체가 없는 것들의 목록이기도 하다.

즉, 플랫폼은 타르드가 말했던 유럽 여객 열차의 현대적 버전이며, 앱으로 상호 연결된 모든 물리적 장소는 서로 유사해질 가능성이 있는 것이다. 카페의 경우, 카페 주인과 바리스타들은 인스타그램을 통해 실시간으로 서로를 팔로우하고, 추천 알고리즘을 통해 같은 종류의 카페 관련 콘텐츠를 소비한다. 카페 주인의 개인 취향은 다른 카페 주인들이 좋아하는 방향으로 흘러가다가 결국에는 순수한 평균에 합류하게 되는 것이다. 사업적으로는 옐프나 포스퀘어 그리고 구글 지도 등이 이런 카페를 검색 결과의 최상단에 두거나 지도상에서 강조하여 표시하는 식으로 홍보하여, 나처럼 (인스타그램에서 인기 있는) 미학을 추종하는 고객의 방문을 유도한다. 따라서 카페 주인의 입장에서는 인터넷 알고리즘이 만들어내고 인구 통계적으로도 거대 집단으로 성장한 고객의 환심을 사기 위해 이미 많은 플랫폼에서 인기를 끌었던 미학을 적용할 필요가 있었다. 표준에 적응하는 것은 그저 유행을 따르는 것이 아니라 소비자를 유치하기 위한 사업적 결정이기도 한 것이다. 방문한 카페가 시각적으로 상당히 만족스러울 때, 고객은 (과시할 목적이 대부분이지만) 카페 사진을 찍어 인스타그램에 올리고 이는 소셜 미디어 무료 광고가 되어 새로운 고객을 끌어들인다. 이러한 방식으로 미학적 최적화와 동질화의 순환이 거듭 이어진다.

나는 최근 로드아일랜드주의 뉴포트에서 이 모든 것들을 경험했다. 해적들이 활동했던 것으로 유명한 뉴포트는 해변에 리조트가 즐비한 유서 깊은 휴양 도시로 지역 대부분이 고전적인 해양 공예품 양식으로 채워져 있다. 그 분위기는 흡사 호화로운 해적선을 떠올리게 한다. 나는 더위를 피해 잠시 휴식할 장소를 찾고 있었는데, 구글 지도 앱에 '니트로 바'라는 카페가 큰 점으로 눈에 확 띄게 표시되었다. 알고리즘은 내가 그 카페를 좋아하리라고 예측한 듯했다. 그 카페는 뉴포트의 고전적인 분위기가 아닌 완벽한 '에어스페이스'의 미학을 갖추고 있었다. 줄에 길게 매달린 조명, 지지대 없이 부착된 나무 선반, 대리석으로 된 카운터, 구리 도금된 꼭지가 달린 음료 기계 등이 눈길을 끌었다. 구글 지도 앱의 미리보기로 나는 카페의 실내를 미리 볼 수 있었고, 팔로어 수가 2만 명이 넘는 카페의 인스타그램 계정도 확인해보았다. 그렇게 검색을 통해 내 마음에 쏙 드는 카페의 특징을 확인한 후, 나는 실제 물리적 세계에서 카페로 걸어 들어가 카푸치노 한 잔을 주문했다. 만족스럽게도 카푸치노에는 완벽한 라테 아트가 곁들여져 있었다.

이 모든 과정 속에서 나는 이 카페를 우연히 발견했다기보다는 이 카페가 나를 찾아냈다는 느낌이 들었다. 추천 알고리즘은 이전 데이터를 기반으로 내 취향의 근사치를 계산하고 자동으로 분석하여 다시 나에게 제공했다. 추천 알고리즘은 일종의 지름길을 제공함으로써 니트로 바로 향하도록 내 물리적 경로를 다시 설정한 것이다. 나는 조금은 촌스럽고 내 취향은 아니지만 아마도 유서 깊은 분위기를 풍겼을 다른 카페들을 아무 방해 없이 무시할 수 있었다.

이 카페를 발견했을 때 나는 (그곳에서 빠르게 카페인을 채우려 했든 아니면 긴 시간 동안 앉아 일하려 했든) 위안을 얻었고 집에 있는 것처럼 편안한 느낌마저 들었다. 나는 그곳에서 마음껏, 편하게 글을 쓸 수 있으리라고 확신했다. 주의를 흩트릴 만한 것도 없었고, 내가 좋아하는 것은 전부 있을 것 같았기 때문이었다. 독특하거나 약간 혼란스럽게 디자인된 카페였다면 그렇지 않았을지도 모르겠다. 이는 또한 내가 이렇게 외딴 장소에서도 나에게 맞는 곳을 찾아낼 때 느끼는 일종의 허세이기도 했다. 어떤 면에서 완벽한 카페란 새로 연 워드 문서나 웹사이트 배경의 비어 있는 공백과 같다. 그 공간을 채우는 것은 당신이 그 공간에 투영하는 것들이다. 때로는 그것을 찾는 일이 순례처럼, 즉 고딕 성당을 찾아다니는 관광객과 비슷하다고 느껴지기도 했다. 어떤 카페가 일반적인 미학을 특별히 훌륭하게 구현했거나 아니면 몇 가지 참신한 부분을 더해서 혁신적인 느낌을 자아냈을 때, 나는 아찔할 정도로 기뻐하면서 균형 잡힌 여백을 즐겼다. 음악가인 패티 스미스Patti Smith는 글을 쓰러 카페에 갈 때마다 늘 카푸치노를 시키는데 사실 그 카푸치노를 꼭 마셔야 할 필요는 없다고 했다. 탁자 위에 펼쳐 놓은 공책, 그 옆에 놓인 카푸치노의 존재만으로도 창의력에 불꽃을 당기기에는 충분했다. 나 역시도 공간 자체만으로 영감을 받기에 충분했다.

카페는 디지털 지리에 관한 내 생각을 시험하는 완벽한 사례였다. 이 매장들은 소비의 공간으로 그곳에서는 인터넷에서 활발히 활동하는 특정한 인구 통계적 집단의 구성원이 돈을 쓰는 방식으로 개인적 열망을 표출했다. 이런 카페 공간은 실내 디자인과 가구 그리고 식기류까지 하나로 묶어 동일한 심미적 콘셉트를 유지하며, 유행하는 음료와 음식을 전시하듯 보여준다. 또한 이러한 카페들은 로파이 비트처럼 부드러운 앰비언트 음악을 선곡하여 분위기를 채운다. 각 카페는 모든 형태의 현대적 취향을 모아놓은 하나의 예술 작품이었고, 바그녀의 말을 빌자면 모든 감각이 관여해 완전히 몰입하도록 만드는 미적 창작물이었다. 나에게 있어 카페는 인터넷이 문화적 취향과 소비 양상에 미치는 영향력을 가장 노골적으로 느낄 수 있는 대표적인 장소였다.

17세기에 등장한 초창기 카페가 여러 계급이 한데 어우러지면서 민주주의와 평등주의라는 이념을 확산시킨 물리적 공간을 제공했듯이, 2010년대의 카페 또한 같은 역할을 했다. 바로 점점 더 그 규모를 키워가고 있는 '긱 노동자gig workers'와 디지털 창작 노동자 경제를 위한 임시 집결지가 된 것이다. 이들은 대부분 통상적인 정규 근무 시간과는 일정이 맞지 않을뿐더러 사무실 인프라를 갖추지 못했다(브루클린의 카페를 여기저기 떠돌아다니며 건별로 성과급을 받는 기사를 쓰는 내가 딱 그런 사람 중 한 명이다). 카페는 우버Uber에서 기사로 일하든 피버Fiverr에서 프리랜서 그래픽 디자이너로 일하든 디지털 플랫폼에서 일을 찾는 사람에게도 도움이 되는 공간이다.

2016년에 '에어스페이스'에 대한 내 기사가 발간되자, 많은 독자들이 (내가 만들어낸) 에어스페이스에 관련된 경험들을 떠올렸다. 그들은 '에어스페이스다운AirSpacey' 카페의 사례를 찾아 나에게 이메일로 보내주었고, 그런 스타일이 얼마나 여기저기에 널리 퍼져 있는지를 깨닫고 놀라워했다. '에어스페이스'는 카페에서 쉽게 찾아볼 수 있는 특징이지만, 공유 업무공간이나 신생기업의 사무실, 호텔이나 식당 등에서도 똑같은 감성을 발견할 수 있었다. 모두 시간이 일시적으로 소비되고 심미적 특성을 과시하며, 물리적 공간이 상품으로 전환되는 공간이었다.

하지만 여러 해가 지나면서 나는 에어스페이스가 특정한 스타일이라기보다는 하나의 심미적 유행을 넘어 우리가 그 안에 존재하는 조건이라는 사실을 깨달았다. 패션이 모두 그렇듯, 2010년대 중반의 시각적 스타일 역시 유행이 끝나가기 시작했다. 내가 어린 시절 유행했던 합판으로 상판을 붙인 테이블이 이제는 철 지난 디자인이 되었듯이, 흰색 지하철 스타일 타일도 너무 뻔한 스타일로 보이기 시작했고, 밝은색이나 좀 더 질감이 있는 도기 타일로 유행이 옮겨갔다. 브루클린 벌목공이 전성기를 누리던 시절의 투박한 스타일은 인더스트리얼 스타일의 가구로 바뀌었다가 가느다란 다리의 의자와 목재 이음매가 특징인 섬세한 북유럽풍의 20세기 중반 모더니즘에 그 자리를 내주었다. 2010년대 후반을 지배한 인테리어 미학은 시멘트로 된 카운터 상판과 의자 대신 아무 장식도 없는 기하학적 모양의 상자를 쓰는 등 더 차가워지고 더 미니멀해졌다. 녹슨 배관설비로 만든 조명

장치는 실내 화분용 화초(특히 다육식물)나 조밀하게 직조된 섬유 예술 작품에 그 자리를 넘겨줬고, 먹고 살기 팍팍한 뉴욕보다는 자유분방한 서부 태평양 연안 지역의 분위기를 떠올리게 했다. 브루클린 스타일은 점점 희미해졌고(2020년 팬데믹 이후 브루클린 지역은 맨해튼 도심 지역보다 매력이 떨어지는 곳으로 여겨졌다) 인스타그램이나 틱톡 같은 디지털 플랫폼과 연계된 스타일이 일반적인 미학으로 자리 잡기 시작했다. 2020년, 작가 몰리 피셔Molly Fischer는 한 기고문에서 그러한 스타일을 '밀레니얼 미학'이라고 칭했는데, 매트리스 전자상거래 업체인 캐스퍼Casper나 공유 공간 체인 위워크WeWork와 더 윙The Wing 같은 신생기업이 밀레니얼 미학을 받아들여 적용했다. 피셔는 다음과 같이 말했다. "이 밀레니얼 미학이 끝나기는 할까?"

백열전구나 네온사인 같은 세부적인 구성요소는 사실 그다지 중요하지 않았다. 문제는 근본적인 동질성이 점점 더 견고해지고 있다는 점이었다. 일반적 미학은 여러 해 동안 서서히 진화하면서 변화했지만, 동질성 자체는 그대로였다. 19세기에 타르드는 "스타일의 차이는 '공간상의 다양성'이 아니라 '시간상의 다양성'에 기반을 둘 것이다"라고 예견한 바 있다.

새로운 미학적 변화는 점차적으로 구석구석 퍼져나간다. 한때 내 오랜 지인들 사이에서는 어두컴컴한 인더스트리얼 스타일의 스왈로Swallow라는 카페가 최고의 인기를 누렸는데, 이 카페의 가구는 벼룩시장에서 파는 가구와 비슷해 보이기도 했다. 하지만 곧 슈퍼크라운Supercrown이라는 새로운 카페에 따라잡혔다. 이 슈퍼크라운은 등받이 없는 의자와 탁 트인 넓은 채광창을 갖춘 조금 더 고급스러운 공간이었다. 슈퍼크라운이 문을 닫자, 몇 블록 떨어진 곳에 세이 커피Sey Coffee가 생겼다. 이 카페는 다육식물의 수가 안락의자보다 많았고 심지어 다육식물 중 몇 개는 벽에 박혀 있었다. 이 매장은 벽돌을 노출하는 방식으로 벽을 쌓고 그 위에 흰색 페인트를 칠했다. 매장 뒤편에는 도자기 공방을 열어 와비사비(미완성의 아름다움을 의미하는 일본의 전통 미학 - 편집자 주)를 떠올리게 하는 컵을 만들어 카페에서 사용했다. 이 카페는 오래 머물고 싶은 공간은 아니었지만, 미학적으로는 완벽했다. 그곳에 방문한 사람이라면 대부분 반짝반짝 윤이 나는 바의 콘크리트 위에 환한 햇빛을 받으며 놓여 있는 카푸치노를 찍어서 인스타그램에 올렸을 것이다. 세이 커피는 디지털 플랫폼을 위해서 개발된 거부감 없고 공유가 용이한 미학을 잘 구현해낸 장소였다.

간혹 카페마다 지하철 스타일 타일이 붙어 있다는 사실에 진저리를 치는 사람들도 있다. 하지만 내가 보기에 이것은 스타일이라기보다는 좀처럼 정이 안 가는 에어스페이스의 동질성에 거부감을 느끼는 것이다. **다양한 환경에서 느껴지는 동질성은 기묘하다. 또 다른 공간에서 기대했던 미학을 발견하는 일은 날이 갈수록 지루함과 실망감을 더해줄 뿐만 아니라 우리의 의식이 점점 더 확장해나가는 필터월드의 디지털 플랫폼에 의해 침범당하고 있다는 것을 깨닫게 만든다.**

남아프리카공화국 출신의 사리타 필라이 곤잘레스Sarita Pillay Gonzalez는 2010년대 말 케이프타운에서 이처럼 미학이 동질화되는 현상에 주목했다. 당시 곤잘레스는 도시계획 관련 비영리 단체 일을 하고 있었는데, 미니멀리즘 인테리어 디자인을 적용한 카페가 케이프타운 센트럴의 클루프 거리에 불쑥불쑥 모습을 드러내고 있다는 것을 알아차렸다. 곤잘레스는 이를 젠트리피케이션gentrification의 한 가지 형태이거나 아니면 과거 식민지였던 국가에 남아 있는 식민주의의 반향이라고 생각했다. 그는 그런 카페들의 특징으로 "나무로 된 긴 탁자, 연철 마감, 매달린 전구, 매달린 식물" 등을 예로 들었다. 에어스페이스의 이 같은 미학적 특징은 술집이나 식당, 미술 갤러리나 에어비앤비처럼 다양한 장소로 퍼져나가고 있었다. 곤잘레스는 이렇게 말했다. "그저 카페뿐이 아니에요. 오래된 주택을 임대해서 수리하는 사람들도 대부분 이 미학을 따르고 있어요." 곤잘레스는 자신이 2016년에 살았던 미네소타 북동부에서도 비슷한 변화가 일어나고 있음을 알아차렸다. 창고 건물이 카페나 소규모 양조장 또는 공유 사무실로 바뀌고 있었고, 이는 인근 지역이 고급화되고 있다는 공통된 지표였다.

곤잘레스는 "세계 어디서나 접할 수 있는 공간이죠. 우리는 방콕에서 런던으로, 다시 남아프리카나 뭄바이로 훌쩍 이동할 수 있어요. 하지만 어디를 가든 똑같은 기분이 들 거예요. 친숙한 공간처럼 느껴지니 쉽게 익숙해질 수 있죠." 동질성은 2010년대의 힙스터 철학(특정 제품이나 문화적 창작품을 소비함으로써 주류 군중과 다른 자신만의 독특함이 있음을 보여주는 철학), 특히 이 경우에는 잘 모르는 밴드나 의류 브랜드가 아니라 특정한 카페로 대변되는 철학과 대비된다. 곤잘레스는 이렇게 말했다. "애당초 개별성을 재현하는 공간으로 만들어진 것들이 전부 믿을 수 없을 만큼 한결같이 똑같이 생겼다는 건 참 아이러니한 일이죠." 곤잘레스의 주장은 필터월드와 추천 알고리즘이 전하는 또 다른 역설적 메시지와 공명한다. **당신은 독특하다. 다른 모두**

가 그렇듯이.'

공간뿐만 아니라 고객 역시 동질적이다. 곤잘레스는 이렇게 말했다. "카페의 손님들은 백인이 압도적으로 많아요. 하지만 그 동네는 역사적으로 봤을 때 유색 인종이 사는 동네거든요. 이건 분명 계급의 고급화와 연관이 있어요." 에어스페이스 구역에서는 오직 특정한 유형의 사람만이 편안함을 느끼며, 다른 이들은 적극적으로 걸러진다. 젠트리피케이션 역시 동질화의 한 가지 형태로, 경제적으로 여유 있는 누군가가 인수해서 개보수한 건물의 미학에서 그 형태를 발견할 수 있다. 벽돌은 회색으로 칠해지고, 나무 난간은 팽팽한 철선으로 바뀌며, 문 옆에는 산세리프 서체의 주소가 달린다. 이런 '일반적인' 카페의 넓은 탁자에 노트북 컴퓨터를 턱 내려놓고 몇 시간 동안 그 자리에 앉아 있는 것 같은 특징적 행동을 자연스럽고 편하게 하기 위해서는 마치 고급 호텔의 레스토랑에서 굳이 입에 올리지 않아도 지켜야 할 에티켓을 배우는 것처럼 돈과 일종의 능숙함이 필요했다. 곤잘레스는 에어스페이스 형태의 카페에 대해 다음과 같이 말했다. "억압적이에요. 사람을 가리고 비싸다는 의미에서 말이죠." 하얀 피부와 부유함이 기준으로 정해지면 일종의 미학적이고 이데올로기적인 힘이 작동하는 장이 펼쳐지면서 정해진 기준에 맞지 않는 사람은 출입을 제한당한다.

평평함에 관한
몇 가지 이론

2000년대 초반 미국에 살고 있던 나는 세계는 평평하다는 사고방식을 가지고 자랐다. 식민주의와 자본주의가 지구라는 행성의 상호 연결을 더 강화하고 그 어느 때보다 지구촌이 작게 느껴지도록 만들었던 것처럼 세계화가 주류의 인식으로 막 떠오르고 있었다. 이 같은 주장은 2005년에《뉴욕타임스》의 칼럼니스트 토머스 프리드먼Thomas Friedman이 쓴《세계는 평평하다The World Is Flat》를 통해 대중에게 각인되었다. 프리드먼의 평평함은 사람과 상품과 생각이 그 어느 때보다 빠르고 쉽게 물리적 공간을 가로질러 흐른다는 뜻으로 보편적인 상식처럼 받아들여졌다. 역사적으로 2000년대는 격동의 순간이었으며, 9·11 사태와 그 이후 이어졌던 기나긴 전쟁은 미국이 세계 다른 나라와 그렇게 멀리 떨어져 있지 않다는 본능적인 교훈을 뇌리에 심어주었다. '세계는 평평하다'는 것은 양가적인 교훈이 되었다. 우리는 중국에서 제조된 수많은 제품을 소비하는 동시에, 중국에서 벌어지는 일로 인해 개인적으로 영향을 받을 수도 있게 된 것이다.

프리드먼은 책에서 세계를 더 밀접하게 조직화하는 다양한 "평평화 동력flatteners"에 대해 이야기했는데, 그중 몇 가지는 디지털 기술에 관련된 것들이다. 예를 들어, 넷스케이프Netscape처럼 손쉽게 구할 수 있는 인터넷 브라우저, 국제적 기업과 공장의 협업을 가능하게 하는 워크플로 소프트웨어, 정보에 대한 접근성을 확장하는 구글 같은 검색 엔진 등이다. 프리드먼은 "지구 역사상 이렇게 많은 사람이 스스로 이토록 많은 사물과 많은 사람에 대해서 이토록 많은 정보를 찾아내는 능력을 지녔던 적은 없다"고 언급했다. 이 책은 거시적 수준의 국가와 기업체(급속히 더 비슷해지는 중이다)를 중점적으로 다룬다. 그의 주장에 따르면, "경기장"은 평평해지고 있으며, 이는 모든 기업체가 어디에 위치하든 그 규모가 작든 크든 상관없이 서로 경쟁할 수 있다는 뜻이다. 프리드먼은 고속도로가 여러 지역을 서로 연결했듯이, 인터넷 망이 "더 매끄러운 세계적 상업망을 만들어내고 전 세계의 지역주의를 타파하는 데 도움을 준다"라고 주장한다.

세계화라는 새로운 질서 속에서 평평해진 것은 비단 산업과 경제뿐만이 아니다. 문화 역시 마찬가지다. 초창기의 인터넷은 공유라는 압력을 행사했고, 국가나 기업체가 연결되고 있던 방식대로 미시적 수준에서 개인을 연결했다. 프리드먼은 이에 대해 다음과 같이 언급했다. "모두가 가능한 한 모든 것을 디지털화해서 인터넷이라는 파이프로 연결된 다른 누군가에게 보낼 수 있기를 바랐다." 이 파이프는 그 이후로 훨씬 크게 그리고 훨씬 빠르게 성장했다.

필터월드는 프리드먼의 '평평한 세계'가 이르는 종착지다. 필터월드에서는 똑같은 힘이 점점 더 무의식 수준까지 내려가 개인의 삶 구석구석에 영향을 미치고 있기 때문이다. 제조 주문 건수나 소비자 수요 같은 건조한 통계를 넘어, 사용자에게 콘텐츠를 만들어내라고 부추기는 소셜 미디어의 출현과 함께 이미지와 영상이 그 어느 때보다도 빠르게 전 세계를 흘러 다니기 시작했다. 소셜 네트워크는 프리드먼의 책이 나온 후 등장했지만, 넷스케이프와 비슷하게 누구나 온라인 디지털 미디어에 공평하게 접근할 수 있도록 함으로써 미디어를 소비하는 것뿐만 아니라 만들어내는 것까지도 가능하게 만들었다. 아마추어 사진가를 대상으로 2004년에 출시된 플릭커Flickr는 사용자가 개인 계정에 사진을 업로드해서 게시하고 정리할 수 있는 초보적인 소셜 네트워크 서비스였다. 2005년에는 유튜브가 생겨났고, 누구나 동영상을 올리고 공유할 수 있게 되어 다른 사람들과 더욱 강력하게 연결되기 시작했다. 2010년에 인스타그램이 그 뒤를 이었고, 대세로 떠오른 아이폰 카메라로 스냅사진을 찍고 이를 공유하는 더 큰 문화를 만들어냈다. 이 서비스들 역시 세계화되었다.

이 같은 변화를 완벽하게 보여주는 예가 바로 2012년 여름에 유튜브에서 최초로 공개되었던 한국 가수 싸이의 〈강남스타일〉 뮤직비디오다. 이 4분짜리 비디오는 전 세계의 사용자를 염두에 두고 만들어진 작품으로 미국 MTV의 전형적인 뮤직비디오 형식과 유럽 클럽 테크노 음악의 신시사이저 음색 그리고 아시아 전역에서의 한국 대중음악 산업의 인기를 등에 업고 나타났다. 이 동영상은 매우 독특했다. 노래는 거의 한국어로 불렀고(이제는 너무 유명해진 "예, 섹시 레이디"라는 영어 후렴구만 빼면) 뮤직비디오의 내용은 서울에서 가장 잘 사는 사람들을 풍자했다. 2012년 겨울, 〈강남스타일〉은 10억 뷰를 돌파한 최초의 유튜브 영상이 되었고, 결국 40억 뷰를 넘겼다.

이 노래와 영상이 유명해졌을 때 나는 얼마나 쉽게(마치 미국의 뮤직비디오를 보는 것만큼이나 편하게) 케이팝이라는 한국 대중음악을 소비할 수 있는지 알고는 어리둥절한 기분이었다. 이러한 경험을 쉽게 할 수 있게 된 것은 유튜브 덕분이었고, 그토록 많은 사람이 이 영상을 보게 된 것은 부분적으로는 유튜브 플랫폼의 추천 알고리즘 때문이었다(필터월드에서는 관심이 관심을 낳는다). 2012년은 또한 유튜브가 '시청 시간' 변수(사용자가 어떤 영상을 얼마나 오래 시청했는지 여부)를 자체 알고리즘에 통합한 해이기도 했다. 한 회사의 블로그 게시글에 따르면, 이 변수는 (표적 선정이 제대로 된) 추천으로 이어진다고 한다. 갑자기 디지털 플랫폼을 통해서 세계의 많은 사람들이 똑같은 영상을 시청하고 있었다. 게다가 이는 디지털 세계화의 초기 단계였을 뿐이었다. 그로부터 10여 년이 지난 오늘날, 30억 뷰 이상을 달성한 유튜브 동영상은 수십 개가 되었다. 이것은 유튜브가 텔레비전으로부터 시청자의 관심을 얼마나 빼앗아 흡수했는지, 나아가 그 사용자 기반이 얼마나 넓게 퍼져 있는지를 여실히 보여준다.

세계화라는 단어는 보통 스마트폰 같은 제품이나 민주주의 같은 정치 이념 또는 미국이 주도한 이라크 전쟁처럼 국제 분쟁에 대한 개입 같은 것들과 관련되어 사용된다. 이 같은 상호 연결은 개인의 경험이 평평해지는 현상이 더 일상적이고 더 만연하는 사태로 이어지기도 한다. 미국에 사는 사람이 인도나 브라질, 남아프리카공화국의 인터넷 사용자와 똑같은 소셜 네트워크에 접속하고 똑같은 스트리밍 서비스를 이용한다. 프리드먼의 모델은 국제 경쟁의 증가를 이야기하지만 결국 몇 안 되는 종합 우승자로 귀결된다. 이들은 국제화된 디지털 공간을 독점하고, 독점을 통해 막대한 이익을 얻는다(개인이나 영세기업도 경쟁하지만, 이들은 영역을 놓고 경쟁하는 늑대처럼 훨씬 대규모의 플랫폼 회사를 대상으로 구매 계약을 따내기 위해 경쟁한다).

실제로《세계는 평평하다》가 출간되기 10여 년 전부터 이미 여러 문화 이론가들이 인터넷이 유발한 가속화된 버전의 세계화가 동질성과 단조로움을 낳는다고 언급했다. 또한 세계화가 문화에 가져온 동질성에 대한 불안과 불만이 치솟고 있었다. 스페인의 사회학자 마누엘 카스텔Manuel Castells은 1999년에 발표한 한 논문에서 "흐름의 공간"이라는 개념을 "지리적으로 인접하지 않았음에도 사회적 활동이 동시적으로 이루어질 수 있도록 허용하는 물리적 배치"라고 정의했다. 카스텔은 인터넷 같은 전자 통신 기반 시설을 통해 공유된 문화가 물리적 인접성에 의존하지 않고 거리를 넘나들면서 집단적 차원에서 발전할 수 있다고 주장한 것이다. 이렇게 형성된 문화는 통신망이 미치는 곳이라면 그 어느 곳에서도 동일하게 나타난다. 이는 카스텔이 "장소의 공간space of places"이라고 칭한 물리적 지리를 넘어선다는 것을 의미한다.

카스텔은 "금융 시장, 고도의 기술이 필요한 제조 활동, 경영 서비스, 엔터테인먼트, 미디어 뉴스, 마약 밀매, 과학기술, 패션 디자인, 예술, 스포츠 또는 종교"를 비롯한 인간 사회를 이루는 여러 다양한 측면이 장소의 공간보다 흐름의 공간space of flows에서 작동하는 논리를 더 따르기 시작하면서 지리적인 의미는 더 약해지고 있다고 주장한다. 또한 2001년에는 "흐름의 공간이 멀리 떨어진 장소를 연결하여 기능과 의미를 공유하지만, 장소의 공간에서 구현할 수 있는 경험의 논리를 고립시키거나 억누른다"고 했다. 물리적으로 어디에 있는지는 어떤 미디어 채널을 소비하고 있는지보다 (경험이나 친밀감 면에서) 더 이상 중요하지 않은 것이다.

지리의 중요성이 떨어진다면, 교통과 이동의 영역은 한층 중요해진다. 1992년에 프랑스 철학자 마르크 오제Marc Augé는《비장소Non-

Places》라는 책을 출간했다. 오제는 이 책에서 다른 세상처럼 느껴지는 고속도로나 공항, 호텔에 대한 감각적 경험을 연구했다. 이 구역들은 장소 없는 구역에 속해 있는 현대의 유목민에게 역설적인 위안을 준다. 오제는 "사람들은 비非장소에서 언제나 편안하며 이와 동시에 결코 편안하지 않다"라고 했다. 이 책은 차를 몰고 샤를 드골 공항으로 가는 어느 프랑스인 사업가 이야기로 시작된다. 사업가는 보안 검색을 빠르게 통과하고 면세품을 쇼핑하고 나서 비행기가 이륙하기를 기다린다. 그에게 공항이라는 인격 없는 공간은 다음과 같은 장소가 되어 있다.

미개척지와 미개간지의 불확실한 매력, 여행자가 발걸음을 떼는 역 승강장과 대기실, 계속되는 모험의 가능성에 대한 일시적인 감정이 일어나는 모든 우연한 만남의 장소.

탑승하기 위해 길게 늘어선 줄과 이어지는 비행의 지루한 경험에는 모든 것이 매끈해지고 균일해질 때까지 자아와 주변 환경을 내려놓는 일이 포함되어 있다. 비행기가 이륙할 때 생기는 현실과의 약간의 괴리감이나 호텔 방의 문을 처음 열었을 때 느낄 수 있는 낯선 기분처럼 이는 쉽게 느낄 수 있는 감정이다. 오제는 "비장소의 공간은 독자적 정체성도 관계도 아닌, 고독과 유사성을 만들어낼 뿐이다"라고 썼다. 또한 그는 "정체성 상실이 주는 수동적 즐거움"을 언급한다. 심지어 가상의 사업가가 비행기에서 읽는 잡지조차 "국제 기업 환경에서의 필수품과 소비 패턴의 동질화"를 언급한다.

1990년대와 2000년대에는 세계화가 진전되면서 이렇게 다른 세상을 경험하는 것처럼 느껴지는 현상에 대해서 일종의 낙관주의나 유토피아주의 같은 감상이 있었다. 새로운 공항과 국제적인 호텔 체인으로 지구가 한층 더 가까워지면 사람들은 서로 더 잘 이해하게 될 터였다. 지리가 평평해지는 것은 에스페란토어Esperanto(세계 공통어) 같은 것이었다. 이 언어는 단순하지만 모든 이들에게 친숙하다. 편안함뿐만 아니라 자본이 투자나 기반 시설의 형태로 한 곳에서 다른 곳으로 흘러갈 때 동질성이 더 효율적이라는 주장도 있다. 정해진 패턴은 예측 가능하며, 그 규모를 더 빠르게 확장할 수 있기 때문이다. 개인적 취향이 디지털 소비를 비효율적으로 만드는 것처럼 혼란에 가까울 정도로 큰 다양성은 수익에 도움이 되지 않는다.

네덜란드의 건축가 렘 콜하스Rem Koolhaas는 이 같은 국제적인 수렴 현상을 능숙하게 사업에 접목했다. 그의 회사인 메트로폴리탄 건축사무소Office for Metropolitan Architecture, OMA는 1990년대에 유럽 전역에서 활동했고, 실제로 건축되지는 않았어도 파격적인 개념의 건물을 디자인하는 것으로 유명해졌다. 콜하스의 건축 디자인은 마치 다른 세상의 것처럼 비현실적이다. OMA가 1996년에 설계한 하이퍼 빌딩은 몇 개의 초고층 건물이 서로 예각으로 부딪히는 듯한 형태를 띠고 있는데, 이 회사의 설명에 따르면 하이퍼 빌딩은 "12만 명을 수용할 수 있는 자족 도시"로 어디든 건축이 가능하다고 한다. "이 건물은 도시의 느낌을 담아 구성하였다. 높은 건물은 거리를, 수평적 요소는 공원을, 부피는 구역을, 대각선은 대로를 의미한다." 이 건축의 무無특징성, 즉 급증하는 비장소 영역과 쉽게 어우러질 수 있는 특성은 설계 단계에서부터 의도한 부분으로, 특징 없는 것을 포용하는 미학이었다.

콜하스는 1995년에 한 번 읽으면 결코 뇌리에서 사라지지 않을 책 중 하나인《특징 없는 도시The Generic City》를 통해 자신의 철학을 설명했다. 이 글에서 그는 미학과 건축 이론에 관해 이야기하는데, 마치 21세기를 예견한 것 같다.《특징 없는 도시》는 "현대의 도시는 현대의 공항처럼 모두 똑같은가?"라는 물음으로 시작한다. "만약 겉보기에 우연 같지만 대부분이 유감스러워하는 동질화가 의도적인 과정, 즉 차이에서 벗어나 유사성으로 움직이는 의식적 움직임이라면 어떨까? 만약 우리가 '특징을 타도하라!Down with character!'는 세계적 해방 운동을 목격하고 있는 것이라면 어떨까?"

콜하스의 특징 없는 도시는 고급화된 에어스페이스 스타일의 건물과 카페, 테크 전문가들이 사용하는 공유 공간 그리고 똑같은 식당과 바 등으로 이루어진 장소다. 이 도시는 우리에게 너무나도 친숙한 장소다. 우리는 이곳에 도착해 비행기에서 내리고 공항을 통과해서 차를 타고 층고가 높은 호텔로 이동하고 스마트폰으로 숙박 수속을 밟는다. 콜하스는 세계적인 정체성의 동질화를 긍정적인 것, 아니면 적어도 그 나름의 이점을 가지고 있는 것으로 상정한다. "정체성이 강하면 강할수록 더 많은 것을 가두고, 확장이나 해석, 갱신이나 모순에 더 크게 반대하게 된다." 파리를 예로 들어보자. "파리는 더 파리다운 곳이 될 수 있을 뿐이다. 이미 파리는 파리라는 과장된 캐리커쳐로서의 파리, 즉 하이퍼-파리가 되어가고 있다." 어떤 장소가 독특하다면 그저 더 많은 여행객의 발길을 끌 뿐이다. 여행객의 발길이 늘어나면서 처음의 독특함은 서서히 갈려 나가 먼지가 된다. 여행객은 그 장소의 특징을 상품으로 소비한 후 더 악화된 상태로 남겨두고 떠난다. 차이는 점점 마찰이 없어지고 있는 세계에서 마찰을 만들어내는 방해꾼일 뿐이다. 그것이 도시든 음악이든 문화든 마찬가지다.

폴란드 출신의 사회학자 지그문트 바우만은 2000년 무렵에 '액체 현대성liquid modernity'이라는 개념을 소개했다. "가장 손에 잡히지 않는 사람들, 아무 예고 없이 자유롭게 이동하는 사람들, 그들이 세상을 지배할 것이다. 유동성을 갖췄다는 것은 새로운 시대를 움직이는 핵심적인 힘이다. 이것은 사람들이 어떤 하나의 정체성에 고정된 것이 아니라 알고리즘이 우선적으로 제시하는 콘텐츠와 미학이라면 무엇이든 기꺼이 받아들이려고 하는 필터월드에서도 마찬가지다.

콜하스의 글은 그 속에 담긴 약간의 아이러니를 무시하고 부조리한 것을 용인해야 받아들일 수 있다. 이 건축가에게는 구체적 사실이나 데이터 없이 웅대한 선언을 하는 예술가적 기질이 있었기 때문이다. 콜하스의 글은 그저 미래에 건축이 어떻게 될 것인지, 그 안에서 사람이 어떻게 거주할 것인지를 보여주려는 열광적 비전이자 도발로 받아들이는 것이 가장 좋다. 콜하스는 (1995년의 관점임에도 불구하고) 지역 정체성의 쇠퇴는 인터넷이 만들어낸 결과라고 보았다. "특징 없는 도시는 도시 생활이 이루어지는 큰 부분이 사이버 공간과 교차하고 난 후에 남겨진 것이다." 그는 이어서 말했다. "이 도시는 약하지만 확장된 감각의 장소이며 흔치 않은 감정의 장소로, 침실 무드등이 비추는 공간처럼 조심스럽고 신비롭다." (이 말은 이제는 보편적인 것이 된, 어둑한 침실에서 피드를 스크롤하면서 스마트폰을 들여다보는 경험을 떠올리게 한다.) 이는 더 많은 삶과 문화가 물리적 위치 안이 아니라 물리적 위치 사이 또는 물리적 위치를 가로지르는 공간을 점유했던 것처럼, 의미가 장소의 공간에서 흘러나와 흐름의 공간으로 흘러간다고 했던 마누엘 카스텔의 그림자가 느껴지는 말이다.

특징 없는 도시나 흐름의 공간 또는 평평해진 세계는 서서히 자신만의 기준과 기대를 가지고 자신만의 맥락을 만들어간다. 콜하스는 이런 도시가 "정상적인 것에 대한 환각을 유발한다"고 주장했다. 이는 자연적으로 발생한 것이 아니라 기술이 만들어낸 비전이므로 고열에 시달릴 때 꾸는 꿈처럼 '환각'이고, 동질화된 본보기로서 어디에나 존재한다는 그 특징이 정상성을 구축하기 때문에 '정상'이라고 받아들여진다. 특징 없는 도시는 그 기세가 누그러지지 않은 채 아무 제약도 받지 않고 퍼져나가고 있다.

가야트리 차크라보르티 스피박은 1942년에 인도 콜카타에서 태어난 문학 이론가로 포스트식민주의 이론을 개척한 선구자로 인정받고 있다. 비서구 출신이면서도 코넬대학교와 케임브리지대학교 같은 서구의 기관에서 교육받았던 스피박의 이야기는 20세기가 남긴 여파를 검토하고 비판할 수 있게 해주는 독특한 프리즘이다. 스피박은 2012년에 그간 자신이 쓴 글을 묶어 펴낸 《지구화 시대의 미학 교육 An Aesthetic Education in the Era of Globalization》에서 "1989년 이후, 자본주의의 승리는 세계화로 이어졌다"고 쓰고 있다. 스피박은 모든 것을 금융적 생산성이라는 하나의 잣대로만 평가함으로써 자본주의는 삶의 수많은 측면을 "거의 완벽한 추상"으로 바꿔놓았다고 주장했다. 그 결과 중 하나가 바로 "따분해 죽을 정도로 획일화된 세계화"라는 것이다. 토머스 프리드먼에 따르면 세계는 평평하지만, 이 평평함은 사람을 멍하게 만들 뿐이다.

나는 앞서 "세계화는 오직 자본과 데이터에서만 일어난다. 그 나머지는 전부 피해 수습책에 지나지 않는다"는 스피박의 말을 언급했다. 우리는 세계화된 정치와 문화와 여행에 관해서 이야기하고 있지만, 더 근본적인 수준에서 보면 지구 전체를 진짜로 흐르는 것은 다양한 형태의 돈과 정보라는 점에서 스피박이 옳다. 투자, 기업체, 기반 시설, 서버 팜 그리고 한데 모여 있는 모든 디지털 플랫폼의 자료가 바람이나 해류처럼 보이지 않게 나라와 나라 사이를 거세게 흐른다. 사용자는 자발적으로 자신의 정보를 이 같은 시스템을 통해 쏟아내면서 자기 자신 역시 흐르는 상품으로 바꿔놓는다.

이와 같은 평평함의 역사는 중요하다. **필터월드의 동질화는** 그저 우리가 살고 있는 지금만의 현상이 아니기 때문이다. 동질화는 **알고리즘 기반 피드 훨씬 전부터 일어난 변화의 결과이며, 앞으로 더욱 강화될 가능성이 크다.** 어쨌거나 거대한 평평화가 선언될 때마다 세계는 어떻게든 한층 더 평평해질 방법을 찾는다.

오게, 콜하스 그리고 스피박 같은 사상가들은 압도적인 상호 연결이 일어나는 세계화 시대에 지리적 장소와 국가가 어떻게 서로 닮아가는지를 설명하기 위해 그리고 동질화가 일어나는 방식의 한 요소로서 하나같이 소프트웨어를 언급한다. 하지만 소셜 미디어 시대에는 문화 소비자이자 문화 창작자인 개인이 똑같은 일단의 앱에 접속하면서 개인적 수준의 상호 연결과 동질화가 발생한다. 우리는 호텔이나 공항 같은 물리적 장소에 있으면서 트위터나 페이스북이나 인스타그램이나 틱톡처럼 차이를 없애버리는 모임의 공간을 가지고 있다.

콜하스의 '특징 없는 도시'에는 세계화된 '특징 없는 소비자'가 존재한다. 이들의 선호와 욕망을 형성하는 데 있어 더 큰 역할을 하는 것은 장소가 아니라 플랫폼이다. 어쩌면 우리는 장소의 공간보다 흐름의 공간에서 더 많은 삶을 살아가고 있는지도 모른다. 우리는 세계와 더불어 우리도 얼마나 평평한지를 이제 간신히 이해하기 시작했다.

기자로 경력을 쌓아가며 온라인에서 많은 시간을 보내고 '콘텐츠로서의 문화culture-as-content'를 가려내는 역할을 하고 있는 사람으로서, 나는 이 시스템의 참여자이자 촉매제다. 이는 내가 딱히 그것을 즐겨서도 아니고 동질화가 더 넓게 확산하기를 바라서도 아니다. 필터월드의 거주자는 대부분 내키지 않아 하거나 아니면 자신도 모르는 새 그렇게 한다. 우리는 그저 먹고 살려고 애를 쓰거나 즐기려 했을 뿐인데 이를 통해 동질화를 가속시키는 것이다.

특징 없는 카페와
인스타그램 벽

2019년에 첫 책을 쓰기 위해 조사차 교토로 여행을 갔을 때, 나는 여러 절의 돌 정원을 찾아다니면서 카페들을 훑어보았다. 20세기 초 일본에서는 깃사텐きっさてん(끽다점)이라는 문화가 등장했다. 커피는 팔되 술은 팔지 않는 차분한 찻집으로 고즈넉한 분위기를 찾는 작가나 지식인 집단의 구미에 잘 맞는 곳이었다. 네덜란드 상인이 처음 소개한 후, 이 외딴 나라에 커피가 공식적으로 수입된 것은 19세기 말이

었다. 일본의 카페는 파리의 카페를 본떠서 만들어졌지만, 당시만 해도 파리는 소수의 부유층이나 학문을 연구하는 지식인을 제외하면 일본인들이 여행을 많이 가는 도시는 아니었고, 일부 지식인들이 프랑스 작가의 글을 읽고 번역을 막 시작하려던 때였다.

도쿄에 사는 친구 한 명이 내게 1950년 교토에 문을 연 깃사텐 스타일의 카페인 로쿠요샤에 가보라고 추천을 해주었다. 로쿠요샤는 찾기 어려운 곳에 있었는데, 번잡한 거리에서 계단을 통해 지하로 내려가야 했고 점점이 박힌 옥색과 갈색 도기 타일로 된 벽에 눈에 잘 띄지 않는 나무 간판이 달려 있었다. 나중에 알게 된 사실이지만, 이 타일은 가게에 맞춰 제작된 것이었다. 계단을 따라 내려가 가게에 들어서자 아늑한 공간이 펼쳐졌다. 실내는 짙은 색의 목재 패널로 장식되어 있었고, 가죽으로 만든 푹신한 장의자와 2인용 좌석이 복도 크기의 공간에 줄지어 배치되어 있었다. 한 번에 열 명 이상의 손님을 받기는 힘들어 보였다. 나는 드립 커피 한 잔과 수제 도넛 하나를 주문했고, 이곳을 운영하는 나이 든 부부가 바 뒤에서 내 주문을 받았다. 카페가 조용했기 때문에 이들의 목소리는 속삭임이나 다름없었다. 다른 손님처럼 나도 내 자리에 앉아 책을 보면서 노트에 메모를 했다. 그곳에 있는 그 누구도 스마트폰을 들여다보지 않았고, 나는 이 공간이 여전히 원래 만들어졌던 당시의 모습처럼 보이기 때문이 아닐까 하고 생각했다. 이 공간은 물리적인 디테일과 분위기에 대한 사람들의 관심에 충분히 부응했고, 이는 아이폰 사진으로 포착할 수 있는 것 그 이상이었다. 모바일 기술과 인터넷의 탈물질화는 이 장소에 맞지 않았다.

로쿠요샤는 내가 교토의 다른 곳에서 볼 수 있었던 카페와는 달랐다. 위켄더스Weekenders는 구글 지도에서 카페를 검색하다가 찾은 곳으로, 이 카페는 내 아이폰 구글 지도상에 큰 점으로 표시되었다. 베리즌Verison에 해외 인터넷 접속 서비스 사용료를 지불했기 때문에, 나는 구글 지도를 언제든 사용할 수 있었다(구글 지도가 없었더라면 길을 찾기 힘들었을 것이다). 이 카페는 (끊임없이 움직임이 일어나는 공간인) 교토 시내 번화가에 위치한 별다른 특징 없는 아담한 2층 건물에 자리하고 있었다. 일본 전통 양식으로 건축되었으며, 미닫이문이 달려 있었고 회칠이 된 벽에는 쌀종이로 만든 둥근 등이 달려 있었다(샌프란시스코의 카페 체인 블루보틀Blue Bottle이 이와 같은 일본식 미학을 인테리어 요소로 채택하여 입점하는 모든 도시의 매장에 등을 달고 꽃꽂이 스타일로 꽃을 배치했다). 하지만 위켄더스에서도 개방된 선반과 깔끔한 옅은 색조의 카운터 상판처럼 에어스페이스 느낌이 나는 북유럽풍의 영향을 살짝 엿볼 수 있었다. 이런 카페는 마르크 오제의 말처럼 우리가 "늘 편안하게 느끼지만 동시에 결코 편안하게 느끼지 않는" 또 다른 공간, 즉 국제적 비장소의 한 형태다.

나는 카푸치노 한 잔을 주문했고, 내 앞에 잔이 놓이자 카운터 가장자리에 놓인 자기 잔을 찍기 위해 스마트폰을 꺼냈다. 이 카운터는 거칠게 마감된 긴 돌 하나를 마치 중세 이탈리아 교회의 '스폴리아spolia(새로운 건축이나 장식을 목적으로 오래된 건축물에서 가져온 돌을 의미한다. - 옮긴이 주)'처럼 짜 넣은 것이었다. 물론 나는 나중에 이 사진을 온라인에 공유할 작정이었다. 그때 바리스타가 건조한 말투로 "사람들은 그저 인스타그램 때문에 여기 와요"라고 내게 말했다. 순간 사진을 찍던 나는 당혹감을 느꼈다. 나 역시 판에 박힌 행동을 하고 있었던 것이다. 화려하지 않은 미니멀리즘 감성의 실내와 부드러운 햇빛이 마치 어서 사진을 찍어 올리라고 부추기는 것처럼 여겨졌다. 인스타그램에서 위켄더스를 검색해보면 하나같이 동일한 느낌의 자기 만족적인 이미지들이 수년간 반복되고 있다는 것을 알 수 있다. 카운터 위에 올려진 커피 한 잔을 찍은 내 사진이 딱 그랬던 것처럼 말이다.

단일하고 전형적이면서 반복적인 이미지로 축소되는 사태는 우연이 아니라 더 긴 과정의 종착점이었다. 2010년대 초반, '인스타그램 벽Instagram wall'이라는 새로운 현상이 나타났다. 이것은 2000년대 거리예술 운동의 결과물로, 공식 승인을 받은 깔끔한 벽화가 도시의 벽을 점령하자 이를 지켜보던 그라피티 역시 고급화되었다. 노후한 창고가 많은 지역에서 흔히 볼 수 있었던 거리예술은 옥외 예술 갤러리처럼 그 자체로 사람을 끌어들이는 명물이 되었다. 부시윅에 살 때 나는 프랑스 여행객 무리가 끊임없이 인적 드문 공업지역의 거리를 따라 안내받는 광경을 보았다. 이들은 그 거리가 마치 루브르 박물관이라도 되는 양 벽화를 보며 경탄했지만, 결국 그 벽화들은 손으로 그린 유료 광고로 대체되었다.

일종의 게릴라 활동 같은 거리예술 그라피티와 달리, 인스타그램 벽은 사람들이 그 앞에서 사진을 찍고 인스타그램에 게시글을 올릴 수 있도록 구상된 공간을 말했다. 인스타그램 벽은 '인스타그램 덫Instagram traps'이라고도 불렸다. 그중 일부는 단순한 문양을 밝은색으로 그려 사진 찍기에 완벽한 배경이 돼주었다. 1948년에 멕시코 건축가 루이스 바라간Luis Barragan이 지은 주택은 은은히 빛나는 분홍색 벽으로 유명한데, 이 벽은 이제 인스타그램 벽이 되어 많은 여행객을 끌어들이고 있다. 어떤 인스타그램 벽은, 그림을 그린 나무 소품에 구멍을 뚫어 사람들이 얼굴을 그 구멍에 집어넣고 사진을 찍으면 마치 농부나 축구선수처럼 보이도록 만든 것처럼, 피사체가 벽의 일부가 되도록 배경을 만들기도 했다. 그중 가장 인기 있는 테마는 가운데 공간을 비워두고 그 왼쪽과 오른쪽으로 펼쳐진 천사의 날개를 그린 것으로 사람들은 가운데 공간에 서 있거나 간혹 양팔을 위로 쭉 펴서 날아가는 듯한 자세를 취하고 사진을 찍는다. 친구에게 사진을 부탁하고 인스타그램에 올리면 끝!

이와 같은 현상의 정점은 아마도 '카르타고는 반드시 멸망해야 한다Carthage Must Be Destroyed'라는 이름의 브런치 전문 식당이었을 것이다. 이 식당은 2017년 부시윅 인근 한 골목에 문을 열었는데, 이 골목에는 으스스한 분위기의 창고들이 즐비했다. 식당의 실내는 벽돌과 배관이 거의 노출되어 있었고, 나무로 된 커다란 식탁이 놓여 있었다. 이곳의 하이라이트는 식당의 많은 것이 분홍색이라는 점이다(한 가지 뿐이지만 매우 공격적인 디자인 비책이었다). 문도 분홍색이었고 카운터도 분홍색 타일로 덮여 있었으며 에스프레소 기계도 분홍색이었고 접시마저 광택이 나는 분홍색 도기였다. 메뉴는 특별히 다르지 않았고 아보카도 토스트(공동 소유주인 어맨다 베카라Amanda Bechara가 호주 출신이었다) 같은 일반적인 차림이었지만 그곳의 매력은 심미적 특징에 있었다. 신문에 관련 보도사진이 나가자마자 모두가 그 '분홍색 식당'에 가보고 싶어 했다.

이 공간은 디지털 이미지로 소비되기에 최적화된 공간이었다. 당시에는 인터넷 덕에 '밀레니얼 핑크'라는 약간 톤 다운된 연한 분홍색을 어디서나 볼 수 있었다. 이 색은 '텀블러 핑크'라고 불리기도 했는데, 나이키 스니커즈와 글로시에Glossier 화장품 그리고 어웨이Away의 여행 가방 등에서도 찾아볼 수 있었다. 심지어 2015년에 출시된 '로즈 골드' 색상의 여러 애플 기기조차 이런 유행의 일부였다. 카르타고 식당은 일종의 몰입형 인스타그램 벽으로 '밀레니얼 핑크 체험 공간'이라고 해도 과언이 아니다. 이곳의 방문객들은 사진을 찍느라 많은 시간을 쓴다. 이 식당은 공식적으로는 식당 공간 전체에 대한 촬영은 허용하지 않았고, 자신이 주문한 음식만 촬영할 수 있었다. 그러나 사실 이 방침은 유명무실했고, 오히려 고객에게 방침을 어기고 사진을 찍어 올리라고 부추기는 것 같다. 인스타그램의 카르타고 관련 이미지들을 찾아보면 말뿐인 규칙을 위반한 증거로 넘쳐나는 것을 확인할 수 있다.

이런 시설들은 2010년대 말이 되자 거의 소진되어 더는 마주치기 힘들어졌다. 다음으로는 이른바 인스타그램 박물관이 부상했고, 사진을 찍는 일이 경험의 의식적 목표가 되었다. 마치 루브르 박물관에 가는 유일한 이유가 〈모나리자〉 앞에서 셀카를 찍기 위해서인 것처럼 말이다. 심지어 식당 메뉴조차 디지털 이미지 구축이라는 목적에서 한 치도 벗어나지 않았다. 2017년 샌프란시스코에서 개관한 아이스크림 박물관Museum of Ice Cream은 디저트를 주제로 한 몰입형 시설을 제공했고, 같은 해에 영업을 시작한 컬러 팩토리Color Factory는 극적인 인물 사진 촬영을 위해 단색으로 된 초현실적인 촬영 공간을 제공했다. 이들은 피사체의 존재와 촬영 행위라는 목적에는 부합했지만 시각 예술로서는 실패작이었다. 디지털 플랫폼 바깥에서 이들은 불완전했고, 중요한 것이라고는 콘텐츠를 생산하는 일뿐이었다. **인스타그램 벽이나 인스타그램 박물관의 목적은 방문객을 어떤 장소로 끌어들이고 스마트폰으로 할 수 있는 활동을 부추겨 이들의 참여를 지속시키는 것이다. 우리는 점점 중독되어가고 있다. 당신은 그곳을 그냥 지나칠 수 없고, 경험을 기록으로 남겨야만 한다.** 방문객이 사진을 게시하면(사업체나 장소를 태그로 달면 금상첨화다), 그 사진은 무료 광고와 디지털 입소문의 형태로 퍼져나가 일종의 분산된 옥외 광고판이 된다. 인스타그램 벽은 이러한 과정을 통해 스스로를 영속하는 존재로 만든다.

이런 시설은 검색 엔진 최적화의 물리적 형태라고 할 수 있다. 웹사이트에 키워드를 포함하는 것보다 인스타그램 벽이 홍보에 더 효과적이었다. 인스타그램 벽은 디지털 플랫폼에 특정 장소에 대한 사진을 가능한 한 더 많이 올라오게 만들어 그 장소를 더 많은 사람이 찾도록 만들었다. 게시글이 많이 올라올수록 홍보 알고리즘은 그 장소를 더 많이 추천하여 더 많은 잠재적 고객에게 보여주었다. 인스타그램 벽은 물리적인 장소조차 실제 생활에서만큼이나 인터넷에도 존재해야 한다는 사실을 말해준다.

이제는 인스타그램 벽이 판에 박힌 진부한 것이 되고 있지만, 그 작동 방식만큼은 대부분의 공간과 장소로 퍼져 들어갔고, 인스타그램에 올릴 만하다는 의미의 '인스타그래머빌리티Instagrammability'라는 단어까지 만들어내며 최적화되기 시작했다. 어느 식당은 살아 있는 식물로 벽을 만들고 그곳에 상호가 적힌 네온사인을 달아 넣었다. 어떤 자리에서도 쉽게 볼 수 있고 눈에 띄어 기록을 남기고 공유하기에 이상적인 형태다. 어떤 음식은 시각적으로 매우 공을 들여서 맛보다는 이미지로 그 기능을 발휘하기도 한다. 2016년 무렵에 정교하게 만든 밀크쉐이크로 큰 인기를 끌었던, 뉴욕에 있는 블랙 탭Black Tab이라는 바 역시 그랬다. 블랙 탭의 밀크쉐이크는 사탕과 다른 토핑(조각 케이크 하나가 통째로 올라가기도 한다)이 가득 덮인 상태로 나와 먹기가 거의 불가능해 보이지만 인스타그램에 올릴 사진용으로는 매우 적절했다. 사실 이 쉐이크는 요리사가 아니라 소셜 미디어 담당자가 생각해낸 것이었다. 소셜 미디어 인플루언서를 대상으로 한 특별 이벤트로 시작했지만, 오히려 단골손님들에게 더 큰 인기를 얻었다. 유명 인플루언서가 아닌 보통의 플랫폼 사용자들 역시 인플루언서나 마찬가지로 쉐이크를 콘텐츠로 바꿔놓을 수 있었다. 이 쉐이크 사진을 찍어 올리는 사람은 많지만 다 먹는 사람은 많지 않다. 콘텐츠를 위해 지나칠 정도로 과하게 사용된 재료는 지속 불가능한 물리적 폐기물을 만들어내는 부작용을 낳았다.

교토의 위켄더스 카페에서 나는 이곳 역시 소비자로서의 취향을 기록으로 남길 수 있는 일종의 인스타그램 벽이 되었다고 생각했다. 사진을 게시하는 일은 당신이 동경하는 국제적 비장소, 즉 과도하게 이동하는 21세기의 창의적 여행자에게는 늘 편안하지만 동시에 단 한 번도 편안한 적이 없는 곳에 참여하고 있음을 보여주는 방식이었다. 나는 그 효과를 이해했다. 어쨌거나 나도 그런 동질화의 경험을 찾았고 이뤄냈다. 하지만 뭔가 놓친 것도 있었다. 나는 더 이상 여행 중에 낯선 것에 놀라지 않았다. 그저 새로운 장소에서 익숙한 것을 발견함으로써 내 취향에 대한 감각이 우월하다는 사실을 재확인했을 뿐이었다. 아마도 그래서 공허하다는 느낌이 들었을지도 모르겠다.

기술이 문화에 미치는 영향을 감지하기는 쉽지 않다. 우리가 인과 관계를 포착하지 못할 만큼 너무 널리 퍼져 있거나 아니면 사태를 너무 완전하고 빠르게 바꿔놓기 때문이다. 그리고 그것은 새로운 현실이 된다. 특징 없는 일반적인 카페에 대한 내 추측이 옳았는지 확인하기 위해 나는 세계 각지의 에어스페이스 카페 운영자들을 만나 대화를 나누기 시작했다. 나는 그들에게 왜 카페를 그렇게 디자인했는지 그 이유를 물어보았다. 카페 운영자 중 많은 이들이 표준적인 에어스페이스 미학으로 인더스트리얼 스타일의 미니멀리즘을 언급했다.

노르웨이 스타일 커피의 개척자로 2007년에 첫 카페를 연 팀 윈들보Tim Wendelboe는 내게 자기 카페의 특징인 노르웨이풍 미니멀리즘은 사실 예산이 모자랐기 때문이라고 말해주었다. 윈들보는 전에 살롱으로 쓰였던 건물에서 이미 사용되었던 자재를 재활용했고 재생 목재를 써서 바의 카운터를 만들었다. 싱가포르의 '치셍후앗 하드웨어'의 크산테 앙도 마찬가지로 과거 철물점이었던 장소에 카페를 열면서 그 이미지를 차용했다고 언급했다. 이 가게는 차고처럼 층고가 높은 천장에 금속제 조명 기구가 달린, 아르데코 시대의 가정집 겸 가게에 자리하고 있었다. 스페인 마요르카에서 '미스트랄 커피'를 운영하는 그레그 슐러는 타일 바닥과 노출된 배관과 합판으로 만든 선반 등 '가공되지 않은 요소'를 카페에 적용해봤다고 설명했다.

2018년에 간행된 학술 논문집《글로벌 브루클린: 글로벌 도시에서 음식 경험 디자인하기Global Brooklyn: Designing Food Experiences in Global Cities》에서 이 책의 공동 편집자인 파비오 파라세콜리Fabio Parasecoli와 마테우시 할라와Mateusz Halawa는 "분산된 동질성"을 언급한다. 이들은 2010년대 카페나 식당이 따랐던 동질적인 틀은 "어떤 형식이든 집중된 방식으로 조정이 이루어지지는 않지만", 대신에 네트워크상의 각 접점이 그 미학을 받아들여 분배하는 네트워크의 동역학을 바탕으로 운영된다고 쓰고 있다. 이때 분배가 이루어지는 주요 네트워크는, 여러 카페 운영자들이 강조했듯이, 바로 인스타그램이다. 동조에 대한 압력은 실재했다.

토론토의 미니멀리즘 성향의 카페 체인 파일럿 커피 로스터스Pilot Coffee Roasters의 마케팅 담당자 트레버 월시Trevor Walsh는 지난 10년 동안 인스타그램이 "전 세계 커피전문점 업계를 보는 렌즈"가 되었다고 말했다. "우리는 근사한 사진으로 남길 만한 디자인상의 선택지, 공유할 만한 순간이 되어줄 환경을 가지고 싶어 하죠." 파일럿 커피의 인스타그램 계정에 사진을 올려 경험을 공유하는 것은 다른 도시의 카페나 커피업계 종사자와 이어지는 방법 중 하나가 되었다. 하지만 이 플랫폼은 또한 뒤처지면 안 된다는 압력을 만들어내기도 했다. 월시는 이렇게 말했다. "늘 콘텐츠를 만들어내야 한다는 긴박함이 있죠. 사람들의 스마트폰이나 데스크탑 속에 항상 우리 카페가 있어야 하는 건 아닐까 하는 생각을 하곤 해요." 이들은 알고리즘 기반 피드를 채워야만 한다는 압박감을 느꼈다.

그저 카페를 운영하는 것만으로는 부족한 시대가 되었다. 이제 카페 사업은 인터넷에서도 그와 병행하는 존재를 키워내야 하며, 이는 카페를 운영하는 것과는 완전히 별개의 기술이다. "눈에 띌 만큼 성공하려면 예민한 소셜 미디어 감각을 갖추고 있어야 한다, 사업에 직접 관계된 것이 아니더라도 사업과 가까울 수밖에 없는 소셜 미디어 분야에 대해 어느 정도 상식은 있어야 한다라는 느낌인거죠"라고 월시는 덧붙였다. 이는 카페의 성공을 위해서는 인스타그램에 태그가 붙은 사진이 얼마나 되는지 그리고 구글 지도상의 사업체 목록에 긍정적인 사용자 평가가 얼마나 되는지 같은 기준치를 달성해야 한다는 뜻이다. 디지털 세계에서도 존재감을 가져야 한다는 압력은 결국 온라인에만 존재하는 형태의 식당이라는 종착지에 이른다. '고스트 키친Ghost kitchens'은 우버 이츠Uber Eats나 도어대시DoorDash에 브랜드가 존재하지만 물리적 위치는 없으며, 버거나 피자처럼 간단한 음식을 만들어 배달하는 배달 음식 전문 식당을 말한다. 이들은 또 다른 식당의 주방을 빌리거나 공유 주방을 통해 운영되며, 메뉴는 디지털 콘텐츠로 존재하고 전달된다.

소셜 미디어를 잘 활용하기 위해서는 각 플랫폼의 추천 알고리즘에 대해 잘 알아야 한다. 월시는 몇몇 회사가 멋진 스토리를 가지고 있음에도 불구하고 "더 많은 대중의 눈에 띌 수 있도록 해줄 알고리즘 패턴을 따라잡으려고 시도하고 있지 않다"고 말했다. 어쩌면 그 회사들은 자주 게시글을 올리지 않거나 아니면 사진처럼 정지된 이미지보다 동영상을 주력으로 홍보하는 인스타그램 같은 플랫폼의 변화를 따라가지 못하는 것인지도 모른다. 특히 2022년에 인스타그램이 틱톡을 모방하려고 시도하면서 많은 변화가 있었다.

알고리즘에 기반한 홍보를 시도한다 해도 그것이 실현되기는 쉽지 않다. 설령 그 알고리즘을 해킹하는 방법을 안다고 해도 마찬가지다. 월시는 다음과 같이 말했다. "우리는 아름다운 콘텐츠를 만들어내기 위해 엄청난 시간과 노력을 쏟아부었어요. 하지만 우리의 노력이 생각만큼 사람들에게 영향을 미치지는 못한다는 사실을 그 알고리즘 덕분에 알게 되곤 하죠. 정말 맥 빠지는 일이에요." 필터월드에서 카페의 인기는 커피 맛보다 인스타그램 사진에서 그 커피가 어떻게 보이는지와 더 관련이 크다. 온라인에서 어떻게 보이는지가 다른 어떤 것보다 더 중요하며, 이는 이제 식당이나 제과점, 패션 부티크를 비롯해 미술관에 이르기까지 모든 종류의 사업에 일종의 법칙처럼 적용되고 있다(미술관의 경우 이미 미술품을 관람하는 공간으로 설계되어 있어서 인스타그램에 올리기에 완벽한 시각적 프레임을 만들어낸다).

루마니아 부쿠레슈티의 커피 회사로 예전 인쇄공장 자리에 터를 잡은 빈즈 앤드 닷츠Beans and Dots의 창업주인 안카 운구레아누Anca Ungureanu는 "나는 알고리즘이라는 것 자체가 싫어요. 모두가 알고리즘을 싫어해요"라고 말했다. 운구레아누의 목표는 "당시 부쿠레슈티에는 없던 공간"으로 적어도 미학적인 측면에서 현지의 분위기와는 전혀 다른 공간을 만드는 것이었다. 이 카페는 이제 국제적으로 방문객을 끌어들이고 있다. 구글에서 부쿠레슈티의 카페를 검색하면 빈즈 앤드 닷츠가 튀어나온다. 운구레아누는 카푸치노 스냅사진으로 가득 채운 인스타그램 계정을 만들어 7천 명이 넘는 팔로어를 모았지만, 인스타그램 플랫폼이 피드를 통해서 그녀가 사용자들에게 접근할 수 있는 능력을 빼앗아가고 있다고 느낀 후 큰 좌절감을 맛보았다. 특히 운구레아누의 카페가 온라인 커피 판매를 시작하자, 페이스북과 인스타그램은 이 카페가 광고를 계약해 소셜 미디어 회사의 이익을 증대시키지 않는 한, 이 카페의 영향력이 미치는 범위를 줄이려는 듯이 보였다. 그녀는 이런 행동이 알고리즘을 이용한 갈취라고 주장했다. '통행세를 내세요. 그렇지 않으면 당신의 카페를 홍보해드리지 않을 겁니다.' 이 카페가 성장하고 새로운 고객에 다가가는 데 도움이 되었던 도구가 갑자기 이 카페에 등을 돌린 셈이었다. "이미 구축해놓은 커뮤니티조차 이용하지 못하게 하는 거죠. 어느 순간부터 계속해서 불공정하다고 느껴지는 일들이 발생해요"라고 운구레아누는 말했다.

다른 카페의 운영자도 똑같은 불만을 토로했다. 질리언 메이Jillian May는 2014년 베를린에 문을 연 카페 겸 일반 생활용품 매장 할레쉐스 하우스Hallesches Haus의 공동 창업자다. 높은 천장에 아치형 창문이 설치된 수수한 느낌의 이 카페에서는 커피나 샐러드는 물론 물뿌리개, 스탠드, 화분 등도 구매할 수 있다. 이 카페는 약 3만 명 정도의 인스타그램 팔로어를 보유하고 있다. "하지만 시간이 지날수록 '좋아요' 수가 점점 줄어들고 있어요"라고 메이는 내게 말했다. "똑같은 사진을 5년 전에 게시했더라면 '좋아요'를 1천 개는 받았을 겁니다. 하지만 오늘은 기껏해야 100개에서 200개가 고작이네요." 메이는 인스타그램이 "게시물을 띄우기 위해서 사용자에게 비용을 지불하라고 강요하고 있어요. 그렇게까지 하고 싶지는 않은데 말이죠"라고 말했다. 이러한 현상은 소셜 미디어가 민주화된 사용자 생성 콘텐츠를 전제로 플랫폼을 운영하겠다던 약속을 저버린 것처럼 보인다. 소셜 미디어를 작동시키는 것은 사용자지만, 사용자에게는 플랫폼에서 만들어낸 관계나 콘텐츠를 완전히 통제할 수 있는 권한이 없으며 모든 것은 추천 알고리즘이 지배하기 때문이다.

메이는 팔로어 인플레이션 현상에 주목했다. 팔로어 수가 아무리 많아도 시간이 지나면 실제 참여도와의 연관성은 점점 줄어든다. 플랫폼의 우선순위가 바뀌고 일부 계정은 비활성화되고, 점차 비슷한 콘텐츠는 먹히지 않게 되기 때문이다. 지난 십여 년 동안 인스타그램 사용자들은 모두 비슷한 감정을 느꼈다. 셀카 사진에 '좋아요'를 적게 받으면 개인의 마음이 상처받는 것으로 끝나지 않는다. 카페에 방문객을 끌어들이든 인플루언서가 협찬받은 콘텐츠를 팔든 그 팔로어의 발자취는 어떤 한 기업이 돈을 버는 방식이 되므로 실질적인 이익 문제가 된다.

인스타그램에 올릴 수 있는 것을 좇는 일은 일종의 덫이다. 물리적 공간이든 순수한 디지털 콘텐츠든 알아보기 쉬운 본보기를 채택하면 빠른 성장이 따라오지만 이런 빠른 성장 뒤에는 계속 게시글을 올리고 알고리즘이 어떻게 바뀌는지, 어떤 해시태그나 밈이나 포맷을 따라야 하는지 알아내야 하는 매일 반복되는 지루한 일이 따라온다. **디지털 플랫폼은 사업을 운영하는 이들에게 자신만의 창의적인 아이디어나 변덕을 좇지 말고 대세를 충실히 따르라고 압력을 가함으로써 이들에게서 행동의 주체성을 빼앗는다.** 그러나 유행을 너무 바짝 뒤따르는 일에도 위험은 있다. 대세를 따라야 하지만 또 너무 상투적이면 안 된다. 표현 방식이 너무 진부하다고 느끼는 순간 알고리즘 사용자는 참여하지 않는다. 이것이 바로 특징 없는 일반적인 카페에서 화분을 좀 더 추가하거나 아니면 줄이는 식으로 약간씩이라도 변화를 주는 이유다. 알고리즘 기반 피드에서는 타이밍이 가장 중요하다.

또 다른 전략은 유행이나 참여 따위를 걱정하는 대신, 개인적 취향이나 브랜드 정체성을 충실하게 유지하고 자신이 최선이라고 생각하는 것을 고수함으로써 일관성을 유지하는 것이다. 교토의 지하에 자리 잡은 카페 로쿠요샤가 바로 그런 장소다. 이 카페에는 고객을 카페의 분위기와 속도에 맞춰 변화시킬 수 있는 여유가 느껴진다. 이 카페는 인스타그램 계정이 없다. 어떻게 보면 카페는 물리적인 필터링 알고리즘이기도 하다. 카페는 선호를 기반으로 사람을 분류하고, 카페의 디자인이나 메뉴 선택을 통해서 특정한 부류의 사람은 끌어들이지만 그렇지 않은 사람은 사절한다. 이런 유형의 커뮤니티 형성이 장기적으로는 라테 아트를 완벽한 수준으로 만들거나 인스타그램 팔로어를 모으는 일보다 더 중요할지도 모르겠다. 이것이 바로 안카 운구레아누가 부쿠레슈티에서 시도하고 있었던 일이다. 운구레아누는 다음과 같이 말했다. "여기는 당신이 당신 같은 사람, 당신과 같은 관심을 가진 사람을 만날 수 있는 카페예요." 그녀의 말을 듣고 나는 같은 생각을 가진 많은 사람들이 똑같은 물리적 공간을 통해서 이동하고 이런 물리적 공간은 똑같은 디지털 플랫폼의 영향을 받고 있기 때문에, 동질성은 알고리즘이 세계화되면서 빚어진 불가피한 결과라는 생각이 들었다. 동질성은 서로를 뒤섞는 방식이다.

알고리즘 추천 여행

옐프나 구글 지도의 추천은 발걸음의 방향을 살짝 바꾸고 이를 통해 한 도시의 지리를 다시 만들어낸다. 이 도시를 찾은 방문객은 다른 카페가 아니라 (알고리즘이 추천한) 이 카페로 걸어가고, 처음 방문했더라도 자기가 좋아하는 류의 식당이 어디 있는지 쉽게 찾아낸다. 슬라이드쇼를 보듯 지역 명소를 검색해서 그 결과를 휙휙 훑어보고 어느 곳으로 갈지를 선택해서 그 명소와 관련된 콘텐츠를 샅샅이 살펴본다. 원하는 곳을 찾은 다음에는 또 다른 주문형 알고리즘을 이용해서 어떠한 마찰도 없이 그곳에 데려다줄 차를 부른다. 이렇게 방향을 살짝 바꾸는 일은 돈과 관심의 흐름 역시 바꿔놓고 특정한 곳에 더 큰 이익을 가져다준다. 알고리즘에 기반한 홍보가 지속되면 성장은 스스로를 강화한다. 관심이 또 다른 관심을 낳기 때문이다.

필터월드는 갈수록 더 밀폐되는 정보의 거품을 만들어내며 사용자는 그 속에서 세계를 가로지른다. 사용자의 관심은 한 대상에서 다음 대상으로 부드럽게 이동하며 물리적 운동은 앱을 통해 다음 목적지로 인도된다. 나는 여행 중에 이런 변화를 직접 겪었다. 사람들의 관심은 옐프에서 에어비앤비로 이동했고, 에어비앤비를 이용하는 이들은 자신이 여행객이라기보다는 세계적인 도시의 멋진 지역에 일시적으로 머무는 거주자라고 느끼게 되었다. 우버는 더 많은 나라로 사업을 확장했고, 그 덕에 나는 세계 여러 나라에서 이미 친숙한 앱과 인터페이스를 사용해 택시를 호출할 수 있다. 최근 모바일 결제가 확대되면서 나는 스마트폰을 한 번 두드리기만 하면 상점에서 물건값을 계산하고, 뉴욕이든 런던이든 리스본이든 상관없이 자유롭게 지하철을 탈 수 있다. 스마트폰의 앱을 이용하면 아주 쉽게 길을 찾을 수 있기 때문에 가끔은 장소가 약간 의미 없는 것처럼 느껴지기도 한다. **도시는 그저 모든 것을 알고 있는 앱 화면의 배경일 뿐이고, 흐름의 공**

간으로 전락한다. 지리적 차이는 이제 디지털 유사성으로 극복할 수 있지만, 종종 너무 많은 사람이 똑같은 알고리즘 경로를 따르고 있을 때는 오히려 이러한 유사성은 불편하게 느껴지기도 한다.

2010년대 중반, 지도 앱 웨이즈Waze는 로스앤젤레스의 조용한 동네를 엉망으로 만들어놓았다. 웨이즈는 자동 필터링된 실시간 교통 상황 데이터에 기반해 이상적인 운전 경로를 제시해주는 앱이다. 고속도로의 차량 통행이 증가하여 교통 상황이 안 좋아지면 웨이즈는 운전자가 목적지에 빠르게 도착할 수 있도록 거주지역을 통과하는 경로를 안내한다. 2018년 《로스앤젤레스 매거진》에 실린 한 기사에서는 이와 관련하여 "알고리즘은 신"이라고 선언했다. 이 꼼수는 소수의 사람들이 이용할 때는 효과적이었지만, 이용하는 사람들이 점점 늘어나면서 문제를 야기했다.

예를 들어, 노스 할리우드와 스튜디오 시티 지역은 가파른 언덕과 좁은 길에 발이 묶인 승용차와 트럭으로 북새통을 이뤘다. 이는 웨이즈의 알고리즘이 이 지역의 좁은 길을 넓은 도로와 똑같은 차량 수용 능력을 가진 것으로 취급했기 때문이었던 것으로 드러났다. 이 앱은 좁은 길이 차량 수백 대의 흐름을 처리할 수 있는 것으로 여기고 경로를 추천했지만 실제로는 그렇지 않았다. 감당할 수 없을 정도로 늘어난 교통량으로 소음 공해와 사고가 유발되면서 지방정부가 데이터를 수정해달라고 구글과 협상에 이르는 지경에 이르렀다. 지역 주민들은 웨이즈 앱에 접속해 거짓으로 사고나 장애물 신고를 해서 이 지역을 지나가는 대체 경로가 시간을 줄여주지 않을 것이라는 가짜 정보를 제공하는 식으로 알고리즘에 반격을 시작했다. 이 지역 주민들은 알고리즘의 특성을 역이용하여 물리적 환경을 바꾸려는 시도를 했고 성공했다.

이 사례에서는 물리적 장소가 알고리즘의 관심을 끌자 폭주가 일어났다. 웨이즈의 알고리즘은 거주지역의 도로를 방정식으로 도출하는 간편한 답 정도로 여겼다. 이 방정식에서 지역 주민의 안녕은 고려할 만한 변수가 아니었다. 나는 코네티컷의 웨스트포트 근처에서도 똑같은 일을 경험했다. 뉴욕에서 한 시간 정도 거리의 외곽에 사는 수많은 통근자들은 차를 몰고 웨스트포트를 지나 더 북쪽이나 동쪽으로 이동한다. I-95 고속도로가 붐비면 웨이즈나 구글 지도(모회사가 웨이즈를 인수해 2013년부터 데이터 통합을 시작했다)는 운전자를 그 역사가 200년이나 된 도시의 예스러운 도심을 지나 지역 교통 전용으로 만들어진 도로로 안내했다. 2차선 다리의 교통신호는 너무 짧아서 한번 신호가 바뀔 때마다 차량 몇 대가 겨우 지나갈 정도였다. 결국 이동 시간은 오히려 늘어나고 지역 주민들의 삶의 질 또한 나빠졌다.

이렇게 이상한 상황이 발생하게 된 것은 결국 웨이즈라는 앱 때문이다. 이는 행동의 '분산된 동질성'을 보여주는 또 다른 사례라고 할 수 있다. 어떤 앱이 대중에게 신뢰를 얻게 되면, 이 앱은 우리를 대신해서 결정을 내리고 그 결정을 내리기 위한 판단을 한다(고속도로를 선택하는 일이 문화적 구분의 문제가 아니기는 하지만, 추천 알고리즘이 개인적 취향을 대신하는 것과 어느 정도 공명하는 면이 있다). 나 역시도 한때는 어느 도로를 이용해야 목적지로 갈 수 있는지 외우고 있었지만, 이제는 모든 것을 잊은 것처럼 자연스럽게 구글 지도의 길 안내를 따른다. 고속도로 안내 지도는 이제 어린 시절의 먼 추억이 되어버렸고, 나는 자동화된 내비게이션에 완전히 굴복했다. 웨이즈의 알고리즘은 자본과 데이터의 새로운 결합체로 이 세상을 예상치 못한 방식으로 왜곡한다. 이 알고리즘은 어디에나 존재하는 개인 스마트폰을 통해서 실시간 교통 데이터를 생성하고, 동시에 이 데이터를 활용해서 교통 상황과 연비와 통행료를 고려한 후 최적화된 운전 경로를 추천하기도 한다. 하지만 운전자는 대체로 변수에 어떤 것들이 있는지, 각각의 변수에 가중치가 어떻게 부여되는지 잘 알지 못한다. 운전자가 경험하는 것은 오로지 그 최종 결과뿐이다.

아이슬란드는 나라 전체가 앞서 웨이즈가 만들어낸 상황과 비슷한 사태를 경험했다. 비록 이번에는 아이슬란드가 의도적으로 만들어낸 것이기는 했지만 말이다. 이는 자연스럽게 생겨난 인스타그램 덫이다. 지구상의 다른 곳에 비해 아이슬란드를 여행의 목적지로 고를 가능성은 매우 낮다. 대서양의 북쪽 해역에 홀로 떠 있는 이 섬은 여러 개의 활화산과 험준한 빙하 그리고 깎아지른 듯한 협곡으로 이루어져 있다. 실제로 기원후 9세기 무렵까지만 해도 아무도 살지 않는 섬이었다. 스웨덴에서 온 가르바르 스바바르손Garðar Svavarsson이라는 바이킹이 870년에 최초로 섬 전체를 탐사했고, 그 후 얼마 지나지 않은 874년에 레이캬비크에 최초의 정착촌을 세웠다. 이 섬의 인구를 공식적으로 처음 측정한 것은 1703년으로, 거주민은 5천 명을 살짝 웃도는 수준이었다. 오늘날에도 인구는 40만 명이 채 되지 않으며, 세계에서 인구밀도가 가장 낮은 곳 중 하나로 1제곱마일당 약 8명이다. 그렇지만 아이슬란드에 방문하여 최소 하룻밤 이상 체류하는 관광객은 매년 200만 명(지역민 수의 5배에 달하는) 정도가 꾸준히 유지되고 있다. 2019년에 전체 산업 대비 관광산업의 총매출액이 차지하는 비중은 35퍼센트를 기록했고, 이는 코로나19 팬데믹으로 해외여행이 완전 중단되기 직전에 정점에 이르렀다. 아이슬란드의 관광산업은 다른 어떤 산업보다도 규모가 컸고, 이것은 이 나라에서 가장 수익성이 높은 제품은 아이슬란드 자체를 파는 것이라는 이야기였다.

관광산업이 아이슬란드에서 늘 큰 비중을 차지했던 것은 아니다. 2000년 무렵에는 관광객 수가 현지 인구수를 살짝 넘는 정도였지만, 2010년 무렵부터 그 성장세가 눈에 띄게 증가했다. 그해 아이슬란드에 무슨 일이 일어난 걸까? 사실 아이슬란드 관광 붐을 일으킨 것은 역설적이게도 재난이었다. 2010년 3월, 에이야프야틀라이외쿠틀 Eyjafjallajökull 화산이 폭발했다. 이 폭발로 대기를 채운 화산재가 항공기 엔진에 손상을 입힐 수 있었기 때문에 유럽 전역의 항공편이 일주일 동안 운행 중단되었다(화산 폭발이 아이슬란드에 입힌 피해는 미미했다. 화산은 외떨어진 농촌 마을에 있었고, 기껏해야 8백 명 정도의 주민이 대피했을 뿐이었다). 화산 폭발과 비행기 운행 중단에 관련된 자극적인 뉴스가 전 세계를 뒤덮었고 이 소식을 다루는 모든 뉴스에서 아이슬란드의 사진을 내보냈다. 그때까지만 해도 아이슬란드는 이렇게 미디어의 노출 대상이 되는 나라는 아니었다. 그런데 갑자기 수백만 명이 뉴스를 통해 저 멀리에 희미하게 모습을 드러내는 빙하와 거세게 쏟아져 내리는 폭포와 자연 온천 같은 태고의 풍경을 보게 되었다. 레이캬비크 시청의 관광 혁신부에서 일하는 카렌 마리아 욘스도티르Karen María Jónsdóttir는 이렇게 말했다. "화산 폭발로 전 세계가 갑자기 우리를 주목했죠."

한편 2010년 아이슬란드 관광 붐의 다른 원인으로 인스타그램을 드는 사람도 있다. 화산 폭발 이후 몇 년 동안 수많은 사람들이 전원적인 아이슬란드의 풍경 사진을 자신의 계정에 업로드했다. 온라인 공간에서 멋진 여행 사진을 보는 일은 본능적으로 포모FOMO, fear of missing out(자신만 뒤처지거나 소외되는 것 같다는 두려움)를 유발한다. 사람들은 그 사진을 찍은 곳이 어딘지, 그곳에 어떤 방법으로 갔는지, 그곳에 있는 동안 어디에 머물렀는지 알고 싶어 한다. 인스타그램의 해시태그와 위치 태그, 그에 딸린 랜딩 페이지 덕분에 링크를 탭하고 특정 장소에서 찍은 사진 가운데 알고리즘이 추천하는 가장 인기 있는 사진을 보는 일은 매우 쉬워졌다. 물론 카페를 의도적으로 인스타그램에 맞게 디자인하는 것처럼 인스타그램에 맞춰 아이슬란드가 아름다움을 만들어낸 것은 아니었다. 아이슬란드가 아름다운 이유는 지질학과 지리학적인 다양한 요소 때문이었다. 하지만 인스타그램은 아이슬란드의 자연에 알고리즘 프레임을 입혀 이를 돋보이도록 했고, 아이슬란드의 여러 장소를 보여주는 상징적인 이미지를 피드 최상단에 올려 수억 명의 사용자들에게 노출시킴으로써 그 이미지들을 사실상 아이슬란드를 대표하는 이미지로 바꿔놓았다.

스포티파이가 갤럭시 500의 음악 한 곡을 추천함으로써 그 노래가 밴드를 대표하는 성격의 음악이 아님에도 밴드를 상징하는 곡이 된 것처럼 인스타그램의 피드는 아이슬란드의 새로운 대중적 이미지를 만들어내기 시작했다. 수십 년 동안 아이슬란드에어Icelandair 항공사에서 일하고 있는 미하엘 라우하이젠Michael Raucheisen은 소셜 미디어가 여행객이 무엇을 찾고 있는지 그리고 그들을 어떻게 유치할 것인지에 관한 아이슬란드에어의 인식을 이끌어가기 시작했다고 말하면서 다음과 같이 덧붙였다. "승객들이 우리에게 보여주는 사진이나 동영상 자료들이 우리가 가지고 있는 사진보다 훨씬 더 훌륭할 때가 많았습니다." 이 항공사는 인스타그램에서 확보한 사진을 자사의 기내 잡지에 싣기 시작했다. "전 세계인이 소셜 미디어 채널에서 아이슬란드의 아름다움을 공유할 수 있게 되면서 우리의 일이 훨씬 더 쉬워졌습니다." 이는 인스타그램이 관광산업을 만들어냈다는 뜻이 아니라 관광산업에 엄청난 기회를 제공했다는 뜻이다. 아이슬란드에어는 저가 항공편과 함께 단기 체류 상품을 제공하는데, 이는 다른 곳으로 이동하는 와중에 잠시 아이슬란드에 들리게 되는 여행객의 일시 체류에 도움을 주기 위해 설계된 것이다. 레이캬비크 인근에는 현대화된 신축 호텔이 들어서고, 방문객을 대상으로 아메리칸 바 레이캬비크American Bar Reykjavík 같은 이름을 단 바도 생겨났다.

소셜 미디어는 새로운 인구 통계적 특징을 지닌 여행객을 끌어들이기도 했는데, 이들은 그 누구도 예상하지 못한 방식으로 행동하곤 했다. 관광 붐이 일기 수십 년 전부터 아이슬란드를 가장 많이 찾은 여행객은 이웃 북유럽 국가를 비롯한 독일과 프랑스 사람들이었다. 이들은 보통 아이슬란드의 오지를 탐험하기 위해 장기 체류를 했다. 그러나 최근 아이슬란드를 찾는 주요 여행객은 미국인과 영국인 그리고 중국인으로 바뀌었다. 이들은 대부분 짧은 기간 체류하며, 일부는 유럽 본토를 비롯해 다른 지역으로 가는 길에 잠시 들른 이들로 단기 체류 상품을 이용하며, 주로 레이캬비크나 그 근처에 머물렀다. 호텔에서는 중요 관광 명소와 간헐온천 그리고 폭포를 구경하고 다시 돌아오는 버스 관광 패키지를 제공했다. 이 역시 추천 알고리즘에 의해 유명해진 장소들이었다. 2010년대에 카약Kayak이나 부킹닷컴Booking.com 같은 온라인 여행사가 성장하여 매년 수억 건의 여행 예약을 처리했다. 이 여행사의 웹사이트는 검색 엔진, 사용자 생성 평가 웹사이트 그리고 추천 시스템을 결합한 것으로, 별 다섯 개를 만점으로 비행편과 호텔과 도시에 평점을 부여했다. 마치 골라볼 수 있는 수많은 넷플릭스 드라마인 것처럼 말이다. 이런 채널을 통해 이동하는 여행자가 많아지면 많아질수록 이들이 이동하고 여행하는 경로는 동질화되고, 이는 웨이즈 앱이 웨스트포트 시내를 통과하도록 자동차의 경로를 설정하는 것과 다르지 않다. 아이슬란드의 최적화 버전은 결국 소비를 목적으로 만들어진 것이다.

특징 없는 일반적인 카페의 단골과 마찬가지로 알고리즘에 따라 세계를 여행하는 여행객들도 일종의 특권층이다. 전 세계를 자유롭게 오갈 수 있으려면 적절한 성별 인식과 피부색뿐만 아니라 제대로 된 여권(미국 여권처럼)이 필요하다. 한 가지 예를 들어보자면, 흑인 사용자는 에어비앤비의 주인이 인종차별주의자일 경우 에어비앤비를 이용하는 데 어려움을 겪을 수 있다. 이 플랫폼이 사용자의 얼굴을 보여주는 프로필 기능을 없애지 않는 한 인종차별주의자 집주인은 흑인 사용자의 예약을 거절할 수 있기 때문이다. 모든 사람이 일반적인 범주로 인식되거나 겉으로는 아무 마찰도 없어 보이는 공간에 적합한 것은 아니다. 한 사용자 집단에 편안하다고 해서 모든 사용자에게 편안하리라는 법은 없다.

부킹닷컴은 '골든 서클 종일 관광'을 레이캬비크에서 '가장 인기 있는 명소' 목록 맨 위에 배치했다. 골든 서클 종일 관광은 아이슬란드에서 가장 유명한 장소를 한 바퀴 도는 코스로, 하우카달루르 Haukadalur 간헐온천과 귀들포스 Gullfoss 폭포 그리고 서기 930년에 만들어진 최초의 아이슬란드 의회 터인 싱베틀리르 Þingvellir 국립공원이 포함된다. 부킹닷컴 사이트 검색 결과 아래에 대문짝만하게 표시되었듯이, 방문객의 96퍼센트가 이 관광을 좋아했다(반면에 목록 가운데 3시간짜리 고래 관찰 체험은 겨우 69퍼센트만 좋아했다. 이것이 은연중에 전하는 메시지는 이렇다. 여기에는 신경 쓰지 마세요). 온라인 여행사가 상품을 분류하는 방식은 여행객이 어떤 여행 상품을 선택할지에 영향을 미치며, 호텔이나 여행 가이드 같은 사업체의 존속 여부까지 결정할 수 있다. 아이슬란드 관광청장 스카르프히에딘 베르그 스테이나르손 Skarphéðinn Berg Steinarsson은 다음과 같이 말하면서 부킹닷컴의 서비스를 비판했다. "그들은 단순한 여행 상품을 빠르게 판매함으로써 돈을 법니다. 끊임없이 톱 10 목록을 홍보하면서 말이죠. 그게 단순한 상품이거든요." 스테이나르손의 주장에 따르면, 그 웹사이트는 사용자에게 특별하고 독특한 경험을 제공하는 것이 아니라, 최대한 많은 웹사이트 방문자가 구매 버튼을 누르고 콘텐츠에 참여하도록 설득하는 것뿐이다.

이처럼 상품 제안성 정보를 담은 피드는 피상적이며 빠르고 수동적인 의사결정으로 이어진다. 인터넷 사용자인 우리는 상위의 결과가 최고의 결과라고 학습당함으로써 잘 알려지지 않은 깊은(목록 아래에 있는) 장소를 놓치고 있다. 2006년에《와이어드》의 편집장 크리스 앤더슨Chris Anderson은《롱테일 경제학》을 출간했다. 앤더슨은 이 책에서 광범위한 인터넷 파급력 덕분에 틈새 사업과 제품과 콘텐츠가 번성할 수 있었다고 주장했다. 인기 곡선은 그래프의 좌측으로 갈수록 수치가 기하급수적으로 증가하는 형태다. 앤더슨은 소비자가 온라인을 통해 자신이 원하는 특정한 대상을 언제든지 찾을 수 있게 되었기 때문에, 다양하지만 인기가 없는 대상이 위치한 곡선의 길고 평평한 부분이 새로운 방식으로 자신을 지속시킬 수 있으리라고 예측했다. 앤더슨은 2000년대 초반 아마존의 추천 알고리즘이 스스로를 지속시키는 효과에 주목했다. 추천 알고리즘은 1988년에 출간됐으나 그 전까지는 잘 알려지지 않았던 《터칭 더 보이드Touching the Void》라는 책을 추천했고, 이는 판매로 이어졌다. 결국 이 책은 베스트셀러 목록에 당당히 이름을 올렸다. 앤더슨은 "대중 시장이 틈새 대중시장으로 바뀌고 있다"고 말했다.

필터월드의 시대에는 이 같은 현상에 대한 고찰이 여러 가지 면에서 사실로 증명되고 있다. 틱톡은 틈새 콘텐츠를 만드는 직업을 가능하게 한다. 내가 즐겨 보는 어떤 창작자는 북극의 한 섬에서 지내는 일상을 영상으로 찍어 올려 수익을 낸다. 하지만 어디서나 볼 수 있는 추천 알고리즘이 소비자들을 (관심이 있든 없든) 이미 인기 있는 것으로 입증된 표준화된 일단의 콘텐츠로 향하게 하기 때문에, 롱테일 그래프의 좌측 부분을 더욱더 크게 만들어가고 있다. 비디오 게임 스트리밍 플랫폼인 트위치Twitch에서 유출된 자료를 보면, 트위치 창작자 중 최상위 0.01퍼센트만이 미국의 중위 소득 수준 이상의 수익을 낸다. 하지만 앤더슨은 사람들의 관심attention이 이익과 그렇게 밀접하게 연관되어 있고, 책이나 DVD 판매보다 광고에 의해 주도될 것이라고는 생각하지 않았던 것 같다. 앤더슨은 "대중문화는 몰락하지 않을 것이다. 그저 대중성이 줄어들 뿐이다"라고 예측했지만, 우리는 이제 이 예측이 틀렸다는 것을 안다. 오히려 최근 들어 대중문화는 미학적인 측면에서 그 어느 때보다도 더 동질화되고 있다.

스테이나르손은 온라인 여행업체의 추천에 대해 비판하면서 아이슬란드 관광의 롱테일을 안타까워했다. "추천 목록에 없고 앞으로도 절대 그런 목록에 오를 일 없지만 가볼 가치가 있는 수많은 장소가 있습니다." 여행객의 경험이 추천 알고리즘에 의해 동질화되는 것은 사실 이들에게 다른 선택의 여지가 없어서가 아니다. 디지털 플랫폼 때문에 다른 사람이 걸어간 발자취를 그대로 따르는 것이 믿을 수 없을 만큼 편해졌기 때문이다. 이는 강력해지고 더 강제적인 버전으로 바뀐 여행안내 책자라고 할 수 있다. 온라인 여행업체나 인스타그램 모두 아이슬란드가 '과잉 관광overtourism'의 상징이 되는 데 한몫했다. 과잉 관광은 여행 미디어 기업가인 라파트 알리Rafat Ali가 2016년에 처음 언급했는데, 어떤 장소를 방문하는 여행객이 너무 많아서 그 때문에 피해를 보거나 돌이킬 수 없게 바뀌어 버린 장소를 나타내는 말로 점점 더 많이 사용되었다. **디지털 콘텐츠는 데이터를 호스팅할 서버 공간이 존재하는 한, 무수히 많은 소비자에게 똑같은 서비스를 무한 확장해서 제공된다. 그리고 대중은 제공받은 경험을 바꾸지 않고 소비한다. 하지만 물리적 장소는 확장성이 없다.**

2019년, 나는 아이슬란드 관광 붐 기사를 쓰기 위해 아이슬란드로 여행을 떠났다. 당시는 팬데믹 때문에 전 세계적으로 여행이 중단되기 직전으로 아이슬란드 관광 붐이 정점을 찍고 있을 때였다. 나는 호텔이 아니라 에어비앤비 검색을 통해 레이캬비크 시내에 있는 아파트를 예약했다. 에어비앤비의 검색 기능을 통해서 나는 이 아파트가, 내가 사전에 구글 지도에서 확인해두었던 레이캬비크 로스터스 Reykjavík Roasters라는 인더스트리얼 스타일의 커피숍과 가깝다는 사실도 미리 확인해두었다. 내가 예약한 에어비앤비 숙소 역시 인더스트리얼 스타일로 바닥에서 천장까지 이르는 큰 창밖에는 마치 축소 모형처럼 스카이라인 저 너머의 풍경이 펼쳐져 있었다. 이렇다 할 특징 없는 이 아파트 벽에는 크게 출력한 브루클린 다리의 사진이 걸려 있었는데, 이 사진 탓인지 내가 뉴욕을 떠나 왔다는 생각이 들지 않았다. 비록 내가 선택한 심미적 특징이지만, 물리적으로 가장 동떨어진 지역으로 여행을 온 것 치고는 규격화가 너무 과하지 않나 싶었다.

레이캬비크 시내 밖으로 나가는 내 첫 번째 모험은 골든 서클을 돌아보는 버스 여행이었다. 관광객들이 가득 찬 버스 여행은 초등학생 시절 다녔던 현장답사와 비슷하다고 느껴졌고, 여행 가이드가 앞으로 갈 장소에 관한 기본적인 사실을 반복해서 이야기해주는 동안 우리는 기대를 가득 품은 채 자리에 앉아 있었다. 귀들포스는 경외심을 불러일으킬 정도로 거대한 폭포였다. 지표면에 난 틈으로는 초당 110세제곱미터의 물이 흘러나왔다. 푸릇푸릇한 이끼가 덮인 험준한 큰 바위가 평지에 펼쳐진 광경도 대단했지만, 쏟아져 나오는 물의 양과 흡사 콘서트장의 스피커에서 나는 소리처럼 공기를 채운 굉음만으로도 충분히 인상적인 장소였다. 하지만 내가 속한 그룹의 관광객 대부분은 스마트폰 카메라를 통해 이 광경을 보고 있었다. 이들이 스마트폰으로 포착하고 있는 경치는 그 각도까지도 이 폭포의 인스타그램 페이지에 올라오는 이미지와 똑같았다. 관광객들은 이 이미지를 더 많이 복제함으로써 이 이미지가 아이슬란드를 대표하는 상징임을 거듭 확인시켜 주었다.

나는 그 광경을 보면서 돈 드릴로Don DeLillo가 1985년에 발표한 소설 《화이트 노이즈White Noise》가 떠올랐다. 소설의 주인공인 대학 교수는 동료인 머레이와 함께 "미국에서 가장 사진이 많이 찍힌 헛간"을 보기 위해 시골로 여행을 떠난다. 인터넷 시대 이전의 허구적 밈이라고 할 만한, 사진에 가장 많이 담겼다는 그 허명을 제외하면 이 헛간을 특별히 눈에 띌 만하게 해주는 것은 아무것도 없었다. 헛간 주변의 사진작가 무리를 지켜보다가 머레이는 이렇게 말한다. "우리는 이미지를 포착하기 위해 여기 온 게 아니야. 우리는 이미지를 유지하기 위해서 온 거야. 사진은 그 분위기를 강화하지." 머레이는 이렇게 결론지었다. "아무도 헛간을 보지 않아. 그들은 사진을 찍는 사진을 찍고 있어."

필터월드에서는 어떤 대상의 본질이나 현실을 관심이라는 측면에서 나타나는 인기와 분리하기 어렵다. 드릴로의 소설 속 헛간처럼, 인기 하나만으로도 그 의미나 의의에 혼란을 일으키기도 한다. 귀들포스 주변으로는 관광객이 낭떠러지 근처로 다가가는 것을 막거나한 번 망가지면 회복하는 데 한 세기가 걸릴 수도 있는 이끼를 해치지 못하도록 폭포를 지나는 좁은 길을 따라 울타리가 세워지고 있었다. 여행자가 셀카를 찍다가 절벽에서 떨어져 사망하는 등 이미 여러차례 사망사고가 있었기 때문이다. 관광청장 스테이나르손은 "만약그곳에서 떨어지면 찾을 수 없어요. 그냥 사라져버리는 겁니다"라고 말했다. "그깟 사진이 무슨 쓸모가 있죠?"라고 스테이나르손이 물었다. 그에 답할 수 있는 유일한 논리는 사진이 풍경 자체보다 더 중요하다는 것이다.

안타깝게도 아이슬란드를 찾는 수많은 여행객들은 그들이 그토록 보고 싶어 했던 자연이 빚어낸 장엄함을 오히려 망치고 있다. 하우카달루르의 간헐온천 근처는 끊임없이 이어지는 관광객들의 발걸음에 잔디가 진흙탕으로 변했다. 보통은 비수기가 되면 땅이 마를 기회가 있지만, 연중 쉬지 않고 점점 더 많은 관광객이 몰려드는 까닭에 잔디가 회복할 시간이 부족한 것이다. 스테이나르손은 "관광객들의 통행량이 더 늘어나면 잔디는 그냥 못쓰게 될 겁니다"라고 말했다.

디지털 플랫폼이 부추기는 관광은 문자 그대로 평평함을 야기한다. 수많은 사람의 발걸음과 차량의 바퀴로 인한 물리적 손상뿐만 아니라 비유적인 의미에서도 말이다. 내가 문화의 어떤 형태에 주목할 때, 온라인 편재성(어디서나 찾아볼 수 있다는 특징)은 그 주체의 본성을 빼앗거나 그 본질을 마모시켜 쉽게 소비할 수 있는 것으로 바꿔놓거나 그 문화가 사라질 때까지 소비되도록 하는 방식을 가지고 있다. **필터월드에서 독특함은 추천 알고리즘이 포착해서 이용하는, 수명이 아주 짧은 상품으로 그것을 독특하거나 특별하게 만들었던 모든 것이 못쓰게 되거나 아니면 상투적인 것이 될 때까지 계속해서 점점 더 많이 추천된다.** 예를 들어, 흰색 건물과 푸른색 돔으로 유명한 그리스의 산토리니 섬은 2019년에 섬을 방문하는 관광객들에게 (인스타그램에 올릴) 사진을 찍기 위해 지붕에 무단으로 올라가는 행동을 삼가달라고 요청하는 간판을 세워야 했다. 산토리니의 푸른 지붕은 단순한 디지털 콘텐츠가 아니라, 그 지역의 주민이 거주하는 집이다. 팬데믹 이후 관광산업이 다시 살아나던 2023년에 산토리니에서 촬영된 틱톡 영상 한 편은 지붕 위에서 사진을 찍으려고 줄 서 있는 사람들을 보여주면서 이런 동질화가 강화되고 있다는 점에 주목했다. 이 영상을 게시한 니키 깁슨Nikki Gibson은 "아름다움을 시각적으로 소비하기 위해 어디로든 간다. 하지만 이것은 진정한 여행이 아니다"라고 말했다.

나 또한 아이슬란드의 온천 두 곳에서 이와 같은 인스타그램화Instagrammification의 과정을 목격할 수 있었다. 블루 라군Blue Lagoon이라는 온천은 셀카를 찍을 수 있는 장소가 따로 마련되어 있다. 공항과 가까워 접근이 용이한 이 온천은 짙은 색의 화산암 사이 여기저기에 탕이 배치되어 있고 그 주변으로 그림 같은 유리 건물 여러 개가 한데 어우러져 있는 곳이다. 생경한 풍경과 밝은 푸른색의 물에서 뿜어져 나오는 증기는 사진을 찍기에 완벽한 배경이다. 블루 라군이 완전한 자연 온천은 아니지만(지열발전소에서 데워진 유거수를 사용한다), 나는 그곳에서 완벽하게 즐거운 시간을 보냈다. 따뜻한 물 속에서 가볍게 물장구를 치기도 하고 방수팩에 넣은 스마트폰으로 사진을 찍기도 했다. 얼굴에 하얀빛이 도는 아이슬란드 진흙을 바르고 인스타그램에 올릴 셀카를 찍었다. 주변의 방문객 모두가 똑같은 행동을 하고 있었다. 연간 약 백만 명이 찾는 블루 라군을 방문하면 자신이 관광객이라는 사실을 절대 잊지 못할 것이다. 이것이 나쁘다는 것은 아니지만, 현지인들과 교류하면서 그곳의 문화를 즐기는 더 '진정한' 경험을 추구하는 여행객이라면 그곳에서 묘한 기분을 느낄지도 모르겠다(비록 블루 라군이 시차로 인한 피로를 푸는 데 그만이기는 하지만 말이다).

내가 찾았던 또 다른 온천은 관광객들 사이에서는 '시크릿 라군'이라고 불리는 곳이었다. 현지에서는 이 석호潟湖를 감라 라우긴Gamla Laugin이나 그냥 '오래된 수영장'이라고 불렀다. 실제로 이 석호는 아이슬란드에 가장 오래된 수영장으로 1891년에 세워졌다. 24시간마다 물을 뿜어내는 간헐온천이 이 석호에 자연적으로 물을 공급하며, 1909년에 아이슬란드 최초의 수영 강습회를 연 곳이기도 하다. 수십 년간 사용이 중단되었다가 지난 2014년에 개인 물품 보관실과 샤워장을 갖춘 단층 건물을 지으면서 다시 문을 열었다. 이곳은 블루 라군과 달리 사진을 찍기에는 그다지 적합하지 않다. 물도 밝은 푸른색이 아니라 더 짙은 색이었고 평평한 암석 바닥과 이끼 덮인 작은 언덕으로 둘러싸여 있어 관광객들의 눈길을 끌 만한 것들이 많지 않았다. 졸졸 흐르는 간헐온천을 가로질러 판자를 깔아 만든 작은 길을 걸어가면, 문도 없고 창문도 없는, 돌로 지어진 오래된 창고 건물 하나를 발견할 수 있다. 이 건물을 보면서 나는 감라 라우긴 온천의 역사적 영속성을 느낄 수 있었다. 이곳은 오래되고 현지 느낌이 물씬 나는 장소였다. 나는 열 명 남짓한 외국인 관광객으로 이루어진 팀과 함께 평일 오후에 이곳에 도착했는데, 조용히 온천을 즐기러 온 나이 지긋한 지역 주민들의 일상을 방해하는 것은 아닌지 조금 당황스러운 기분이었다. 하지만 나는 곧 이곳의 평화로운 분위기에 빠져들었고, 이 온천이 이곳을 감상하는 것 외에는 내게 그 어떤 것도 요구하지 않는다는 느낌을 받았다. 이곳에는 스마트폰을 꺼내 사진을 찍기 위해 이리저리 들이대는 사람은 아무도 없었다.

그곳의 평화로움을 만끽하던 중 나는 나 같은 관광객이 몰려와 틱톡 영상을 찍고 인스타그램의 댓글을 끌어모으는 사진을 찍어 올려 감라 라우긴만의 특별함을 손상시킬 수도 있겠다는 생각이 들었다. 인기 있는 여행 인스타그램 사진에 가장 흔하게 달리는 댓글은 늘 "여기가 어디죠?"라는 질문인데, 이는 "나도 그곳에 가고 싶은데 어떻게 갈 수 있나요?"라는 의미를 담고 있다. **추천 알고리즘은 입소문의 과정을 자동화하여 여행을 현지의 문화 속으로 훨씬 더 깊이 침입해 들어가는 일종의 컨베이어 벨트로 바꿔놓았다. 컨베이어 벨트에 올라탄 사용자들은 그 자동화 과정에서 똑같은 장소를 방문하고 똑같은 경험을 한다. 지구는 그저 더 많은 '좋아요'를 얻고 디지털 플랫폼에 수익을 안겨주며 그러다가 점점 사라져 다시 볼 가능성이 없어질 콘텐츠를 위한 잠재적 재료일 뿐이다.** 잠시라도 이런 사이클을 멈출 수 있기를 바라면서 나는 감라 라우긴에 관한 어떤 사진이나 글도 게시하지 않았다.

에어비앤비 이주

코로나19 팬데믹 동안, 아이슬란드 관광 붐을 만들어냈던 알고리즘의 힘이 미국 내에서 이루어지는 이주의 형태 또한 변화시키기 시작했다. 불과 몇 주 만에 부동산을 평가하는 방식이 확 뒤바뀌어 버린 것이다. 인구밀도가 높은 도시는 많은 사람들이 원하는 거주 장소였지만, 병원에 몰려드는 환자와 격리로 인한 폐쇄 공포로 인구밀도가 주는 매력이 반감되기 시작했다. 미국 통계청에 따르면, 2020년과 2021년에 교외와 농촌 지역으로의 인구 이동이 눈에 띄게 증가했다고 한다. 오리건주의 벤드나 메인주의 포틀랜드 그리고 몬태나주의 화이트피시처럼 그림 같은 경관을 지닌 외곽 지역이 큰 인기를 끌면서 부동산 가격이 치솟았다. 미국 북동부와 동부 연안 지역에서는 허드슨밸리에서 펜실베이니아주 경계까지 넓게 펼쳐져 있는 업스테이트 지역이 관심을 끌었다. 혼란스러웠던 2020년 여름, 사람 많은 도심 지역을 떠나 교외에 주택을 구입하지 못한 사람들은 에어비앤비 임차라는 차선책을 떠올렸다. 알고리즘을 기반으로 움직이는 이 시장은 이사를 버튼 한 번 클릭하는 것만큼이나 쉽게 만들었다. 하지만 이사를 원하는 이들이 엄청나게 증가한 탓에 임대료 역시 감당하기 힘들 정도로 비싸졌다. 만약 남들보다 빠르게 움직였고 임대료를 감당할 수 있다면, 지리적 요소는 더 이상 아무 문제도 되지 않았다. 그러나 교외에 집을 구입하지도, 임대하지도 못한 이들은 도심에서 벗어나지 못하고 코로나에 걸릴 위험에 노출된 상태로 버텨야 했다.

2020년 여름, 나는 다행히도 친구들과 함께 에어비앤비 숙소 한 곳을 예약할 수 있었다. 우리는 각각 워싱턴 D.C.와 보스턴과 뉴욕이라는 다른 도시에서 이동해 그곳으로 모였다. 나는 에어비앤비를 살펴보다가 에어스페이스 미학에 따라 디자인된, 즉 흰색 벽으로 깨끗하게 새로 마감하고 미니멀리즘 스타일의 가구를 비치하고 황동 재질의 붙박이 설비를 갖춘 주택이 가장 빠르게 예약되고 가장 비싸다는 사실을 알아차렸다. 나와 친구들은 운 좋게 뉴욕주 헌터에 있는 대형 주택을 찾아냈다. 이 주택은 소비자 직판 브랜드인 조이버드의 체스터필드 소파와 검은색 칠이 된 셰이커 의자와 함께 평판처럼 보이는 나무 식탁을 자랑스럽게 소개하고 있었다. 이 집을 빌릴 수 있었던 것은 누군가가 그 계약을 취소했기 때문이었다. 우리에게는 그야 말로 행운이었다. 이 집 근처에는 두 채의 오두막이 있었고, 이 오두 막에는 브루클린에서 온 두 가족이 지내고 있었다. 이들은 도시에서 벗어나 있기 위해 몇 달 동안 연속으로 예약을 해놓은 터였다. 여행이 금지된 팬데믹 기간 동안 에어비앤비는 코로나19 덕분에 살아남았다 고 해도 과언이 아니다. 우리가 계약한 부동산 소유주인 디어드리 패 튼Deirdre Patton은 "우리는 이 미친 팬데믹 시기에 들어서면서 집 몇 채 를 정말 빠르게 손봤어요. 장기 임차를 원하는 사람들이 정말 많았거 든요"라고 말했다. 심지어 임대 목록에 올리기도 전에 예약을 마친 집도 있었다.

이렇게 갑작스럽게 이주가 이루어지자 업스테이트 뉴욕 전역에서 이상한 현상이 나타났다. 개보수 작업이 쇄도했고, 가구 한 점 비치되 지 않은 주택도 시장에 나왔다. 배관 파손이라든가 바닥에 구멍이 났 다든가 하는, 눈에 뚜렷이 드러나는 문제를 안고 있는 경우도 있었다. 제대로 갖춰진 대형 주방에 익숙하지 않은 도시 출신의 임차인이 파 이를 오븐에 넣고 다 태워버리는 바람에 화재경보기가 울리는 사고 가 일어나기도 했다. 뉴욕 시민들이 코로나19를 피해 북쪽으로 급히 이동하면서 그렇지 않아도 부족한 주택 재고를 점유하게 되었고, 이 로 인해 일종의 초강력 젠트리피케이션turbo-gentrification가 일어나고 있었다. 한 부동산 중개인에 따르면, 주택이 호가보다 20퍼센트 이상 비싸게 팔렸다고 한다. 이것은 단지 업스테이트 뉴욕 지역만의 문제 가 아니었다. 갑자기 재택근무를 할 수 있게 된 (그리고 어쩔 수 없이 그 렇게 해야 하는) 사람들은 '디지털 유목민'이 되어 노트북을 가지고 경

미래의창

도서목록

홈페이지 **miraebook.co.kr**
페이스북 **facebook.com/miraebook**
인스타그램 **@miraebook**

미래의창

"금리를 알면 경제가 보인다"
책 한 권으로 마스터하는 금리의 모든 것

경제와 금융이 손에 잡히는
세상 친절한 금리수업

조경엽 · 노영우 지음 | 280쪽 | 18,000원

금리는 어떻게 결정되는 걸까? 미국의 금리 결정을 세계가 울며 겨자 먹기로 따라가는 이유는 뭘까? 금리가 오를 때는 채권 투자가 좋을까, 주식 투자가 좋을까? 금리는 세계 경제, 국가 경제 그리고 개개인의 생활 경제 깊숙이 들어와 있다. 우리가 몰랐던 금리의 모든 것을 이 책을 통해 알아보자.

뉴스가 들리고 기사가 읽히는
세상 친절한 경제상식

토리텔러 지음 | 296쪽 | 17,000원

이 정도는 알아야 경제 기사를 읽을 수 있다!
세상을 읽는 힘이 되어주는
가장 친절한 경제 이야기

치 좋고 상대적으로 생활비가 저렴한 곳으로 이동하기 시작했다.

팬데믹으로 인한 이주는 에어비앤비가 없었더라도 일어날 일이었겠지만, 이 플랫폼은 임차인이 원하는 공간을 정확하고 쉽게 찾아낼 수 있도록 돕는 한편, 소유주가 자기 집을 시장에 내놓도록 부추김으로써 이주 사태를 가속화하고 악화시켰다. 어떻게 보면 에어비앤비가 그와 같은 즉각적인 이주에 대한 기대를 만들어냈다고 해도 과언이 아니다. 이 회사의 홍보 문안 가운데 주목할 만한 것은 '어디서나 우리 집처럼Belong Anywhere'과 '경험하고 싶다면 살아봐Experience a place like you live there'였다. 이 문안들은 기본적으로 '당신은 더 이상 여행자일 필요가 없다'는 메시지를 전달하고 있다. 현지인의 집에 머물면서 현지인의 생활을 실제로 해볼 수 있다는 것이다.

에어비앤비는 로즈 아일랜드 디자인 스쿨에서 함께 산업디자인을 공부했던 브라이언 체스키Brian Chesky와 조 게비아Joe Gebbia가 개발자인 네이선 블레차르지크Nathan Blecharczyk와 손잡고 2008년에 출시했다. 이들은 대학을 졸업하고 샌프란시스코로 이주했고 아파트 거실에 에어 매트리스를 하나 가져다두고 이를 저렴한 조식 제공 민박으로 임대하는 아이디어를 떠올렸다. 이들은 샌프란시스코에서 디자인 학술 대회가 열리는 동안 첫 번째 고객을 받았다. 이때 대회장 주변 호텔은 모두 예약이 꽉 차 있었고 방문자들이 저렴하게 하룻밤 묵을 만한 장소가 거의 없었기 때문에 임대는 성공적이었다. 에어비앤비는 이처럼 여유 공간을 염두에 두고 만들어진 플랫폼이었다. 이방인은 서로를 알아갈 수도 있었고, 소유주(또는 무허가 임대 사업자)는 비어 있는 방으로 수익을 올려 금전적인 도움을 받을 수 있었다. 이렇듯 서로 간의 이해관계가 맞아떨어진 결과, 그 가치가 800억 달러를 넘어서고 1억 5천만 명 이상의 사용자를 거느린 기업이 탄생했다. 에어비앤비는 가장 직접적인 물리적 결과를 수반하는 거대 디지털 소셜 네트워크일지도 모르겠다.

이 회사의 목록 대부분은 수익성 높은 단기 임대 전용이었고, 아파트나 심지어는 일부 거리 전체가 에어비앤비 목록에 올라가 있기도 했다. 이는 마치 마르크 오제의 비장소가 미쳐 날뛰는 것 같았다. 에어비앤비는 초창기에 전문 사진작가를 보내 부동산을 촬영해 플랫폼에 게시했고, 모두 똑같이 차가운 톤으로 광각 촬영되어 (인스타그램의 디지털 이미지처럼) 지나치다 싶을 만큼 환한 심미적 특성을 공유하는 주택들이 목록에 가득했다. 에어비앤비를 이용하는 고객이 늘어나면서 숙소 내부를 정리해주는 에어비앤비 관리인이나 이 플랫폼 사용자의 인구 통계 특성을 분석하고 이들이 좋아할 만한 인테리어에 관해서 조언하는 디자인 컨설턴트 같은 소규모 산업이 등장했다. 이런 디자인 컨설턴트 중 한 명인 나타샤 폴렌스Natascha Folens는 2016년에 "인더스트리얼 스타일과 20세기 중반 모던 스타일"을 추천한다고 말하면서 다음과 같이 덧붙였다. "단, 어수선하고 오래된 것처럼 보이지 않는 한에서 말이죠."

화면을 뒤로 넘겨 가면서 10년이나 되는 내 에어비앤비 프로필의 이력을 쭉 살펴보니, 별다른 물건이 채워지지 않은 흰 벽의 공간이 격자 모양으로 나타났다. 리스본 언덕 꼭대기의 아파트, 여기 들어가려고 나와 아내는 웃돈을 얹어주어야만 했다. 세비야에서 빌렸던 집은 안뜰에 인상적인 나무 덧문이 달려 있었다. 업스테이트 뉴욕의 삼림

지대에 있던 유리 상자 모양의 집 주인은 전직 모델 출신의 식당 경영자였다. 개성이라고는 찾아볼 수 없었던 도쿄의 복층형 원룸은 가뜩이나 번잡한 도시 한복판에 있는 협소 주택이었다. 티 하나 없이 깔끔했던 파리의 아파트, 이곳은 몽마르트 언덕 근처였고 미술 화보집이 완벽하게 갖춰져 있었다. 나는 이 모든 곳에서 살아봤지만, 어떤 의미에서는 어디에도 속하지 않고 내 계정 속에 담겨 있는 하나의 장소일 뿐이었다. 물론 이들 도시는 여전히 실재하는 곳이지만 말이다.

　단 한 번의 여행으로는 도저히 모두 담아낼 수 없는 밀도와 개성을 가진 이 도시들에는 평범한 사람들이 자신만의 삶을 꾸려나갔다. 하지만 내가 이 장소들과 실제로 마주치는 일은 제한적이다 보니, 온라인상의 내 모든 개인적 데이터를 기반으로 구축된 나만의 관점, 취향 프로필을 강화하는 경험 쪽으로 이끌려갈 수밖에 없다. 내가 궁극적으로는 현실을 반영하지 못하고 얄팍하고 피상적인 상호작용에 그치는 인스타그램 버전 이미지의 도시에서 살았던 건 아닐까 하는 생각이 들었다. **이미지는 현실을 가려 진실을 알아차리기 어렵게 만든다. 일련의 디지털 매개 수단을 통해서 진실이나 진정성은 적당히 얼버무려지고 그 따위 진실이나 진정성은 추구할 필요 없다고 우리를 부추기는 것이 바로 필터월드의 핵심이다.**

　최근 여러 도시의 벽에 에어비앤비에 반대하는 그라피티가 등장하고 있다. 아테네에서는 "에어비앤비와 관광은 그만", "우리 도시는 상품이 되었다"라는 그라피티가, 베네치아에서는 "엿 먹어라, 에어비앤비"라는 그라피티가 등장했다. 포르투갈의 코임브라에서는 "에어비앤비 관광객이 한 명 올 때마다 학생 두세 명이 우리 도시에서 쫓겨난다"는 그라피티가 등장했다(이런 그라피티는 알고리즘뿐만 아니라 미국 실리콘 밸리 기업의 지배에 맞선 저항이라고 볼 수 있다). 또한 바르셀로나와 베를린은 에어비앤비에 대해 엄격하게 규제하기 시작해 에어비앤비에 누가 얼마 동안 임대할 수 있는지 제한하고 있다. 에어비앤비 기업 자체에 대한 반격도 있었다. 에어비앤비가 수수료를 너무 과하게 받고 있으며, 승인 조건이 너무 관대하여 신뢰도가 떨어지는 임대물이나 집주인이 많다는 항의였다. 그렇다면 호텔처럼 아무 특색 없는 원래의 일반적인 경험이 다시 유행하게 될까? 하지만 나는 아직까지 에어비앤비를 포기하지 않았다. 나 역시 단 며칠이라도 또 다른 진정한 삶을 살아보라는 (리스본의 조각가로 살거나 도쿄의 음악가로 사는 걸 상상해보라는) 그 추상적인 약속에 끌렸기 때문이다. 나에게 있어 여행이 주는 환상은 비록 그것이 여전히 환상으로 남아 있더라도 실제 아파트에 머물고 있을 경우 더 총체적으로 다가올 것이다.

에어비앤비 측에서도 평준화 효과에 대해 이미 인식하고 있었다. 2021년 말, 나는 에어비앤비의 최고경영자인 체스키와 줌ZOOM으로 만나 이야기를 나눴다. 필터가 배경을 흐리게 만들어 아무것도 보이지는 않았지만, 체스키는 샌프란시스코에 있는 집에 머무르고 있는 중이라고 했다. 체스키는 빠르고 단호한 어조로 이야기했고, 이는 자기가 모든 것에 관해 어떻게 생각하는지를 이미 알고 있고 확신하고 있는 사람의 말투였다. "나는 과잉 여행이 주는 교훈에 대해 배우려 애쓰고 있습니다. 이 세상에 여행 자체가 너무 많다고는 생각지 않아요. 대체로 너무 많은 사람이 한꺼번에 같은 장소에 몰리는 것이 과잉 여행이고 그것이 문제지요. 만약 완벽한 그림을 구상할 수 있다면, 사람들을 여러 장소에 여러 날에 걸쳐 균등하게 배분해서 어느 한 곳도 과부하에 시달리지 않게 하겠죠." 체스키는 도시 주민이 모여드는 전형적인 허드슨강 지역의 업스테이트 뉴욕 출신이다. "내 고향으로 여행을 오려는 사람은 별로 없어요. 하지만 정말 멋진 곳이죠."

체스키는 에어비앤비가 '여행 재분배travel redistribution'라는 문제를 해결하는 데 집중하고 있다고 말했다. 일반적으로 테크 플랫폼은 자신들이 야기한 거대한 사회 변화에 대한 담론을 축소시키려 하고, 자신들이 가진 권력을 대단치 않게 보이려는 경향이 있기 때문에 나는 체스키가 에어비앤비가 사람들이 어떻게 여행하는지뿐만 아니라 어디를 가는지에 영향을 미쳤고, 그 목적지에 가도록 적극적으로 영향력을 행사했다는 점을 인정하는 것에 깜짝 놀랐다. 체스키는 "우리는 수요를 우리가 공급할 수 있는 곳, 즉 수요를 원하는 도시로 안내합니다"라고 말했다. 필터월드에 존재하는 다른 종류의 콘텐츠와 마찬가지로 지리 역시 발견이라는 문제를 겪고 있다. 선택지가 너무 많을 때는 여행을 갈 장소를 찾아내고 결정하는 일이 매우 힘들게 느껴진다. 그러므로 여행 사이트의 추천은 흥미로운 탐색 결과뿐만 아니라 친숙하고 쉽게 알아볼 수 있어야 한다. 체스키가 설명했듯이, 사용자는 미리 정해진 경로를 따르는 경향이 있다. "에어비앤비에는 크고 작은 수십만 개의 도시가 있습니다. 그러나 머릿속에 십만 개의 목적지를 담아두고 있는 사람은 없어요. 고작해야 열 곳 정도죠. 게다가 그 열 곳은 사람들이 넷플릭스 드라마 등에서 보는 곳입니다. 〈에밀리, 파리에 가다〉를 보고 파리에 가고 싶어 하듯 말이죠."

나는 체스키에게 수많은 사람이 에어비앤비 디지털 플랫폼을 통해 움직이고 그들의 선택과 취향이 그 플랫폼에서 찾아낸 것에 영향을 받아 수많은 사람이 똑같은 장소로 여행을 가는 사태가 만들어낸 결과에 대해 어떻게 생각하는지 질문했다. 체스키는 "우리 시대가 당면한 핵심적인 문제 가운데 하나군요. 우리는 장소와 어떤 관계를 맺고 있나요? 사람들이 국가와 국가 사이를 자유롭게 이동하는 세계에 민족주의는 어느 정도나 존재할까요?"라고 되물었다. 체스키는 궁극적으로 이런 변화를 긍정적으로 바라본다. "내 안의 낙관주의자는 이 모든 것이 함축하는 의미가 이 세계가 조금 더 작아진 것처럼 느껴지는 것이었으면 합니다. 만약 물리적 세계를 더 작게 만들 능력이 있다면, 그건 완전히 좋은 일이겠죠. 거기부터가 승부처라고 봅니다." 하지만 그런 그의 비전 역시 에어비앤비의 지원과 통제 아래에 있으며, 회사가 정해놓은 본보기와 수익 구조를 따를 수밖에 없다. 작음은 동질성을 의미하고 획일성을 향한 움직임을 의미한다. 그리고 그러한 움직임의 대부분은 서구적 기준과 기술 기업의 이데올로기 아래에 있을 것이다. 체스키가 암시한 균형은 이동이 많아지면 많아질수록 정체성은 더 옅어지리라는 이야기이기도 하다. 정체성 역시 콘텐츠의 문제가 된 것이다.

04

인플루언서
경제

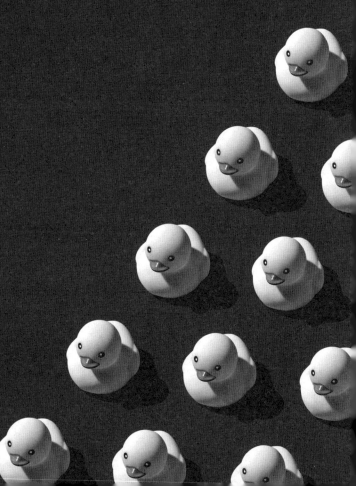

'좋아요'를 쫓아서

내게 인터넷은 늘 일과 떼려야 뗄 수 없는 것이었다. 온라인에서 펼쳐지는 삶은 늘 일과 오락이 섞여 있었고 일인 동시에 오락인 경우도 아주 흔했다. 이는 인터넷을 기반으로 출현한 문화가 상품화하는 방향으로 진화했다는 점을 감안하면 충분히 예측할 만한 일이다. 내가 대학에 입학하기 전, 소셜 미디어는 성인의 전문성을 보여주는 지표였다. 2006년 여름에는 자신이 다니는 대학교의 이메일 주소가 있으면 페이스북에 접속할 수 있었지만, 입학 예정자는 이메일 주소를 받을 수 없었다. 마침내 대학 입학이 확정되어 페이스북 계정을 얻게 되었을 때, 페이스북은 주로 인맥을 쌓는 공간이었고 나는 그곳에서 나와 수업을 같이 듣게 될 학생들을 여럿 알게 되었다. 우리는 2010학년도 졸업반이라는 페이스북 그룹을 만들었는데, 당시에는 졸업이 너무 먼 미래의 일처럼 여겨졌다. 우리는 고향과 전공에 대해 이야기하면서 현실 세계에서 만날 계획을 세웠다. 우리는 페이스북이라는 소셜 네트워크 안에서 대학이라는 소속감으로 묶여 있었기 때문에, 입학하기 전부터 미리 하나로 연결될 수 있었다. 이는 인터넷과 오프라인을 하나로 합친, 당시로는 드문 사회 조직의 한 가지 형태였다. 그리고 인생에 중대한 영향을 미칠 일생일대의 사건이 이 페이스북 그룹에서 벌어졌다. 거기에서 나는 아내 제스와 처음으로 교류하기 시작했고 우리는 메시지를 통해 서로 뜻이 맞는 음악적 취향을 주고받기 시작했다.

대학교 2학년이 되었을 때는 인터넷을 통해 내가 경력을 쌓고 싶었던 분야에서 돈을 받고 일해볼 첫 번째 기회를 얻을 수 있었다. 나는 《터프츠 데일리Tufts Daily》라는 신문에 이런저런 미술 전시회에 관한 논평을 기고해왔고, 2008년에 마침내 트위터에 가입했다. 당시 트위터의 분위기는 함성이 요동치는 경기장보다는 찾는 사람이 드문 카페에 더 가까웠다. 지금도 마찬가지지만, 그때도 트위터에 가장 푹 빠져 있던 사용자들은 대부분 기자였다. 늑대가 울부짖지 않을 수 없듯이 기자도 트윗을 날리지 않을 수 없다. 트위터 덕에 나는 미디어 업계와 이제 막 움트기 시작했던 온라인 출판업계에 처음으로 명함을 내밀 수 있었다(일론 머스크가 2023년에 트위터의 공식 명칭을 엑스x로 바꿨지만, 트위터라는 원래의 이름은 내 뇌리에 강하게 박혀 사라지지 않을 것 같다).

그러던 어느 날, 주로 인쇄된 잡지 형태로 운영되고 있었던 《디 애틀랜틱The Atlantic》이 자사 웹사이트에 문화나 정치처럼 넓은 분야를 아우르는 테마 블로그를 올리기 시작했다. 타네히시 코츠Ta-Nehisi Coates를 비롯한 개별 작가들은 자기 나름의 테마 블로그를 통해 특정 주제에 대한 자신의 생각을 투고했고, 프리랜서 기고자를 비롯한 수

많은 작가들도 틈새시장을 통해서 글을 발행했다. 온라인 전용 미디어에 기꺼이 글을 써야 하고 적은 고료에도 만족할 만큼 충분히 배가 고파야 했기 때문에, 블로그에 글을 올리는 프리랜서는 이제 막 등단한 젊은 작가인 경우가 많았다.《디 애틀랜틱》에서 인턴으로 일했던 친구가 나를 편집자에게 소개해주었고, 나는 보도나 조사보다는 일시적인 의견에 더 큰 근거를 두었기 때문에 지금이라면 '객관적이지 못한 논평'이라고 불렸을 법한, 문화 뉴스나 동향에 관한 사소한 논쟁에 대한 글을 썼다. 나는 여러 곳에 글을 기고했는데,《디 애틀랜틱》에는 왜 어떤 싱어송라이터가 다른 사람보다 나은지를 다룬 글을 썼고,《가디언》에는 토트백의 젠더 상징성에 대한 글을,《바이스Vice》에는 입소문이 났던 미술품에 대한 글을,《뉴 리퍼블릭New Republic》에는 온라인상의 우정을 예찬하는 글을 썼다. 그중에는 잠깐 떴다가 빠르게 죽어간 글도 있고, 페이스북이나 트위터 피드에서 논쟁을 일으킨 글도 있었으며, 아무 흔적도 없이 수면 아래로 가라앉아 사라져버린 글도 있었다.

내가 초창기에 썼던 글을 돌이켜보면 자부심을 느낄 만한 구석이 하나도 없다. 하지만 그런 글이 바로 당시의 디지털 생태계가 요구했던 글이었다. 객관적이지 못한 논평을 좋아하는 독자들이 많았고, 그런 글은 반대의견을 통해 독자가 자기 나름의 의견을 형성할 수 있게 해주었기 때문이다. 또한 그런 글은 빠르게 쓸 수 있고 고료가 저렴하며 온라인에 게시하기 쉽기 때문에, 편집자도 그 가치를 인정한다. 일을 아주 빨리 처리하는 사람이라면 오전에 시작해 오후에는 완성된 글을 게시할 수 있다. 이런 글을 쓰고 나는 100달러 조금 넘는 금액을 고료로 받았다(《디 애틀랜틱》은 50달러에서 시작했다). 20세기에 활동했던 작가라면 자신의 첫 글이 인쇄되는 모습을 보면서 이런 감정을 느꼈을 텐데, 내 경우에는 《디 애틀랜틱》의 디지털 배너 아래 내 이름이 픽셀로 나타나는 것을 보고 전율이 일었다. 당연하게도 나는 내 기사를 트위터에 공유했다.

나는 트위터에서 예술계에 종사하던 사람들을 여럿 팔로우했는데, 이들은 이제 막 움트고 있던 단계였다. 이것이 온라인 셀프 홍보라는 끝도 없는 현시대의 노동과 마주한 첫 만남이었다. 무엇이든 글을 게시해야 하고 또 게시된 글과 자신을 홍보해야 한다. 인기를 놓고 경쟁하는 일은 시대를 막론한 문화의 영원한 특징이다. 고대 중국의 그림을 수집하던 이들은, 우리가 트윗에 찬성하거나 엄지척 표시로 '좋아요' 하는 것과 비슷하게, 인기 있는 그림에 낙관을 찍어 자신의 이름을 남겼다. 걸작에는 수 세기에 걸쳐 무수히 많은 낙관이 찍혔고, 그 가운데 일부는 그림 위에 낙관이 찍혀 있는 경우도 있었다. 서양 미술에서는 휘장 달린 액자가 그 그림의 중요성을 말해주었다. 책에 붙여놓은 베스트셀러 표시나 음반에 붙여놓은 '플래티넘 달성' 스티커처럼 말이다. 이 모든 표시는 문화적으로 또는 경제적으로 가치가 높다는 사실을 나타내며, 고객이 높게 평가하고 소비할 가능성이 큰 것이 무엇인지를 보여주는 지표였다. 예를 들어, 베스트셀러 표시는 구매자가 이 책에 눈길을 한 번 더 주거나 첫 페이지를 넘기도록 부추긴다. 그런 점에서 예술가도 일종의 마케터라고 할 수 있다. 잭슨 폴록이나 앤디 워홀 같은 이들도 대중적 페르소나를 펼쳐 보였고, 이는 자신의 작품을 알리는 명함 구실을 했다. 오늘날과 다른 점이라면,

필터월드에서는 '좋아요'의 수나 관심도 같은 기준이 문화적 창작물 자체보다 더 중요한 경향이 있다는 점이다. 이 기준은 성공을 나타내는 척도 노릇을 하기도 하지만 성공을 만들어내기도 한다. 대중에게 무엇이 추천되고 무엇을 보여줄지를 좌우하는 것이 바로 그러한 기준이기 때문이다. 이는 12세기 중국의 화가가 엄청나게 많은 낙관을 받고 난 후에야 작품을 전시할 수 있었던 것과 마찬가지다.

이내 나는 숫자 하나만 가지고 인터넷에서 성공했는지 여부를 판단할 수 있게 되었다. 페이스북 게시글이나 트윗이 받은 엄지척의 숫자는 그 글이 얼마나 많은 사람에게 도달했는지, 당신이 홍보를 위해 쓴 짧은 글이나 의견을 강하게 주장하는 글에 얼마나 많은 사람이 자극을 받았는지를 보여주는 지표였다. '하지만 과연 그것만으로 게시물의 질을 판단할 수 있을까?' '우리는 이 새로운 기준으로 스스로를 평가해야 하는 걸까?' 이런 질문이 머릿속을 어지럽게 했지만, 새로운 소셜 네트워크의 효용과 그것이 제공하는 즉각적인 도달 범위를 감안하면 그 같은 고민을 무시하고 그냥 계속 게시글을 올리는 것은 그리 어려운 일이 아니었다.

사용자들은 갑자기 어떤 콘텐츠든 다른 콘텐츠와 비교할 수 있게 되었고, 플랫폼에서 읽고 보는 모든 것 바로 옆에서 튀어나오는 숫자에서 벗어날 수 없게 되었다. '좋아요'나 공유, 리트윗이나 즐겨찾기의 숫자를 집계하는 것은 해당 플랫폼이 정해놓은 인위적인 가치 측정값이기도 했지만, 무수한 콘텐츠 피드에서 도드라지는 것이 무엇인지를 판단하는 가장 빠르고 쉬운 방법도 되었다. '더 많을수록 늘더 좋다.' 사람들이 많이 본 유튜브 영상이라면 아마 그 영상은 통찰력이 있거나 최소한 재미라도 있을 것이다. 따라서 콘텐츠가 급속히 퍼져나가면 사용자들은 그 콘텐츠의 질 또한 훌륭할 것이라고 생각하게 된다. 이것이 콘텐츠의 전염성이다. **'다른 사람이 이 콘텐츠를 좋아했다면 당신도 역시 좋아할 것이다.'** 창작자 입장에서는 작가든 인스타그램의 인플루언서가 되기를 바라는 사람이든 이런 기준이 목표이자 유인이며 무엇이 인기를 끌고 무엇은 그렇지 않은지를 가늠하게 해주는 내부적 나침반이었다. 특히 언론에서는 숫자가 많으면 많을수록 더 중요한 것으로 여겨졌다. 이는 어찌 보면 당연한 이야기다. '좋아요'가 많다는 것은 더 많은 사람이 봤다는 뜻이니 말이다. '좋아요' 한 번은 능력주의를 표방하는 인터넷에서 한 표를 의미한다. 누구나 인터넷에 콘텐츠를 올릴 수 있지만 누구나 관심을 받을 수 있는 것은 아니다.

특정 콘텐츠가 더 많이 홍보될 가치가 있는지를 나타내는 알고리즘상의 지표로서 '좋아요' 같은 전염성의 법칙은 특히 디지털 미디어의 초창기와 관련이 깊다. 글을 발행하는 웹사이트는 페이스북이나 트위터 같은 다른 플랫폼에 기사를 공유할 수 있도록 기사 제목 가까운 곳에 단축 버튼을 추가하기 시작했다. 이후 웹사이트가 업데이트되면서 버튼에 작은 숫자가 붙게 되었는데, 독자들은 내용을 읽기도 전에 이 숫자를 통해 그 콘텐츠가 얼마나 많은 '좋아요'와 리트윗을 받았는지 알 수 있다. '좋아요'는 인터넷 세상의 화폐가 되었고, 기자들은 '좋아요'를 좇지 않을 수 없었다(그렇게 하라고 많이 부추길 필요도 없었다).

나 역시도 내가 쓴 기사의 클릭 수를 살펴보곤 했고, 내 글이 다른 사람의 글보다 더 많이 '좋아요'를 얻을 때는 뿌듯했다. 링크를 트윗하거나 내 글을 페이스북에 공유하는 과정에서 나는 어떤 게시글이 반응이 좋은지 알아차렸다. 인기가 많았던 글은 독자의 개인적인 삶에 영향을 주거나 그들이 현재 안고 있는 불만이나 문제를 명확하게 언급해주는 글인 경우가 많았다. 또한 권위적이거나 극적인 발언에 대한 반응 역시 극적이었다. 나는 상시 접속해 있는 지챗Gchat을 통해 친구와 동료들에게 내 글에 '좋아요'를 눌러달라고 부탁한 적도 있었다. 몇 년 후, 사람들이 이 버튼에 흥미를 잃고 눈에 보이던 숫자도 기사 페이지에서 사라지게 되자, 그야말로 구원을 얻은 것 같았다. 지난 십여 년간 기사를 게시할 때마다 사람들의 '좋아요'나 리트윗을 얻기 위해 노심초사하면서 나는 시스템을 역이용하거나 소셜 미디어에서 더 많은 참여를 이끌어내는 접근법을 알아냈다. 그러나 그 방법을 알고 있다고 해서 내가 할 수 있는 것은 없었다.

'좋아요'의 독재는 알고리즘 생태계의 한 부분으로 우리는 이 온라인 생태계에서 살아가고 있다. 버튼을 한 번 누를 때마다 데이터 신호가 저장되며, 이것은 우리가 어떤 콘텐츠에 관심을 보이고 있는지를 나타낸다. 이 신호는 이후 비슷한 콘텐츠를 더 많이 제공하도록 기계학습 시스템을 훈련하는 데 사용된다. (그나마 다행인 것은) 적어도 아직까지는 컴퓨터가 우리 눈의 움직임을 추적하지 않으며, '좋아요' 같은 버튼이나 이모티콘을 이용한 반응이 콘텐츠에 우리가 어떻게 반응하는지를 보여주는 역할을 한다. 버튼이나 이모티콘은 사용자가 자신을 편하고 쉽게 표현하는 방법이지만, 바로 그런 이유로 표적 마케팅에 좋은 먹잇감을 제공하기도 한다. **우리는 자신의 선호를 공공연**

히 드러냄으로써 스스로를 감시하는 행위에 가담하는 것이다.

'좋아요'의 숫자로 측정할 수 있는 것은 기사에 국한되지 않는다. 인스타그램의 셀카, 휴가나 결혼 같은 페이스북의 상태 업데이트, 신규 사업을 공표하는 미디엄Medium의 블로그 게시글도 모두 평가의 대상이다. 트위터의 공동 창립자 중 한 명이 만든 미니멀리즘 블로그 플랫폼인 미디엄은 주요 기준치로 '클랩clap'을 채택했다. 사용자는 어떤 글에 클랩 버튼을 최대 50번까지 클릭할 수 있다. 클랩의 숫자는 미디엄 플랫폼을 사용하는 작가에게 지급하는 고료와 관련이 있는데, '좋아요'와 똑같은 이치다. 여기저기에서 '좋아요' 또는 '클랩' 같은 숫자가 난무하면서 '좋아요'에 인플레이션이 발생했고, '좋아요'의 가치는 점점 더 떨어졌다. 2020년이 되자, '좋아요'를 누르는 행위는 더 이상 그 콘텐츠의 가치를 의미하지 않게 되었다. 그저 그 콘텐츠가 존재했음을, 누군가가 인터넷의 모든 소음을 뚫고 여기에 도달했음을 나타낼 뿐이었다. 소셜 미디어 자기 소개란에 오해가 생기지 않도록 조심하라는 의미에서 "'좋아요'는 지지한다는 말이 아닙니다"라는 단서를 붙이는 일이 흔해졌다. 이제 사용자들은 어떤 게시물을 재미있게 읽었다고 해서 항상 '좋아요' 버튼을 누르지는 않는다. 하지만 그렇다 하더라도 '좋아요'는 여전히 사용자들이 이용할 수 있는 유일한 기능이다.

소셜 미디어 사용자들은 본능적으로 어떤 것이 '좋아요'를 받을지를 알아차릴 수 있다. 고전적인 아름다움이나 기하학적 비례처럼, 그 공식은 부정확하지만 그래도 알아볼 수는 있다. '좋아요'는 사용자의 성향을 나타내는 충성과 동의의 표현이며, 어떤 사안에 대한 분노는

'좋아요'를 유도하는데, 이는 분노에 대한 공감을 표시한다. 정말 화가 나는 일인데, 어떻게 이것도 모르고, 또 알면서도 화를 내지 않을 수 있겠는가! 특정 주제, 즉 전쟁이나 재난이나 나쁜 정책이나 나쁜 사람에 대한 사회적 담론이 부족하다고 주장하는 게시물이 이런 류이다. 섹스에 관련된 주제는 설명이 필요하지 않기 때문에 '좋아요'를 받는다. 그러나 함부로 '좋아요'를 눌렀다가는 이미지에 큰 타격을 입을 수도 있으니 주의하자. 당신이 무엇에 '좋아요'를 누르는지 모두가 알고 있기 때문이다.

유머 역시 '좋아요'를 끌어내는 좋은 방법이다. 사람들은 웃긴 이야기를 좋아하고 대부분은 그것을 다른 사람들에게도 알리고 싶어 하기 때문이다. 공유는 더 많은 공유를 낳는다. 공감대를 형성하는 것도 효과적이다. 소셜 미디어에 제일 많이 존재하는 일반적인 대중의 인정을 받을 수 있기 때문이다. 공감대를 형성하는 콘텐츠로는 식습관이나 게으름에 대한 반성, 누구나 어린 시절에 한 번쯤은 경험했을 법한 일 등이 있다("당신도 전에 ~해본 적이 있나요?"). 한번은 "이메일에 늦게 답장해서 죄송해요. 변명이 되지는 않겠지만 메일을 열어보기가 겁이 났거든요"라고 트윗을 한 적이 있다. 내가 겪은 이메일 불안증에 대해 이야기하면서 스스로를 반성한 글이었다. 이 짧은 글은 딱히 재미있다거나 감동적인 내용이 아니었지만, 15만 명이 '좋아요'를 눌렀다. 사람들은 '좋아요'를 누름으로써 어떤 의미로는 스스로에게 그 말을 건네고 있던 것이었다. 작가 친구 한 명은 평범한 경험을 모아두었다가 주말에 트윗을 날리곤 했는데, 사람들이 특별히 공감대를 형성할 만한 것을 찾고 있을 때가 바로 그때라는 것이었다. 그의 트윗은 종종 먹혀들었고 수만 개의 '좋아요'를 받았다. 마지막으로 인지도 있는 콘텐츠는 '좋아요'와 참여를 끌어내는 확실할 방법이다. 사람들은 그게 무엇인지 알기 때문에 좋아한다. 한 번도 본 적 없는 텔레비전 드라마의 영상 클립보다는 이미 여러 번 봤던 영상 클립을 좋아할 가능성이 더 크다.

'좋아요'를 부르는 감정은 가장 기본적인 인간 본능의 일부로, 스크롤해서 다음 피드로 내려가기 전에 감정이 한순간에 일어나야 한다. 거기에는 애매함이나 미묘함이나 불확실함이 개입할 여지가 없다. 무언가를 깊이 숙고하고 있다거나 결론을 내리기 위해 고민할 필요도 없다. 중요한 것은 오늘날의 질서다. 트위터는 소셜 미디어에서 가장 호전적인 무대였기에 사용자들은 '좋아요'를 받기 위해 매일매일 경쟁했다. 트위터는 한번에 고작 몇 문자 정도만 게시할 수 있고, 서로 소통하는 방식 또한 리트윗, '좋아요', 답글이나 무시 등으로 제한적인 형태의 플랫폼이기에 사용자들은 더 치열하게 경쟁하는지도 모르겠다. 트위터라는 원형 경기장에 모인 사용자들은 마치 고대 로마 검투시합에서 황제가 손가락으로 검투사의 운명을 결정하듯이 실시간으로 손을 들어 '좋아요'를 누름으로써 판결을 내리고 있다. 우리는 그 판결에 동의하므로 누군가가 다른 사람에게 공격을 퍼붓는 것역시 좋아하며, 대부분의 공격은 '공개적인 비아냥dunk' 형태로 이루어진다. 알고리즘 기반 피드는 이 같은 행동을 강화하고 다른 사람에게 유포하여 그들의 판단을 결정한다.

2010년대 초반 인터넷 미술계에서 활동했던 미술가 닉 더마코Nick DeMarco는 2016년에 '인스타그램에서 좋아요 0개 받기'라는 게임을 고안해냈다. 이 게임은 소셜 미디어의 일반적 규칙을 다다이즘 Dadaism(본능이나 자발성, 불합리성을 강조하면서 기존 체계와 관습적인 예술에 반발한 문화 운동) 방식으로 뒤집어놓은 것으로, 매력적이고 눈길을 끄는 사진을 게시하는 대신에 가능한 한 중립적인 이미지를 게시해야 한다. 이미지는 너무 추해도 안 되는데, 이는 추한 이미지가 너무 많은 반발을 얻거나 역설적으로 사람들이 그 이미지가 주는 자극을 좋아할 수도 있기 때문이었다. 더마코는 이 게임의 공식 규칙에 "이 게임은 이게 맞나 싶을 정도로 간단하면서도 무한히 복잡하다"고 썼다. 당시에 나도 이 게임을 한번 해봤다. 길이나 벽을 찍은 사진처럼 완전히 일상적인 이미지의 효과가 가장 좋았다. 그러나 '좋아요'를 한 개만 받는 경우는 있었지만 '좋아요'를 한 개도 받지 않는다는 목표는 이루지 못했다. 더마코는 대안으로 하루 내내 친구와 게시글을 올리면서 '좋아요' 적게 받기 내기를 해보라고 제안했다. "함께 있다가 서로 헤어지는 시점에 누가 가장 '좋아요'를 적게 받았는지에 따라 승자가 결정된다." 이 시도는 재미있었지만 인터넷상의 모든 행동이 얼마나 더 많은 '좋아요'를 목표로 움직이는지를 보여주는 반증이기도 했다.

내가 2008년에 트위터를 시작한 이유는 어느 미국인 유학생이 이집트에서 투옥되었는데 트위터를 이용해서 가족에게 그 사실을 알렸다는 뉴스를 보았기 때문이었다. 나는 당시 중국 유학을 앞두고 있었기 때문에 나에게도 트위터가 유용하리라고 생각했다. 물론 트위터는 유용했지만 그 유학생처럼 극적인 이유는 아니었다. 나는 트위터를 통해서 집으로 돌아간 친구들의 소식과 온라인 미술계의 정보를 얻을 수 있었다. 오랫동안 트위터는 내 삶의 한 부분이었고, 잡담으로 내 하루를 채웠던 격의 없는 대화의 장소였다. 하지만 시간이 흐르면서 많은 것들이 변화하기 시작했다. 트위터는 사용자들의 정신적 공간을 점점 더 많이 차지하게 되었고, 당시의 문화적 논의를 주도하고 이끌어가기에 이르렀다.

2016년에 과잉 행동이라고 해도 이상하지 않을 정도로 트위터에 집착했던 도널드 트럼프가 대통령으로 당선되었고 그의 당선은 일종의 전환점이었다. 이후 알고리즘 기반 피드가 더 널리 퍼졌을 뿐만 아니라 온라인 낚시질을 선호하는 우파와 트럼프에 맞서 대항하는 느슨한 자유주의자 연합인 '저항 세력'의 병행 여론전이 소셜 네트워크에서 이루어졌다. 미국 국회의사당 점거 폭동 이후 2021년에 그 사용이 금지될 때까지 트럼프는 트위터의 존재감을 강화했고, 알고리즘 기반 피드는 가능한 한 많은 사용자에게 트럼프의 트윗을 보여주었다. 설령 사용자들이 그 트윗을 싫어했더라도 말이다. 트위터는 단순히 뉴스를 담고 있는 것이 아니라, 바로 뉴스 그 자체였다.

트위터는 내가 무엇을 쓰고 어떻게 쓰는지에 영향을 미쳤다. 나는 트위터를 사용해서 내 글을 홍보하고 사용자가 어떻게 반응하는지 시험해보면서, 무엇이 효과가 있고 무엇이 아무런 호응도 얻지 못하는지 그 역학관계를 파악하게 되었다. 짤막한 우스갯소리나 논점의 어느 편에 서 있든 도발적인 주장 그리고 권위 있는 발언이 압권이었다. 2010년대 중반 트위터 사용자는 언급하는 대상을 약칭으로 표현하는 일종의 은어를 만들어냈고 이런 은어가 플랫폼의 실시간 담론을 형성했다. 내가 트위터를 한창 사용하던 시절에는, 어떤 생각이 떠오르면 그 생각은 무의식적으로 트위터에 맞춰졌고 가상의 280자로 제한되어 나타났다. 내 생각은 그 어떠한 편집도 거치지 않고 그대로 트윗으로 표출되었다. 그 당시 나의 뇌는 마치 종이 울리면 침을 흘리는 파블로프의 개처럼 소셜 미디어의 관심이 유발하는 도파민 분출에 완전히 길들어 있었다. 트위터에서 내가 얻을 수 있는 것은 '좋아요'라는 보상뿐만이 아니었다. '좋아요'는 더 넓은 온라인 관심 경제에 영향을 미쳤고, 온라인 관심 경제는 오프라인 경제 전반에 영향을 미쳤다. 관심은 새로운 팔로어로 이어지고 그 팔로어는 이제 내 작업에 '좋아요'를 누르고 공유했다. 더 많은 팔로어는 개인적 권위라는 겉포장으로 이어졌다. 나는 팔로어를 많이 보유하고 있기 때문에 내가 일하는 분야에서 귀 기울여 들어야 할 목소리였고 찾아볼 만한 가치가 있는 작가가 되었다. 게다가 이런 평판에 힘입어 다양한 일거리를 의뢰받아 고료를 받을 수 있었고, 이것은 나를 언제나 그 순환 고리의 처음으로 되돌려놓았다. 나는 '좋아요'를 받는 것이 일처럼 당연하게 느껴졌고, 점점 더 일을 잘하게 되었다.

소셜 미디어에서는 개인뿐만 아니라 기업과 문화 역시 '좋아요'를 끌어모아야 했다. 패션 브랜드가 '좋아요'를 더 많이 받았다는 것은 잠재적 구매자가 그만큼 더 많아진다는 뜻이기 때문에 인스타그램 '좋아요'로 그 브랜드가 성공했는지를 판단했다. 신작 영화나 텔레비전 드라마를 홍보할 목적으로 개설한 계정도 이와 마찬가지로 '좋아요'를 많이 받을 수 있는 방향으로 움직였다. '좋아요'는 마케팅 성공 여부를 판단하는 측정 기준이 되었다. 예를 들어, 영화 〈트와일라잇〉 시리즈의 〈뉴 문〉의 계정을 더 많은 사람이 팔로우하면, 이 영화에 더 많은 팬이 관심을 보이고, 더 많은 관객을 끌어모으게 될 것이다. 결국 이는 '좋아요'를 받아야 한다는 압력으로 이어지고, 적절한 알고리즘 피드백에 맞게 최적화된다.

이것이 새롭게 등장한 현상은 아니다. 호감을 얻고 싶어 하는 것은 인간의 기본 심리이고, 우리는 결국 친숙한 것을 좋아하기 마련이다. 이는 대화에서 상대방의 몸짓 언어를 따라 하면 더 설득력 있다거나 공감을 잘하는 사람으로 보이는 것과 마찬가지다. 호감도는 불쾌감을 주거나 소외감을 주지 않는 것에 서로가 인정할 만한 보상책을 마련함으로써 사회를 하나로 묶는다. 하지만 사람 사이의 호감도는 문화, 특히 우리가 지난 한두 세기 동안 높이 평가해왔던 혁신적 예술에는 영향을 미치지 않았다. 예술가들은 한 인간으로서뿐만 아니라 예술 그 자체로도 호감도에 구속되지 않는 경향을 보여왔다. 그러나 **오늘날 이 세상을 장악하다시피 한 계량화는 '좋아요'를 좋아한다. 필터월드에서는 호감도가 높은 것이 성공하고 호감도가 낮은 것은 실패할 운명이며, 그 생존이 사용자의 손에 좌우되는 문화 영역에서는 특히 더 그렇다.** 문화가 자본주의에 종속되어 있는 미국의 경우는 말할 것도 없다.

알고리즘 문화의 공허함

예술적으로나 상업적으로 모두 성공을 거둔 영화감독 마틴 스코세이지Martin Scorsese는 2021년에 《하퍼스Harper's》에 한 편의 글을 발표했다. 이 글에서 스코세이지는 여러 편의 위대한 작품을 만들었던 20세기 중반의 이탈리아 영화감독인 페데리코 펠리니Federico Fellini에게 개인적인 감사의 마음을 전하면서, 또 영화계의 현 상황을 비판했다. 스코세이지는 영상 스트리밍 시대에 접어들면서 영화가 콘텐츠라는 범주로 축소되어왔다고 주장했다. 콘텐츠는 "데이비드 린의 영화, 고양이 동영상, 슈퍼볼 광고, 슈퍼히어로 시리즈, 드라마 에피소드 등 모든 영상 매체에 적용되는 비즈니스 용어가 되었다." 스코세이지는 이어 우리가 소비하는 콘텐츠를 추천 알고리즘이 필터링하고 이 알고리즘은 우리가 이미 시청한 작품과 눈앞에 있는 콘텐츠의 주제나 장르에 기반해 작동하고 있다면서 문화 생태계의 구조에 대해 이야기했다. "알고리즘은 시청자를 소비자가 아니면 아무것도 아닌 것으로 다루는 계산법에 근거하고 있다." 콘텐츠와 소통하는 방법은 정해져 있다. 참여하고 좋아하기.

스코세이지는 콘텐츠라는 포괄적인 범주와 알고리즘이 친숙함에 우선권을 부여한 탓에 영화라는 매체의 기반이 약해졌다고 주장하면서 이렇게 말했다. "영화는 언제나 콘텐츠 그 이상이었으며, 앞으로도 그럴 것이다." 우리는 영화의 심오한 예술 형식, 많은 이들의 삶을 변화시켰던 매체, 스크린을 통해 전해졌던 미학적이고 도덕적인 도전을 잃어버렸다. 훌륭한 영화를 감상하는 행위는 편하지만은 않다. 이는 단순한 소비를 넘어 사회적 규범에 대해 질문하고 새로운 자의식을 발견하고자 하는 열망을 불러일으키는 경험이다.

스코세이지는 쉽게 이해할 수 있는 콘텐츠에 반대되는 예술적인 영화의 정점으로 펠리니의 1963년 작인 〈8과 2분의 1〉을 예로 든다. 이 영화는 한 예술가의 삶을 단편적으로 보여주면서 감독의 삶 또한 되짚어보는 영화다. 스코세이지는 이 영화의 개봉 당시를 이렇게 회상했다. "사람들은 이 영화에 대해 끊임없이 토론했고, 그 여파는 매우 강렬했다. 우리는 각자 나름의 방식으로 해석했고, 몇 시간이고 그 영화에 대해 이야기했다. 물론 그 누구도 명확한 해석을 내리지는 못했다." 스코세이지 같은 거장조차 이 작품을 완전히 소화해 자신의 후기 작품에 녹여내기까지는 꽤 오랜 시간이 필요했다. 편집증마저 느껴지는 스코세이지의 글은 21세기의 예술이 더 이상 그처럼 철저한 검토를 필요로 하지 않는다고 주장한다. 대신에 21세기 예술은 싸고 수명이 짧으며 그 어떠한 흔적도 남기지 않은 채 우리의 삶을 가볍게 스쳐 지나간다. 필터월드에서 문화는 일단 유해한 '좋아요'를 끌어들이고 가능한 한 많은 이들에게 홍보를 함으로써 디지털 피드에 어울리는 것이 되기 위해 노력한다. 그렇기에 콘텐츠가 먼저고 예술은 그다음일 수밖에 없다.

스코세이지의 불만은 업계의 원로로서 자신이 몸담은 영화계를 대변해야 하는 입장 때문일 수도 있다. 스코세이지의 주장이 시대에 역행한다고 생각하는 사람도 있을지 모르겠다. 그가 젊었을 때의 세상과 지금의 세상은 많이 다르다. 게다가 그는 이미 원하면 무엇이든 만들 수 있는 명성과 능력을 갖추고 있기에 더 이상 새로운 것을 생각해낼 필요가 없다. 하지만 추천 알고리즘이 문화에서 타고난 의미를 앗아가 버렸다는 스코세이지의 탄식에 공감하면서 그가 느낀 권태와 불안감에 공감하는 사람들도 있다. 미국 공영 라디오NPR와의 인터뷰에서 프로듀서인 배리 딜러Barry Diller는 이렇게 논평했다. "이런 스트리밍 서비스는 자칭 '영화'라고 부르는 무언가를 만들고 있기는 합니다만, 사실 그건 영화가 아니에요. 그저 100분 정도 지속되는 기묘한 알고리즘적 과정일 뿐입니다." 현대 문화 논평가 중 한 사람인 던 키식Dean Kissick은 2021년에 "이제 문화 대부분은 알고리즘이 만들어내고 있다는, 속이 채워지지 않은 공허감을 가지고 있다"고 논평했다. '알고리즘적algorithmic'이라는 말은 이제 너무 번지르르하거나 환원적이거나 관심을 끌어들이기에 너무 최적화된 것처럼 느껴지는 모든 것, 본질적인 콘텐츠가 아닌 높은 생산 가치에 중점을 두는 조합을 나타내는 상투어가 되고 있다.

나 역시 그런 공허함을 느낀다. 2010년대 말에서 2020년대 초에는 책이나 텔레비전 드라마나 영화, 음악이나 시각 예술 같은 수많은 문화적 형식의 존재 목적이 찰나적인 관심을 얻고 끝도 없는 앱의 피드를 채우는 데 있는 것 같았다. 그 무엇도 수십 년 동안 논의될 만한 가치를 가진 작품으로 인정받지 못했다. 이 같은 추세는 미술계에서 두드러지게 나타났으며, 젊은 미술가들이 화랑이나 경매를 통해 큰돈을 벌었다. 2014년에 미술비평가이자 화가인 월터 로빈슨Walter Robinson은 이러한 현상을 '좀비 형식주의zombie formalism'라고 칭했다. 좀비 형식주의는 감정과 장대함을 벗겨낸 추상표현주의로, 오스카 무리요Oscar Murillo나 제이컵 카세이Jacob Kassay의 작품에서처럼 캔버스에 물감을 걸쭉하게 붓질하거나 차가운 단색조로 그린 그림이 이에 해당한다. 비평가 제리 솔츠Jerry Saltz는 이런 회화가 "다 거기서 거기인 예술"이라는 주장에 공감했다. 아무 의미도 없이 장식적인 방향을 추구하는 화풍은 많은 화가에게 자루가 긴 빗자루를 의인화한 에밀리 메이 스미스Emily Mae Smith의 그림처럼 겉보기에 화려한 초현실주의를 묘사하는 길을 열어주었다(딘 키식은 이를 '좀비 형상화'라고 칭했다).

이들의 작품은 인스타그램에서 판매하기 좋게 만들어진 그림이었다. 인스타그램은 점점 수집가가 그림을 발견하고 (때로는 작품을 직접 보지 않고서) 구입하기도 하는 장소가 되어갔고, 이 과정에 다시 한번 추천 알고리즘이 영향을 미쳤다. 수집가는 게시글을 재공유하는 것만큼이나 손쉽게 플랫폼에서 그림을 되팔 수 있었다. 2014년, 도용 예술가로 악명 높은 리처드 프린스Richard Prince는 이 과정을 대폭 줄여서 '그림'을 제작하고 판매했다. 그의 그림들은 인스타그램 게시물에서 찾은 이미지를 인쇄해서 복제한 것으로서 최대 10만 달러에 팔린 것도 있었다.

알고리즘이 예술을 움직이게 되면서 일부는 예술가가 사라지게 되지 않을까 걱정한다. 만약 컴퓨터가 독자적으로 예술을 창작하거나 큐레이팅할 수 있다면, 예술을 창작하는 인간이 대체 무슨 필요가 있을까? 비플Beeple이라는 가명으로 알려진 마이크 윈클먼Mike Winkelmann 같은 예술가는 인스타그램에 컴퓨터 생성 이미지CGI를 올려 200만 명이 넘는 팔로어 수를 기록했다. 그러나 그 정도의 성공을 거두기 위해서는 매일 게시글을 올려야 하고, 그 내용은 열세 살짜리 남자아이의 지적 수준을 넘지 않아야 했다(2021년 초에 대체 불가능 토큰non-fungible token 붐이 붙었을 때, 비플의 작품은 크리스티 경매에서 6,900만 달러에 팔렸고, 이는 그 인기가 더 이상 농담거리가 아니라는 것을 진지하게 입증했다). 이런 세상에서는 창작자로서 점점 진부해진다는 사실에 걱정하지만 소비자도 똑같이 영향을 받기는 마찬가지다.

2022년에 음악 전문지 《피치포크Pitchfork》의 편집자 제러미 라슨

Jeremy Larson은 스포티파이에서 알고리즘을 통해 음악을 듣는 경험이 음악 자체에 방해가 된다고 넋두리를 늘어놓았다. 라슨은 "설령 스포티파이에 내가 원했던 음악이 전부 있더라도 그중 어떤 것도 반드시 그만한 가치가 있다거나 마음을 울린다거나 개인적이지 않다"고 썼다. 비록 음악가의 의도가 바뀌지 않았을지는 모르겠지만, "음악은 스트리밍 서비스를 선전하는 광고가 되었고 더 많은 시간과 관심을 기울이면 기울일수록 그렇게 들인 시간과 관심은 기술 기업에 더 많은 이익을 가져다준다."

플랫폼은 청취자가 음악가와 그들의 음악과 맺는 관계를 걸러내는 필터가 되기도 하고 때로는 장벽이 되기도 한다. 그리고 모든 음악가가 스트리밍 서비스에 자신의 음악을 등록하는 것은 아니다. 닐 영이나 조니 미첼 같은 음악가는, 정치적이고 문화적인 음모론을 유포하는 팟캐스트에 자금을 지원한 일을 비롯해 스포티파이의 몇 가지 결정에 항의하는 의미로 자신의 음악들을 스포티파이에서 삭제했다. 알리야Aaliyah의 경우에는 디지털 저작권을 협상하는 데만 여러 해가 걸렸고, 따라서 2021년까지는 스포티파이에서 알리야의 음악을 들을 수 없었다. 스포티파이에 없는 음악가의 경우 가입자들이 그 음악을 잊거나 아예 발견조차 하지 못하게 되기 쉽다. 왜냐하면 이 서비스는 이미 사용자의 청취 습관에 너무 많은 영향을 미치고 있기 때문이다. 스포티파이의 추천 알고리즘은, 청취자가 알리야나 닐 영이나 조니 미첼을 좋아하더라도 그들의 음악을 홍보하지 않을 것이다. 스포티파이가 이익을 얻지 못하기 때문이다. 스포티파이는 우리가 음악을 인식하는 방식을 수동적으로 제한한다. 라슨은 이에 대해 "앱 바깥에 삶이 존재하고 이런 삶의 윤곽은 각양각색이기 마련인데 애당초 이를 바꿔놓겠다는 생각으로 현실을 날조하는 것이다"라고 설명했다.

라슨은 집단적인 알고리즘 소비에 대해 다음과 같이 이야기했다. "지금 수백만 명의 사용자가 치폴레 부리토 하나 값을 내고 한 달 동안 녹음된 음악이 가득 들어 있는 아주 거대한 여물통의 가장자리에 나란히 앉아 있다." 이는 스포티파이를 여물통에 비유한 일종의 조롱이라고 할 수 있다. 스포티파이는 구독료가 낮은 만큼 저작권자에게 지불하는 금액도 적다. 뷔페 스타일의 스트리밍 서비스와 무한 피드가 등장하기 전에는 싱글 LP판이나 카세트테이프 그리고 CD의 희소성이 어떤 음악가의 작품을 알게 되는 유인 요소가 되었다. 그렇지 않다면 음악에 돈을 투자하는 일은 그만한 가치가 없는 일로 느껴졌을 수도 있다. 그러나 알고리즘 기반 피드는 음악이 조금이라도 지겹거나 따분해진다면 바로 다음 곡을 들어볼 수 있다고 약속한다. 그리고 다음 추천곡 역시 당신이 미리 정해둔 취향의 한계를 지킬 것이고, 심지어 추가적인 금액을 지불할 필요도 없다.

나는 넷플릭스 드라마를 볼 때 이와 비슷한 기분을 느끼는데, 한 드라마 시리즈의 여러 에피소드를 한 번에 몰아볼 때 특히 그렇다. 넷플릭스 드라마는 보다가 중간에 멈추기 힘들 정도로 재미있다. 하지만 그렇게 많은 시간을 투자했음에도 넷플릭스로 본 드라마 이름을 제대로 기억하는 경우는 드물다. 내가 개인적으로 즐겨보는 영상 중 하나는 음식 다큐멘터리다. 다양한 나라의 길거리 음식을 소개하는 여행 다큐멘터리든 미슐랭 스타를 받은 식당의 쉐프가 멋진 퍼포먼

스와 함께 스테이크를 굽는 비하인드 영상이 포함된 전기영화든, 이 범주에 드는 것이라면 어떤 내용이든 상관없다. 그러나 이렇게 같은 주제의 영상을 열심히 보는 것에 비해 머릿속에는 흐릿한 기억만 남을 뿐이다. **스트리밍 서비스에 넘쳐나는 영상들은 여행지에서 올리는 인스타그램 게시물 같은 것으로, 공허한 '좋아요'와 생각 없는 참여, 끝없는 콘텐츠의 재생산만 낳는다.**

물론 그렇다고 해서 그런 콘텐츠가 모두 예술적이지 않다는 이야기는 아니다. 넷플릭스의 〈스시 장인: 지로의 꿈Jiro Dreams of Sushi〉과 그 후속 시리즈인 〈셰프의 테이블Chef's Table〉은 음식을 촬영하는 데 최적화된 소프트 포커스 기능을 활용하여 시각적인 아름다움에 초점을 맞췄다. 이 영상들은 인스타그램에 올라올 것 같은 먹음직스러운 음식 사진을 영상으로 옮겨 놓으면서 차분하고 자극적이지 않은 잔잔한 예술성을 추구했다. 마치 완벽한 리넨 침대 시트의 시청각적 등가물을 개발하는 것처럼 말이다. 이 영상들은 오직 감각적인 즐거움만을 불러일으킨다. 예술 영화관이나 비디오 대여점에서 제공되는 작품이 다른 작품과 차별성을 가질 수 있도록 큐레이션이 필요한 것과는 달리, 이 같은 다큐멘터리는 의미 있는 경험을 제공할 필요가 없다. 이들은 그저 감각을 마비시키는 마약처럼 대량으로 제공될 뿐이다.

영양가라고는 전혀 없는 잔잔한 음식 다큐멘터리를 1990년대와 2000년대에 푸드 네트워크Food Network라는 유선 채널과 비교해보자. 이 채널은 쉐프가 유명 인사로 떠오르는 현상을 부추겼고 가정 요리 문화에 엄청난 변화를 일으켰다. 반면 스트리밍 서비스에서는 요리 쇼 관련 콘텐츠를 찾아보기 힘든데, 이는 그런 쇼가 (따라 해보고 싶은 욕구를 일으켜) 육체적인 활동을 부추기므로 화면을 들여다보는 데 쏟을 시간을 빼앗아갈 수도 있기 때문이다. 그러므로 남은 것은 순수하고 비생산적이며 최면을 거는 듯한 오락뿐이다. 스트리밍 서비스의 핵심 목적은 그저 사용자가 계속해서 '활성 사용자'로 남아 있게 만드는 것이기 때문이다. 이제 넷플릭스는 나라와 언어만 바꿔가며 복제물을 제작하고 있다. 〈크리스마스에 집에 가려면Home for Christmas〉은 뢰로스라는 시골 마을에 사는 한 여성이 크리스마스 전까지 남자친구를 찾기 위해 고군분투하는 이야기를 담은 노르웨이의 미니 시리즈다. 이 드라마는 배경을 이탈리아 키오자로 바꿔 〈나는 크리스마스가 싫어I Hate Christmas〉라는 제목으로 리메이크되었다. 콘텐츠를 두 배로 늘리는 쉽고 값싼 방법 중 하나다. 일단 어떤 공식이 효과가 있다는 것이 드러나면 그 공식은 넷플릭스의 어마어마한 전 세계 시청자를 대상으로 반복되거나 확장된다. 시청자는 자기도 모르는 새에 똑같은 소재를 소비하게 되는 것이다. 이처럼 넷플릭스의 편의에 의해 복제된 프로그램은 추천 알고리즘을 통해 흥미를 느낄 법한 모든 시청자에게 제공된다.

스트리밍 시대의 초창기부터 넷플릭스는 자동 재생 기능으로 악명이 높았고, 이 기능의 초기 형태가 도입된 것은 2016년이었다. 드라마의 한 회나 영화가 끝나면 타이머가 10초를 센 후, 같은 시리즈의 다음 편이나 알고리즘이 추천한 다른 드라마나 영화가 시작되었다. 2019년에 해커 뉴스hacker News라는 포럼에 올라온 한 게시글에서, 넷플릭스의 한 엔지니어는 그 10초에 "시청 시간을 최대치로 증가"하는 효과가 있었다고 회상했다. 5초는 너무 짧았고 15초는 너무 느렸다. 자동 재생 기능은 동영상 시청의 근본적인 부분을 바꾼 혁신처럼 느껴졌다. 그동안 유선방송에서는 시리즈의 다음 화를 보려면 며칠을 기다려야 했다. 하지만 넷플릭스가 텔레비전 드라마의 한 시즌 전체를 한 번에 제공하면서 몰아보기가 가능해졌고, 사람들은 그 유혹을 뿌리치지 못했다. 사실상 몰아보기를 강요하는 것이나 마찬가지였다. 이 기능은 또한 사용자가 알고리즘이 제시하는 소비 경로를 관성적으로 따라가도록 유도했다. 영상 시청이 끝나면 알고리즘이 줄줄이 다른 예를 제시해주기 때문에 사용자들은 제인 오스틴의 소설을 리메이크한 작품이나 외계인이 나오는 액션 영화처럼 특정 장르를 계속 고수할 가능성이 높아졌다(추천 알고리즘은 다양성이라는 개념을 이해하지 못하는 것 같다).

사용자가 자동 재생 기능을 끄지 않고 세 편의 에피소드를 연이어 재생하거나 90분 동안 계속 시청하면, 화면에 다음과 같은 메시지가 나타난다. "아직 시청 중이신가요?" 이 기능은 지금까지도 유지되고 있다. 이 기능은 사용자가 텔레비전을 켜놓고 잠이 든 후에도 서비스가 계속되는 것을 막기 위한 안전장치다. 나는 이 메시지를 마주할 때마다 살짝 당혹감을 느꼈다. 내가 평소보다 훨씬 더 오래 영상을 보고 있다는 사실을 깨닫게 해주기 때문이었다. 내가 이제 멈춰야겠다고 의지력을 발휘하기 전까지 영상은 다음 에피소드로 거침없이 넘어갔다. 이 경고 메시지는 넷플릭스 플랫폼 자체가 몰아보기를 권장하지만, 사실 몰아보기가 그렇게 좋지는 않다는 사실을 은연중에 드러내는 것이다. 하지만 2020년대 들어서면서 자동 재생 기능은 표준이 되었다. 이제 우리는 피드가 끝나기를 기대할 수 없게 되었다. 모든 문화는 콘텐츠화되었고 우리가 문화에 접근하기 위해 사용하는 플랫폼은 우리에게 그 문화가 서로 대체할 수 있다고 부추긴다.

2007년에 아마존은 킨들 다이렉트 퍼블리싱Kindle Direct Publishing, KDP이라는 서비스를 출시했다. 이 서비스는 전자책 시장을 위한 것으로 이곳에서 판매되는 전자책은 아마존의 최신 킨들 전자책 리더에서 읽을 수 있다. 시간이 흐르면서 KDP는 자비 출판 작가의 집결지가 되었다. 이들은 아마존에서는 책이 블라우스나 믹서기와 똑같은 메커니즘으로 독자에게 자동 추천된다는 점을 이용하여 에이전시와 편집자와 서점으로 이어지는 전통적인 유통질서를 우회했다. KDP에서 성공한 콘텐츠는 기성 문학계에서 성공했던 작품과는 완전히 달랐다. KDP는 '콘텐츠로서의 문학literature-as-content'을 위한 공간이었고, 이 공간에서는 비평가의 의견보다 주제의 구체성이나 단어의 양이 훨씬 중요했으며, 책을 많이 내는 저자일수록 유리했다. 통계에 따르면, KDP는 2022년에만 1,200만 권 이상의 전자책을 출간했다. 아마존은 그저 전자책을 통제하기만 한 것이 아니었다. 2019년에 아마존의 디지털 서점은 성인용 도서 신간의 온라인 판매 가운데 4분의 3을 그리고 전체 신간 판매의 거의 절반을 차지했다. 문학 작품이 소비자에게 도달하기 위해서는 어쩔 수 없이 아마존 플랫폼을 거쳐야 했고, 이는 책이 특정한 장르에 국한되고 내용을 질질 끌면서 오랜 시간에 걸쳐 꾸준히 발매되는 시리즈물 형식을 취하도록 압력을 가했다. 트위터 피드에서 성공하기 위한 글쓰기 방식과 똑같은 형태였다.

스탠퍼드대학교 교수 마크 맥걸Mark McGurl은 소설 관련 문예 창작 MFA 프로그램의 발전이 20세기 중반 소설에 어떤 영향을 미쳤는지를 추적하고, 20세기 근대 문학이 어떻게 진화해왔는지 연구했다. 그의 주장에 따르면, 소설가에서 교수로 전향한 이들은 작품 활동을 위한 자금 마련이 목적인 경우가 많았고, 아이오와 작가 워크숍Iowa Writers' Workshop 같은 기관에서 학생을 가르쳤다고 한다. 그들은 자신의 관점에 맞춰 학생들의 글을 의식적인 문학적 사실주의 스타일 쪽으로 몰아가기도 했다. 웬델 베리, 리처드 포드, 마이클 셰이본, 릭 무디, 타마 야노비츠 등이 문예 창작 프로그램의 성공 사례라고 할 수 있다. 오늘날에도 문예 창작 프로그램은 출판사가 새로운 인재를 발굴하는 데 도움을 주고 신예 소설가를 업계로 끌어들이는 등 게이트키퍼로서의 역할을 하고 있다. 물론 아무나 문예 창작 프로그램에 참여할 수도 없고, 출판업계 역시 섬처럼 고립되어 있지만 그래도 독특하거나 도전적인 작가를 홍보하거나 새로운 취향을 만들어낼 만한 능력을 유지하고 있다(본질적으로 엘리트 위주로 돌아가기는 해도 말이다).

맥걸은 문예 창작 프로그램의 스타일에도 동질성이 어렴풋하게 나타나고 있음을 확인했다. 하지만 그 실상을 살펴보면 문예 창작 프로그램 이전에 알고리즘 게이트키퍼가 이미 자리 잡고 있는 경우가 많았다. 젊은 작가들은 문예 창작 프로그램에 참여하기도 전에 온라인(트위터, 인스타그램, 틱톡 등)에서 대중적인 존재감을 구축하는 방법을 찾아본다. **이들은 작품을 만들기도 전부터 이미 소셜 미디어가 만들어낸 동질화의 힘에 굴복할 준비를 마친 셈이다.** 심지어 이렇게 사전에 준비된 페르소나는 대학원 전형에 도움이 되기도 한다. 그 과정의 각 단계에서 온라인 플랫폼을 이용하여 문학적 아이디어를 시험하고, 그 아이디어가 관심을 먹고 사는 시장에서 온라인 참여를 끌어낼 능력이 있는지를 살피는 식이다.

맥걸은 이제 우리가 아마존 문학의 시대에 들어서고 있다고 주장했다. 아마존은 상업적뿐만 아니라 미학적으로도 결정권자가 되었다. 맥걸은 2021년에 출간한 《전부지만 부족한: 아마존 시대의 소설 Everything and Less: The Novel in the Age of Amazon》에서 아마존이 "스스로를 문학 생활의 새로운 플랫폼으로 제시하고 있다"고 썼다. 이 플랫폼이 문학의 질을 측정하는 기준은 양이고, 양은 다른 알고리즘 피드와 마찬가지로 참여도를 재는 기준이다. 아마존 알고리즘에서 더 많이 구입하고 더 많은 페이지를 읽는다는 것은 그 책이 다른 책보다 낫다는 뜻이었다. 책 표지는 작은 화면에서도 쉽게 알아볼 수 있도록 디자인되어야 하며, 글도 흥미를 불러일으킬 수 있게 최적화되어야 했다. 이를테면 이어지는 행마다 독자의 관심을 잡아끌 수 있어야 했다(물론 이는 좋은 글쓰기가 지녀야 할 특징이기는 하지만 이런 특징을 지녔다고 항상 좋은 글인 것은 아니다).

한편으로 이는 일종의 민주화라고 할 수도 있다. 누구든 책을 출판할 수 있고 이렇게 출판된 책은 똑같은 경로를 통해서 판매되고 똑같은 방식으로 독자에게 소개되는 기회를 가진다. 서점의 MD도 없고 맨 앞쪽 매대에 책이 진열되기 위해 애쓸 필요도 없다. 그저 알고리즘의 수학만 있을 뿐이다. 베스트셀러 작가인 콜린 후버Colleen Hoover는 이런 기회를 통해 성공한 대표적인 사례다. 후버는 처음에 자신이 쓴 소설 《내가 너의 시를 노래할게》를 자비로 출판했다. 후버의 소설은 아마존에서 로맨스나 스릴러 또는 청소년물로 구분되곤 한다. 후버의 첫 두 작품이 성공을 거두자 아트리아 북스Atria Books라는 대형 출판사와 계약을 하게 되었다. 2012년에 이 출판사에서 두 작품을 재출간한 이후 후버의 소설은 꾸준히 베스트셀러 목록에 이름을 올리기 시작했다(후버는 세 번째 소설 역시 자비 출판했다). 팬데믹 시기에 후버는 자기가 출판한 도서 중 전자책으로 발행된 도서들을 독자들에게 무료로 제공했다. 이는 디지털 참여를 높이기 위한 또 다른 전략이었고 이 전략으로 틱톡에서 팬이 급증했다. 틱톡 도서 커뮤니티에서는 후버의 글에 대한 눈물겨운 증언이 쏟아졌다. 후버는 20권이 넘는 소설을 썼고 2천만 부 이상 판매된 것으로 추산된다. 《뉴욕타임스》 보도에 따르면, 이는 "제임스 패터슨과 존 그리샴을 합한 것보다 많다"고 한다. 한번 속도가 붙기 시작하자 이는 후버 자신도 어쩌지 못하는 흐름이 되었다. 후버는 2022년 《타임스》에서 "다른 작가의 책을 읽을 때마다 이런 생각을 합니다. '세상에, 이 책들이 훨씬 낫네. 그런데 왜 내 책이 이 책들만큼 팔리는 거야?'"라고 말했다.

다른 한편에서 볼 때, 대중의 참여가 중요해졌다는 것은 편집자나 학자의 의견이 책의 판매부수보다 중요했던 과거의 문학 관례에서 벗어났다는 이야기이기도 하다. 맥걸은 아마존이라는 거대 플랫폼의 필터링을 거치기 때문에, 쓰는 데만 10년이 걸린 실험적 소설이든 끝없이 이어지는 전자책 특유의 시리즈 5권이든 "모든 소설은 장르 소설"이라고 주장했다. 맥걸은 《그레이의 50가지 그림자》 같은 '매력적인 억만장자와의 로맨스물'이나 '남남녀 3인조 밀리터리물' 같은 틈새 하위 장르 분야의 책들이 아마존 KDP 시장에 성공적으로 안착했다는 사실을 알아냈다(장르 명칭 자체가 검색 엔진의 최적화 언어와 닮은 것은 절대 우연이 아니다). 폭넓은 인기를 얻고 있는 판타지 시리즈를 비롯한 서사물 역시 또 다른 인기 장르다.

아마존 문학은 디지털 서점과 킨들 전자책 리더기라는 작은 공간에 국한될 수밖에 없다. 이 특수한 상황은 은밀한 취미나 오락거리를 즐기는 활동에 특히 잘 들어맞는다. 킨들로 책을 읽고 있으면 당신이 지금 읽고 있는 책의 제목을 아무도 볼 수 없기 때문이다. 물론 사용자들은 알고리즘의 영향에서 벗어나 실제 서점에 얼마든지 갈 수 있고, 서점에서 직원이 개인적으로 추천해주는 책을 구입할 수도 있다. 그럴 경우 당신이 무슨 책을 읽고 있는지 주변 사람들이 알게 될 가능성이 높겠지만 말이다.

맥걸은 아마존이 독자에게 심어둔 소비 습관이 2010년대의 오토픽션autofiction 장르의 부상과도 연관이 있다고 보았다. 맥걸은 오토픽션을 "거의 허구화되지 않은, 작가이자 주인공을 중심에 둔" 장르라고 정의했다. 이 말을 처음 만들어낸 이는 프랑스의 작가이자 문학비평가인 세르주 두브로스키Serge Doubrosky다. 이 장르는 1970년대 프랑스에서 처음 시작되었으며, 최근 들어 유행하게 된 배경에는 셰일라 헤티Sheila Heti나 벤 러너Ben Lerner, 레이철 커스크Rachel Cusk나 칼 오베 크나우스고르Karl Ove Knausgaard 같은 소설가의 성공이 자리하고 있었다. 이들의 작품에는 저자와 화자 사이에 아주 가깝지만 규정하기 어려운 관계가 담겨 있다. 예를 들어, 레이철 커스크의 소설《윤곽Outline》3부작에서 '나'는 정말 커스크 자신일까, 아니면 화자와 사건은 허구일까? 이러한 소설의 매력은 그것이 사실인지 허구인지를 추측하는 관음증적 긴장감에서 비롯된다. 물론 독자들은 이미 소셜 미디어에서 이 같은 긴장감을 익히 느껴왔다. 소셜 미디어에서는 수많은 사람들이 트윗이나 사진을 통해 자신의 삶과 자아를 드러내지만 그것이 얼마나 진실인지는 알 수 없다. 이런 면에서 오토픽션은 인스타그램 인플루언서의 계정과 비슷하다고 볼 수 있다. 이들은 파편화되고 서사도 없으며 때로는 기만적이기까지 하다.

맥걸의 분석에 따르면, 칼 오베 크나우스고르와 레이철 커스크의 오토픽션은 모두 연작으로 출간되어 독자에게 (양적으로) 풍부한 읽을거리를 제공한다. 독자들은 오토픽션을 보면서 성공한 작가들의 소비지상주의적인 삶을 체험하고 대리만족을 느낄 수 있다. 멀리 떨어진 거주지와 작가의 라이프스타일을 사듯 책을 사서 리얼리티 텔레비전 프로그램을 보는 것처럼 책을 읽는다. 소설가이자 대학교수인 제이디 스미스Jadie Smith는 크나우스고르의 《나의 투쟁》을 읽고 "다음 권이 미치도록 읽고 싶다"라고 쓰기도 했다. 그러나 사람들은 〈진짜 주부들Real Housewives〉 같은 리얼리티 프로그램을 본 후에도 똑같이 말한다. 나는 커스크나 크나우스고르가 21세기의 흥미로운 소설가라고 생각하지만, 그들의 전위적인 문학 스타일이 평범하고 진부하며 대중적인 내용을 가리고 있다는 것을 간과했을 수도 있다고 생각한다.

여기서 중요한 것은 크나우스고르가 노르웨이의 농촌에서 어린 시절에 대한 글을 쓰면서 인스타그램의 '좋아요'를 고려하고 있다는 점이 아니다. 알고리즘이 문화적 배경 전반을 형성하면서 우리의 취향을 길들이고 있다는 것이 중요한 문제다. 수동적이고 마찰 없는 소비를 부추기는 알고리즘의 맥락 속에는 모든 것이 존재한다. 알고리즘 생태계 외부에 책이나 다른 콘텐츠의 실체가 존재하는 것과는 상관없이, 책이나 콘텐츠는 알고리즘 기반 피드가 낳은 지배적 미학과 유행에 영향을 받는다. 알고리즘에 기반한 문화의 종착점은 '비슷하지만 다른' 콘텐츠의 지속적인 흐름으로, 완전히 따분하지는 않을 만큼 다양하지만 그렇다고 소외감을 일으킬 만큼 급변하지도 않는다. 무엇보다도 '좋아요'와 참여라는 목표를 향해 나아가면서 야심 넘치는 예술적 이상을 향해 접근해가는 일은 퇴색되었다.

21세기 초반의 대중문화는 마약처럼 분위기를 흥분시키거나 간단하게 풀고 다음으로 넘어가는 퍼즐로 축소되어버린 것 같다. 2019년에 개봉한 〈어벤져스: 엔드게임〉은 독창적인 SF 시리즈 〈스타워즈〉의 결말이 한때 대중의 상상력을 사로잡았던 것처럼 마블 슈퍼히어로 영화 시리즈의 정점을 장식할 것으로 기대되었다. 보통의 블록버스터보다 훨씬 긴 3시간의 상영 시간 내내 〈어벤져스: 엔드게임〉은 설득력 있는 이야기 전개보다 특수 효과와 팬들의 사소한 호기심을 충족시키는 데 집중했다. 영화의 마지막에서는 슈퍼히어로가 모두 돌아와 관객이 각자 좋아하는 슈퍼히어로를 찾아내는 또 다른 재미를 제공했다. 열성적인 마블 애호가라면 이와 같은 팬서비스에 기뻐했을지도 모르겠지만 정서적 충격이나 창의적 표현이라는 측면에서 볼 때는 그 어떤 의미도 찾아볼 수 없는 마무리였다.

알고리즘 기반 피드는 독창적인 예술적 성취를 고무하기보다는 더 많은 콘텐츠를 생성할 수 있는 콘텐츠를 추구한다. 트위터나 틱톡 같은 플랫폼에 GIF 파일 형태로 공유할 만한 클라이맥스 장면 또는 마케팅용 밈으로 사용할 수 있는 재미난 대사가 포함된 영화 같은 것 말이다. 참여의 필요성은 영화감독이나 제작사로 하여금 팬서비스를 위해 많은 것을 양보하게 만든다.

〈왕좌의 게임〉 시리즈 역시 마찬가지였다. 2019년 종영 당시 약 2천만 명이 마지막 시즌을 시청해 가장 많은 이들이 시청한 드라마가 되었지만, 드라마를 보고 난 후 시청자들의 반응은 냉담했다. 여러 시즌에 걸쳐 등장인물의 내면적 여정을 세심하게 전개해왔지만, 마지막 에피소드에서 (대너리스 타르가르엔Daenerys Targaryen이 사악한 살인자로 변한 것처럼) 기존에 설정된 인물들의 성격을 온통 엉망으로 만들어버렸기 때문이다. 오랜 시간 끌어온 드라마의 결론은 컴퓨터 그래픽으로 구현된 도시를 불태우는 환상적인 전투와 용의 모습으로 마무리되면서 화려한 볼거리가 줄거리를 능가해버렸다는 평가를 받았다. 트위터에 공유할 클립용으로는 매우 훌륭했지만 시청자의 입장에서는 터무니없는 결론이었다.

〈왕좌의 게임〉 시리즈가 이렇게 졸작으로 마무리된 것에는 여러 가지 이유가 있었지만, 원작소설의 작가 조지 R. R. 마틴George R. R. Martin이 드라마 종영에 맞춰 책의 시리즈를 완결짓지 못했던 탓에 〈왕자의 게임〉 드라마 총괄 책임자였던 데이비드 베니오프David Benioff와 D. B. 와이스D. B. Weiss가 대단원의 줄거리를 구상했어야 했다는 점도 크게 작용했다. 이 두 사람은 내면의 상상력을 끌어내기보다는 온라인에서 잘 먹힐 만한 것을 좇아 어지럽게 널려 있는 퍼즐을 간단히 정리하는 해답을 내놓았다. 최적화된 마무리에 등장인물의 개인적인 서사는 불필요한 요소였다. 디지털 스트리밍이 문학에 승리한 것이다. 천문학적 비용을 쏟아부은 〈왕좌의 게임〉 마지막 시즌은 기대에 못 미치는 결과를 얻었고, 시청자들의 기억 속에서도 사라져버렸다.

아일랜드 작가 샐리 루니Sally Rooney의 소설은 최근 들어 서구 밀레니얼 소설의 정점으로 인정받고 있다. 이 소설은 우울한 아일랜드와 유럽 대륙의 풍경을 배경으로 성장한 주인공의 이야기를 담은 로맨스 3부작이다. 이 3부작은 현지의 디테일을 잘 살리는 한편 간결하고 우아한 문체로 쓰인, 분위기 있는 소설이다. 이 소설 속에는 등장인물의 주요 의사소통 매체로 인스턴트 메시지와 이메일이 많이 등장하며, 오늘날의 디지털 생활이 사실적으로 담겨 있다는 점에서 높게 평가받는다. 대리만족을 주는 오락물로서의 가치에 더해, 이 소설은 트위터에서 주요 논제가 되었던 다양한 사회문제를 묘사한다. 이 소설이 첫선을 보였을 때, 여러 전문가들이 각자의 관점에서 소설의 내용을 분석하는 기사들을 기고하기도 했다. 《친구들과의 대화》에서는 비독점적 다자간 연애를 뜻하는 폴리아모리polyamory와 자해가 주요 논쟁거리였고, 《노멀 피플》에서는 피학적 성향의 섹슈얼리티, 《아름다운 세상이여, 그대는 어디에》에서는 경제적 계급 격차와 문학적 명성 그 자체가 이슈가 되면서 오토픽션 쪽으로 이동해갔다.

세 편의 소설 모두 등장인물이 실제로는 얼마나 매력적일지에 대한 논란을 불러일으켰는데, 이는 여성 소설가의 작품이라는 이유도 있었지만 이야기의 근본적인 토대가 때로는 아름다움이 서사를 끌고 가기도 한다는 심미적 쾌락에 있다는 점과도 관련이 있었다. 루니의 소설은 BBC가 공동 제작한 두 개의 드라마 시리즈를 통해 말 그대로 스트리밍 콘텐츠로 변모했다. 특히 2020년에 제작된 드라마 〈노멀 피플〉은 텀블러가 2018년에 성인물을 금지하지 않았더라면 그야말로 인기 절정이었을 만한 자극적인 영상을 담았다. 다른 밀레니얼 문학가처럼 루니 역시 트위터를 사용했고 담론의 흐름에 익숙했다. 그러나 루니는 자신이 너무 유명해지자 트위터를 떠났다. 그녀는 수많은 팔로어를 바라지 않았던 것 같지만, 그녀의 소설을 온라인 팔로어들과 따로 떼어놓고 생각하기는 어렵다.

필터월드의 문화 생태계는 한마디로 본말전도라고 요약할 수 있다. 홍보와 마케팅의 필요성이 홍보 대상 그 자체보다 우선시되고 문화는 디지털 플랫폼에서 마케팅 수단으로 사용될 수 있도록 외부 콘텐츠를 생성해야 한다. 플랫폼은 이렇게 생성된 콘텐츠가 몰고오는 참여 증대에서 이익을 얻는다. 이는 플랫폼의 미적 요구사항에 영합하는 공생관계, 아니 악순환이다. 사전에 이러한 방정식을 찾아 창작 과정을 최적화하는 것이 그 대안을 찾는 일보다 훨씬 쉽다. 이로 인해 수많은 현대 문화의 창작물이 소셜 플랫폼 자체와 닮거나 소셜 플랫폼을 통해 배포되는 것이 오히려 낫다며 플랫폼을 찬양하게 된다.

인플루언서의 등장

스트리밍 서비스에서 공개된 〈에밀리, 파리에 가다〉는 알고리즘에 기반한 플랫폼 시대에 문화가 동질화되는 전형적인 예라고 할 수 있다. 이 드라마는 팬데믹이 한창이던 2020년 10월에 넷플릭스에서 처음 공개됐다. 이 시기에 사람들은 집에서 텔레비전을 보는 것 말고는 달리 할 수 있는 게 없었다. 이 드라마에 대한 이야기는 온라인을 통해 순식간에 퍼져나갔고, 그 영향력은 놀라울 따름이었다. 〈에밀리, 파리에 가다〉는 〈섹스 앤 더 시티〉 시리즈로 유명한 대런 스타가 연출한 것으로 원래 케이블 텔레비전에서 방영할 예정으로 제작되었다. 그러나 스트리밍 서비스와 계약을 하게 되어 사용자들은 시즌 1의 전편을 몰아서 볼 수 있게 되었다.

이 드라마는 소셜 미디어를 다룬 소셜 플랫폼 드라마다. 배우 릴리 콜린스Lily Collins가 연기한 주인공 에밀리 쿠퍼는 시카고 출신의 20대 여성이다. 그녀는 시카고에 위치한 마케팅 회사를 다니고 있었지만, 명품 브랜드 마케팅을 전문으로 하는 프랑스의 광고 대행사 사부아르Savior에 미국식 마케팅 노하우를 전수하기 위해 파리에 파견 근무를 가게 된다. 그녀의 업무는 현지 직원이 인터넷에 올릴 콘텐츠를 제작할 수 있도록 돕는 것이다. 말도 문화도 낯선 프랑스 파리에서 좌충우돌하며 적응해가는 그녀의 분투기와 새로운 만남에 대한 이야기가 드라마의 주를 이룬다.

대런 스타가 연출했던 〈섹스 앤 더 시티〉의 주인공 캐리 브래드쇼는 신문사의 칼럼니스트로 자신이 겪은 데이트 착취나 쇼핑 습관, 깊은 우정 등에 관해 글을 쓴다. 이 기사들은 브래드쇼가 노트북 컴퓨터를 앞에 두고 앉아 있을 때 등장하는 감상적인 대사에서 엿볼 수 있다. 드라마에서 브래드쇼는 작가로서 문화를 생산하는 부분을 맡고 있었으며, 삶과 사랑에 대해 자신만의 철학을 갖고 있었다. 반면에 에밀리는 그저 전문적인 소비자에 지나지 않는다. 캐리의 글쓰기에 상응하는 그녀의 행동은 스마트폰으로 사진을 찍는 일이고, 이 행동은 드라마에서 끊임없이 볼 수 있다.

첫 화에서부터 에밀리는 스마트폰을 꺼내 자신의 방에서 보이는 파리의 풍경을 배경으로 셀카를 찍는다. 다음 장면에는 에밀리의 스마트폰 화면을 상징적으로 표현한 화면이 나타난다. 에밀리는 사진을 인스타그램과 흡사한 앱에 올리고(저작권 침해를 피해야 하기 때문이다), 그녀를 팔로우하는 이들의 숫자를 화면에서 확인할 수 있다. 에밀리는 사용자명을 @에밀리쿠퍼에서 @파리의에밀리로 바꾼다. 같은 화의 뒷부분에서 에밀리는 파리 셀카를 또 한 장 찍는다. 첫 파리 사진을 올리고 에밀리의 팔로어 수는 4배가 늘었는데, 두 번째 사진을 올리고 나서 또다시 크게 증가한다. 에밀리는 갑작스러운 관심에 어리둥절하면서도 만족스러워한다. 2화에서 에밀리가 시장을 찍은 사진을 올린 후에는 팔로어가 10배 증가했다. 에밀리가 올린 사진에 '좋아요'와 댓글이 기하급수적으로 늘어나기 시작했고, 에밀리는 소셜 미디어에서 대박을 터뜨렸다. 그녀는 얼굴 한번 본 적 없는 팔로어들을 팬으로 얻게 되었다.

이런 식으로 소셜 미디어 화면과 댓글을 시각적으로 보여주는 기법은 드라마 내내 계속 이어진다. 이 드라마는 새로운 어떤 것도 만들어내지 않고 그 어떤 통찰력도 찾아볼 수 없다. 주인공이 성장해나가는 동안 게시물이 쌓여가고 팔로어가 증가할 뿐이다. 셔터를 누르기 전에 공들여 구도를 잡는 사진작가와 달리 에밀리는 즉석에서 사진을 찍고 소셜 미디어에 이를 올린다. 그녀는 그저 본능에 따라 행동할 뿐이고, 소셜 미디어 소비 습관에 길들여져 자신의 삶을 최적화된 콘텐츠로 변모시킨다.

이 드라마가 소셜 미디어를 시각화하고 가치를 부여하는 방식은 (이 드라마가 현실적임에도 불구하고) 나에게 디스토피아적이라는 인상을 심어줬다. 온라인에 존재하는 허깨비는 매 순간 출몰하여 우리 삶에서 어떤 장면을 피드에 올려야 '좋아요'를 받을지 끊임없이 판단하게 만든다. 더 심각한 문제는 〈에밀리, 파리에 가다〉가 삶을 콘텐츠로 탈바꿈시키는 일을 미화하면서 그와 같은 탈바꿈을 주인공의 캐릭터가 성장해가는 증거로 제시한다는 점이다. 에밀리는 소셜 미디어에 익숙한 덕분에 사부아르에서 인정받고 성공하게 된다. 에밀리가 업무를 위해 패션 브랜드 콘텐츠를 만들어내는 것과 개인적인 콘텐츠를 생산해내는 것 사이에는 경계선이 존재하지 않는다. 에밀리는 그 자체로 하나의 상업적 브랜드가 되었고, 그 때문에 행복한 것이다.

매끈하게 다듬어진 이 드라마의 이면에는 시청자들이 미처 알아채지 못하는 다양한 가정이 존재한다. 가장 대표적인 예로, 에밀리의 타고난 특권들을 들 수 있다. 에밀리는 백인이고 비정상적일 정도로 날씬하고 전형적인 매력을 갖추고 있으며, 늘 짙은 화장을 한다. 드라마의 맥락에서 벗어나 생각해보면, 건축가 렘 콜하스가 썼던 것처럼, 그녀는 기이한 "정상적인 것에 대한 환각"이다. 에밀리는 세련되고 값비싼 옷을 입는다. 일상적으로 입기보다는 사진 찍는 데 더 잘 어울릴 복장이지만, 이 드라마에서는 명품 옷과 액세서리를 구입할 돈이 어디에서 나오는지 알려주지 않는다. 에밀리의 주변 인물 역시 피부가 하얀 이들이 대다수다. 이는 국제적인 도시로 유명한 파리의 현실과는 맞지 않으며, 진짜 파리는 에밀리가 찍는 셀카의 배경 노릇을 할 뿐이다.

첫 번째 시즌에서 에밀리는 인플루언서가 된다. 인플루언서는 창조적 위업 때문이 아니라 팔로어 수와 온라인에서 '좋아요'를 얻을 수 있는 능력으로 유명해진 사람을 일컫는 말이다. 에밀리는 결국 온라인을 통해 사부아르 고객을 홍보하는 업무를 맡게 되는데, 이는 음반 레이블과 계약을 맺은 밴드나 책 계약을 따낸 작가처럼 축하를 받을 만한 가치가 있는 일이다. **알고리즘 기반 피드에 순응하는 일이 창작을 통한 자기표현을 대신해왔던 것과 똑같이 마케팅이 창작을 대신하게 된 것이다. 알고리즘 피드와 마케팅은 모두 독창성에는 특별히 관심이 없다는 공통점을 가진다.** 〈에밀리, 파리에 가다〉는 삶이 어떻게 소셜 미디어에 장악당했는지 그리고 패션 브랜드든 소매점이든 대중 미술 설치물이든 콘텐츠 창작을 자극하려면 그것이 무엇이든 간에 문화 창작물이 필요하다는 사실을 잘 보여준다.

이 드라마는 평준화된 문화를 비판하지 않고 그대로 기록하고 보여준다. 아니, 오히려 평준화를 가속한다. 시즌 3까지 이 드라마의 주요 줄거리는 인스타그램 게시글과 광고로 설명할 수 있다. 몇몇 에피소드에서는 맥도널드와 맥라렌McLaren과 아미 파리AMI Paris 같은 브랜드가 노골적으로 등장했다. 드라마에 나오는 허구적 마케팅이 말 그대로 진짜 마케팅이 된 것이다.

이 드라마가 인플루언서를 이토록 찬양한 것은 사실 우리의 현실이 반영된 결과라고 볼 수 있다. 2022년에 미국의 한 조사에 따르면, 13세에서 38세 사이의 응답자 가운데 54퍼센트가 기회가 주어진다면 인플루언서가 되겠다고 응답했다고 한다. 2019년에 아동 3천 명을 대상으로 실시한 다른 조사에서는 조사 대상 아동의 30퍼센트가 프로 운동선수나 음악가나 우주비행사 같은 직업보다 (또 다른 부류의 인플루언서인) 유튜버가 되는 길을 선택하겠다고 응답한 것으로 밝혀졌다. 2010년대에 등장한 인플루언서는 급속도로 퍼져나가 문화를 지배하는 주인공이 된 것 같다. 결국 문화의 대부분이 소셜 미디어에서 생겨난다면 관심의 흐름을 통제하고 청중을 특별한 방식으로 이끌 능력을 갖추는 것, 이보다 더 강력한 역할이 있을 수 있을까? **인플루언서는 알고리즘을 이끄는 목동이다.**

인플루언서라는 말은 직설적이다. '영향력influence'은 목적이 아니며 그저 특정한 메시지를 주고받는 수단일 뿐이다. 인플루언서를 정의하는 가장 쉬운 방법은 이들이 돈을 버는 방식을 살펴보는 것이다. 인플루언서는 잡지나 팟캐스트를 만드는 미디어 기업처럼 자기가 모은 청중에게 보일 광고를 판다. 청중을 끌어들이는 콘텐츠로 가장 많이 이용되는 것은 인플루언서 개인의 삶과 미학적인 주변 환경(더불어 미학적으로 매력 넘치는 외모) 그리고 흥미로운 활동 등이다. 이들이 보여주는 삶이 진실인지 아니면 꾸며낸 것인지 그 정도의 차이는 다양하겠지만 인스타그램 같은 소셜 미디어 플랫폼에는 인플루언서의 삶이 담긴 콘텐츠가 넘쳐나며, 이들은 브랜드에서 협찬받은 제품을 콘텐츠로 만들어 올린다. 길거리에서 배포되는 무료 신문이나 라디오 방송국과 달리 인플루언서들은 인프라 시설을 갖추고 있지 않은 경우가 대부분이다. 이들은 누구나 갖고 있는 스마트폰과 다양한 앱을 통해 콘텐츠를 유통하는 디지털 플랫폼을 활용한다.

대중이 특정 개인의 외모나 삶에 매료되는 일은 인터넷 시대 이전부터 존재했다. 역사적으로 이런 일은 왕궁이나 도시 지식계급의 폐쇄된 공간에서 많이 발견할 수 있었다. 이런 공간에서는 지리적으로 가까이 있는 구성원이 오늘날 인스타그램에 게시글을 올리는 것만큼이나 매일 서로를 세심히 살피면서 관찰했다. 니농 드 랑클로Ninon de

L'Enclos는 파리의 고급 매춘부로 작가이자 철학자였던 볼테르를 비롯해 여러 귀족을 연이어 연인으로 두었다. 그녀의 대표적인 일화로는 '니농의 머리cheveux à la Ninon'를 들 수 있다. 그녀는 연인 마키 드 빌라르소와 파리를 떠나 함께 지내다가 그와 헤어진 후 다시 파리로 돌아왔다. 빌라르소는 그녀를 잊지 못하고 그녀를 쫓아 파리로 왔고, 길 맞은편 집을 구해 살면서 그녀의 집을 드나드는 이들을 감시했다. 니농은 그를 달래기 위해서 자신의 긴 머리카락을 잘라 그에게 이별 선물로 보냈다. 벳시 프리올뢰Betsy Prioleau가 쓴 《유혹의 기술》에 따르면, 머리카락 선물은 남자의 마음을 달래주었고, 이 이야기가 널리 퍼지면서 그녀를 따라 '니농의 머리'(단발머리) 스타일 열풍이 불기도 했다. 이는 인플루언서가 헤어스타일링 밈을 유행시키는 것과 유사한 형태라고 할 수 있다.

1882년에 영국 사교계의 명사이자 배우였던 릴리 랭트리Lillie Langtry의 초상화가 비누 광고에 활용되면서, 그녀는 상업적인 제품을 홍보한 최초의 유명인사가 되었다. 랭트리는 유달리 하얀 얼굴로 유명했는데 (비누의 효과라기보다는 유전적일 가능성이 더 컸지만) 이런 그녀의 이미지는 비누 광고의 신뢰성을 높여주었다. 랭트리는 복제화로도 유명했는데, 영국의 여러 화가들이 그녀의 복제화를 그렸고, 우편엽서에 인쇄되기도 했다. 복제가 드물었던 시절이었으므로, 그녀의 초상화가 인기를 끌어 다양하게 복제되었다는 것은 오늘날의 '좋아요'와 팔로우 같은 의미를 가진다고 볼 수 있다.

배우의 다이어트 식단이나 재벌의 경주마, 예술가의 기행처럼, 소비자는 유명인사의 생활에도 관심을 기울였다. 명성은 관심과 같은 맥락으로 이어지며, 그 자체로도 어떤 것이든 흥미롭게 만든다. 1960년대에 앤디 워홀은 '슈퍼스타즈'라는 그룹을 통해 명성의 진부함을 그 한계점까지 몰고 갔다. 워홀의 '스크린 테스트' 시리즈를 보면, 외부에는 잘 알려지지 않은 한 무리의 인물들이 비디오카메라 앞에서 긴 시간 동안 자세를 취하면 렌즈는 이들의 얼굴을 관찰하기만 한다(오늘날의 경우와 비교해본다면, 셀카를 찍기 위한 리허설이나 틱톡 영상이 녹화되기 전 정면을 바라보고 있는 순간을 떠올리게 한다). 이 영상은 카메라 렌즈와 프로젝터의 프레임이 마법을 걸면, 누군가를 바라보는 것만으로도 중요한 사람이라고 느낄 수 있다는 것을 보여준다.

컴퓨터나 스마트폰의 화면 역시 마찬가지다. 틱톡 피드 안에 있는 사람이라면 누구든 다른 이들만큼 유명해질 수 있다. 워홀은 "미래에는 누구나 15분 동안은 유명해질 것이다"라고 말한 바 있으며, 음악가이자 온라인 블로깅의 선구자인 모머스Momus도 1991년에 (앞을 내다보기라도 한 듯) "미래에는 누구나 15명에게는 유명해질 것이다"라고 말했다. 그리고 이 말들은 소셜 미디어에서 그대로 구현되어 사실이 되었다. 사용자는 누구나 자기 팔로워에게는 유명인이다.

인플루언서는 2000년대 초창기 주류 인터넷의 스타였던 블로거의 뒤를 잇는 존재다. 블로거도 마찬가지로 디지털 도구를 사용해서 글을 게시하는 서비스를 활용하여 개인의 삶을 스스로 노출시켰다. 2002년 무렵부터 가장 먼저 '엄마 블로거'들의 물결이 시작됐다. 블로거들은 협찬받은 게시글이나 블로그 가장자리에 위치한 배너 광고 형식으로 광고를 유치하고 수익을 창출했다. 검색어의 인기도를 기록하는 구글의 트렌드 트래커에 따르면, '블로거'는 2011년 이래로 서서히 하락세를 보였고, '인플루언서'는 2016년 초반 무렵부터 강세를 보이기 시작했다. 2016년은 인스타그램의 사용자가 5억 명을 돌파하고 소셜 네트워크 피드가 알고리즘에 더욱더 의존하게 된 때이기도 하다. 인스타그램은 인플루언서에게 완벽한 무대를 제공했다. 인스타그램에서는 자신에 대해 길고 상세하게 글을 쓰거나 감정을 드러낼 필요가 없으며, 겉보기에 화려한 이미지만으로도 수익에 도움이 될 팔로어를 끌어들이기에 충분했다. 인플루언서는 일종의 영업직으로 청중에게 그들이 열망하는 라이프스타일에 대한 환상을 제공한 후, 그러한 라이프스타일을 구성하는 제품을 구매하도록 유도한다.

패트릭 저넬Patrick Janelle은 〈에밀리, 파리에 가다〉의 실사판 같은 존재다. 저넬은 2010년대 초반부터 인스타그램을 통해 자신의 삶을 콘텐츠로 바꿔가기 시작했고, 그 활동을 기반으로 사업을 시작했다. 이제 그는 예전만큼 인스타그램에 열정을 쏟아붓지는 않지만, '@패트릭이라불리는사내@aguynamedpatrick'라는 그의 계정에는 여전히 40만 명이 넘는 팔로어와 지난 10년 동안 올린 6천 개 이상의 게시물이 남아 있다. 그의 게시물은 《지큐GQ》 같은 남성 잡지의 사진과 유사하다. 으리으리한 호텔 룸과 비현실적인 커피숍 그리고 그림이 벽에 걸린 맨해튼 아파트, 이 모든 것이 강인한 인상의 잘생긴 저넬을 주인공으로 만들었다. 산뜻하고 깔끔하며 기하학적으로 구성된 사진은 (간혹 원격 셔터의 도움을 받기도 하지만) 저넬이 직접 아이폰으로 촬영했다. 그러나 그의 삶이 사진처럼 늘 정돈된 것은 아니었다.

나는 몇 년 전에 더 더치The Dutch라는 식당에서 저넬을 처음 만났다. 이 식당은 저넬이 소개한 곳으로 그가 사는 아파트 근처 소호의 모퉁이에 있었다. 이 식당은 길게 늘어진 형태의 구형 등과 개방형 선반을 갖춘 전형적인 디자인의 식당이었다. 2011년에 막 서른이 된 저넬은 뉴욕으로 이사를 했고, 음식 전문 잡지에서 프리랜서 디자이너로 일했다. 당시 인스타그램은 그의 삶을 친구들과 공유하는 한 방법이었다. 저넬은 이렇게 말했다. "이 매체는 우리의 삶을 기록하라고 만들어진 거죠." 확고한 믿음이었다. 잡지사에서 일하기 전부터 맨해튼의 카페에 자주 드나들던 저넬은 그곳에서 찍은 사진을 올리면서 인스타그램을 시작했다. 당시 유행했던 작은 사이즈의 카푸치노 사진을 찍어 올리고 #매일코르타도한잔#dailycortado 같은 해시태그를 다는 식이었다. 그는 매일 라테 아트로 꾸며진 커피가 대리석이나 나무 테이블 위에 놓인 모습 등을 사진으로 찍어 인스타그램에 올렸다. 잘 다듬어진 테이블 표면은 커피잔과 잘 어울렸으며, 소재의 자연스러운 질감은 매끈한 스마트폰 화면과 매력적인 대조를 만들어냈다. 비록 그렇게 찍은 사진은 디지털 세계에서나 쓸모 있는 것이긴 했지만 말이다.

저넬은 인스타그램에서 이러한 심미적 특징을 처음으로 유행하게 만든 이들 중 한 사람으로 일반적인 카페 디자인의 심미적 특징을 동질화하는 데도 일조했다. 그가 유행시킨 것은 그것뿐만이 아니었다. 그는 해시태그를 즐겨 사용하여 (유명한 밈이 그렇듯) 그를 팔로우하는 다른 이들의 참여 또한 불러일으켰다. 십여 년이 지난 오늘날에도 그가 유행시킨 #매일코르타도한잔이라는 해시태그는 여전히 활발하게 활동 중이다. 이 해시태그는 아예 해시태그 목록 캡션에 포함되어 더 많은 이들이 관련 계정을 발견할 수 있게 함으로써, 알고리즘이 커피 애호가들에게 그 사진을 추천하도록 유도하고 있다.

저넬의 사진에는 역설적인 특징이 있다. 그의 사진에는 삶의 속도를 늦추고 관심을 기울이는 순간이 담겨 있다. 커피잔을 내려놓고 자리에 앉아 커피를 마시기 전 아주 짧은 시간 동안 그 모든 광경을 감상하는 그 순간을 포착하고 있는 것이다. 거리의 사람들이 바삐 움직이는 정신없는 도시의 삶에서 가만히 앉아 잠시 편안함을 느낄 수 있는 시간이다. 그렇지만 인스타그램 피드는 느긋하고 고요한 순간과는 거리가 멀다. 피드는 사용자들에게 가능한 한 많은 콘텐츠를 누구보다 빠르게 제공한다. 인스타그램 속 사진은 콘텐츠 소비나 저넬의 온라인 입지의 확산을 가속시켜 인플루언서의 수익 창출을 돕는다. 그가 삶의 속도를 늦추는 이유는 오로지 완벽한 구도의 사진을 찍기 위해서다. 그를 보는 이들은 알고리즘 피드가 자신의 관심을 또 다른 자극으로 몰아가기 전에 짧은 시간 동안만이라도 간접적으로 느긋한 삶을 맛보는 것일지도 모르겠다.

"처음에는 나중에 봐도 만족스럽다고 여겨질 만한 커피 사진을 찍고 싶을 뿐이었어요. 친구들에게 도시에서 사는 모습을 보여주는 거죠." 저넬은 자신이 처음에 인스타그램을 어떻게 하게 되었는지에 대해서 이렇게 말했다. 하지만 시간이 지나고 인스타그램 사용자가 급증하고 인플루언서로서 인기가 급격히 높아지면서 그는 자신이 동경했던 도시 생활 사진과 같은 라이프스타일을 누릴 수 있게 되었다. 호화로운 이미지는 그를 호화로운 상황으로 이끌어주었다. 저넬은 다음과 같이 말했다. "라이프스타일이 라이프스타일을 낳은 거죠. 게시글을 계속해서 올리면서 저를 찾는 수요가 더 많아졌고 그 덕에 더 많은 기회에 접근할 수 있었고 재정적으로 도움이 될 브랜드를 구축할 수 있었어요." 랄프 로렌은 저넬의 사진에서 뛰어난 패션 감각을 발견하고 그와 홍보 계약을 맺었고, 호텔에서는 감각적인 그의 휴가 사진을 보고 무료 숙박 제안을 했다.

저넬은 영향력을 발휘하는 일이 직업이 되었지만, 유행이나 인기를 만드는 사람을 뜻하는 '취향 선도자' 같은 말은 그다지 좋아하지 않는다. "내가 취향을 창조한다거나 만들어낸다고는 생각하지 않아요. 그저 새롭고 재미있겠다 싶은 걸 골라내서 그걸 기록하고 있는 거죠." 2014년, 미국 패션 디자이너 협회는 저넬을 '올해의 인스타그래머'로 선정했다. 2015년의 어느 날, 나는 알고리즘이 추천하는 좋아할 만한 게시글이나 팔로우할 만한 계정을 모아놓은 인스타그램 탐색 페이지에서 저넬을 발견했다. 나는 뉴욕의 식당이나 실내 디자인에 관련된 계정을 많이 팔로우하고 있었고, 이들 계정은 대개 시내의 로프트나 20세기 중반 모던 스타일의 가구로 채워져 있었다. 알고리즘이 보기에는 저넬의 계정도 알고리즘이 인식하는 내 취향에 딱 맞아떨어진 것으로 판단했던 것 같다.

나 역시 브루클린에 살면서 20대 후반에 접어들고 있었고, 대체 어른의 삶이란 어떤 것이어야 하는지 고민하던 중이었다. 본질적으로는 내가 가진 적은 여윳돈을 어떻게 그리고 어디에 써야 하는가의 문제였다. 저넬의 사진은 내게 그 문제에 대한 실마리를 제공해주었다. 비록 저넬의 사진이 호화로움에 초점을 맞추고 여기저기 돌아다니는 페르소나로 변화하고 있었고 이런 변화는 과거 그의 사진보다는 공감대가 덜 느껴지기는 했지만 말이다. 미디어 기업이 간행한 잡지 인쇄물이었다면 일반인과는 동떨어진 라이프스타일 광고라고 느껴졌겠지만, 인스타그램을 통해 제공된 그의 라이프스타일은 진정성이라는 껍데기를 뒤집어쓰고 사용자들을 유혹했다. 그러나 그의 게시글 역시 기술 기업인 인스타그램을 통해 필터링된 기업적인 홍보물이나 다름없다. 저넬은 다음과 같이 말했다. "제가 성공지향적인 사람이라는 것은 알고 있습니다. 저는 이미지를 올려 사람들에게 공개하면서 속으로는 이렇게 말하죠. '제가 인증한 겁니다'라고요. 저는 사람들이 제 사진을 통해 스스로 가능한 최고의 삶을 만들어나갈 힘을 얻었으면 해요."

그러나 저넬이 걸어온 길에는 계급이라는 (끊임없이 반복되는) 문제가 있다. 저넬은 상류층의 소비지상주의적 생활을 연기하고 그 과정에서 그런 생활을 가능하게 함으로써 (많은 인플루언서가 그러하듯) 소비지상주의를 강화한다(영향력을 발휘하는 일은 질투심을 연료로 삼는다). 백인이고 매력이 넘치며 보기 좋은 체형의 소유자인 저넬은 스스로 만들어낸 호화로운 이미지 속에 쉽게 녹아들 수 있었다. 그의 외모는 도시의 부유한 생활을 보여주는 기존의 시각적 프레임에 잘 들어맞았기 때문에, 그는 알고리즘에 기반한 노출에 어울리는 인물이었다.

여러 해가 지나면서 저넬의 팔로어 수는 더욱 증가했고, 그는 인스타그램에서 역사적인 인물 비슷한 존재가 되어 있었다. 그의 인스타그램 팔로어 수는 2010년대에 정점을 찍었다. 상호에 '&' 같은 기호를 넣은 가짜 인더스트리얼 스타일의 식당이 유행하고 수제 칵테일과 프레피룩(사립고등학교 학생처럼 단정한 남성 패션)의 시대였다(내 눈에는 모두가 결혼식에 참석한 벌목공처럼 보였다). 저넬은 그때를 떠올리며 자신과 인스타그램의 관계가 바뀌게 된 전환점이었다고 말했다. 정확히는 2016년이었고, 인스타그램 피드가 시간순에서 알고리즘 기반으로 바뀌었다.

저넬은 "개인적으로 제가 소셜 미디어를 통해 성장했던 방식을 생각해볼 때, 플랫폼이 알고리즘에 권한을 부여하는 방향으로 변화를 준 것은 정말 최악이었어요"라고 말했다. 이전에는 하루에 몇 번씩 글을 올리고 실시간으로 그 글이 팔로어에게 제공되는 것을 알 수 있었다. 그가 이야기를 전하는 방식에는 이전의 시간순 정렬 피드가 적합했다. 그러나 알고리즘 기반으로 바뀐 이후에는 자신이 올린 사진이 언제 또는 어떤 순서로 나타날지 알 수가 없었다. 이런 상황이 불만족스럽기는 인플루언서나 사용자나 마찬가지였다. **"누구에게도 자신이 보고 싶은 것을 원하는 방식으로 결정할 수 있는 선택권이 주어지지 않았어요. 모든 것은 알고리즘이 정해줄 뿐이죠."**

인스타그램은 여러 해에 걸쳐 그 형태를 바꿔왔다. 처음에는 스냅챗을 모방한 수명이 짧은 게시글에 적합한 피드로 사진처럼 정지된 이미지와 이야기가 추가된 형태였다가, 조금 더 긴 동영상을 위한 인스타그램 TV로 그리고 틱톡을 따라 짧은 동영상에 적합한 릴스로 변화해왔다. 이 앱은 자신의 성향을 꾸밈없이 표현하는 공간이라는 정체성을 점점 상실해가고 있다. 저넬은 다음과 같이 말했다. "어떤 부분에서도 이 결정이 플랫폼을 창작자에게 더 나은 장소로 만들기 위한 것이었다는 점을 느낄 수 없었어요. 순전히 어떻게 하면 회사가 확장할 수 있는지를 잘 아는 이 회사의 성장팀과 사업팀이 내린 결정이었던 거죠."

　인스타그램의 형태가 계속해서 바뀐다는 것은 저넬의 게시물을 더 이상 예전과 같은 방식으로 경험할 수 없다는 것을 의미했다. 앱이 한번 업데이트되고 나면 사용자들은 예전 버전으로 되돌아갈 수 없고, 그때는 어땠는지조차 확인할 수 없다. 디지털 플랫폼에서 안정성은 찾아보기 힘든 개념이다. 안정성은 박물관의 전시된 사진작가의 수십 년 된 흑백 필름처럼 문화가 유지되는 데 필수적인 요소다. 그러나 디지털 플랫폼에서는 회사가 우선순위를 바꾸면 이전의 맥락은 완전히 사라진다. 저넬은 다음과 같이 말했다. "디지털에서는 상황이 순식간에 바뀔 뿐만 아니라 이 모든 게 소급해서 바뀔 수도 있어요. 우리가 소유한 것이 아니기 때문에, 그게 어떤 식으로 제시되고 사용되는지 전혀 통제하지 못해요." 인스타그램 피드는 처음에는 정사각형의 이미지만 허용하다가 나중에는 모든 크기의 이미지를 허용하는 쪽으로 방향을 바꿨고 이후에는 영상도 포함되었다. 이러한 변화는 모두 더욱 매력적인 콘텐츠를 더 빠르고 더 개인화된 형태로 제공하기 위해서 경쟁한다는 미명하에 이루어졌다.

　저넬은 인스타그램에 불만을 품게 됐지만, 그렇다고 틱톡 같은 새로운 대안으로 갈아타고 싶지는 않다고 말했다. 저넬은 틱톡에 진출하면 더 나은 사업 기회를 얻을 수 있다는 것을 알고 있었지만, 틱톡 플랫폼은 인스타그램에 비해 그의 창조적 에너지를 너무 많이 소모시킬 것 같았다(그렇지만 최신 피드를 거부할 수는 없었는지, 우리가 이야기를 나누고 나서 몇 달 뒤에 저넬은 틱톡에 영상을 올리기 시작했다). 다음에 어떤 소셜 미디어 플랫폼이 유행할지에 끊임없이 촉각을 곤두세우는 인플루언서는 20세기 초반에 유성영화로 넘어가려고 애쓰던 무성영화 스타나 텔레비전으로 넘어가려고 애쓰던 연극배우를 연상시킨다. 이들 모두가 성공한 것도 아니고, 예술에 접근하는 이들의 방식이 새로운 매체에서 통했던 것도 아니었지만 말이다.

이렇게 플랫폼을 갈아탈 수밖에 없는 일이 이제는 10년이 아니라 몇 년에(다행히도 매년은 아니다) 한 번씩 일어나고 있는 탓에 기술적 이슈에 더욱 민감하게 대응해야 할 필요가 있다. 기존의 플랫폼이 언제 완전히 못 쓰게 될지 알아야 하는 것이다. 모바일 동영상 스트리밍 서비스 퀴비Quibi(이는 '퀵 바이츠quick bites'의 줄임말로 '한 입 거리'라는 뜻이다)는 콘텐츠에 많은 예산을 쏟아부었는데도 사용자를 끌어들이지 못한 탓에 결국 1년이 채 되기도 전에 문을 닫았다. 이처럼 대대적인 광고로도 플랫폼 운영이 뜻대로 진행되지 않아 사라져 버리면 그 플랫폼에 진출한 인플루언서의 노력 역시 전부 헛수고가 된다.

저널은 요령 있는 사업가였다. 유행이 휙휙 바뀌는 필터월드에서 살아남기 위해 그는 피드의 형식에 콘텐츠를 맞추는 일을 그만두고 언타이틀드 시크릿Untitled Secret이라는 회사를 세웠다. 언타이틀드 시크릿은 인플루언서를 대변하여 기업과의 마케팅 계약을 조정하는 일을 하는 회사다. 이제 그는 사용자에게 영향력을 발휘하는 인플루언서에게 영향을 미치는 일을 하고 있다.

저널의 취향이었던 2010년대의 인더스트리얼 분위기는 여전히 큰 인기를 끌고 있지만, 최신 유행은 더 지저분하고 더 혼란스러우며 심지어는 대놓고 진정성 없음을 표방하는 방향으로 이동했다. 인플루언서가 수백만 명의 팔로어를 거느리는 일은 이제는 일상이 되었고, 이렇게 큰 규모에서는 개인적인 연결이 거의 불가능하기에 기존의 유명한 이들이 더욱더 유명해진다. 카다시안 스타일의 리얼리티 TV 쇼는 새로운 인플루언서의 시대를 열었다. 이들은 작은 TV 화면에서 그보다 더 작은 스마트폰 화면 사이를 자유롭게 오가면서 더욱 더 유명해졌다. 우리는 킴 카다시안을 TV에서 보고 난 후, 인스타그램에서 그녀를 팔로우할 수 있다. 카다시안의 인스타그램 팔로어는 3억 4,900만 명이 넘고, 이는 흩어져 있기는 해도 국가 하나를 형성할 규모의 인구다. 저널의 경우와 달리, 인스타그램은 카다시안이 누리는 명성의 원천이 아니라 그 명성을 담는 그릇에 지나지 않는다. 명성은 알고리즘에 기반한 홍보를 빠르게 최적화할 수 있는 최고의 조건이며, 이를 더욱 강화한다.

초창기의 소셜 미디어는 사용자들에게 진짜 친구와 연결해준다고 약속했지만, 시간이 지나면서 그 약속에 진정성이 없다는 것이 드러났다. 2016년, 브러드Brud라는 기술 기업의 공동 창업자인 트레버 맥페드리스Trevor McFedries와 새러 데쿠Sara DeCou는 인스타그램에 @릴미켈라@lilmiquela(리틀미켈라)라는 이름의 계정을 생성했다. 이 계정의 프로필에는 19살의 브라질계 미국인이라는 정보가 등록되어 있었고, 게시된 이미지는 셀카나 친구들과 함께 찍은 스냅사진과 도시의 벽 앞에서 포즈를 잡고 찍은 인물 사진 등으로 전형적인 인스타그램 계정이었다. 미켈라의 계정은 성공했던 인플루언서의 계정을 모방해 평균화한 것으로, 별다른 특징 없이 '일반적'이었다. 그녀가 인간이 아니라 컴퓨터 렌더링이라는 점을 제외하고는 말이다.

미켈라의 피부는 윤기가 흐르고 비인간적으로 매끈했으며 반짝

반짝 빛이 났으나, 그녀의 눈은 미묘하게 멍했다. 그녀는 진짜 장소에서 진짜 옷을 입고 진짜 사람과 찍은 사진을 게시했다. 미켈라는 3차원 가상 모델이자 정교하게 만들어진 디지털 인형으로, 가능한 모든 방식으로 다양한 포즈를 취할 수 있다. 미켈라의 화려한 이미지는 대부분의 패션 사진보다 아주 약간 더 기만적이라는 평가를 받았지만 성공적인 것으로 입증됐다. 미켈라는 최초의 '가상 인플루언서'로 대서특필됐고 탤런트 에이전시인 WME와 계약했다(실제로는 미켈라를 만든 사람이 계약을 체결했을까). 미켈라는 260만 명의 인스타그램 팔로어를 보유하고 있으며 다른 유명 인플루언서처럼 캘빈 클라인이나 프라다 같은 명품 패션 브랜드와 홍보 계약을 맺고 있다.

역설적이게도 미켈라가 실제로 존재하지 않는다는 사실은 그녀를 더욱 판매에 적합한 존재로 만든다. 이는 미켈라에게는 광고에 방해가 될 독립적 인격을 지닌 인간성이 없기 때문이다. 미켈라는 피드의 형태가 바뀌어도 저널이 느꼈던 것처럼 소외감을 느낀다거나 다음에 유행할 멀티미디어 형식에 적응하지 못할까 봐 걱정하지 않을 것이다. 또한 미켈라는 갑자기 새로운 인구 통계적 특성이 필요하게 되거나 그것이 더 많은 이익을 가져다줄 것이 확실시될 때까지는 영원히 19살에 머물 수 있다. 게다가 이 계정의 현실 적합성이 부족해지면 그저 계정을 폐쇄하고 새로운 페르소나를 개발하면 그만이다. 한때 저널 같은 인플루언서에게 수많은 소셜 미디어 팔로어를 연결해주던 친밀감이라는 요소는 이제 가상의 캐릭터를 위해 작용한다. 인플루언서가 공개하는 삶에 허구가 가미되기 시작하면(아름다운 휴양지에서 비싼 옷과 액세서리를 화려하게 걸치고 사진을 찍어 올리지만, 모든 것이 협찬이라는 사실은 마치 비밀인 양 아주 작게 표시한다), 인플루언서 역시 허구적인 존재가 되는 것은 마찬가지다.

최근 10년간은 눈에 띄는 인플루언서가 등장하지 않았다. 그 이유는 너무 많은 사용자들이 콘텐츠를 만들어내게 되면서 말 그대로 광고를 통해서든 아니면 주변인들의 관심을 통해서든 참여자나 팔로어들을 수익으로 바꾸는 방법을 고심하라는 (그래서 마치 인플루언서처럼 행동하라는) 압박을 받고 있기 때문이다. 우리는 이제 모두 인플루언서다. 시각 예술가는 인스타그램에 작품을 올려 화랑이나 큐레이터 눈에 들려고 애를 쓴다. 소설가는 자신이 글을 쓰는 과정을 시시콜콜하게 트윗하며 기록으로 남긴다. 아마추어 제빵사는 식빵 만드는 틱톡 영상을 찍고 댓글에 답변해주면서 작게라도 자기 사업을 시작해보려고 애를 쓴다. 데이트 인플루언서도 있고 개인의 재무 상태를 상담해주는 인플루언서도 있다. 필터월드에 수많은 진로의 가능성이 생겨나면서 다양한 피드를 공급하라는 요구는 이제 피할 수 없는 명제가 되었다. 이 같은 압력이 너무 크게 작용할 경우, 홍보 콘텐츠가 실제 기술을 대신하는 일이 벌어지기도 한다.

콘텐츠 자본

필터월드에서 문화는 점차 반복적인 것이 되어간다. 창작자가 곧바로 영화를 만들거나 책을 출판하는 것이 점점 힘들어지고 있다. 창작자가 책을 출간하게 되는 과정을 한번 살펴보자. 책을 내고 싶은 창작자는 샘플용 글을 게시하고 자신의 비전을 설명함으로써 온라인에서 열성팬을 먼저 모은다. 예를 들어, 글에 대한 우호적인 트윗을 얻어야 하며, 대중의 화제에 오르내릴 만한 호의적인 글감을 선정해야 한다. 일이 잘 풀릴 경우 후속하는 글이나 신문의 논평기사 등이 이어질 수 도 있다. 독자들은 작가의 생각을 리트윗하고, 인스타그램 계정에 관 련 기사나 내용을 공유한다. 에이전트는 창작자의 계정과 글에 대한 관심이 급성장하는 동력이 무엇인지 파악하고 분석한 후 가능성이 있다고 판단하게 되면 햇병아리 작가와 계약을 한다. 마지막으로 출 판사는 에이전시와 계약을 한 '작가'가 이미 플랫폼에 그 기반을 충 분히 다져 놓았다면(콘텐츠 스트림에 영향을 줄 수 있을 정도의 팔로어 수를 보유하고 있다면) 원고의 출간을 고려할 것이다. 책이 출간되고 서점의 서가에 첫선을 보이면 작가는 팬들(팔로어들)에게 책 표지 사진과 함 께 트윗을 날리고 책을 들고 있는 영상을 틱톡에 올리는 등 플랫폼을 최대한 이용한다. 가능한 한 여러 공간에 책의 출간을 알려 관심을 끄 는 것이다(이 책 역시 같은 방식으로 홍보될 수도 있다).

소셜 미디어에서 성공을 거둠으로써 미리 청중을 모아두는 것은 '콘텐츠 자본content capital'이라는 유용한 단어로 설명될 수 있다. 케이 트 아이크혼Kate Eichhorn이 《콘텐츠Content》에서 확립한 이 개념은 "예 술가나 작가로서 작업에 관여할 수 있는 개인의 능력이 예술가나 작 가나 연기자라는 자신의 지위에 대한 콘텐츠를 생산해낼 수 있는지 여부에 달려 있게 된" 인터넷 시대의 상태를 설명한다. 작품이 아니 라 예술가의 라이프스타일에 관련된 부수적인 것들에 초점이 맞춰 진다는 것이다. 인스타그램 셀카라든지, 작업 스튜디오를 꾸미는 사진이라든지, 여행을 다녀온 후기 또는 트위터나 틱톡 등에 올린 게시물들이 한 예가 될 수 있다. 이 모든 콘텐츠들이 예술가의 청중을 만들어주지만, 이는 그가 만든 작품과는 별개의 것이다. **롤랑 바르트가 1967년에 '저자의 죽음'을 예견했지만, 이제는 저자의 개인 브랜드가 가장 중요하며, 죽은 것은 작품이다.**

아이크혼의 콘텐츠 자본은 사회학자 피에르 부르디외가 1970년대에 주장했던 '문화자본'이라는 개념과도 깊이 연관되어 있다. 문화자본이란 사회적으로 물려받은 계급적 배경에 의해 자연스럽게 형성되어 엘리트 계급 구성원이 서로를 알아보는 데 도움을 주는 지속적인 문화적 취향을 의미한다. 문화자본은 면보다 캐시미어를 더 동경하고, (아이들도 따라 그릴 수 있을 것 같은) 물감을 이리저리 흩뿌려 놓은 것 같은 잭슨 폴록의 가치를 인정한다. 부르디외는 급진적인 미학적 실험이나 추상에 마음을 여는 행위가 바로 엘리트 계급임을 나타내는 징표라고 지적한다. 이는 예술을 이해하는 일이기도 하지만 특정한 사회적 맥락에서 예술이 무엇을 의미하는지 그리고 다른 작품이나 작가가 상징적으로 보여주고자 하는 것이 무엇인지를 이해하는 일이기도 하다. 따라서 **콘텐츠 자본은 디지털 콘텐츠에 능숙한 정도, 즉 어떤 종류의 콘텐츠가 생산되고 다양한 플랫폼의 피드가 어떻게 작동하고 플랫폼이 무엇을 우선시하며 청중은 특정한 창작물에 어떻게 반응하는 것인지에 대한 모든 것이다. 필터월드에서는 더 많은 콘텐츠 자본을 보유한 사람이 더 많은 팔로어를 얻고 더 큰 권력을 얻는다.**

콘텐츠 자본의 규칙은 온라인에서 매우 일상적이며, 광범위하게 퍼져 있어서 있는지도 모를 지경이다. 팔로어가 더 많고 참여도가 더 높으면 항상 더 나은 대접을 받는다(이제는 고작 팔로어 수백 명에 만족해서는 안 된다. 비록 그 수치가 물리적인 세계에서 알고 지낼 수 있는 사람의 한계치에 해당하더라도 말이다). 가장 중요한 것은 팔로어 수를 늘리는 것이다. 아이크혼은 다음과 같이 언급했다. "더 많은 팔로어와 더 많은 콘텐츠로 이어질 반응을 얻기 위해 콘텐츠를 게시하고 온라인에서 많은 시간을 보냄으로써 콘텐츠 자본을 확보한다. 콘텐츠 자본은 협찬 계약을 맺어 돈을 벌거나 인플루언서의 계정을 새겨 넣은 티셔츠, 저자의 사인을 담은 양장본 등을 팔로어에게 직접 판매하여 수익을 내는 등 그 자체로 이용되거나 다른 형태의 자본으로 탈바꿈하기도 한다. 이 두 가지는 특정인의 팬덤을 보여주는 물리적 상징이라는 점에서 '스웨그swag'라고 여겨지기도 한다.

이 같은 방정식은 문화 생산이나 문화 영역에도 그대로 적용된다. 팔로어가 많으면 많을수록 버는 돈은 더 늘어난다. 소셜 미디어는 문화를 정량화해서 조회 수와 클릭 수를 통한 구매율을 측정하는 평범한 기준치 묶음으로 변화시켰다. 창작자는 더 많은 관심이라는 동일한 보상을 추구하고, 그것을 얻기 위해 가장 효과적인 방식을 그대로 모방한다. 결과적으로 이 모든 것은 동질화로 이어진다. "시간이 흐르면서 매체(영화, 영상, 음성 녹음, 책 등) 간의 그리고 장르(논픽션 대 소설이나 텔레비전 드라마 또는 시트콤) 간의 차이점은 그리 중요하지 않게 되었다." 아이크혼은 이에 대해 간결하고 가차 없이 다음과 같이 말했다.

"콘텐츠가 콘텐츠를 낳는다."

이 말은 콘텐츠가 예술을 낳는다는 뜻이 아니다. 실제로 알고리즘 기반 피드가 요구하는 과잉 콘텐츠는 창작자의 시간을 상당히 많이 빼앗기 때문에 예술에 방해가 되는 경우가 흔하다. 아이크혼은 다음과 같이 썼다. "과거에 문화 생산자는 책을 쓰거나 영화를 제작하거나 미술작품을 만드는 데 집중할 수 있었을지도 모르겠다. 하지만 이제는 자기 자신이나 작품에 관한 콘텐츠를 만들거나 다른 사람이 그런 콘텐츠를 만드는 데 관심을 기울이는 데도 상당한 시간을 쏟아야 한다." 바자회든 파티든 예술품 설치 같은 일들을 온라인에서 진행해본 이들이라면 누구나 부수적인 콘텐츠가 집중을 방해하는 경험을 해보았을 것이다. 나 또한 누가 봐도 원고를 쓰다가 어수선해진 책상을 인스타그램에 올려 작가로서의 정체성을 알리고, 책을 쓸 수 있을 만큼 '좋아요'를 받을 수 있을지 확인하느라 너무 바쁘다.

플랫폼에서 그저 친구들과만 소통하는 이들이라고 해도 온라인에서 보유하고 있는 콘텐츠 자본에 대해 걱정해야 하는 것은 마찬가지다. 특정 식당의 음식이나 휴가지는 다른 곳보다 더 많은 콘텐츠 자본을 보유하며 (페이스북 피드에서 중요한 사건이 더 많은 관심을 받는 것처럼) 결국 더 많은 인스타그램 게시글로 이어진다. 콘텐츠 자본을 늘리기 위해 생일이나 결혼식을 이용할 수도 있지만, 노출이 개인에게 긍정적인 결과만을 가져오는 것은 아니다.

틱톡에는 개인적인 트라우마를 이야기하거나 새로운 예술 창작품을 보여주는 영상들이 올라오기도 하는데, 그런 영상의 댓글은 창작자가 입고 있는 옷이나 그 집에 놓인 가구의 브랜드에 대한 질문들로 가득하고, 이는 마치 그런 정보 공개나 추천이 창작자가 할 수 있는 가장 강력한 문화적 기여라도 되는 것처럼 보이게 한다. 극단적인 예를 들어보자면, 틱톡에 직장 내 성희롱 문제를 토로하는 한 여성의 영상에도 그녀가 입은 홀터탑의 브랜드를 물어보는 댓글이 계속 달리는 식이다. 결국 홀터탑의 브랜드는 자라로 밝혀졌지만, 이것이 그 영상의 요점이나 핵심은 아니다. 심지어 개인적 취약함에 대한 고백조차 시각적 콘텐츠 수준으로 낮춰졌다. 주로 음식에 대한 콘텐츠를 올리는 창작자는 어느 날 수프를 만드는 과정을 보여주는 평온한 분위기의 영상에서 인종차별 경험에 대해 이야기하기 시작했다. 눈에 보이는 주변 환경과 분위기는 민감한 주제의 개인적인 콘텐츠를 가리는 데 사용되었다. 어쩌면 그런 분위기가 알고리즘 기반 피드 내에서 주의가 흐트러진 시청자에게 그녀의 영상이 도달할 가능성을 더 크게 만들었을지도 모르겠다.

콘텐츠 자본을 구축하는 일은 소비자에게 닿기 위해서는 필요한 것이지만 시선을 강탈하는 일이기도 하다. **필터월드에서 소비되겠다는 목적 없이 예술을 한다는 것은 상상할 수 없는 일이다.** 이는 90세가 될 때까지 무명으로 활동해온 카르멘 에레라Carmen Herrera 같은 화가가 한 세기의 대부분을 자신의 화폭 위에서만 악전고투를 벌여온 방식과는 정반대되는 것이다. **오늘날은 추천 알고리즘이라는 촉매가 없으면 관심을 받을 수 없으며, 관심이 없다면 창의성도 없는 것처럼 느껴진다.**

내 콘텐츠 자본은 여전히 만들어지는 중이다. 10년 넘게 전문 기자로 일해왔고 2008년 이후로 계속 트위터를 사용하고 있는 나는 트위터에서 '기껏해야' 2만 6천 명 정도의 팔로어를 보유하고 있으며, 인스타그램에서는 4천 명을 갓 넘겼을 뿐이다. 물론 내가 요리한 저녁, 반려견의 사진이나 내가 좋아하는 사진작가 중 한 명인 스티븐 쇼어Stephen Shore를 흉내 내서 찍은 아주 정적인 일상 풍경처럼 나라는 사람이 현실 세계에 존재한다는 일상적인 증거 이상을 게시하지 않기 때문에 명확하게 설명하기 힘든 숫자이기는 하다. 내가 올리는 이미지는 광범위한 청중을 거의 신경 쓰지 않은 일종의 개인적 문서고를 구축한 것에 불과하다.

나는 오래전에 알고리즘 기반 피드에 맞추는 일 따위는 하지 않겠노라고 마음먹었다. 아니 어쩌면 마음먹었다기보다 그렇게 하는 게 불가능하다고 느꼈다는 편이 옳다. 나는 그렇게까지 멋지거나 재미있거나 매력적이거나 정확히 어떤 변수를 조작해야 할지 알고 그것을 이용할 만큼 주도면밀하지 않았다. 내 트윗이 입소문을 타는 일도 거의 없었고 매일 인스타그램 피드를 채울 만한 생활의 소재도 없었다. 나는 절대 그런 부류의 인플루언서가 되지는 못할 것이었다. 하지만 내가 팔로어 수십만 명을 거느린 인스타그램 스타는 아닐지 몰라도 여러 해 동안 내가 꾸준히 올리는 게시글을 보고 있는 이들에게는 영향력이 있고 결국 그들의 관심이 내가 게시하는 내용에 영향을 미쳤다는 사실을 깨달았다.

나는 내가 가진 콘텐츠 자본을 극대화하기 위해 트윗에 공을 들여왔다. 독자들의 궁금증을 자극하거나 극적인 사례를 인용한 제목을 단 트윗으로 내가 쓴 기사를 더 많은 사람들에게 공유하기 위해 애썼고, 어떤 기사가 많이 공유되는지 알아내기 위해 노력했다. 나는 온라인 독자의 입맛에 맞춘 콘텐츠와 함께 내가 쓴 틈새 디자인 비평이나 실리콘 밸리 문화에 대한 불만이나 미술사 문헌 등을 공유했다. 내가 자주 가는 카페에 대한 소소한 불평처럼 개인적 삶을 보여주는 게시물은 언제나 사람들의 관심을 많이 받는 소재였다. 문제는 내가 피드를 통해 보상을 받을 수 있는 주제와 개인적 취향을 혼동하기 시작했다는 것이었다. 나는 점점 트위터가 보고 싶어 하는 것을 쓰게 되었고, 이것이 내가 스스로 글을 썼거나 흥미를 가졌을 법한 주제에 대한 내 생각을 덮어버리기 시작했다.

어떤 게시글에 '좋아요'가 밀려들면, 이는 추천 알고리즘이 어떤 콘텐츠를 홍보해야 할지 평가하는 데 도움을 줄 뿐만 아니라 마치 닐슨 시청률 지표처럼 콘텐츠 창작자에게는 청중이 무엇에 호응하는지를 실시간으로 파악할 수 있는 전례 없는 측정 수단이 되기도 한다. 또한 문화의 동질화를 만들어내는 동일한 메커니즘은 극단적인 정치적 담론을 일으킨다. 분쟁과 논란은 피드를 눈에 띄게 만들어 '좋아요'를 끌어들이기 때문이다.

인스타 시 INSTAPOETRY의 출현

디지털 플랫폼과 알고리즘 기반 피드에서 호응을 얻을 수 있는 부류의 문화는 그 형식과 내용 면에서 인간이 취향을 선도했던 전통적인 방식의 문화와는 확연히 다르다. 시는 알고리즘 기반 피드가 예술 형식뿐만 아니라 그에 대한 대중의 수용을 바꿔놓은 가장 노골적인 사례 가운데 하나다. 지난 10년 동안 인스타그램에는 '인스타 시인' 세대가 출현했고, 이들은 해당 플랫폼의 구조와 수요에 맞춰 자신의 작품을 구체화함으로써 팔로어들에게 수백만 권의 시집을 팔았다. 그 대표적인 인물로는 인도 출신의 캐나다 시인 루피 카우르Rupi Kaur가 가장 유명하다. 그녀는 인스타그램의 정사각형 틀에 맞춰 자신이 직접 그린 선화線畵와 함께 몇 개의 짧은 행으로 이루어진 간결한 시를 올려서 450만 명의 팔로어를 모았다. 이따금 펀자브어를 참조하기도 하지만, 대부분의 시는 표준 세리프 서체를 사용하여 마치 스마트폰으로 급하게 써 내려간 듯이 소문자로 적혀 있다. 그중 한 편에는 이렇게 쓰여 있다. "그들은 이렇게 아플 거라고 내게 말해주지 않았어 / 아무도 경고하지 않았지 / 우리가 친구와 함께 겪은 이 비통함에 대해서." 그녀의 시화에는 항상 '–루피 카우르rupi kaur'라는 서명이 붙어 있는데, 이는 작가 개인을 브랜드화한 것이며 이미지가 원래 올렸던 디지털상의 맥락에서 분리되거나 다른 플랫폼이나 피드에 게시될 경우에 누구의 작품인지를 알리는 일종의 워터마크 역할을 한다. 이 서명을 보는 사람은 바로 누가 이 시를 썼는지 알게 되는 것이다.

애티커스Atticus라는 필명으로 활동하는 익명의 시인은 인스타그램 팔로어가 160만 명에 이르고, 그 역시 여러 권의 베스트셀러를 냈다. 애티커스는 와인병이나 휴가를 즐기는 사람들을 찍은 대중적인 사진과 시를 함께 올려 큰 주목을 받았고, 주로 사랑이나 아름다움이나 술 같은 주제를 다룬다. "내 사랑이여 / 당신과 나 둘이서 이 삶을 잠시 거닐어봐요." 이것이 게시글 하나에 올라온 시 전부다. 또 다른 인스타 시인으로는 R. M. 드레이크R. M. Drake가 있다. 그의 팔로어는 280만 명이며 다소 천편일률적인 자기 계발 주제와 관련된 산문시 형식을 선호한다. 예를 들어, 한 편의 시는 다음과 같은 구절로 시작된다. "당신에게 눈곱만큼도 신경 쓰지 않는 사람을 잃었다면, 그건 상실이 아니지." R. M. 드레이크 역시 카우르처럼 이름을 모든 인스타그램 게시물에 서명처럼 함께 올린다.

인스타 시인들은 인스타 시라는 '일반적인' 스타일을 발전시켰고, 이것은 세계 각지에 퍼져 있는 미니멀리즘 스타일의 커피숍처럼 동일한 특성을 가지고 있다. 인스타 시는 내가 필터월드의 특징으로 설명하고 있는 몇 가지 원칙을 따른다. 인스타 시는 텍스트뿐만 아니라 이미지로도 기능해야 하며, 인스타그램의 피드든 페이스북의 게시글이든 틱톡의 슬라이드든 상관없이 다양한 디지털 플랫폼 사이를 매끄럽게 이동할 수 있어야 한다. 시의 내용은 공감대를 형성하고 공유할 수 있어야 하며 개인적인 경험이나 관점은 적게, 보편적이고 쉽게 알 수 있는 내용은 많이 이야기해야 한다.

인스타 시의 무미건조한 미학에는 플랫폼 자체의 책임이 더 크지만, 다소 억울하게도 카우르가 인스타 시의 얼굴이자 희생양이 되어왔다. 카우르는 10대 시절에 '말로 쓴 시spoken-word poetry'로 공연을 했고 이후 텀블러에 시를 올리다가 2013년부터는 인스타그램에 올리기 시작했다. 2014년에는 첫 번째 시집인 《밀크 앤 허니Milk and Honey》를 자비로 출판했다. 이후 온라인에서 카우르의 명성이 커지자 2015년에 출판사가 이 시집을 재출간하면서 200만 권 이상이 팔려 나갔고 《뉴욕타임스》 베스트셀러 목록에서 1위를 차지했다. 하지만 오랫동안 시 예술의 유일무이한 심판자 노릇을 해왔던 비평가들은 대체로 카우르의 작품을 싫어했다. 이들은 카우르의 시를 신년 연하장에 적힌 문구에 비유했고 쓰인 그대로 읽히는 축자적 성격을 비판했다. 사실 카우르의 시는 오래 생각할 필요가 없었다.

몇몇 논평은 카우르의 시가 인스타그램의 요구에 얼마나 많이 응답했는지를 무심결에 반영하고 있었다. 비평가 파리아 파이서딘Fareah Fysudeen은 다음과 같이 말했다. "카우르의 시는 분명하고 다소 흥미로운 의식의 흐름을 따라 쏟아지는 생각을 시각적으로 설득력 있게 풀어간다. 그녀의 시는 예상대로 뻔하고 알맹이가 없는 깊이 있는 환상을 묘사하지만, 거기에는 아무것도 없다." 인스타그램에서는 모든 것이 시각적이어야 한다. 카우르가 잦은 행갈이를 통해서 그래픽적으로 선명함을 강조하고 그림을 통해 추가적인 관심을 불러일으키는 것은 바로 이런 이유 때문이다. 인스타그램처럼 어떤 게시글이 피드에 나타나고 잠시 눈길을 잡아끌다가 아무 거리낌 없이 화면을 넘겨 다시는 보이지 않게 되는 공간에서 피상성은 그렇게 흠잡을 일이 아니다. 소설가 루만 알람Rumaan Alam은 2019년에 전통적 문학비평지 《뉴 리퍼블릭》에 기고한 〈루피 카우르는 이번 10년을 대표하는 작가다〉에서 "예술가로서 카우르가 이룬 성취는 그녀의 작업이 현시대의 삶을 정의하는 기술, 즉 스마트폰과 인터넷을 형식의 측면에서 구현하고 있다는 점이다"라고 썼다.

나는 2023년에 알람에게 연락을 취해 당시의 비평에 대해 지금은 어떻게 생각하고 있는지 물었다. 당시 알람의 비평은 여러 비평가로부터 다소의 반발을 불러일으켰다. 알람은 "나는 정당했다고 생각합니다. 스마트폰 화면을 움직일 필요 없이 한눈에 편히 들어오도록 맞춰진 텍스트가 훨씬 더 설득력 있습니다"라고 말했다.

카우르의 외모가 매력적으로 보인다고 해서 손해 볼 일은 없다. 긴 얼굴과 날카로운 턱선과 그윽한 눈매를 담은 셀카는 그녀의 인스타그램 계정에 자주 게시된다. 카우르는 시화와 셀카를 번갈아가면서 올리는데, 가벼운 스냅사진보다는 세련된 최신 유행 복장에 화장까지 한 모습으로 제대로 포즈를 취하고 찍은 사진이 대부분이다. 카우르는 자신의 외모를 내보이는 일을 자신의 예술과 동일 선상에 놓고 있는데, 모든 창작자가 그럴 능력이 있거나 그렇게 하고 싶다고 생각하는 건 아니다(우리는 모두 아름다움에 대한 인간적인 평가에서 평등하지 않으며, 이는 다른 부류의 알고리즘이다). 예술가가 성공하려면 꼭 매력적이어야 할까? 물론 그렇지는 않지만 인스타그램 시대에는 특히 도움이 된다.

카우르와 그녀의 시는 최대치의 콘텐츠 자본을 보유하고 있다. 카우르는 시인이면서 인플루언서라는 정체성을 갖고 있으며, 이 두 개의 정체성은 서로를 강화한다. 그녀는 시 덕분에 대중적 인기를 누리는 인플루언서가 되었고, 또 한편으로는 온라인 플랫폼에 단단히 자리 잡은 그녀의 계정 덕분에 시가 인기를 끌었다.

카우르는 인스타그램이 다른 주제보다 더 많은 관심을 받는 특정 주제에 보상하는 방식으로 자신의 작품에 미학적 압력을 행사하는 것을 잘 알고 있다. 2017년, 《엔터테인먼트 위클리Entertainment Weekly》와의 인터뷰에서 카우르는 이렇게 말했다. "내가 온라인에서 사랑받는 시들은 대부분 사랑을 노래하거나 가슴앓이에 대한 것들이에요." 그러나 성적 폭력을 다룬 시는 '좋아요'를 더 적게 받았다. 어느 시점부터 카우르는 관심을 많이 받을 수 있는 기본적인 주제만을 올리게 되었고, 그러자 계정의 참여도 수치는 증가했다. 하지만 그 과정에서 진정성을 느끼기는 힘들었다고 그녀는 말했다. 예술가는 소셜 미디어가 제공하는 보상에 적극적으로 맞서야 한다. 사람들이 많이 클릭하는 것을 더 많이 주면 된다는 끊임없는 유혹을 뿌리칠 수 있어야 한다는 이야기다. 사용자들 역시 자신들이 결정을 내리는 순간에도 피드에 의해 조종당하고 있다는 사실을 기억해야 한다. 카우르는 이렇게 말했다. "(소셜 미디어에) 너무 깊이 빠져들다 보면 사람들의 반응 때문에 자기가 창작하고 싶은 것, 자기가 쓰고 싶은 걸 바꾸게 되는 지경에 이르죠." 소셜 미디어를 수동적으로 소비하면 자의식을 상실하는 결과로 이어질 수 있다. 카우르는 이 같은 분위기에 편승하여 진부한 이야기를 독특한 통찰력으로 치장하기도 한다며 말을 이었다. "우리는 너무 유행에 민감해요. 정작 스스로에게는 무심하면서 말이죠." 이제 카우르는 자신의 스마트폰에는 소셜 미디어 앱을 설치하지 않고 다른 유명인들처럼 자신의 계정을 관리해줄 팀을 꾸리고 있다고 한다. 이를 통해 카우르는 청중과의 친밀성을 유지하여 인기를 누리면서도 스스로를 온라인상의 이미지와는 분리했다.

소셜 미디어를 예술의 반의어라고 보는 평가에는 엘리트주의적인 요소가 작동하고 있을 수도 있다. 아이비리그나 문예지 또는 첼시의 화랑처럼 전통적으로 인정할 만한 예술 창작의 경로에 누구나 접근할 수 있는 것은 아니다. 어떤 이들에게는 온라인상의 매력적인 이미지나 존재감을 이용하여 최초의 청중을 구축하고 자신을 향한 관심이 얼마나 되는지 입증하는 것이 폐쇄적인 생태계에 끼어드는 길일 것이다. 사람들은 온라인을 통해 (인플루언서) 예술가에게 접근할 수 있다는 사실에 끌릴 수 있다. 예를 들어, 수백만 명이 카우르의 작업을 높이 평가하면서 그녀의 시집을 구매하고 인스타그램을 팔로우하고 그녀의 시화들은 수십만 개의 '좋아요'를 받는다. 실제로 최근 들어 시의 소비가 전반적으로 증가했다고 한다. 시 전문 사이트 (Poets.org)의 트래픽은 2020년에서 2021년 사이에 25퍼센트 늘었고 시집 판매 부수 역시 증가했다. 영국에서는 2018년에서 2019년 사이에 시집 판매량이 12퍼센트 상승했다. 이런 현상은 인터넷이 짧은 텍스트의 소비를 부추겼기 때문일 수도 있겠지만, 지난 몇 년 동안 이어진 혼란이 영적인 사색의 욕망을 불러일으켰기 때문일 수도 있다. 시문학 또는 엘리트 제도의 기득권층이 인정하는 시 역시 인스타 시와 공존하고 있지만 판매 부수는 훨씬 낮다.

문학적 맥락에서 나는 1957년생인 한국계 미국인 시인 김명미의 시를 높이 평가한다. 김명미의 몇몇 시는 인스타그램 이미지 하나에 딱 맞게 들어갈 정도로 짧지만 즉각적으로 이해할 수 있는 것은 아니다. 그녀의 시 〈땅 모으기accumulation of land〉는 짧은 구절을 3열 격자형으로 배치한 것으로, 어떤 순서로 읽어도 역동적으로 읽을 수 있게 되어 있다. 그녀의 시는 아주 적극적으로 단편화되어 있어 우리 시대의 언어의 단편화에 응답하는 듯하다. 또 다른 그녀의 짧은(어쩌면 무한할 수도 있겠지만) 시 〈서론: '어떻게 부르든 이름은'Exordium: 'In what way names'〉에서는 불과 몇 행을 통해 막대한 해체를 암시했다. "어떻게 부르든 이름은 사물에 딱 들어맞았었다. 여과. 딱 들어맞았었던 모든 단어가 여전히 존재하는 것은 아니다In what way names were applied to things. Filtration. Not every word that has been applied, still exists." 첫 문장의 과거시제는 처음에는 미묘하지만, 그다음에는 가슴을 저민다.

노골적인 명료함과 단순하고 문자 그대로 읽히는 예술 그리고 언어학적으로 난해하고 그 어떤 것도 정해지지 않은 예술, 이들 중 어떤 미학적 접근법이 다른 것보다 더 좋거나 나쁘다고 말할 수는 없다. 이들은 그저 다른 종류의 선택일 뿐이다. 그러나 필터월드에서 우리는 필연적으로 후자보다 전자를 우선하는 문화 환경과 마주하게 된다. 이는 알고리즘 기반 피드를 통해 더 효과적으로 전달될 수 있는 것이 전자의 예술이기 때문이다. 또한 창작자가 필터월드라는 지극히 자본주의적인 환경에서 살아남으려면 청중이 필요하다. 트위터에서든 인스타그램에서든 틱톡에서든 아마존에서든 예술가는 보이지 않는 힘과 씨름하고 있다. 예술가들은 생계를 유지하게 해줄지도 모를 소셜미디어의 잠재력이나 팔로어 수를 잃게 되더라도 자신의 개인적 비전에 충실할 수도 있고, 아니면 살아남기 위해 피드나 청중이 요구하는 사랑과 가슴앓이를 다룬 시 같은 것만 쓰는 선택을 할 수도 있다. 후자를 선택하면, 예술 자체만으로 수익을 올릴 수 없을 경우 협찬 지원을 받거나 인플루언서로서 살아남는 또 하나의 선택지를 갖게 된다. 알고리즘 기반 피드가 예술의 죽음으로 이어지는 것은 아니지만, 예술의 장애물인 것은 분명하다.

북스타그램과 북톡

소셜 미디어 인플루언서는 마케팅의 한 축을 담당하는 세력이 되었다. 이들은 특정 패션 브랜드의 신상품이든 정치적 이데올로기든 상관없이 거의 모든 것을 대중에게 소개한다. 필터월드에서 무언가가 인기를 얻었으면 좋겠다 싶을 때는 인플루언서를 끌어들이는 것이 가장 빠른 길이다. 이들을 중심으로 산업 전반이 재편되고 있다. 2018년, 해나 올리버 뎁Hannah Oliver Depp은 고향인 워싱턴 D.C.에 새로운 서점을 열겠다는 결심을 했다. 뎁은 '북스타그램Bookstagram'을 운영하는 인플루언서 그룹을 이용하여 새로운 서점을 구상했다. 이들은 패션이나 여행이 아닌 책을 추천하여 팔로어를 모았고, 전통적인 출판업계에서도 이들의 힘과 권위가 점점 강해지고 있었기 때문이다. 뎁은 다음과 같이 말했다. "내게는 기회였어요. 그 안에 존재하고 싶은 아름다운 공간을 만들 기회 말이에요. 그리고 인스타그램 콘텐츠를 위해서는 그런 종류의 공간이 필요하다는 것 역시 알게 되었죠." 뎁은 팝업 서점을 열었다. 그리고 방문객이 앉아서 사진을 찍고 싶을 만큼 아름답고 푹신한 안락의자를 하나 가져다 두었다. 또한 틱톡의 문학 인플루언서인 '북톡Booktok'에 맞춰 사진 대신에 동영상을 찍을 수 있는 공간도 만들었다.

내가 뎁을 처음 만나게 된 것은 한 소설가 친구를 통해서였다. 뎁은 여러 도시를 도는 책 투어를 열었고, 나에게 워싱턴 D.C.의 서점에서 열리는 행사를 맡아 진행해달라고 요청했다. 끝을 알 수 없고 예측도 할 수 없는 팬데믹이 밀어닥치고 있었던 때였기에 이 모든 대화는 줌을 통해 이루어졌다. 행사를 마치고 뎁과 나는 그의 단골 술집인 레드 더비Red Derby로 향했다. 이곳은 곧 무너져내릴 것처럼 낡아 있었고 어수선했지만, 넓은 옥상 공간을 사용했고 다양한 위스키 진저를 제공했다. 레드 더비는 인스타그램의 입맛에 맞추거나 옐프의 사용자 평가를 신경 쓰지 않는, 그곳만의 매력을 간직한 지역의 명소였다. 이 술집은 모든 방문객을 환대하는 분위기를 풍기는 곳이었고, 뎁은 이곳의 분위기 속에서 자신의 사업에 대한 영감을 떠올릴 수 있었다고 했다.

나와 뎁은 인터넷이 책을 쓰고 책을 팔고 책을 찾고 책을 읽는 이 모든 일에 미친 영향을 놓고 토론을 벌였다. 대부분이 백인이고 고인물들이 가득한 출판업계에서 흑인이자 퀴어 여성으로서 뎁은 진로를 스스로 개척해야만 했고, 새로운 단체를 만들어냈다. 뎁은 원래 미술사를 전공했는데 그 덕분에 시각 문화에 대한 자신만의 취향을 갖고 있었다. 그녀는 워싱턴 D.C.의 '폴리틱스앤프로즈Politics and Prose'라는 서점에서 일하기도 했다. 처음에는 트위터에서, 그다음에는 인스타그램에서 책에 관해 이야기하는 피부색이 다른 이들의 공동체를 발견한 후, 뎁은 자신만의 모험을 시작해야겠다는 확신을 얻게 되었다고 한다(알고리즘 기반 피드가 사람들이 서로를 발견하고 공동체를 구축하는 데 도움이 될 때도 있다). 고정된 매장이 없는 점포 앞 가설물로 시작했지만, 뎁은 자신의 소규모 서점이 계속 이어질 것이라는 인상을 심어줄 수 있도록 배치를 세심하게 구상했다. 그녀는 자기 집 거실 인테리어에서 아이디어를 얻었는데, 이에 대해 "골동품 가게가 이케아를 만났다"고 말했다.

워싱턴에는 북스타그래머들이 많이 거주하고 있었는데, 이는 워싱턴의 주요 산업에 소셜 미디어 계정을 유지하는 데 필요한 여유시간을 가진 고학력 관료들이 대거 포진되어 있었기 때문이다. 불과 얼마 전까지만 해도 출판계는 전통적인 비평가 편에 서서 북스타그래머들을 경시해왔고, 그들 역시 자신들이 기성 문학계로부터 외면당하고 있다고 생각했다. 출판사가 책이 출간되기 전에 인플루언서들에게 미리 교정쇄를 제공하고 그들과 함께 책을 홍보하기 시작한 것은 고작해야 몇 년 사이의 일일 뿐이었다. 뎁은 북스타그래머가 "여성이거나 퀴어인 경우가 많다"고 말했다. "그들은 '왜 사진을 찍죠?'라는 말을 하지 않을 서점, 자신들의 독서 취향을 저급하다거나 유치하다고 경시하지 않을 그런 서점을 원했어요." 소셜 미디어를 통해 유명해진 책들은 로맨스나 판타지 장르인 경우가 흔하다. 미국 대통령의 아들과 웨일스 왕자 간의 동성애를 다룬 케이시 맥퀴스턴Casey McQuiston의 《빨강, 파랑, 어쨌든 찬란》이나 시간 여행과 불멸의 저주를 다룬 V. E. 슈와브V. E. Schwab의 《기억되지 않는 여자, 애디 라뤼》 같은 책이 대표적이다.

그래서 뎁은 고정된 장소에 본격적인 서점을 연다면, 그곳은 사진 찍기에 좋은 배경이 될 수 있는 흥미로운 것들로 가득 찬 공간이어야 한다고 생각했다. 뎁은 이렇게 말했다. "그건 시각적인 부분을 판매하는 것과 마찬가지예요. 누군가 들어와서 '오 맙소사, 이건 꼭 올려야 해'라고 말하는 거예요. 모든 것은 스냅사진을 찍었을 때 보기 좋게 나오도록 배치되어 있어요. 저는 이 서점의 구석구석을 3차원 공간으로 상상해요. 그리고 만약 그 공간이 정사각형이나 영상 속에 들어간다면 사람들의 눈을 사로잡을 수 있을지도 상상하죠." 뎁의 공간은 온라인 콘텐츠 제작에 최적화되어 있다. 서점과 책이 물리적인 공간에서 기능하는 것처럼 알고리즘 기반 피드를 통해서도 유통되어야 하기 때문이다. 온라인 구경꾼뿐만 아니라 지나가다가 그냥 한번 들어와본 누군가를 대상으로도 마찬가지다.

뎁이 알 수 없었던 것은 도대체 어떤 책이 북스타그램이나 북톡에서 인기를 얻게 될 것인가였다. 인스타그램은 생각보다 느렸고 참여의 범위 또한 좁았다. 서적 도매상은 독자들이 구매하는 책이 어떠한 추세로 변해가는지 주시할 수 있었고, 그들을 끌어들일 책을 공급할 수 있었다(많은 서점이 '당신이 인스타그램에서 봤던 그 책'이라는 매대를 설치하기 시작했다). 하지만 틱톡은 좀 더 즉각적이었고 훨씬 광범위한 (전 세계의) 청중에게 영향을 미쳤다. 뎁은 "틱톡은 훨씬 빠르게 통제에서 벗어났어요. 틱톡은 아주 강력한 알고리즘이었죠"라고 말했다. 출판사들은 어떤 책들이 틱톡을 통해 입소문이 나는지 예상할 수 없었기에 충분한 양의 책을 인쇄해서 유통시키는 데 어려움을 겪었다. 이는 작은 동네 서점은 필요한 만큼 책을 확보하지 못한다는 뜻이기도 하다. 이런 사태는 독자를 아마존이라는 알고리즘 악당에게 다시 빼앗기는 결과로 이어진다. 게다가 출판사들은 규모가 큰 유통업체에 우선적으로 공급하기 때문에, 아마존은 더 많은 책을 공급받고 재고를 유지할 수 있다.

인플루언서가 홍보하는 문학의 종류에도 동질성이 있고, 이는 피드를 통해서 홍보할 수 있는 책의 범주를 한정시킨다. 뎁은 이렇게 설명했다. "제일 잘 팔리는 작가는 감정을 건드리거나 자기 계발을 지향하거나 로맨스나 로맨스 인접 장르의 책을 쓰는 백인 이성애자 여성이에요." 북톡 스타인 콜린 후버는 후자의 범주에 해당한다. 매들린 밀러Madeline Miller는 그리스 신화를 개작한《아킬레우스의 노래》와《키르케》가 북톡에서 큰 호응을 얻은 이후, 두 권 모두 백만 부 넘게 팔렸다. 밀러는 고대의 전형적인 인물이 지닌 위엄을 밀레니얼 세대의 사랑과 감정에 잘 버무려 놓았다(오디세우스는 버림받은 나약한 남자로

그려졌다).

틱톡 시대의 인기는 모 아니면 도가 되기 쉽고, 어떤 책이나 주제가 인기를 얻게 되면 그 트래픽에 편승하기를 바라는 모방꾼을 부추긴다. "동질성이라는 문제는 그저 따분하다는 데만 있지 않아요. 가장 불쾌하거나 가장 불쾌하지 않은 글이 가장 상단에 오르죠. 사람들이 그런 글을 클릭하니까요." 뎁은 이어서 이렇게 말했다. "중요한 문제는 누구든 틱톡에서 성공할 수 있다는 거예요. 책을 전혀 읽지 않는 사람도 그게 유행하는 주제라면 책에 대한 영상을 찍으려 들죠. 처음에는 진정한 관심에서 시작되지만 천 번째 영상쯤 되면 원래의 뜻과는 전혀 무관해지는 거죠." 알고리즘 기반 피드는 책이라는 피상적 상징을 문학으로서의 가치와 분리시킨다.

알고리즘에 기반한 큐레이션도 소비자를 소외시키기는 마찬가지다. 작가 엘리너 스턴Eleanor Stern은 북톡에 속해 있지만 그에 대해 회의적이다. 스턴은 팬데믹 중이었던 2020년에 틱톡에 가입했고, 2021년 초부터 영상을 제작하기 시작했다. 나는 스턴을 틱톡 버전 비평가라고 평가한다. 스턴은 이해하기 힘든 언어학에서부터 신간이나 잡지 기사에 이르기까지 모든 것에 대해 이야기하는 영상(말로 쓴 에세이라고 해도 좋을 것이다)을 틱톡에 올린다. 스턴은 7만 명이 넘는 팔로어를 보유하고 있는데, 그녀가 올리는 영상의 주제에 비추어 보면 상당히 많은 숫자다. 스턴은 틱톡의 알고리즘 기반 피드가 "문학의 동질성을 유발한다"고 말했다. 그것이 문제인 이유는 사용자에 맞춰 개인화된 알고리즘 '포 유' 피드가 "잠재의식이 외부화된 것"으로 여기기 때문이다. 스턴은 틱톡이 문화의 장르를 하나로 묶어버리듯이 사용자 역시 스스로의 정체성을 특정 범주나 장르에 꿰맞추도록 부추기는 방식을 관찰했다. 그는 "당신이 지금 소비하는 것은 무엇이든 그것은 당신의 자아를 표현하는 것입니다. 그리고 그것은 당신을 설명할 수 있는 한에서만 존재합니다"라고 말했다. 플랫폼에서 책은 읽을거리가 아니라 라이프스타일을 드러내는 데 사용할 수 있는 액세서리 또는 정체성을 보여주는 시각적 상징으로 인기를 얻는다. 이것이 바로 필터월드가 부추기는 자기도취다.

뎁은 사람들이 서점에 들어와서 틱톡에서 지금 엄청난 인기를 얻고 있는 최신작을 서점 전면이나 중앙에 진열하지 않았다는 사실에 (아마 서점 전체를 뒤져도 찾을 수 없을 것이다) 놀라워한다는 것을 알고 있다. 사람들은 뎁의 서점이 당연히 피드의 논리를 따를 것이라고 기대하지만, 실은 그렇지 않다. 그 이유는 바로 뎁이 서점의 모든 책을 선별하기 때문이다. 한 사람의 알고리즘으로 운영되는 서점인 것이다. "사람들은 큐레이션을 인터넷상의 존재가 아니라 제가 한다는 사실은 상상하지 못해요. 왜냐하면 그들이 정보를 보는 방식은 인터넷상의 보이지 않는 손에 의해서 추려진 것이기 때문이죠." 알고리즘 기반 피드를 필요한 만큼만 충족시키는 것과 그 피드에 너무 지나치게 의존하는 경계선을 따라 걷는 일은 쉽지 않다. 엄청난 관심과 그것에 따른 이익에 대한 유혹은 늘 도사리고 있지만, **자동화된 피드에 과도하게 의존하다 보면 그 누적된 효과에 둔감해진다. 그리고 결국에는 문화가 알고리즘의 방식 말고 다른 방식으로 작동하는 상황을 상상하지 못하게 된다.**

창의성과
알고리즘의 압력

내가 할리 베이트먼Hallie Bateman을 처음 만나 친구가 된 것은 2010년
대 초반으로, 당시 우리는 브루클린에 살고 있었다. 할리는 바리스타
로 일하면서, 그림과 편집 삽화를 그리는 일을 하고 있었다. 우리는
블로그를 운영하는 한 친구를 통해 알게 되었는데, 할리는 그의 블로
그에 만화를 올리고 나는 글을 썼다. 하지만 우리가 서로의 작업을 매
일 팔로우하게 된 곳은 블로그가 아니라 트위터와 인스타그램이었
다. 이후 할리는《디 올The Awl》같은 온라인 출간물에 그림과 글을 게
시하게 되었다.

　나는 할리의 작품에서 그의 기벽과 성격을 느낄 수 있었다. 2010년
대는 마치 다림질을 한 것처럼 매끈한 파스텔 색상의 그래픽과 함께
깔끔하고 평면적인 디자인이 대세였다. 그러나 할리는 종이 위에 휘갈
기듯 그림을 그렸고 불안정하게 흔들리는 선은 린다 배리Lynda Barry와
로즈 채스트Roz Chast 같은 만화가를 떠올리게 했다. 할리의 작품에서
깔끔한 마무리는 중요하지 않았다. 오히려 반려견을 간략하게 스케
치하거나 삶의 혼란스러운 본질을 묘사하는 서사적 장면을 그리거나
할 때, 그 선 하나하나에 얼마나 많은 감정을 담아낼 수 있을지가 더
중요한 것처럼 보였다. 할리의 작품 중 가장 잘 알려진 것은 인스타그
램에 올린 것으로, 작은 사람 형상 몇몇이 흰색 정사각형을 가로지르
고 이들 각자를 원색으로 그려진 선이 뒤따라온다. 이들 중 누구도 마
주칠 것 같지 않아 보인다. 그림의 한가운데에 할리는 "우리가 만난

적이 있다니, 그건 기적이네요"라고 적었다. 이 그림은 씁쓸하면서도 달콤한 작품이다. 이 세계에서 우리의 삶은 정말 아주 극소수의 사람과만 겹치지만, 어쨌거나 그렇게 겹친다는 사실은 축하할 만한 일이다. 이 작품은 상당히 인기가 있어서 여기저기 공유되었고, 어떤 이들은 이 그림의 출처도 알지 못한 채 몸에 문신으로 새기는 일도 있었다. 이 그림은 필터월드의 맥락에서 벗어나 있었음에도 불구하고 유명해졌다.

할리는 인스타그램에서 수만 명의 팔로어를 모으고 플랫폼의 인기를 이용해서 작품의 인쇄본을 찍어냈다. 그리고 결국에는 대형 출판사에서 책을 출간하기도 했다. 할리의 경력과 예술 활동이 걸어온 궤적은 2000년대 후반과 2010년대에 걸쳐 사용자가 만든 소규모 웹사이트에서 알고리즘 기반 피드가 청중의 볼거리를 좌우하는 대형 소셜 플랫폼으로 이어지면서 창의력에 어떤 변화를 가져왔는지 그 역사를 개략적으로 보여준다. 이 궤적은 또한 피드의 규모와 자동화가 피드를 청중에게 매력적인 것으로 만들어준 창작자를 어떻게 소외시켰는지도 보여준다.

할리는 이제 로스앤젤레스에 살고 있다. 그녀의 로스앤젤레스 아파트는 그림으로 가득 채워져 있고 스튜디오로도 쓰인다. 그녀는 더이상 온라인에 그림을 자주 올리지 않는다. 할리는 거울이 있는 벽장 위쪽의 벽 높은 곳에 간단한 메시지를 대문자로 크게 적어 놓은 종이 몇 장을 테이프로 붙여 놓았다. "나는 너를 믿어.I BELIEVE IN YOU." 할리는 캘리포니아대학교 샌타크루즈에 다니던 2007년에 트위터 계정을 시작했다. 대학을 졸업하고는 인스타그램에 가입했는데, 당시 할리는 홀로 파리와 바르셀로나를 여행하고 있었다. 할리는 내게 이렇게 말했다. "문득 외롭다는 느낌이 들더라고."

할리는 삽화가로 일하고 싶었으나 정규직을 구하기 힘들자 브루클린으로 이주하여 바리스타일을 시작했다. 트위터와 인스타그램이 작품을 공유하고 다른 예술가와 연결할 수 있는 매개체가 되면서 동료가 되고 싶었던 이들이 펜이나 종이 종류에 대한 메시지를 주고받는 모습을 곁눈질하기도 했다. 소셜 미디어는 예술가 공동체를 제공했고, 트위터에서 연락을 주고받은 사람을 실제로 만나게 되면서 이 온라인 공동체는 물리적 현실 세계까지 스며들었다.

"그때만 해도 인스타그램에 올릴 생각으로 작품을 만들지는 않았어. 그저 내 스케치북을 사진으로 찍어놔야겠다 정도였거든. 정말 가벼운 마음으로 말이야." 그녀는 경력 초기에 받은 '좋아요'가 격려가 되었다고 말했다. 할리에게 예술대학교 학위가 있다거나 예술 단체에 가입해 있다거나 한 것이 아니었는데도, 사람들은 할리의 작업을 지켜봐주고 팬이 되었다. "내가 하던 일을 계속하라고 온 우주가 내게 엄지척을 수없이 날리는 그런 기분이었지." 뉴욕으로 이사를 왔을 무렵, 할리의 인스타그램 팔로어는 천여 명 남짓이었지만 2015년이 되자 2만 명으로 늘어났다. 할리는 자신의 그림을 좀 더 가다듬어 올리는 등 출판을 목적으로 그린 삽화만큼이나 인스타그램 게시글에도 신경을 쏟기 시작했다. 플랫폼이 목적이 된 것이다.

할리는 인스타그램 피드가 특정한 속성에 보상을 준다는 사실을 알게 되었다. 할리는 늘 시각 예술과 글쓰기를 함께 올려왔지만 명료하게 쓰인 메시지가 있는 게시글의 참여도가 가장 높았다. 할리는 이렇게 말했다. "내가 보기에 예쁜 걸 올렸을 때는 반응이 그다지 크지 않았어." 물론 이것이 알고리즘 피드만으로 만들어진 결과라고 볼 수는 없다. 소비자의 취향이 언제나 어떤 예술가의 비전과 딱 맞아떨어지지는 않기 때문이다. 하지만 피드가 가속화되고 피드백이 즉각적으로 이루어지면 예술가의 자의식이 강화되는 결과를 낳는다. 할리의 인스타그램 계정은 그녀가 〈지침들Directions〉이라는 연작을 올리기 시작했을 때, 팔로어가 3만 명에서 6만 명으로 늘어나면서 가장 크게 성장했다. 할리는 이 시리즈에 "슬픔을 깊이와 혼동하지 말기"라든가 "당신이 사랑하는 이들에게 당신이 어떤 점을 좋아하는지 분명히 말하기"처럼 삶에 조언이 될 만한 경구를 다채로운 색상의 공작용 판지에 잉크로 굵게 적어넣었다.

이 시리즈는 마치 누구나 쉽게 적용할 수 있는 밈 같아서 인스타그램에 딱 들어맞았다. 밝은 배경에 단순한 도덕적 메시지를 담은 간단한 텍스트가 할리를 팔로우하는 이들의 피드에 향신료처럼 약간의 묘미를 더해주었다. 팔로어들은 그 작품으로 할리의 계정을 신뢰하게 되었다. 할리는 "사람들이 너를 팔로우하면 계속해서 그걸 기대한다는 거지"라고 말했다. 〈지침들〉 연작은 각각 수천 개의 '좋아요'를 받았다. 순수하게 참여도라는 측면만 고려한다면 이 연작은 완전히 성공했지만, 할리는 이 성공에 대해 양가감정을 느끼고 있었다. 할리의 스타일은 작품마다 달랐다. "나는 이 연작의 인기를 지켜보면서 화가 나기도 하고 혼란스러워지기 시작했어. '여기에 영향받지 마. 그냥 하던 대로 해'라고 다짐해야 했지. 이 모든 게 내 다른 작품을 논평하는 것처럼 느껴지기 시작했거든." 할리의 다른 그림이 '좋아요'를 더 적게 받았다고 해서 그 작품들이 더 못하다는 뜻이었을까? 할리는 그냥 계속해서 〈지침들〉 연작만 줄기차게 만들면 되는 걸까? 할리가 앞으로 나올 작품들을 연작과 비슷하게 밝고 명료하고 단순하게 만들어야 한다고 느꼈던 압력은 음악가가 틱톡에서 성공하려면 노래의 훅hook 부분을 앞에 배치해야 한다고 느끼는 압력이나 작가가 트위터 피드에서 관심을 받으려면 자극적인 장면이 있어야 한다고 느끼는 압력과 비슷하다.

2017년, 패트릭 저널과 다른 이들이 느꼈던 것처럼 할리 역시 인스타그램 알고리즘 기반 피드에 눈에 띄는 변화가 있었음을 느꼈다. "나는 실제로 심리적인 면에서 재미있고 자극적인 것에서 조금은 따분하고 압도당하는 상태로 변하고 있다고 느끼기 시작했어. 인스타그램이 훨씬 더 변덕스럽게 변해가고 있던 거지"라고 할리는 말했다. 인스타그램의 추천 알고리즘은 작품의 맥락을 이해하지 못하는 청중에게도 할리의 작품을 보여주었고, 할리의 작품이나 표제가 정치적 이슈를 언급했을 때, 혐오성 댓글들이 달리기 시작했다.

이후 할리는 소셜 미디어를 떠나기로 마음먹었다. 할리는 여전히 여러 작품을 만들고 있지만 그것들을 게시하지는 않는다. 예전에는 끊임없는 온라인 피드백의 도움을 받아 창작 과정을 구체화했지만 이제는 다르다. "나는 대중의 반응을 떠보는 시험용 예술가에서 벗어나 '친구를 빼고는 누구에게도 말하지 않은 엄청난 양의 작업을 하고 있어' 유형의 예술가로 탈바꿈했지." 할리는 이어서 말했다. "내가 플랫폼을 위해서 작품을 만들지 않는다면, 나 자신이나 아니면 인류를 위해 작품을 만들고 있겠네."

이런 유형의 내적 창작 과정이나 스스로 사고하는 과정은 어떤 아이디어나 생각이 바로바로 공개되고 사용자의 참여로 시험받게 되는 필터월드의 시대에는 적합하지 않다. 인플루언서 예술가는 스스로를 성찰하지 않는다. 그런 예술가는 사물의 덧없는 표면에 머물면서 대중의 반응에 따라서 자가복제하고 적응한다. 할리의 말을 듣고 나는 슬픔을 느꼈다. 나는 역시 스스로 생각할 수 없는 상태에 빠진 걸까, 보이지 않는 청중이 부추기지 않으면 창작 작업을 할 마음조차 들지 않는 걸까? 철학자 한병철은 포스트 인터넷 시대를 사는 사람들이 어떻게 "더 이상 무의식이 없는지"에 대해 이야기했다.

이제 예술이 만들어지고 유통되는 방법은 과거의 방식과는 많이 달라졌다. 조용한 스튜디오나 작업실 혹은 글을 쓰는 책상에서도 청중들의 야유는 끊이지 않는다. 혁신은 참여를 측정하는 기준에 적응하는 게 아니라 언뜻 보면 충격적일 수도 있는 창조적 도약에서 왔다. 너무 미리 기대에 부응하거나 특정한 변수 집합에 맞춰 상상력을 다시 구성하면, 창조적 도약의 본질을 잃거나 그 길이 가로막힐 수도 있다. 이는 예술가에게나 소비자에게나 좋지 않은 상황이다. 할리는 "때때로 사람들은 자신이 무엇을 원하는지 몰라. 네가 사람들에게 그걸 보여주기 전까지는 말이야. 나한테는 사람들에게 정확히 그들이 요구하는 걸 주지 않고 버티려는 면이 있지"라고 말했다.

나는 할리에게 팔로어를 신경 쓰지 않으면 생계에 지장이 생기지 않을까 걱정되지는 않는지 물었다. 그녀는 알고리즘 기반 피드와 계속해서 늘어나는 팔로어 수에 집착하지 않게 되자 창작 활동을 위해서 더 안정적인 기반을 만들어내고 있다는 생각이 들었다고 설명했다. 트렌드와 플랫폼은 늘 변하지만, 할리는 자신이 무엇을 지향하는 지 알고 있다고 확신했다. "내가 트렌드를 따르고 새 플랫폼이 나올 때마다 그곳에 적응하고 팔로어 수나 늘리려고 애를 쓰는 건 모래성을 쌓는 것과 마찬가지야. 매번 쌓고 또 쌓고 하는 일을 반복하겠지. **알고리즘이 우리의 기대를 저버린다는 건 알고리즘이 안정적이지 않다는 소리야. 알고리즘은 좋을 때만 친구 같은 거였던 거야."**

모래성 비유가 딱 맞는다는 생각이 들었다. 팔로잉과 '좋아요'와 참여도 그리고 너무 편하지만 내 관심사만을 내놓는 고립된 실시간 추천까지, 이들은 일시적이고 플랫폼에 좌우되며 필연적으로 변화하다가 시간이 흐르면 서서히 사라진다. 2010년대에 페이스북이 등장하고 그러다가 점점 시대에 뒤처지는 모습은 대마불사의 신화나 사회적으로 혹은 기술적으로 새로운 규칙이 생겨나도 절대 대체되지 않는 소셜 네트워크는 없다는 사실을 보여주었다. 우리의 디지털 생활이 우리의 관심사보다 기업의 이익에 의해 좌우된다면, 사용자는 스스로를 방어해야만 할 것이다.

05

—

필터월드에 대한 규제

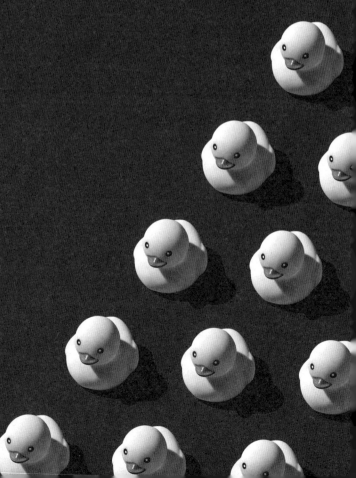

생명을 위협하는
알고리즘

사용자는 추천 알고리즘과 피드의 손아귀에 있다. 알고리즘과 피드는 인간이 발명했고 인간이 힘을 부여했으나 인간이 기대한 역할을 훌쩍 넘어선 프랑켄슈타인 같은 존재다. 우리는 추천 알고리즘과 피드를 통제하지도, 영향을 미치지도 못한다. 현대인의 삶에서 필수적 부분이 된 디지털 플랫폼을 사용하고 있는 한, 완전히 손을 떼기도 어렵다. 우체국이나 하수도 시스템이나 전선처럼 추천 알고리즘과 피드는 필수적이지만 공공 기반 시설과 달리 정부의 감독이나 규제의 대상이 아니며, 유권자가 결정을 내릴 수 있는 대상도 아니다. 추천 시스템은 걷잡을 수 없이 퍼져나간다. 어쩌면 추천 시스템이 영향을 미치는 소재가 수돗물보다 중요하지 않은 것처럼 보이는 탓에, 문화 영역 안에서 추천 시스템의 변덕스러움을 못 본 체하는 것인지도 모르겠다. 만약 사용자가 메탈리카의 앨범을 들었는데, 그 뒤로 스포티파이가 계속해서

메탈 음악만 추천하기 시작한다면 보통은 이런 천편일률적인 알고리즘을 웃어넘기거나 사소한 결함 정도로 무시하고 넘어갈 것이다. 그로 인해 일어날 수 있는 가장 큰 위험은 지루함 정도이기에 특별히 심각해 보이지 않는다. 하지만 우리의 예상과 달리 알고리즘을 통해서 콘텐츠가 가속화되는 일은 생사가 걸린 문제가 되기도 한다.

2017년 11월, 몰리 러셀Molly Russell이라는 런던 북서부 출신의 열네 살 나이의 여학생이 자살로 삶을 마감했다. 그러나 러셀의 죽음을 자살이라고만 단정지을 수는 없다. 2022년, 북런던 지역 고위 검시관 앤드루 워커는 러셀의 죽음을 다른 시각으로 설명했다. "러셀의 자살은 유해한 온라인 콘텐츠와의 상호작용으로 인한 우울증이 원인이다." 워커는 소셜 미디어를 치명적인 의학적 위험으로 공식 인용했다. 러셀의 이야기는 삶이 오프라인만큼이나 온라인에서도 동일하게 영위되는 소셜 미디어 시대에 10대라면 누구나 겪었을 법한 것들이다. 여느 10대와 마찬가지로 러셀은 디지털 플랫폼에서 많은 시간을 보냈다. 사망 6개월 전에 러셀은 인스타그램에서 1만 6천 개가 넘는 콘텐츠에 노출되었다. 러셀의 사망을 조사한 정부 보고서에 따르면, 그중 약 2천 개 또는 13퍼센트가 자살과 자해 그리고 우울증과 관련이 있었다. 러셀은 또한 핀터레스트 보드에 우울증과 관련된 이미지를 469개나 모아두기도 했다. 소셜 미디어 피드는 그 어떤 것이든 관심사에 기반한 콘텐츠를 제공한다. 하지만 마블 영화의 팬덤을 움직이게 만들거나 어떤 노래가 입소문을 타게 만드는 것과 똑같은 사회적이고 기술적인 힘이 정신 건강에 영향을 주거나 악화시킬 수도 있다.

추천 알고리즘은 러셀에게 수많은 정신 건강 관련 콘텐츠를 제공했다. 《와이어드》는 러셀이 '당신이 좋아할 만한 우울증 관련 보드'라는 제목의 이메일을 받았는데, 여기에는 러셀의 보드를 위한 제안으로 피 묻은 면도날 사진이 담겨 있었으며, 이는 그런 부정적인 이미지를 핀터레스트에 넘쳐나는 인테리어에 관련된 수많은 아이디어와 비슷한 것으로 다룬 무책임한 처사라고 보도했다. 이후 페이스북은 러셀에게 "슬픔 또는 우울증에 관한 주제를 언급한" 30여 개의 계정이 추천되었고, 이런 계정이 러셀의 정신 건강을 악화시킬 수도 있는 콘텐츠를 볼 수 있는 방법을 제공했다고 밝혔다. 러셀은 자신의 비밀 트위터 계정에서 '우울증 관련 문구' 같은 이름을 가진 여러 계정을 리트윗했다. 이 계정들은 자살을 예찬하는 이미지를 공유하고 우울증에 관해 이야기하는 인플루언서에게 관심을 보였다. 소셜 네트워크 피드는 러셀을 검시관이 "과도 집중 기간binge period"이라고 부른 상태로 몰아갔고, 러셀은 자동으로 전달되는 콘텐츠를 저항 없이 소비했다.

러셀의 죽음은 도를 넘은 알고리즘 사용의 결과다. 콘텐츠는 인력으로는 누그러뜨리기 힘들 정도로 너무 빠르게 그리고 엄청난 규모로 움직인다. 우울증 관련 콘텐츠를 넘쳐나도록 잡지에 싣는 편집자는 없다. 그런 콘텐츠를 쉴 새 없이 내보내는 방송국도 없다. 하지만 알고리즘 기반 피드는 요청이 있으면 즉각적으로 콘텐츠를 모을 수 있고, 해로운 콘텐츠였음에도 사용자가 가장 끌린다고 생각했을 법한 콘텐츠를 제공했다. 러셀의 비극적인 사건은 필터월드의 문제가 디지털 플랫폼이 작동하는 방식과 구조에 있다는 점을 적나라하게 보여준다. 사용자가 스스로의 행동을 바꾸는 방법도 있겠지만 큰 변화는 없을 것이다. 디지털 플랫폼의 메커니즘이 더 많은 참여를 자극해서 광고 수익을 올리는 일보다 사용자의 안녕을 더 우선시하리라고 확신하지 못하기 때문이다. 디지털 플랫폼 안에서 사용자가 행사할 수 있는 행위 주체성은 특정한 부분에 국한될 뿐이다. 예를 들어, **사용자는 특정한 주제의 콘텐츠를 찾아다닐 수는 있지만 그렇다고 추천 알고리즘의 방정식을 바꾸지는 못한다.** 인터넷을 항해하면서 알고리즘 기반 피드에서 벗어날 수 있는 다른 방법을 찾기 어렵다. 이는 소수 기업이 이 모든 것을 장악하고 있기 때문이기도 하다.

구조적 독점화

오늘날 우리의 온라인 경험은 심하게 집중되어 있다. 소비자는 트위터, 페이스북, 인스타그램, 틱톡, 유튜브 같은 몇 안 되는 대형 플랫폼으로 몰려들고 해당 플랫폼 안에서 보고 싶은 것이라면 무엇이든 찾을 수 있는 상태에 놓여 있다. 사람들이 이 플랫폼들에 집중되어 있기 때문에, 창작자는 그 플랫폼 안에서 작업하면서 작업을 콘텐츠로 변형하고 플랫폼 피드에 맞춰야 한다. 그렇게 하지 않으면 상대적으로 눈에 띌 수 없기 때문이다. 우리가 온라인에서 보는 콘텐츠 대부분이 '사용자가 생성'해서 어떤 정보 관리나 지원도 받지 않고 자유롭게 올린 것이지만, 기업이 결정해서 미리 만들어놓은 틀에서 벗어날 수는 없다. 인터넷은 수십 년의 역사를 거치면서 집중화와 분산화를 오가는 몇 차례의 주기를 겪었는데, 사용자 경험 면에서는 초창기가 더 나은 모델을 제공했을지도 모르겠다.

1969년에는 미국국방부 산하 방위고등연구계획국Defense Advanced Research Projects Agency, DARPA의 통제하에 네트워크에 연결된 컴퓨터는 극소수였다. 아르파넷ARPANET은 최초의 광역 컴퓨터 네트워크로, 연결된 모든 컴퓨터를 작게 표시된 미국 지도 위에 보여줄 수 있었다. 아르파넷의 네트워크는 집중화되어 있었으며, 오로지 정부와 대학을 통해서만 네트워크에 접근할 수 있었다. 시간이 흐르면서 네트워크는 점차 확장되었다. 아르파넷이 특정한 지점만을 연결하는 지하철 같은 시스템이었다면, 1980년에 만들어진 유즈넷Usenet은 적절한 장비만 갖추고 있다면 누구나 올라탈 수 있는 도로에 가까웠다. 유즈넷은 인터넷 전체에 콘텐츠를 배포하고 소비하는 초창기 방식 가운데 하나였으며, 최종적으로는 아르파넷에 연결된 일종의 디지털 게시판 시스템이었다. 서버만 있다면 사람들이 기사나 게시글을 올리는 데 사용할 수 있는 '뉴스 그룹'을 누구나 호스팅할 수 있었다. 이 뉴스 그룹은 최신 정치 뉴스부터 집에서 와인을 양조하는 방법에 이르기까지 무엇이든 토론할 수 있는 공간을 제공했다. 네트워크 전체를 통제할 수 있는 권한을 가진 뉴스 그룹은 없었지만, 각 공간에는 나름의 주제와 규칙이 있었고 뉴스 그룹의 관리와 속도는 전적으로 참여자가 정했다. 유즈넷을 이용하는 온라인 사용자는 모든 것을 스스로 선택한 파워 유저 그룹으로 새로운 기술에 능숙했으며, 높은 수준의 교육을 받았으며, 경제적으로 풍족할 가능성이 컸다.

기업도 전화식 연결을 통해 집에서 유즈넷에 접속할 수 있는 서비스를 제공하기 시작했다. 1993년 아메리카 온라인(이하 AOL)이 유즈넷을 설립하여 인터넷을 몇 개의 선택지로 구성된 간단한 메뉴로 단순화했고, 2000년 무렵에는 약 2,300만 명의 가입자를 확보했다. AOL은 이미 서비스를 사용하고 있는지와는 무관하게 우편으로 CD를 대량 발송했고, 그 덕에 어디서나 쉽게 볼 수 있게 된 이 CD를 삽입하면 일련의 배너를 포함한 단순한 웹 사용자 화면이 나타났다. 배너를 클릭하면 사용자는 연예나 스포츠나 개인 재무 같은 다양한 주제에 관련된 웹사이트 영역으로 들어갈 수 있었다. 관련 그룹에 접속한다는 점에서는 유즈넷과 비슷했지만, 접근 가능성은 더 컸고 반면에 사용자가 콘텐츠를 생성하는 일은 더 적었다.

하지만 나는 곧 기업화된 공간을 벗어나는 모험을 감행했고, 더 분산되고 훨씬 더 넓은 인터넷 세계를 발견했다. 사람들은 아무런 감독 없이 그리고 때로는 별다른 전문 지식 없이도 자신만의 HTML 웹사이트를 구축할 수 있게 되었다. 이런 웹사이트들은 대부분 초기 구글 검색으로 쉽게 찾아볼 수 있었던, 일부 특정 팬덤이 일일이 수작업으로 만든 것 같은 페이지로 이루어진 아마추어의 공간이었다. 1994년에 출시된 지오시티스GeoCities 같은 서비스를 이용하면 기본적인 도구로 웹사이트를 구축하고 호스팅할 수 있었는데, 비슷해 보이는 페이지는 찾아보기 힘들 정도로 각자의 개성을 자랑하는 웹페이지들이 가득했다. 그 당시 웹사이트는 엉성한 프레임 배치에 움직이는 GIF 파일이 기괴하게 충돌하는, 마치 어린아이가 만든 것 같은 디자인이 대부분이었다.

1999년에 출시된 라이브저널LiveJournal은 사용자들이 개인적인 이야기를 쓸 수 있는 공간을 제공했고, 사용자들은 이곳에 다양한 텍스트를 올릴 수 있었다. 이 서비스는 블로그의 이전 모델로 사용자는 자신만의 개인 페이지를 가지고 각자의 개성이나 선택된 주제에 맞춰 그 페이지의 외형을 디자인했다. 포럼forum이라는 형태의 시스템 구성을 통해 사람들은 공동체 공간을 만들 수 있었는데, 나는 그 당시 푹 빠져 있던 대규모 다중사용자 온라인 롤플레잉 게임MMORPG 커뮤니티의 포럼에 가입했었다. 그중 하나가 머천트 길드Merchant Guild로, 내 10대 초반을 지배하다시피 한 한국산 MMORPG '라그나로크 온라인'에 대해 서로 이야기를 나누는 게시판이었다. 이곳에서 나는 이름도 모르는 낯선 이들이지만 나를 동료로 대해주는 사람들과 교류할 수 있었다. 내가 참여했던 또 다른 포럼은 특정한 잼 밴드나 콘서트 녹음본을 공유하는 곳이었다. 이런 포럼들은 물리적으로 인접하지 않아 오프라인으로는 접근하기 힘든 이들과도 정보를 주고받을 수 있는 공간을 제공했다.

온라인 출판과의 첫 만남은 고등학교 시절에 이루어졌다. 당시 파커라는 친구가 미술 포트폴리오로 쓰기 위해 개인 웹사이트를 만들었고 그곳에 블로그를 개설했다. 나는 매주 파커가 올린 게시글을 읽었고, 파커에게 내게도 똑같은 블로그를 하나 만들어 달라고 부탁했다. 파커가 블로그를 만들어주자 나는 배너 디자인과 활자체를 어설프게 만진답시고 하세월을 보냈다.

학교나 부모님에 대해서 불평하는 글이 대부분이었지만 나는 그 블로그에 십여 편의 게시글을 올렸고 그때까지도 글을 '출판'한다는 말이 무슨 뜻인지 제대로 알지 못했다. 심지어 다른 사람들이 나의 이 은밀하고 불안에 가득 찬 장광설을 알고 있으리라고는 꿈에도 상상하지 못했다. 2000년대 초반의 인터넷에 존재하는 글은 (그 의미를 이해하는 사람이 거의 없는) 괴팍한 소일거리에 불과했으니 말이다. 다른 애들은 포럼이 무엇인지도 몰랐기 때문에 학교에서 놀림거리가 되지도 않았고, 나의 디지털 생활은 조용했다. 오늘날은 개인을 상대로 한 공격이 기승을 부리지만 그 당시에는 소셜 미디어라는 공적인 영역이 아직 존재하지 않던 때였다. 아직 본격적인 집중화가 이루어지기 전이었으므로 그 어떤 것이든 규모가 작았다. 그렇지만 그 블로그를 통해서 나는 온라인에만 존재하는 삶과 성격을 뜻하는 '디지털 그림자 자아'가 무슨 의미인지 이해하게 되었다. 당시에는 그것이 근본적인 혁신처럼 느껴졌다. 나는 온라인에서의 내 모습을 통제할 수 있었다. 하지만 화면 반대편에서 관심을 기울이고 있는 사람이 누구인지는 알지 못했다. 이는 인터넷에서 우리의 존재가 물리적인 실제 생활과 그렇게 단단히 결속되어 있지 않았기 때문이다. 그 당시 온라인에서 본명으로 활동하는 것은 특이한 일이었고, 소셜 미디어가 지금처럼 이 세계를 집어삼키기 전에는 잘 알려지지 않은 틈새시장 정도였다. 이같은 온라인과 오프라인의 단절감은 인터넷이 '실생활'에서 떼려야 뗄 수 없는 것이 되면서 서서히 사라져버렸다.

나는 2004년 무렵에 마이스페이스 계정을 가지고 있었는데, 내 주변에서 그 계정을 가지고 있는 사람은 고등학교 동창 몇몇에 불과했다. 마이스페이스에서 가장 인기 있는 활동은 좋아하는 노래와 절친의 목록을 정리하는 일이었다. 마이스페이스보다 먼저 나왔고 나보다 살짝 나이가 많은 사람에게 인기가 있었던 프렌드스터라는 온라인 공간도 있었다. 앞서 언급했듯이 페이스북은 대학생을 대상으로 시작되었고, 대학교에 입학하는 것이 페이스북을 이용할 수 있는 유일한 방법이었다. 처음에는 같은 과 친구와 연락하거나 파티 사진이나 관계 업데이트를 올리는 목적으로만 사용되었지만 곧 다른 디지털 콘텐츠를 진공청소기처럼 빨아들였고, 대학생이 아닌 사람들도 가입할 수 있게 되면서 그 같은 현상은 가속화되었다.

친구의 상태 업데이트는 알고리즘 기반 피드의 필터링을 거쳐 그룹 알림과 뉴스 기사와 광고 사이에 배치되었다. 페이스북은 콘텐츠 사이에서 이런 종류의 충돌을 처음으로 시도했는데, 이는 사용자의 요구 때문이 아니라 그것이 회사의 이해관계에 영향을 미쳤기 때문이었다. 만약 페이스북이 월마트나 아마존처럼 한 번에 모든 것을 제공할 수 있다면 사용자는 경쟁 서비스를 사용할 이유가 적어질 것이다. 인터넷은 수작업으로 구축한 HTML 사이트처럼 전문화된 형태에서 모든 것이 적용가능한 접근방식으로 이동하고 있었다. 페이스북은 개인 블로그인 동시에 포럼이었고 뉴스 피드이자 사진을 대량 투척할 수 있는 장소였다. 마크 저커버그는 페이스북이 단순한 웹사이트가 아니라 디지털 생활의 전부가 되기를 원했다. 인터넷은 거대 플랫폼으로 이루어진 작은 집단으로 뭉치기 시작했다.

2010년대 초반, 페이스북의 경쟁자들이 나타나기 시작했다. 페이스북이 첫선을 보이고 2년 뒤에 출시된 트위터는 가능한 한 작은 공간에서 가능한 한 많은 정보를 소비하고 싶어 하는 뉴스 중독자에게 시간순으로 배치된 실시간 정보 피드를 제공했다. 이들에게 글자 수 제한은 오히려 매력적으로 느껴졌다. 텀블러는 이미지에 중점을 둔 친밀한 경험을 제공했으며, 라이브저널의 업데이트처럼 전문적인 내용에 대한 개인적인 의견이나 그와 관련된 정보 수집이 인기를 끌었다. 내가 좋아하는 몇몇 텀블러는 애니메이션의 스크린숏이나 중세 시대의 채색 필사본 같은 자료를 엄선한 것이었다(예술인 척하는 정도는 다양했지만, 포르노그래피 또한 상당히 많았다. 이 점이 텀블러를 다른 소셜 네트워크와 가르는 부분이었다). 하지만 인스타그램이 나올 때까지 온라인 친목 활동이라는 분야에서는 그 누구도 페이스북의 아성을 위협하지 못했다.

나는 2011년에 인스타그램에 가입했는데, 마치 신선한 공기를 들이쉬는 것 같은 느낌을 받았다. 인스타그램은 친구가 무엇을 하고 있는지 당신이 알 수 있게 함으로써 페이스북에 이어 성공적인 소셜 네트워크로 자리 잡았다. 그러나 인스타그램과 페이스북은 그 규모 자체가 달랐다. 또한 인스타그램은 페이스북처럼 콘텐츠가 뒤죽박죽 섞여 있거나 모든 형식을 다 시도하려고 하지 않았다. 초창기 인스타그램 피드는 알고리즘에 기반하지도 않았고, 단 한 가지 유형의 콘텐츠를 제공했다. 인스타그램은 마음에 드는 장소에서 찍은 사진을 그 자리에서 곧바로 공유하는 것에 최적화된 미니멀리즘 스타일의 소셜 미디어였다.

저커버그는 그 작은 회사가 페이스북에 위협이 되리라는 사실을 곧바로 깨달았다(인스타그램의 직원은 고작 13명에 불과했고, 수익도 내지 못하는 상태였다). 2012년 초, 저커버그는 당시 페이스북 최고재무책임자에게 인스타그램을 비롯해 패스Path나 포스퀘어 같은 신생 소셜 앱에 대해 이렇게 말했다. "그런 회사들이 성장해서 규모가 커지면 우리에게 아주 큰 골칫거리가 될 수도 있어요." 저커버그의 해결책은 작은 회사의 창업자들이 거부하지 못할 정도의 큰 금액을 제시하여 그들의 회사를 사버리는 것이었다. 저커버그는 평균 5억 달러에서 10억 달러를 제시했다. "우리는 누군가가 그 정도 규모로 성장하기 전에 이 회사들이 가진 역동성을 통합할 1년 이상의 시간을 벌게 될 것입니다." 페이스북은 이 회사들을 인수해서 페이스북 생태계에 병합하고 이들의 참신함을 모방함으로써 앞으로의 경쟁 역시 무력화하겠다는 것이다. 저커버그는 이렇게 말했다. "우리가 (모든 것을 포함한 플랫폼을) 대규모로 배포할 것이기 때문에, 새로운 제품은 그다지 큰 관심을 끌지 못할 것입니다."

페이스북은 이 계획을 실행했다. 저커버그는 인스타그램에 10억 달러를 제안했고 2012년 4월에 인스타그램 최고경영자이자 공동 창업자인 케빈 시스트롬Kevin Systrom이 이 제안을 받아들였다. 시스트롬은 자신에게 선택의 여지가 별로 없다고 생각했다. 그는 인스타그램 투자자들에게 다음과 같이 이야기했다. "나는 우리가 마크의 분노를 피할 수 있다고 생각하지 않습니다." 결국에는 페이스북이 인스타그램을 인수하거나 아니면 페이스북의 사업용 소프트웨어와 소셜 데이터를 통해 인스타그램이 페이스북의 플랫폼에 접근하는 것을 차단함으로써 인스타그램의 성장을 저지하거나였다. 이는 '사거나 아니면 묻어버리는' 전략이었다.

인수 후 몇 년 동안 인스타그램은 예전과 비슷한 상태를 유지했다. 하지만 2015년이 되면서 이 앱은 일부 광고를 포함하게 되었고, 2016년에는 알고리즘 기반 피드로 전환했으며, 2017년에는 유지 기간이 짧은 게시글인 스토리Stories를 추가함으로써 경쟁사인 스냅챗을 모방(하고 파괴)하려는 시도를 시작했다. 시간이 지나면서 인스타그램은 상이한 종류의 콘텐츠가 뒤죽박죽 얽히고, 개인적인 사회적 연결과 개인적이지 않은 사회적 연결이 서로 뒤섞이고, 사용자가 원하는 피드가 아니라 영상이나 쇼핑 같은 회사의 이익에 중요한 것들을 보여주는 등 점점 더 페이스북 그 자체가 되어갔다. 2018년 말에 시스트롬과 인스타그램의 공동 창업자였던 마이크 크리거Mike Krieger는 인스타그램을 완전히 떠났다(당시 시스트롬은 "모든 게 기가 막히게 좋으면 누가 회사를 떠나고 싶어 하겠습니까"라고 말하면서 자신의 불만을 에둘러 표현했다).

페이스북이 인스타그램을 인수했을 때 나는 인터넷의 벽이 사용자의 주위를 빽빽하게 조여오고 있다고 느껴졌다. 가능성뿐만 아니라 혼란스러움으로 가득했던 지오시티스 같은 광대한 네트워크 영역과 텀블러 같은 개인적인 표현 공간은 이제 모두 막을 내렸다. 디지털 생활은 점점 정해진 틀에 맞춰지고 있었고, 이런 틀은 자신만의 이미지로 덮을 화폭이 아니라 채워 넣으면 그만인 몇 개의 상자 묶음이 되어버렸다(사용자는 페이스북 프로필 자체를 디자인할 수 없다. 그저 자신의 아바타만을 바꿀 수 있을 뿐이다). 나는 상실감 같은 것을 느꼈다. 하지만 접근 범위를 넓히기 위해 창의성을 조금 희생하는 일은 그만한 가치가 있어 보이기도 했다. 소셜 미디어를 통해 이렇게 많은 사람들과 동시에 이야기를 나눌 수 있다니! 그렇지만 그런 노출 역시 시간이 지나자 버거워졌고, 나는 종전의 친밀감이 그리워졌다. 인터넷이 실생활을 좌우하는 힘이 아니라 사적인 장소와 실생활로부터 잠시 몸을 숨기는 은신처로 여겨졌던 시절의 그 감성 말이다. 사방에서 인터넷 벽이 조여오면서 알고리즘 기반 피드는 더욱더 강한 영향력과 권위를 얻었다.

혁신은 둔화했다. 샘솟듯 튀어나왔던 각종 도구와 플랫폼이 페이스북과 구글에 밀려 빠르게 사라졌다. 트위터는 2013년에 짧은 동영상 사이트 바인Vine을 만들었지만, 경영 미숙으로 2017년에 문을 닫았다. 구글의 자체 소셜 네트워크인 구글 플러스는 2011년 출시될 때부터 이해하기 힘든 서비스였는데 결국 2019년에 소리 소문도 없이 사라졌다. 킥스타터Kickstarter 같은 크라우드펀딩 서비스는 후원자에게 자기가 보고 싶은 것에 직접 관심을 기울일 수 있는 길을 열어줌으로써, 문화적 기획의 틈새시장을 마련했지만, 페이스북의 사회적 지배에 대항할 유일한 경쟁자인 스냅챗이나 틱톡 같은 추진력을 얻지는 못했다.

페이스북을 위협한 차세대 서비스는 인스턴트 메시징이었다. 인터넷 기업들은 스마트폰 소유자의 연락처 목록을 최대한 활용할 수 있는 새로운 앱을 찾고 있었고, 이 앱은 SMS나 아이메시지iMessage를 대신해서 사람들이 서로 직접 소통하는 수단이 될 참이었다(메시징 앱은 전화 신호보다는 인터넷 접속을 활용했다). 페이스북은 2011년에 첫 출시된 메신저Messenger라는 자체 메시징 서비스 수단을 가지고 있었지만, 메세징 앱이 개발되면 대규모 소셜 네트워크 사용자의 시선을 돌려놓을 것이라고 우려했다. 옳은 우려였다.

2013년 초, 페이스북의 부사장 한 명은 메시징이 "페이스북을 집어삼킬 가장 위험한 교두보 중 하나"라고 말했다. 2009년에 설립된 메시징 앱 왓츠앱WhatsApp은 이런 주장을 증명이라도 하듯이 특히 아시아와 유럽을 중심으로 점차 두각을 나타내고 있었다. 그해 말에 왓츠앱의 사용자는 4억 명을 넘어섰고, 수익은 광고가 아니라 다운로드와 구독료에서 나왔다. 그래서 저커버그는 또 한 번의 거절할 수 없는 제안을 던졌다. 2014년, 페이스북은 당시 15억 달러의 가치를 가지고 있다고 평가된 왓츠앱을 190억 달러에 인수한다는 데 합의했다. 일개 스타트업 회사에 지불했다기에는 믿을 수 없을 정도로 큰 금액이었다. 그리고 이제 왓츠앱은 본래의 성격을 잃었다. 2020년부터는 광고를 포함하게 되었고, 페이스북이 이 회사를 관리하는 한 페이스북에 대항할 소셜 네트워크로 성장할 일은 절대 없었다. 인수를 통해서 모회사에 대한 위협을 무력화한 것이었다.

페이스북은 인스타그램과 왓츠앱 외에도 십여 개의 회사들을 인수 합병했고, 구글은 2006년에 유튜브를 인수하여 단순히 영상을 올리는 사이트에서 텔레비전을 대체하는 거대 미디어 소비 조직으로 변모시켰다. 그러나 다른 소셜 네트워크는 성공적이지 못한 결말을 맞이했다. 예를 들어, 한때 트위터, 페이스북과 함께 어깨를 나란히 했던 텀블러는 2013년에 야후가 11억 달러를 지불하고 인수했지만 여러 해 동안 부실한 경영과 성장률 저하로 부진을 면치 못하다가 2019년에 단돈 300만 달러에 워드프레스WordPress에 매각되었다. 페이스북에 합병되지 않았다면, 인스타그램이나 다른 앱들 역시 이와 같은 운명이 기다리고 있었는지도 모르겠다. 하지만 이제는 알 수 없다. 그들은 이미 페이스북의 중력에 빨려 들어갔으니 말이다. 페이스북은 너무 커졌다. 커도 너무 커서 망할 수 없는 수준을 넘어 불법적일 정도로 크다. 페이스북의 인수 합병에 관련한 내용은 2020년에 미국 연방거래위원회가 소송을 제기하면서 상세하게 밝혀졌는데, 소송에서 위원회는 페이스북이 '반경쟁적인 행동'을 함으로써 소셜 네트워크 분야에서 독점 기업이 되었다고 주장했다. 이 소송에는 여러 주 정부가 참여했으며, 유사한 소송이 연이어 제기되었다.

혁신은 작은 것에서부터 시작된다. 어떤 사용자 집단이나 새로운 앱이 새로운 종류의 콘텐츠를 올린다거나 새로운 커뮤니티를 만드는 것처럼 새로운 형태의 행동을 만들어내면, 한동안은 디지털 문화가 그 이전과는 다르게 자연스럽고 흥미를 주는 것처럼 느껴진다. 하지만 이내 대기업이 이를 모방하거나 사업상의 압력을 가하고, 인수 합병 등의 방식으로 새로운 행동이나 기능을 흡수한다. 사용자는 사용하던 오래된 앱에서 새로운 것을 발견하면 기뻐하며 동참하고, 새로운 형식에 대한 기쁨은 (가장 흔하게는 광고가 늘어나는 형태로) 가차 없이 착취된다. 이 과정은 도돌이표처럼 반복된다. 사용자들은 진정성 있는 온라인 문화가 파괴되었다고 불평하지만, 곧 다시 새로운 것이 등장한다. 완전히 안전한 플랫폼은 없다. 현재 시장을 장악하고 있는 가장 큰 플랫폼도 언제든지 규모가 작은 신규 플랫폼의 등장으로 위협을 받을 수 있다. 이는 아주 짧은 순간만 지속되는 스냅챗의 게시글이나 완전히 알고리즘에 기반한 틱톡의 피드 같은 기술적 진보 때문일 수도 있고, 아니면 기술 역시 패션처럼 사용자들이 지루해하기 전에 관심을 계속 붙들어두기 위해 끊임없이 바뀌어야 한다는 사실 때문일 수도 있다.

하지만 오늘날의 인터넷은 그 어느 때보다도 획일적이다. 개별 웹사이트는 끊임없이 흐르는 피드에 포함되었고, 모든 콘텐츠는 비슷해 보이는 몇 개의 틀에 맞춰야 한다. 콘텐츠 창작자에게 플랫폼을 선택할 수 있는 권리가 있지만, 플랫폼 자체는 점점 서로 닮아가며 비슷하게 작동한다. 우리의 선택지는 좁아지다 못해 숨이 막힐 지경에 이르렀다. 현재 인터넷을 장악한 몇몇 플랫폼은 대규모인 데다가 강력한 힘까지 가지고 있다. 사용자는 수십억 명에 이르고 시가총액은 수천억 달러에 달한다. 그런 탓에 아무리 혁신적인 스타트업 기업이 나타나 그들을 위협한다 하더라도 결국 이런저런 방식으로 짓밟히고 성장하는 데 큰 어려움을 겪는다. 이 거대 플랫폼들은 너무나 강력하며, 그들로 하여금 사용자의 경험을 동질화하는 방식을 바꾸게 할 그어떤 유인 요소도 없다. 페이스북을 상대로 소송을 제기했던 연방거래위원회는 다음과 같이 주장했다. "그 결과, 경쟁이 줄고 투자가 줄었으며 사용자와 광고주의 선택권은 더 줄어들었다."

이렇게 사용자를 농락하는 환경에 대항할 수 있는 방법은 없다. 이 앱 저 앱을 왔다 갔다 해보고 설정을 이리저리 바꿔봐야 얻을 수 있는 건 딱 그만큼뿐이다. 필터월드를 해체하려면 기술 산업 수준에서 변화가 일어나야 한다. **분산화는 비록 개인에게 더 높은 노동 부담과 책임을 지우지만, 사용자에게 최대한의 행위 주체성을 부여한다. 따라서 필터월드에 저항하고 디지털 생활의 새로운 가능성을 구축하는 최고의 방법은 분산화다.** 하지만 분산화는 수익성이 낮기 때문에, 기업 스스로 이것을 받아들일 가능성은 거의 없다. 방법은 그들에게 분산화를 강제하는 것뿐이다.

수십억 명에게 이토록 막대하고 강력한 영향을 미치고 있음에도 불구하고, 소셜 네트워크 사업에 대한 정부 규제는 그다지 엄격하지 않다. 소셜 네트워크 사업은 철저한 규제 아래 장치와 제조에 필요한 공급망이 관리되는 하드웨어 산업과 미국 헌법이 표현의 자유를 보장한 이래 방송할 수 있는 콘텐츠의 종류가 늘 법률적 쟁점에 오르내렸던 미디어 산업 그 사이에 있는 것 같다. 그렇다면 소셜 네트워크는 신문이나 방송국처럼 그 도메인에서 호스팅되는 모든 사항에 책임을 져야 할까? 그동안은 그렇지 않았다. 아니면 전화 사업자처럼 이론상 중립적인 정보 전달자로 분류되어야 하는 걸까? 하지만 알고리즘에 기반한 추천 시스템을 고려한다면 단언컨대 이들은 절대 중립적이지 않다. 그렇다면 소셜 미디어는 개인 사용자의 안전을 지키기 위해 그 한계를 엄격히 규제해야 하는 악덕 산업에 속하는 것이 아닐까? 어쨌거나 수많은 사용자가 중독되니 말이다.

우리가 필터월드를 이루고 있는 디지털 플랫폼을 어떻게 분류하든 일정한 형태의 규제가 필요하다는 점만은 분명하다. 우리는 사용자로서 오로지 그런 플랫폼의 구조가 만들어낸 결과만을 경험하고 그 구조에 행동을 맞출 뿐이다. 새로운 종류의 행동과 새로운 형태의 문화에는 새로운 구조가 필요하며 이는 기술 기업의 독점과 이중성이 무너지고 나서야 비로소 가능할 것이다.

투명성을 찾아서

디지털 플랫폼의 작동 방식을 바꾸는 가장 빠른 방법은 투명성을 요구하는 것이다. 이는 기업으로 하여금 자체 추천 알고리즘이 어떻게 그리고 언제 작동하는지 설명하게 한다는 이야기다. 투명성이 보장된다면 최소한 기업이 사용자에게 무엇을 보여줄지 어떻게 결정을 내리는지에 대한 정보를 제공받을 수 있을 것이다. 이런 식으로 알고리즘이 어떻게 작동되는지 알 수 있게 되면 알고리즘의 영향력에 더 잘 저항할 수 있게 되고, 우리 스스로 결정을 내릴 수 있게 될 것이다.

2016년에 도널드 트럼프가 대통령에 당선되고 나서 대중은 우리가 알고리즘 기반 피드에 어떻게 조종되고 있는지를 조금이나마 알게 되었을 것이다. 예를 들어, 민주당 지지자라면 자신의 페이스북이나 트위터 피드를 아무리 들여다봐도 트럼프를 지지하는 이들을 찾기 힘들 것이었으므로, 결과를 받아들이기 쉽지 않았을 것이다(자신과 반대 성향의 정치적 게시글들은 알고리즘에 의해 제외되었을 가능성이 크다). 이것이 일라이 파리저가 말한 필터 버블이다. 온라인에서 이들은 트럼프가 대통령이 된다는 것은 말도 안 된다는 데 모두가 동의하고 있다는 착각 속에 살고 있었다. 트럼프 지지자들도 상황은 마찬가지였을 것이다. 이들 역시 자신의 관점을 강화하는 콘텐츠에 둘러싸여 다른 관점은 보지 못한다. 이는 또 다른 형태의 동질성이다. 알고리즘 추천 시스템은 사용자를 서로 겹칠 일 없는 두 개의 정치적 범주로 깔끔하게 구분했다.

나는 책의 앞부분에서 필터 버블에 대해 언급한 바 있다. 필터 버블 현상은 트럼프가 이겼다는 사실보다 그것이 불러일으킨 '놀라움'과 더 관련이 있다. 민주당 지지자는 소셜 미디어로 인한 필터 버블에 갇혀 트럼프의 인기가 어느 정도인지 제대로 알지 못했고 따라서 그를 심각한 위협으로 받아들이지 않아 그에게 승리를 내주고 말았다. 트럼프는 알고리즘 기술을 정말이지 잘 활용했다. 트럼프의 선거운동 본부는 페이스북의 표적 광고 프로그램을 효과적으로 활용하여, 온라인을 통해 트럼프식 정치를 지지할 가능성이 있는 유권자들을 특정하여 메시지를 전했다. 트럼프의 선거운동 본부는 590만 개의 페이스북 광고를 구매했고, 5개월 만에 4,400만 달러를 지출했다. 이는 6만 6천 개의 광고를 구매했던 힐러리 클린턴의 선거운동 본부보다 월등하게 많은 수치였다. 트럼프의 선거운동 본부에서는 알고리즘 기반 피드가 트럼프에게 유리하게 작동할 것이라고 확신했던 것 같다. 트럼프의 선거운동 본부는 표적 광고 프로그램에서 어떤 메시지가 가장 효과적일지 테스트하는 등 페이스북과 긴밀히 협력했다.

페이스북 광고는 노출 횟수가 아니라 그 결과를 기준으로 금액을 지불하는 경우가 많은데, 광고주는 사용자가 광고를 클릭하거나 정치 헌금 같은 행동 전환이 일어날 때만 비용을 지불하는 식이다. 사용자의 입장에서는 어떤 콘텐츠가 유료 광고로 홍보되는 것이고 어떤 콘텐츠가 그렇지 않은지 분간하기가 더 어려워졌다. 피드는 혼란스러워졌고, 그에 따라 조작 역시 쉬워졌다. 이는 결국 페이스북에 대한 대중적 반발로 이어졌다.

그 시기에(2016년 11월), 페이스북은 핀터레스트와 트위터에서 관리직으로 일했던 엔지니어 크리슈나 게이드Krishna Gade를 채용했다. 게이드는 페이스북의 뉴스 피드를 담당하게 되었고, 페이스북의 콘텐츠 순위 시스템을 개선했다. 당시로서는 꼭 필요한 일이었다. 게이드는 이렇게 말했다. "뉴스 피드가 어떻게 작동하는지를 두고 내부적으로 던져야 할 질문이 무척 많았어요." 그는 피드에 동질화를 유발하는 힘이 있음을 인정했다. "추천 알고리즘으로는 시간이 흘러도 똑같은 종류만 얻을 수 있을 뿐이죠. 우리가 어떻게 해야 이런 패턴을 깰 수 있을까요?"

게이드는 추천 알고리즘이 얼마나 정확하게 작동했는지를 알아보기 위해서 내부 디버깅 도구를 개발했다. 이 도구는 왜 특정한 콘텐츠가 특정한 시간에 홍보되고 있는지를 설명해주는 기능이 포함되어 있었다. 콘텐츠에는 해당 콘텐츠가 피드에 나타난 몇 가지 이유를 보여주는 작은 링크가 첨부되는데, 이것이 바로 알고리즘으로 하여금 해당 콘텐츠를 등록하게 만드는 변수였다. 이 변수들에는 콘텐츠 게시자와 친구를 맺은 사용자, 사진이 첨부된 게시글에 더 자주 댓글을 남기는 사용자, 사용자가 속한 특정한 그룹 내에서 인기가 있는 게시글 같은 설명이 표시되었다. 논리는 단순했다. 참여도가 절대적인 기준이라는 것이다. 알고리즘 기반 피드에서는 이미 인기가 있는 콘텐츠가 훨씬 더 많이 노출되며, 이것은 피드를 일관성 있는 것처럼 보이게 만들었다. 여기저기 누르고 살펴보는 것이 귀찮다면 그냥 피드를 보면 된다.

게이드는 "사용자에게 무슨 일이 일어나고 있는지 물을 수 있는 권리를 줘야 해요"라고 말했다. 이것이 바로 '알고리즘 투명성'이다. 알고리즘 투명성은 마치 시계 문자판을 움직이는 톱니바퀴를 들여다보는 것처럼, 알고리즘에 영향을 미치는 변수와 가중치가 공개되어야 한다는 것이다. 2016년, 마이크 어내니Mike Ananny와 케이트 크로퍼드Kate Crawford는 학술지《뉴 미디어와 사회New Media & Society》에 발표했던 논문에서 이상적인 형태의 투명성은 "복잡한 시스템을 적시에 보고 이해하고 지배하는 방법"이라고 주장했다. 어떤 콘텐츠가 추천된 방식과 그 이유를 안다면 우리의 행동 중 어떤 것을 추천 시스템이 고려하고 있는지 확인할 수 있기 때문에 온라인을 둘러싸고 있는 알고리즘 불안을 떨쳐버리는 데 도움이 될 것이다. 그렇지만 그렇게 되면 책임은 사용자에게 넘어간다. 알고리즘이 작동하는 방식을 아는 것과 그것을 제어하는 것은 전혀 다른 문제다. 애너니와 크로퍼드는 "투명성만으로는 책임 있는 시스템을 만들지 못한다"고 주장했다.

트위터는 투명성을 배제할 경우 나타나게 될 부작용을 잘 보여주는 본보기라고 할 수 있다. 일론 머스크가 2022년에 트위터를 인수했을 때 사람들은 한물간 소셜 네트워크 서비스가 다시 인기를 얻을 수도 있겠다고 기대했다. 그러나 기준 없는 섣부른 변화가 이어지면서, 트위터의 사용자 경험과 피드는 점점 더 최악으로 치달았다. 트위터 피드는 모바일 앱, 웹사이트 그리고 트윗덱TweetDeck 소프트웨어에서 서로 다르게 작동했다. 사용자는 피드 정렬 방식을 '최신' 피드로 전환할 수 있었는데, 이 경우 보통은 트윗이 시간순으로 정렬될 것이라고 기대하기 마련이다. 그러나 피드는 엉망진창이었다. 트위터 인증에 돈을 지불한 계정의 트윗이 무더기로 등장했고, 추천 트윗은 막무가내로 중간에 끼어들었다. 나는 트위터의 알고리즘 기반 피드가 어떻게 작동하는지 도저히 이해할 수도 신뢰할 수도 없다는 생각이 들기 시작했다. 이는 내가 트위터라는 서비스를 꽤나 오랫동안 꾸준히 사용해왔지만 그 뒤에서 무슨 일이 일어나고 있는지는 전혀 알지 못한다는 사실을 상기시켜주었다. 트위터는 사용자에 대한 실질적인 책임이 없었기 때문에 안정성은 물론 투명성도 없었던 것이다.

플랫폼의 역할은
발행인가, 홍보인가

디지털 플랫폼은 자체 알고리즘 기반 피드의 작동 방식을 설명해야 할 책임이 없으며, 피드가 홍보하는 대상에 대해서도 마찬가지다. 플랫폼 기업이 회사의 추천 알고리즘에 대한 책임을 지지 않아도 되는 이유는 1996년에 발효된 미국 통신품위법Communications Decency Act 제230조 때문이다. 인터넷은 제230조 조항 덕분에 지난 수십 년 동안 기하급수적으로 성장할 수 있었다. 이 조항이 없었더라면 우리의 디지털 세계는 지금과는 확연하게 달랐을 것이다. 소셜 미디어 시대에 들어서면서, 전통적인 미디어 산업을 대체해왔던 기술 기업은 이 조항을 통해 '전통 미디어를 규제했던 안전장치 없이' 플랫폼을 운영할 수 있게 되었다. 제230조는 페이스북 같은 개방형 플랫폼과 사용자가 플랫폼상에서 발행하는 콘텐츠를 구분한다. 이 법은 "쌍방향 컴퓨터 서비스를 제공하거나 사용하는 자는 또 다른 정보 콘텐츠 공급자가 제공한 정보의 발행자 또는 대변자로서의 책임을 지지 않는다"라고 규정하고 있다. 이는 '발행자'가 자신이 발행한 콘텐츠에 대한 법적 책임을 지기 때문에 중요한 구분이다. 예를 들어, 어떤 잡지가 누군가의 명예를 훼손할 만한 내용을 지면에 실었다면, 당사자는 해당 잡지를 고소할 수 있다. 그러나 페이스북의 경우, 콘텐츠를 발행하는 주체는 플랫폼이 아니라 사용자이기 때문에 책임을 질 필요가 없다는 이야기다.

제230조는 두 사건에서 비롯되었다. 우선 1991년의 '커비 대 컴

퓨서브Cubby vs. CompuServe 사건'은 두 디지털 미디어 회사 간의 분쟁으로 시작됐다. '스커틀버트'라는 뉴스 서비스를 운영하는 커비의 대표 로버트 블랜차드는 온라인 포럼 중 하나인 《루머빌》에 스커틀버트의 명예를 훼손하는 기사가 실렸다면서 해당 온라인 포럼을 운영하는 컴퓨서브의 돈 피츠패트릭을 고소했다. 컴퓨서브는 초기 가정용 인터넷 공급자로서 1990년대 3대 정보 서비스 기업 중 하나였다. 블랜차드는 피츠패트릭뿐만 아니라 컴퓨서브도 고소했다. 그러나 미국 연방지방법원은 컴퓨서브는 단순 배포자이지 명예를 훼손했다고 추정되는 콘텐츠의 발행자가 아니라고 판결했다. 바꿔 말하면, 호스팅 회사인 컴퓨서브는 발행자가 아니라 신문 가판대나 서점에 더 가깝다는 판결이었다. 컴퓨서브는 발행된 기사의 내용을 통제하는 것이 아니라 그 기사가 소비자에게 어떻게 도달할 것인지를 통제했을 뿐이다. 1950년대의 한 판례에 따르면, 서점이 그 서가를 거쳐 가는 모든 책을 법적으로 조사하는 것은 불가능하며, 따라서 그 책이 담고 있는 내용에 대해 서점은 책임지지 않는다고 판결한 바 있었다.

두 번째는 1995년에 있었던 디지털 배포에 관련된 '스트래튼 오크먼트 대 프로디지 사건Stratton Oakmont vs. Prodigy'이다. 프로디지 서비스는 금융 문제를 토론하는 온라인 포럼 호스팅 회사였는데, 사용자 중 한 명이 포럼에 종합 증권회사 스트래튼 오크먼트와 대표 대니얼 포러시를 저격하는 글을 올리면서 사건이 시작되었다. 커비 대 컴퓨서브 사건과 유사해 보이지만, 프로디지는 컴퓨서브와 달리 자사의 서비스에서 발행되는 콘텐츠에 좀 더 세세하게 관여하고 있었다. 이 포럼에는 게시글에 관련된 규정이 있었고, 자동 필터링 기능과 인간 관리자 같은 관리 시스템이 갖추어져 있었다. 법원은 이러한 맥락에서 프로디지는 배포자가 아닌 발행자이며 따라서 자사 사이트에 올라온 내용에 대해 법률적인 책임이 있다고 판결했다. 법원은 "프로디지가 콘텐츠에 관해 결정을 내리고 있음은 분명하며 …… 그 결정을 통해 편집을 통제할 수 있다"고 판결했다. 프로디지는 커비 대 컴퓨서브 사건의 판례를 근거로 사건의 기각을 요청했지만 받아들여지지 않았다.

이 두 사건을 요약하자면 이렇다. 사용자에게 전달되는 콘텐츠를 필터링하기 위해 아무것도 하지 않은 인터넷 서비스는 법적으로 보호받았지만, 콘텐츠의 질과 안전을 위해서 콘텐츠를 필터링하려고 시도한 서비스는 보호받지 못했다. 인터넷 회사가 콘텐츠에 개입하는 순간 그에 대한 책임을 지게 되는 것이다. 크리스토퍼 콕스 Christopher Cox와 론 와이든Ron Wyden 상원의원은 이 문제를 해결해야 할 필요가 있다고 판단했다. 콕스는 《와이어드》를 통해 "만약 그 판결이 그대로 이어진다면 인터넷은 거친 서부처럼 통제할 수 없는 공간이 될 것이며, 그 누구도 인터넷을 품위 있게 유지할 이유를 찾지 못할 것"이라고 말했다. 콕스와 와이든은 통신품위법에 제230조 조항을 추가해 디지털 플랫폼이 일정한 콘텐츠, 특히 "외설적이고 선정적이고 음란하고 추잡하며 폭력적이고 타인을 괴롭히거나 그 밖에 불쾌한" 콘텐츠를, 콘텐츠의 발행에 책임을 지지 않은 채로, 중간에서 조정할 수 있도록 면책을 부여했다. 즉, 온라인 배포자는 사용자의 일반적 이익을 위한 것이라면, "선의로" 콘텐츠에 개입할 수 있다는 것이다. 제230조는 1996년 초에 빌 클린턴 대통령이 서명함으로써 법률로 성립되었다.

하지만 2010년대 인터넷의 주류가 된 소셜 미디어는 1996년대의 인터넷 기업과는 매우 달랐다. 1996년의 인터넷은 1,600만 명 정도의 사용자를 대상으로 한, 오늘날과 비교하여 상대적으로 소수를 위한 특별한 경험이었다. 미디어의 배포와 유통에 미치는 인터넷의 영향력 또한 미미했다. 그러나 오늘날에는 수억 명의 사용자가 트위터와 페이스북을 사용하고 있으며, 오락에서부터 뉴스까지 모든 형태의 미디어를 소비하는 방식을 포괄하는 수준에 이르렀다.

소셜 네트워크는 광고 수익을 흡수하고 콘텐츠를 알고리즘 기반 피드에 저장하고 발행인과 그 소비자 사이의 관계를 중간에서 조정함으로써 전통적인 발행인을 대체했다. 그 결과, 전통적인 미디어 기업은 그 수익의 대부분을 잃으면서 거의 몰살당할 지경에 이르렀고, 이제 훨씬 더 적은 수의 인력으로 발행자의 역할을 유지해야 하는 상황에 내몰렸다. 심지어 이렇게 제한된 여건 속에서도 전통적인 미디어 기업은 계속해서 자신이 발행하는 모든 콘텐츠에 책임을 져야 한다. 반면 디지털 플랫폼은 제230조를 방패 삼아 자신들은 미디어 기업이 아니므로 책임을 지지 않아도 된다고 주장하고 있다.

그러나 오늘날의 상황을 면밀하게 들여다본다면 미디어와 디지털 플랫폼 사이의 구분이 흐릿해졌다는 것을 알 수 있다. 사실상 디지털 플랫폼은 소비자에게 도달하는 콘텐츠를 결정하는 발행인의 기능을 맡고 있다고 해도 과언이 아니다. 컴퓨서브는 《루머빌》이 발행한 콘텐츠에 영향력을 행사하지 않았다는 이유로 법정 소송에서 중립성을 주장할 수 있었지만, 페이스북은 다르다. 과연 오늘날의 페이스북이 중립적이라고 주장할 수 있을까? 알고리즘이 콘텐츠를 선택하고 구성하여 제공하는 것은 어떤 기사를 신문 1면에 실을 것인지 선택하는 방식과 유사하다. 제230조는 개인 사용자가 플랫폼에 게시하는 콘텐츠와(#미투 조사부터 인종주의적 댓글이나 폭력을 행사하겠다는 위협까지도) 소셜 네트워크를 분리하는 일종의 방패 노릇을 해왔다. 이에 따라 이 법에 대한 회의론이 점점 목소리를 높여가고 있으며, 소셜 네트워크가 배포한 것에 대해 소셜 네트워크가 책임을 져야 한다는 소송이 이어지고 있다.

2015년 11월, 파리에서 테러가 일어났다. 이후 이라크 레반트 이슬람 국가ISIS는 자신들이 테러를 저질렀다고 주장했다. 이 테러로 23세의 미국인 노헤미 곤잘레스Nohemi Gonzalez를 포함하여 130명이 사망하였다. 그런데 테러 이후 곤잘레스의 가족은 구글과 트위터 그리고 페이스북, 특히 구글의 유튜브에 곤잘레스의 죽음에 대한 책임을 묻는 소송을 제기했다. 이유는 이들 기업이 테러단체인 ISIS의 콘텐츠를 사용자에게 노출시켰고, 파리 테러범들을 과격화하는 데 큰 역할을 했기 때문이었다. 본질적으로, 플랫폼에 올라온 콘텐츠와 그것이 사용자에게 전달된 방식 모두에서 이들 기업에 일정 정도 책임이 있다는 점은 분명했다. 이 소송은 1심에서 구글이 자체 광고 수익 같은 물질적인 측면에서 ISIS를 지원하지도 않았고 ISIS 관련 콘텐츠를 다른 콘텐츠와 다르게 취급하지도 않았음을 이유로 기각되었고, 배포자로서 구글의 이론적 중립성을 인정했다.

하지만 2022년 10월, 연방대법원은 디지털 플랫폼을 상대로 제시된 또 다른 소송과 함께 이 사건을 심리하기로 결정했다. 아마 어디에나 알고리즘이 존재하는 우리 시대에 중요한 판례를 확립해야겠다는 목적이 있었을 것으로 추정된다. 곤잘레스의 가족은 사건 항소심에서 "제230조가 알고리즘이 생성한 추천 게시물에도 적용되는지는 매우 중요한 문제입니다. 대화형 컴퓨터 서비스는 사실상 미국의 모든 성인과 아동을 대상으로 끊임없이 이러저러한 형태로 콘텐츠를 추천하고 있습니다"라고 주장했다. 페이스북 측에서 추천 알고리즘이 야기할 수 있는 피해를 이미 알고 있었다는 사실을 증명하는 문서를 유출했던, 페이스북의 내부고발자 프랜시스 하우건Frances Haugen은 2021년 상원 위원회에서 "만약 페이스북이 의도적인 순위 관련 결정의 결과에 대한 책임을 지도록 제230조를 개정한다면, 내 생각에 페이스북은 참여도 기반의 순위를 삭제할 것이다"라고 말했다.

알고리즘 기반 피드는 잘못된 정보를 배포하는 데 기여하고, 사용자에게 단일한 범주에 포함된 극단적인 콘텐츠를 제공함으로써 이데올로기 측면에서 과격화 또는 급진화하는 속도를 빠르게 만들 수 있다. 오늘날 제230조의 가장 큰 문제는 누구도 추천 알고리즘에 대해 책임지지 않도록 만들었다는 점이다. 기술 기업에는 아무런 책임이 없고, 시스템은 오직 내부적으로만 규제될 뿐이며, 사용자는 기본적인 콘텐츠 조정도 없는 무방비한 상황에서 스스로를 지켜야 한다. 알고리즘 기반 피드가 우리를 학대하거나 폭력적이거나 착취적인 온라인 환경에 노출시키더라도, 사용자이자 시민인 우리가 의지할 곳은 없다. 우리가 가진 유일한 가능성 중 하나는 또 다른 플랫폼으로 갈아타는 것인데 대기업의 플랫폼 독점으로 그마저도 쉽지 않다. 이쯤 되면 알고리즘 기반 피드가 흡사 덫처럼 느껴진다. **사용자는 피드에 영**

향을 주지도, 그로부터 벗어날 수도 없다.

물론 제230조를 폐지하는 것만이 능사는 아니다. 이 법은 온라인 사용자의 표현의 자유를 보호하고, 트위터를 떠도는 온갖 모욕이나 비난에도 불구하고 디지털 플랫폼이 존재하도록 해준다. 그래서 제 230조의 폐지가 아닌 개정에 대한 논의가 이루어지고 있다. 2021년 10월, 페이스북에 대한 하우건의 내부고발에 이어 하원 의원들은 악성 알고리즘 방지법Justice Against Malicious Algorithms Act, JAMA이라는 법안을 발의했다. 이 법안은 "특정 온라인 플랫폼이 고의로 또는 신중하지 못하게 알고리즘 또는 그 밖의 기술을 사용하여 신체적 또는 심각한 정신적 상해에 중차대하게 기여하는 콘텐츠를 추천할 경우, 제230조가 정한 책임 면제를 해제한다"는 내용을 담고 있다. 또한 "특정 개인에게 고유한 정보를 토대로 한 개인 맞춤형 추천"의 모든 경우에 제 230조의 보호를 해제한다. 이 법안은 구글의 쿼리처럼 사용자 본인의 검색에 따른 결과나 소셜 네트워크를 뒷받침하는 웹 호스팅과 데이터 저장 같은, 중립적이며 제230조의 원래 취지에 잘 들어맞는 서비스는 포괄하지 않는다.

2023년 2월, 미국 연방대법원은 곤잘레스 대 구글 사건Gonzalez vs. Google과 트위터 대 탐네Twitter vs. Taamneh 사건에 대한 공판을 열었다. 트위터 대 탐네 사건은 ISIS가 연계된 또 다른 테러 공격의 희생자 가족이 트위터, 구글 그리고 페이스북이 ISIS 콘텐츠를 사용자에게 추천했고 따라서 이 테러리스트 집단을 지원한 것이나 마찬가지라고 주장하면서 테러방지법에 근거해 이들 세 회사를 고소한 사건이다.

공판 서두에 엘레나 케이건Elena Kagan 판사는 디지털 플랫폼을 둘러싼 문제에 법원이 얼마나 무지한지에 대해 농담조로 말을 꺼냈다. 케이건이 "여기 자리하신 (대법관) 아홉 분은 대단한 인터넷 전문가가 아님을 미리 밝혀둡니다"라고 말하자 법정에는 웃음이 터져 나왔다. 하지만 케이건은 알고리즘 기반 피드의 지배적 영향력을 되짚어보기도 했다. "누군가 인터넷에서 무언가를 볼 때마다 알고리즘이 결부되어 있습니다." 케이건 판사는 심리에서 추천 알고리즘의 용도와 능력에 대해 질문했고, 알고리즘을 '중립적'이라고 간주할 수 있는지(나라면 그렇지 않다고 주장했겠지만)에 대해 논의했지만, 대법관 대부분은 관련 내용을 깊이 이해하지 못하고 있는 듯했다. 원고 측 변호사 에릭 스내퍼Eric Schnapper는 유튜브 영상의 섬네일 같은 인터넷의 핵심 사항에 대해 설명하기 위해 애를 썼다. 2023년 5월, 미국 연방대법원은 기술 기업에 책임이 없다고 판결함으로써 제230조에 대한 가장 강력한 해석을 다시 한번 확인해주었다.

만약 제230조가 새롭게 개정된다면, 플랫폼 피드는 매우 달라질 것이다. 소셜 네트워크는 추천 알고리즘에 의해 추천된 콘텐츠에 대한 책임을 져야 하기 때문에 대부분의 콘텐츠를 추천하지 않는 방식을 선택할 가능성이 높다. 이는 사용자가 원하는 콘텐츠를 찾기 위해서는 자신이 의도를 가지고 특정 주제를 팔로우하거나 검색해야 한다는 의미다. 알고리즘의 추천에 올라오는 콘텐츠는 반려동물의 귀여운 행동을 담은 영상 클립이나 훈훈한 내용의 뉴스기사 같은, 건전성이 보장된 것들이 주를 이룰 것이다. 콘텐츠는 집단적 인식에 따라 수용적이고 중립적인 뉴스로 구성될 것이다(이러한 콘텐츠 역시 특정 필터를 이용하여 어떤 방식으로든 필터링된다). 예를 들어, 틱톡의 다양한 틈새 추천은 불가능해지고, 〈아메리카 퍼니스트 홈 비디오〉 같은 텔레비전 프로그램에나 알맞을 진부한 클립으로만 가득 찬 틱톡이 될 수도 있다. 이런 피드는 여전히 유쾌하기는 하겠지만 중독이나 조작은 거의 없을 것이다. 또한 콘텐츠 조정은 훨씬 더 엄격해져야 할 것이다.

자동 추천보다 직접적이고 사전 동의를 얻은 콘텐츠를 강조하는 쪽으로 플랫폼의 방향을 바꾸게 되면, 온라인에서 유해한 소재에 노출될 가능성을 제한한다는 면에서는 긍정적일 수 있다. 하지만 이는 인터넷의 건전성을 보장할지는 몰라도 온라인 세상의 속도는 느려질 수밖에 없다. 결국, 문제는 필터월드를 가로질러 빠르고 마찰 없이 이동할 수 있어야 하는 콘텐츠와 엄격하게 조정되고 노출을 막아야 할 콘텐츠가 무엇인지를 결정하는 것이다.

2000년대에 주류 인터넷이 출현했고 2010년대에는 거대 디지털 플랫폼이 부상했다면, 다음 10년은 다시 한번 분산화가 도입될 가능성이 클 것으로 보인다. '행위 주체성', 즉 개인 사용자가 콘텐츠를 어떻게 발행하고 인식할 것인지 스스로 결정할 수 있는 능력이 중요해지는 것이다. 나는 인터넷이 과거 지오시티스에 더 가까운 것이 되었으면 한다. 개성의 표현과 개인 맞춤화가 가능하며, 2020년대의 인터넷의 장점인 멀티미디어 혁신을 담고 있는 그런 인터넷 말이다. 이런 인터넷은 칸막이로 막힌 좁은 사무실 같은 인터넷이 아니라 놀이터나 모래놀이용 통 같은, 더 지저분하지만 더 즐거운 장소일 것이다.

사용자가 트위터처럼 자신만의 소셜 네트워크를 만들고 호스팅할 수 있게 해주는 마스토돈Mastodon 같은 오픈소스 소프트웨어가 그 대표적인 예가 될 수 있다. 하지만 마스토돈 같은 시스템의 단점 역시 분명하다. 자체 호스팅된 플랫폼은 사용자가 적고 따라서 상호작용은 더 어려울 수밖에 없다. 이런 곳에서는 원하는 종류의 콘텐츠를 찾지 못할 수도 있다. 또한 입소문을 타서 유명해질 가능성도, 그 때문에 위협을 받을 일도 없다. 하지만 이 정도는 디지털 문화를 지속가능한 것으로 만들기 위해 우리가 받아들여야 할 절충안일 수도 있다.

알고리즘으로 인한 콘텐츠의 증폭

자살로 삶을 마감한 영국의 10대 소녀 몰리 러셀이 우울증 관련 콘텐츠에 압도당하는 경험을 했듯이, 추천 알고리즘은 긍정적인 소재뿐만 아니라 부정적 소재 역시 가속화한다. 이런 추천 시스템이 모든 콘텐츠를 똑같이 취급할 수도 있겠지만 그 결과는 그렇지 않다. 코로나19 팬데믹 와중에 온라인에서 잘못된 정보가 퍼지면서, 입소문을 타고 주로 말을 치료하는 데 쓰이는 약인 이버멕틴Ivermectin 광풍이 불어닥쳤다. 이버멕틴 이야기가 널리 퍼져나간 것에는, 일부 정치적인 문제가 사람들의 참여를 끌어냈기 때문이기도 했다. 트럼프와 그의 행정부의 무책임한 발언이 정치적 문제에 불을 붙인 것이다. 잘못된 정보는 더 많은 추천을 촉발하는 즉각적 상호작용을 만들어냄으로써 알고리즘 방정식에 최적화되었다.

이런 문제를 다루는 일반적인 방법은 조정이나 안전을 위한 검열이다. 문제가 있는 콘텐츠를 완전히 차단하고 사용자의 피드에 나타나지 않도록 조치하는 것이다. 소셜 네트워크는 검색어를 자동으로 검열하는 기계학습 분석뿐만 아니라 인간 조정자를 통해서도 수동으로 필터링을 수행한다. 페이스북은 인간이 수행하는 조정 업무를 액센추어Accenture라는 회사에 외주로 맡기고 있으며, 이 회사에는 포르투갈과 말레이시아를 비롯한 세계 각지에서 일하는 수천 명의 조정자들이 고용되어 있다. 그런데 이 회사의 노동자들은 필터링 작업을 위해 죽음이나 학대, 아동 포르노 등이 담겨 있는 영상이나 사진을 매일 확인해야 한다. 피드를 깨끗하게 유지하기 위해 노동자들이 대신 심리적 폐해에 고스란히 노출되고 있는 것이다. 이는 오지에 내버려진 전자제품이나 공산품 폐기물을 뒤져 생활을 유지하는 이들이 유독성 화학물질에 노출되는 것과 똑같다. 알고리즘에 의해 조정된다고 해서 유해한 콘텐츠가 마법처럼 사라져버리는 것이 아니라는 이야기다. 다시 한번 말하지만, 인간의 노동은 눈에 보이지 않는다.

게다가 아무리 갈무리를 한다고 해도, 틈을 빠져나가는 콘텐츠는 늘 있기 마련이고, 일단 피드에 등장하고 나면 그 콘텐츠가 추천되는 것을 막기 힘들다. 알고리즘의 과도한 확장에 맞서 싸우는 한 가지 방법은 제230조에 대한 몇 가지 개정 방안에 제안된 것처럼 추천이 영향을 주는 콘텐츠의 종류를 규제하는 것이다. 영국에서는 러셀 사건과 같은 일을 예방하기 위해 구상된 '온라인 안전법Online Safety Bill'이 발의 중이다. 의회성명서에 따르면, 이 법안은 "아동이 접근할 가능성이 큰 모든 서비스는 유해 콘텐츠로부터 아동을 보호해야 할 책무가 있다"고 적시했다. 유해 콘텐츠를 허용하는 플랫폼은 해당 콘텐츠가 조정과 추천이라는 측면에서 어떤 방법으로 다뤄지는지 투명하게 밝혀야 하며, 여기에는 유해 콘텐츠를 삭제하거나 "우선순위를 낮추는", 즉 유해 콘텐츠의 추천 빈도를 줄이거나 아예 추천하지 않는 조치가 포함될 수 있다.

우리는 플랫폼을 통해 콘텐츠가 가능한 한 멀리 전해질 것이라고 기대한다. 이는 우리가 알고리즘에 기반한 홍보를 거의 권리처럼 기대하게 되었다는 말이기도 하다. 하지만 이런 기대는 바뀌어야 하며, 자동화된 가속 없이도 디지털 세계에서 존재하는 법을 배워야 할지도 모른다. 광범위한 낯선 청중에게 도달하는 것은 권리가 아니다. 모든 사용자나 모든 게시물이 가질 필요 없는 특권인 것이다. 콘텐츠가 확산되는 데 추천 알고리즘이 어떤 역할을 하는지는 '증폭'이라는 단어로 표현할 수 있다. **추천 알고리즘은 마치 평범한 소리를 고함으로 바꿔놓는 확성기 같다. 증폭은 (무엇보다 하나의 형식만 증폭되는) 필터월드가 안고 있는 문제의 핵심이기도 하다.** 증폭을 표적으로 삼아 규제를 적용한다면 더 균형 잡힌 온라인 생태계를 만들 수 있을 것이다.

대프니 켈러Daphne Keller는 스탠퍼드대학교 산하 사이버 정책 센터 Cyber Policy Center에서 플랫폼 규제 프로그램Program on Platform Regulation을 총괄하는 책임자다. 켈러는 2021년에 컬럼비아대학교를 통해서 〈증폭과 그 불만Amplification and Its Discontents〉이라는 제목으로 논문 한 편을 발표했다. 그는 이 논문에서 "증폭이라는 특성은 해가 될 수도, 득이 될 수도 있다"라고 썼다. 따라서 효과적인 규제는 사용자가 새로운 목소리나 관심사를 발견하도록 돕는 것처럼 "그 이익을 활용하고" 반면에 문제가 있는 콘텐츠의 가속처럼 "수반하는 피해를 줄이는" 것이다. 켈러는 이렇게 말했다. "미국에서 진행되는 알고리즘 규제에 대한 논의는 대부분 콘텐츠에 주목하고 있다. 하지만 어떤 콘텐츠가 사람들에게 보여야 하는지를 가늠할 수 있는 기준선 같은 건 없다." 우리는 스포티파이에서 같은 음악을 너무 많이 듣는다거나 페이스북에서 정치적 의견을 너무 많이 본다고 불평하지만, 누구에게나 들어맞는 주제나 논조를 선택해서 모아놓은 단 하나의 완벽한 콘텐츠 조합은 없다.

알고리즘 피드의 구성을 건강한 식단을 위한 음식 피라미드에 비교해본다면, 미국 농무부에서 지방과 기름과 조미료를 최소화하고 과일과 채소를 더 많이 섭취하라고 권고하는 것처럼, 피드에 특정 비율로 다른 종류의 콘텐츠를 포함하라고 증폭을 규제할 수 있다. 예를 들어, 외설스러운 소재를 최소화하고, 정보를 제공하거나 정치적으로 중립적이거나 지리적으로 지역적인 콘텐츠를 늘리는 것이다. 이런 규칙은 오늘날 우리가 피드에서 경험하고 있는 무한한 영역을 제한하는 조치가 될 수도 있다.

어린이용 방송에 관련해서는 이미 이와 유사한 종류의 법률이 존재한다. 어린이 텔레비전 법은 1990년에 의회를 통과했고 1997년부터는 더욱 엄격하게 적용되기 시작했다. 이 법에 따르면, 모든 주요 텔레비전 방송국은 어린이를 대상으로 한 프로그램을 주당 최소 3시간 이상 방영해야 한다. 관련 프로그램은 "교육적이고 유익한" 것이어야 하며, 광고 제한과 상업적 웹사이트 주소 노출 금지 등의 다른 요건도 충족시켜야 한다. 미디어 교육 센터의 1997년도 자료에 따르면, 〈비크먼의 세계Beakman's World〉와 〈빌 아저씨의 과학 이야기Bill Nye, The Science Guy〉 같은 프로그램들이 이 법안 때문에 제작되었다고 한다.

하지만 이 법은 텔레비전 방송이 몇 개의 기본 채널에서 규모가 더 큰 유선 패키지로 분리되고, 2010년대에 들어서는 스트리밍 서비스로 확장됨에 따라 적용하기가 어려워졌다. 게다가 스트리밍 서비스는 동일한 규제의 대상도 아니었다. 어떤 프로그램이 교육적인 면에서 적절한지 판단을 내리는 것 역시 다소 모호한 부분이 있다. 일부 채널은 교육적이어야 한다는 요건을 충족시키기 위해서 10대를 대상으로 한 리얼리티 쇼를 방송하기도 했다. 또한 어떤 프로그램이 교육적으로 매우 유익하더라도 얼마든지 소비지상주의를 부추기는 상업적 목적과 타협할 수도 있다. 예를 들어, 〈바니와 친구들Barney & Friends〉은 공영 방송국에서 제작한 대표적인 어린이 프로그램이지만, 프로그램 이름을 딴 인형이 수백만 개 판매되었다.

비록 여러 가지 맹점이 있기는 하지만, 텔레비전 법은 수십 년 동안 그 효과를 입증해왔다. 2007년에 미국의 유니비전Univision 방송국은 연방통신위원회로부터 법률 위반으로 2,400만 달러의 벌금형을 받았다. 유니비전은 보유 채널에서 방송하는 연속극이 교육적으로 적절한 것임을 밝히기 위해 애썼으나, 미국 정부는 이에 동의하지 않았다. 유니비전의 연속극은 교육적이라는 조건을 충족하지 못했고, 결국 플레네터 유Planeta U라는 어린이용 프로그램 시간대를 새롭게 선보여야만 했다. 이 법은 어떤 종류의 콘텐츠가 시청자에게 방송되어야 하는지에 의미 있는 영향을 미치는 선례를 만들어냈다. 그렇다면 오늘날의 소셜 네트워크가 텔레비전 채널 같은 미디어 사업과 (이들이 프로그램을 구성하는 것처럼) 똑같은 종류의 결정을 내리고 있다는 사실을 인정한다면, 소셜 네트워크 역시 우리에게 도움이 되거나 결국 사회에 도움이 될 수 있는 정보를 우선시하면서 강제적으로 특정한 종류의 콘텐츠를 내보내도록 강제해야 하는 걸까?

추천 알고리즘은 우리가 무의식적으로 무엇에 끌리는지까지 고려한다. 클릭을 넘어서 콘텐츠 위에 마우스 커서를 얼마나 오랫동안 대고 있는지, 틱톡 영상을 그냥 넘길지 말지 잠시 주저하는 시간까지도 데이터로 저장되는 것이다. 정크푸드나 중독성 물질처럼, 인간에게는 그저 자신이 소비할 콘텐츠 조합을 선택하는 데 약간의 도움이 필요한 것일 수 있다.

"그런 것으로는 건강한 식단을 구성할 수 없어요. 오히려 사회적인 문제를 야기할 뿐이죠"라고 켈러는 말을 이었다. 켈러는 "플랫폼이 사용자가 원하는, 사탕으로만 꾸려진 식단에 채소를 소량 집어넣도록 강제하는 것"이 가능할 것이라고 말했다. 사실 우리는 추천 알고리즘이 정확히 우리가 원하는 것 또는 참여할 가능성이 가장 큰 것을 제공하지 않아도 상관없다. 인간 뉴스 편집자가 어떤 뉴스가 사람들에게 알릴 가치가 있는지 잘 알고 있을 것이라고 인정하는 것과 마찬가지로 말이다(우리는 《뉴욕타임스》 1면이 우리의 개인적 선호에 따를 것이라고 기대하지 않는다).

소셜 미디어의 부상은 문화와 엔터테인먼트 분야에서 새로운 역학관계를 만들어냈다. 사용자에게는 훨씬 더 많은 선택지가 제공되고, 창작자는 자신이 만든 콘텐츠를 인터넷에 올리는 것만으로 청중에게 쉽게 다가갈 수 있다. 소셜 미디어에서는 텔레비전 방송처럼 제작자가 상영하기로 결정한 것을 그저 보기만 할 필요가 없다. 우리는 그것이 사용자의 참여 때문이든, 알고리즘에 의해서든 개별화를 기대하게 되었다. 하지만 더 민주적이고 위계질서가 낮은 새로운 역학 관계는 사용자가 언제 무엇을 보고 들을지 스스로 결정할 수 있기 때문에 기존의 법과 규정이 적용되지 않을 것이라는 생각을 심어주기도 했다. 독립성을 더 많이 누리게 되었지만 소비자로서 받을 수 있는 보호는 더 줄어든 것이다.

추천 알고리즘에 대한 규제는 곧 표현의 자유 문제로 이어진다. 하이테크 법률 연구소High Tech Law Institute의 공동 책임자이자 샌타클래라대학교 법학교수인 에릭 골드먼Eric Goldman은 "알고리즘은 그저 서비스가 발언할 선택지를 코드화하는 방법에 불과하다"라고 말했다. 퀠러는 "적법하지만 도발적인 발언이 담긴 콘텐츠"와 "폭력 위협이나 혐오 발언이 담긴 문제 있는 콘텐츠"는 명확히 다르다고 주장했다. 그렇다면 사용자가 지속해서 문제 있는 콘텐츠를 클릭함으로써 해당 콘텐츠에 대한 욕망을 표현할 때, 법은 그런 행동을 중간에 막아야 할까? 몰리 러셀 사건을 보면, 러셀은 우울증을 다룬 콘텐츠에 심취했고, 그 때문에 관련 콘텐츠를 더 많이 추천받았다. 물론 그런 경험이 긍정적으로 작용할 수도 있다. 러셀이 온라인에서 같은 고민을 안고 있는 사람을 찾아 공감을 얻고 마음의 위로를 받았다면 말이다. 하지만 우울증과 관련된 부정적인 콘텐츠가 너무 많이 추천되면서 비극적인 결과로 이어졌다. 이는 알고리즘 동질화의 악순환이 빚어낸 또 다른 결과다.

콘텐츠에 관한 결정은 결국 사람의 손으로 이뤄져야 한다. 이는 기계학습 시스템이 아직은 그런 미묘한 구분을 할 수 없으며, 그 결과가 인간의 삶에 영향을 미치기 때문이다. 그러나 인간의 능력은 소프트웨어처럼 무한 확장될 수 없다. 한 사람이 수백만 명의 사용자를 보호할 수도, 알고리즘 기반의 추천 게시글을 모두 일일이 검토할 수도 없다. 게다가 문화는 고정된 것이 아니기 때문에 위험하다고 판정된 콘텐츠의 범위는 문화가 변화할 때마다 끊임없이 갱신되어야 한다. 다행스럽게도 필터월드를 해체하는 방법에는 여러 가지가 있다. 콘텐츠 자체에 대한 평가에 의존하기보다는 2010년대 인터넷의 기본 구조를 표적으로 삼는 것이다. 플랫폼이 작동하는 방식을 바꾸면, 플랫폼을 경험하는 방식의 최종 결과 또한 바꿀 수 있다.

유럽연합의
알고리즘 규제 전략

2010년대에 페이스북은 인터넷에서 우리의 발자취를 추적하는 작은 탐정 같았다. 우리가 보고 클릭한 모든 것, 우리가 검색한 모든 단어 그리고 우리와 연결됐던 모든 사람을 기록했다. 페이스북은 우리의 활동을 페이스북 안에서만 추적하지 않았다. 페이스북은 명시적인 허락을 구하지 않은 채로 추적 쿠키와 '좋아요' 버튼의 도움을 받아 다른 웹사이트에서의 활동까지 추적했다. 페이스북의 목적은 플랫폼상에서 개인화된 추천 그리고 표적이 정확히 설정된 광고를 우리에게 제공할 수 있을 정도로 충분한 데이터를 수집하는 것이었다. 예를 들어, 페이스북은 미네소타에 거주하면서 정원 손질용 장비 구입에 관심을 보였던 40대에서 50대인 사람을 찾는 광고주에게 우리의 관심을 판매했다. 대부분의 앱이 똑같은 방식으로 작동했고, 모든 것을 아우르는 디지털 감시망이 어디를 가든 우리의 흔적을 추적했다. 서서히 내용이 추가되면서 상세한 프로필이 만들어지고 기업들은 이를 활용해 수익을 창출했다. 추적에서 벗어나는 유일한 방도는 익명이 보장된 웹브라우저를 쓰거나 가상 사설 네트워크를 통해 자신의 정체를 꾸며내 추적으로부터 몸을 숨기는 것뿐이었다. 그때만 해도 계정에 접속하지 않으면 디지털 플랫폼이 제공하는 기능이 제한적인 경우가 흔했다. 물론 이 또한 계속해서 추적되었지만 말이다.

2016년 4월에 유럽연합은 일반 데이터 보호 규정General Data Protection Regulation, GDPR 법안을 채택했다. 이 법은 인터넷 사용자에게 온라인상의 모든 개인 데이터에 대해 더 강력한 권리를 부여하는 동시에 유럽연합 회원국 전반에 걸쳐 통일된 규제 구조를 창설한다는 목적으로 2012년 이후 계속해서 발전시켜 온 것이다. 이 법은 모든 사용자를 지칭하기 위해서 '데이터 주체'라는 용어를 사용한다. 이 용어는 이름이든 위치든 아니면 '그 자연인의 신체적·심리적·유전적· 정신적·경제적·문화적 또는 사회적 정체성에 특유한 하나 이상의 요인'이든 온라인상의 데이터를 통해 식별할 수 있는 모든 주체를 의미한다. 데이터 주체는 난해한 법률 용어일 수 있지만 이에 대해 한번 생각해볼 필요가 있다. 철학에서 '주체'는 행위 능력과 독특한 개인적 경험을 가진 모든 실체를 말한다. 데이터는 이런 주체에 대비되는 경험을 기록하는 비물질적이고 비활동적인 대상, 즉 발생한 무언가에 관한 기록이다.

GDPR은 현재 우리가 데이터라는 사실을 인정한다. 데이터는 우리가 한 일을 기록하는 동시에 할 수 있는 일이나, 때로는 알고리즘의 결정을 통해서 장래에 할 가능성이 가장 큰 일에 영향을 미친다. 따라서 **우리는 물리적 신체에 대한 권리를 보유하고 있는 것과 마찬가지로 데이터에 관한 통제력과 그에 대한 권리를 어느 정도는 보유하고 있어야 한다.** 이 법은 디지털 플랫폼이 반드시 준수해야 하는 기본적 인권처럼 '데이터 주체의 권리'를 열거한 목록을 제시하고 있다. 그 첫 번째는 투명성에 관한 권리로, 이에 따르면 기업은 사용자가 자신의 데이터가 사용되고 있는 방법과 이유에 관한 정보를 요청했을 때 '명확하고 쉬운 언어'로 해당 사용자에게 반드시 답해야 한다. 두 번째는 사용자에게 어떤 형태의 정보가 수집되고 언제 추적이 이루어지며 그 데이터가 얼마나 오래 보관되는지에 관한 정보에 '접근할 수 있는 권리' 뿐만 아니라 그 데이터 자체의 사본을 요청할 수 있는 권리를 부여함으로써 첫 번째 권리상의 요청이 실효성을 가질 수 있도록 보장한다.

2017년에 《가디언》의 기자인 주디스 듀포테일Judith Duportail은 GDPR을 이용해서 틴더Tinder가 보유하고 있는 자신의 데이터를 모두 요청했다. 틴더로부터 전달받은 데이터는 800쪽에 달했고 여기에는 자신의 페이스북 '좋아요' 목록과 플랫폼에서 이루어졌던 모든 접촉과 대화에 관한 메타데이터 그리고 1,700건 이상의 메시지가 담겨 있었다(듀포테일은 나름 조용한 데이터 주체였던 듯하다). 듀포테일은 "내가 자발적으로 얼마나 많은 정보를 공개하고 있는지 알고는 상당히 놀랐다"고 썼다. 하지만 놀랄 것 없다. 데이터는 틴더의 원동력이며, 데이터 공개는 자동화된 효율성을 얻기 위해서는 어쩔 수 없이 치러야 하는 대가이기 때문이다. 또 다른 종류의 추천 알고리즘인 커플 매칭에는 더 내밀한 정보가 요구되기도 한다.

　GDPR의 세 번째 권리는 데이터의 변경에 관련된 것이다. '정정권'은 자신의 데이터를 편집하거나 수정할 수 있음을 뜻하며, '말소권'은 개인의 데이터가 '더 이상 필요하지 않은 경우'나 사용자가 동의를 철회한 경우 또는 그 데이터가 불법 수집된 경우에 해당 데이터의 삭제를 보장한다. 이 권리는 조금 더 시적인 표현을 써서 '잊힐 권리'라고도 하며, 유럽연합에서는 2014년부터 보장해왔으나 미국에는 그에 상응하는 권리가 없다. 네 번째 권리는 원치 않는 정보의 수신 거부에 대한 문제로, 사용자에게 '이의 신청권'을 부여해서 더 이상 추적받지 않겠다는 선택을 할 수 있도록 한다. 이 권리는 특히 광고에 적용될 수 있다. 이 법은 "데이터 주체가 직접적인 마케팅 목적을 위한 데이터 가공 처리에 반대할 경우, 해당 개인 데이터는 더 이상 그런 목적을 위해서 가공 처리되어서는 안 된다"고 규정하고 있다. 표적 광고를 위한 추적의 대상이 되고 싶지 않다면, 그런 추적을 받아서는 안 된다. 비록 광고는 결국 다른 방법으로라도 당신에게 도달하겠지만 말이다. 이 법은 또한 '자동화된 처리에 단독으로 기반한 결정의 대상이 되지 아니할 권리'를 담고 있다. 바꿔 말하면, 사용자는 자기가 동의하지 않는 한, 어떤 알고리즘도 경험할 필요가 없다. 당신은 페이스북의 사설탐정이 다음에 제안할 것을 알아내기 위해서 당신을 줄곧 따라다니는 행위를 거부할 수 있는 것이다.

　GDPR은 2018년 5월 25일에 시행되었다. 이 법은 유럽에 본사를 둔 기업뿐만 아니라 유럽연합의 시민에게 상품과 서비스를 제공하는 모든 기업에 적용되며, 여기에는 거의 모든 주요 디지털 플랫폼이 포함되어 있다. 겉으로는 그 변화가 그렇게 커 보이지 않았다. 웹사이트는 사용자가 처음 방문할 때 화면에 팝업창을 띄워 사용자에 대한 추적을 허용해달라고 요청하면서 서비스 약관의 세세한 내용을 꼼꼼히 읽어볼 기회를 제공하는 정도였다. 이에 따라 '쿠키Cookies'가 흔한 용어가 되었다(쿠키란 웹사이트가 사용자를 추적하는 데 사용하는 데이터 패킷으로, 그 명칭은 1990년대 컴퓨팅의 포춘 쿠키에서 유래했다). 하지만 이는 개인 데이터의 악의적 축적에 책임을 묻고 실제적인 결과를 강제한다는 측면에서 엄청난 변화를 의미했다. 유럽연합의 여러 국가는 본사가 자국 관할권에 속하는 기업에 이 법을 적극적으로 적용했고, 2020년부터 인용 사례가 꾸준히 증가하고 있다. 2023년 초, GDPR을 근거로 벌금이 부과된 건수는 1,300건이 넘으며 벌금액은 총 23억 유로에 달한다.

2022년 11월에 페이스북은 GDPR 위반으로 2억 7,500만 달러의 벌금형을 받았다. 데이터 유출로 사용자 5억 명 이상의 개인 정보가 노출되었고 이렇게 유출된 정보가 해커 포럼에 퍼졌기 때문이다. 페이스북 측이 벌금형을 받은 것은 이 건이 처음이 아니었다. 9월에는 인스타그램이 서비스를 이용하는 미성년자의 데이터를 보호하지 못한다는 이유로 4억 달러의 벌금을 물어야 했고, 2021년에는 명확한 개인 정보 보호 방침이 없다는 이유로 왓츠앱에 2억 2,500만 유로의 벌금이 부과되었다. GDPR 위반으로 가장 큰 금액의 벌금을 낸 기업은 아마존으로 사용자 데이터를 추적하고 사용자에게 원치 않는 정보의 수신 거부를 인정하지 않았다는 혐의로 7억 4,600만 유로의 벌금이 부과되었다. 거대 기술 기업 외에도 GDPR 위반 사례는 다양하다.

2020년 3월에 네덜란드 데이터 보호청은 네덜란드 왕립 잔디 테니스 협회에 '개인 데이터를 불법 판매'한 혐의로 52만 5천 유로의 벌금을 부과했다. 이 협회는 회원 35만 명의 데이터를 회원의 동의를 구하지 않고 마케팅 목적으로 후원사에 팔았다. 이는 그런 거래에는 반드시 사전 동의가 있어야 한다는 GDPR의 규정을 위반한 것이었다.

비록 기술 기업이 벌어들이는 연간 수입에 비하면 미미한 수준의 벌금이지만, GDPR이 어느 정도의 법률 준수를 유도할 수 있다는 점은 분명하다. 수많은 벌금 부과로 데이터 권리장전이 필터월드를 규제할 이상적인 해결책처럼 보일 수도 있지만, 이 법은 어떤 측면에서는 다소 실망스럽기도 하다. 사용자 추적에 필요한 조건이 고작 "모든 쿠키를 허용합니다"라는 버튼을 클릭하는 것뿐이라면 예전과 크게 다를 바가 없었다. '책임성 있는 기술Accountable Tech'이라는 단체의 공동 설립자인 니콜 길Nicole Gill이 말했듯이, 가능한 한 원활하고 수동적으로 추적을 선택하게 만드는 것이 기업의 이익에 가장 잘 부합하는 것이다. 길은 "온라인 서비스는 사용자에게 최소한의 마찰만을 제공하면서 법을 준수할 방법을 찾아낼 것"이라고 말했다. 아무 마찰도 없는 상태는 필터월드의 이상이다. 마찰이 생겨 속도가 늦춰지면 사람들은 자신이 무엇을 클릭해서 데이터를 거저 넘겨주는지를 다시 생각해보게 될 것이다. 길은 다음과 같이 말했다. "마찰이 있으면 사람들은 자기 행동에 대해서 생각해볼 수 있습니다." 이는 스포티파이 라디오나 틱톡 피드에도 마찬가지로 적용되는 주장이다. 많이 생각하다 보면 피드를 그만볼 수도 있는 것이다.

이런 수동성에 나 또한 죄책감을 느낀다. GDPR에 대한 공지가 미국의 웹사이트에서도 팝업창으로 뜨기 시작했을 때, 나는 별다른 고민 없이 그냥 클릭해서 나의 데이터를 거저 넘겨주었다. 특히 전국적인 음식 관련 간행물인《이터Eater》처럼 내가 좋아하는 웹사이트라면, 더욱 빠르게 추적을 허용했다. 이제와서 생각해보면 잘못된 판단이었지만 그 사이트를 믿을 수 있다고 생각했던 것 같다. 내가 긍정적으로 평가하는 영국 신문《가디언》이 데이터를 요청했을 때도 나는 '예'라고 했다. 웹사이트에 내 데이터를 제공한다고 해서 대체 잘못될 게 뭐가 있을까? 나는 심지어 원치 않는 정보를 수신 거부하는 일이 일종의 노동처럼 여겨지기도 했다. 나의 이런 반응은 일정 정도 게으름 때문이지만 인터페이스 디자인의 속임수 탓도 있다. 사전 동의 버튼은 종종 수신 거부 버튼보다 더 짙은 색이고 더 눈에 잘 띈다. 그래서인지 내 뇌는 뭐가 뭔지를 이해하는 데 시간이 좀 걸린다. 하지만 그 같은 선택지를 볼 때면, 나라는 한 개인의 선택이 나를 위해서든 다른 이를 위해서든 웹사이트가 운영되는 방식을 바꿔놓을 수 있을까 하는 생각이 드는 것도 사실이다.

암스테르담대학교에서 디지털 플랫폼을 연구하는 학자이자 '스탠퍼드 인터넷과 사회 센터Stanford Center for Internet and Society'의 선임연구원을 지냈던 패디 리어센Paddy Leerssen은 "어쨌거나 사람들 대부분이 그냥 받아들이고 있죠"라고 말했다. 결국, 이 법은 기업보다 개인에게 더 많은 부담을 준 셈이다. "GDPR이 만들어낸, 이런 모든 종류의 개인 책임형 메커니즘은 아무런 효과가 없어요"라고 리어센은 말을 이었다. 유럽연합은 새로운 법률을 제정하여 데이터보다 더 구체적인 추천 시스템에 대응하는 조치를 마련했다. 리어센에 따르면, 이 법률은 "정부가 사용자의 선택에 문제를 맡겨두지 않고 해당 산업에 무엇을 해야 할지 명령하고 통제하는 규정"이다.

2022년 7월에 승인되었고 2024년부터 발효되는 유럽연합의 디지털 서비스법Digital Services Act은 추천 시스템을 중심으로 GDPR이 데이터에 관해 규정한 것과 동일한 종류의 투명성과 커뮤니케이션 절차를 규정하고 있다. 플랫폼은 "정보 수령자를 대상으로 어떤 방식으로 정보에 우선순위가 부여되었는지 추천 시스템의 주요 매개변수를 이해하기 쉬운 방식으로 명확히 제시해야 한다." 하지만 이 법은 또한 사용자가 자기 뜻대로 변수 간의 균형을 변경하거나 개인 데이터를 전혀 이용하지 않는 피드를 선택할 수 있는 방식으로, 알고리즘 기반 피드가 반드시 사용자 맞춤형이 돼야 한다고 규정하고 있다. "선택지는 정보 수령자에 관한 프로파일링에 근거하지 아니한다."

2022년 9월에 서명을 거쳐 법률로 성립된, 유럽연합의 디지털 시장법Digital Markets Act은 독점화에 대처하여 경쟁을 촉진한다. 거대 기술 기업에는 '게이트키퍼'라는 꼬리표가 붙어 있다. 이 법은 사용자의 동의가 없는 한, 메타의 페이스북이나 왓츠앱처럼 한 기업이 운영하는 서로 다른 서비스에서 획득한 정보의 결합을 금지한다. 이 법은 또한 구글이나 아마존의 검색 결과에서 나타나는 것처럼 중립적인 자동 추천을 가장하여 자기 제품을 홍보하는 '자기 우대self-preferencing' 행위를 금지한다. 이는 인터넷의 동질성을 강화하는 대표적인 술책 가운데 하나다. 디지털 시장법의 벌금은 기업이 연간 벌어들인 수익의 최대 10퍼센트까지 추징할 수 있고, 상습적 위반 기업에는 20퍼센트까지 부과할 수 있어서 필수적인 이행을 담보한다.

이 법률들이 시행되면서 추천 시스템과 특정 콘텐츠 피드의 구성에 관해 사용자에게 행위 주체성이 훨씬 더 많이 부여됨으로써 알고리즘 환경이 대대적으로 변화할 가능성이 크다. 우리가 자신만의 선호를 알아내고 취향에 따라 디지털 생활을 형성해가기 시작하면, 수동적이던 관계 역시 능동적으로 변화할 것이다. 또한 알고리즘 기반 피드는 획일적이지만 이해 불가능한 것이 아니라 오히려 기능적인 도구에 더 가깝게 될 것이다. **당신의 피드가 내 피드와 똑같은 방식으로 작동해야 할 이유 따위는 없다. 그 결과로 나타나는 풍성함은 온라인에서도 훨씬 더 다양한 문화로 이어질 수 있다.**

기술 기업 역시 새로운 법적 환경에 대응하고 있다. 2023년 8월, 메타는 페이스북과 인스타그램에 사용자가 추천 알고리즘을 완전히 배제할 수 있는 선택지를 추가해서 자동화된 개인 맞춤화의 가능성을 제거할 것이라고 발표했다. 하지만 이 선택지는 오로지 유럽연합의 사용자만 사용할 수 있다. 미국에는 아직 관련 법률이 채택되지 않았기 때문이다. 이 소식을 다룬 뉴스를 보면서, 나는 유럽연합의 주민들이 부러웠다. 이는 갑작스러운 혁신이었고, 마치 그들만이 공해 없는 깨끗한 공기를 호흡할 수 있는 것 같았다.

미국의 알고리즘 규제

유럽연합의 디지털 플랫폼 규제는 미국의 소셜 네트워크에 큰 혼란을 예고했다. 그 법률이 미국에서도 시행되리라는 보장은 없다. 하지만 변화해야 한다는 압력을 만들어내고 있는 것만은 분명하다. 2021년 4월에 애플은 '앱 추적 투명성App Tracking Transparency'이라는 아이폰 운영체계 업데이트를 발표했다. 광고 목적으로 사용자의 데이터를 추적하는 모든 앱은 사용자의 추적 거부가 가능한 팝업창을 통해서 우선 허락을 요청해야 한다는 내용이었다. 애플은 또한 추적 메뉴를 만들어 다운로드한 모든 앱에서 추적 기능을 끌 수 있는 옵션을 추가했다. 이는 크게 의미 있는 변화가 아닌 것처럼 보였지만, 그 결과는 즉각적이었다. 초기 통계치가 보여준 바에 따르면, 추적에 사전 동의한 사용자는 16퍼센트 정도였다(1년 뒤에 25퍼센트로 증가했다). 나는 스마트폰이 웹브라우저보다 더 개인적이고 친밀하다고 생각했기 때문에, 대부분의 앱에서 추적 거부를 선택했다. 이 기능은 (적어도 모바일에서만큼은) 기술 기업이 벌어들이는 수익의 대부분을 차지하는 표적 광고의 발목을 잡았다. 2022년 초, 페이스북은 이 기능으로 인한 손실이 100억 달러에 해당할 것이라고 예측했고, 페이스북의 주가는 26퍼센트 이상 하락했다. 결국 페이스북은 주가 하락으로 2,300억 이상의 손실을 입었다.

애플의 '앱 추적 투명성' 기능 도입을 통해 GDPR 같은 강제 데이터 관련 규정에 미국의 사용자가 어떻게 반응할지를 미리 알 수 있었다. 미국 사용자는 추적을 허용했을 때 특정한 이익이 있지 않은 이상 특별히 추적을 원하지 않는 것으로 밝혀졌다(예를 들어, 일부 비디오 게임 앱의 경우에는 추적에 대한 사전 동의율이 훨씬 더 높았다). 애플은 간단한 개인 정보 보호 기능을 추가 제공함으로써 차별화를 꾀했고, 그 과정에서 기업의 규모가 상당히 크더라도 생각만큼 안전하지 않을 수 있음을 보여줌으로써 경쟁자에게 유의미한 피해를 주었다. 데이터 접근은 인터넷 관련 기업들의 아킬레스건이라 할 수 있다. 그러므로 **데이터 수집 능력을 꺾는 것은 필터월드의 장악력을 무너뜨리는 것과 같다.**

스탠퍼드대학교의 법학 교수이자 '스탠퍼드 사이버 정책 센터 Stanford Cyber Policy Center'의 공동 책임자인 너새니얼 퍼실리Nathaniel Persily에 따르면, 유럽연합의 입법은 미국의 통상적인 입법과는 다른 형태로 이루어진다고 한다. 퍼실리는 GDPR과 디지털 서비스법을 비롯해 유럽연합의 법률은 광범위하지만 애매한 경향이 있고 지금 당장은 불가능해 보이는 조치를 요구하고 있다고 말했다. 하지만 이 법률들은 다른 나라에서도 기능적 모델이 되어 앞으로 나아갈 방향을 제시할 가능성이 높다. 퍼실리는 "유럽은 미국이라는 몸통을 흔드는 꼬리가 될 것"이라고 말했다. GDPR의 실효성이 증명되면서, 이는 또한 또 다른 중요한 주장을 입증했다. 즉, 개인 데이터 보호를 더 강화한다고 해서 인터넷이 무너지지 않는다는 것이다. 우리는 많든 적든 예전과 마찬가지로, 하지만 더 강력한 보안과 행위 주체성에 대한 인식을 가지고 콘텐츠를 소비할 것이다.

퍼실리는 디지털 플랫폼과 사용자 그리고 정부와의 관계에 변화가 일어나고 있음을 목격했다. 2018년에 퍼실리는 페이스북과 학계 간의 획기적 파트너십인 소셜 사이언스 원Social Science One이 설립되는 데 기여했다. 이 단체를 통해서 연구자들은 마침내 페이스북이라는 소셜 네트워크의 내부 데이터를 연구할 수 있게 되었다. 2020년에 이들은 공유 URL 하나를 발표했는데, 이는 엑사바이트exabyte(10억 기가바이트) 분량의 데이터세트로 페이스북 사용자가 공유하고 클릭했던 3,800만 개의 링크를 담고 있었다. 소셜 사이언스 원은 케임브리지 애널리티카Cambridge Analytica 정보 유출 사건으로 촉발되었다. 이 영국 컨설팅 회사는 수백만 명에 이르는 페이스북 사용자의 데이터를 사용자의 동의 없이 무단으로 수집해서 도널드 트럼프의 선거운동을 비롯한 여러 선거 운동에 활용했다. 이로 인해 알고리즘을 기반으로 한 플랫폼에 불만이 폭증했고, 규제로 향하는 더 큰 길이 열렸다. 퍼실리는 "사람들은 자포자기의 심정으로 무엇이라도 이뤄지기를 바랍니다"라고 말했다.

알고리즘 투명성을 강제하고, 제230조를 강화하고, 특정 콘텐츠의 증폭을 규제하고, 데이터 권리를 보호하는 등의 다양한 전략 중에서, 퍼실리에게는 투명성이 여전히 플랫폼 규제를 위한 최우선 과제다. 투명성이 가장 중요한 이유는 플랫폼 기업들이 대부분 자체 보고만으로 일을 처리하고 있고, 우리는 피드에서 실제로 어떤 일이 벌어지고 있는지를 전혀 알지 못하기 때문이다. 연구자가 안전하고 익명이 보장된 환경에서 연구하기 위해서는 투명한 데이터에 접근할 수 있어야 한다. 또한 투명한 데이터는 최선의 결과를 이끌어낼 규제를 계획하는 데 있어 필수요소이기도 하다. 게다가 거대 기술 기업에 현실적인 압력을 행사하는 추가적인 이점도 노릴 수 있다. 퍼실리는 "데이터의 투명성은 기업의 행동에 영향을 줄 겁니다. 일단 자신을 주시하고 있다는 사실을 알면 결정은 달라질 수밖에 없죠"라고 말했다.

페이스북이 소셜 사이언스 원에 협력하도록 만드는 일은 쉽지 않은 과정이었다. 페이스북의 변호사들은 연구자들이 외부 분석가와 데이터를 공유함으로써 사용자의 개인 정보를 침해하고 있다는 주장을 내세웠다. 이 같은 논란은 퍼실리로 하여금 소셜 미디어에 대응하는 연방 입법에 대해 공을 들여 연구하게 만들었다. 공익을 위한 연구에 데이터를 공유하지 않을 경우 그에 대한 법적 처벌이 필요했다. 퍼실리는 이렇게 말했다. **"오늘날 인간 행동의 대부분은 온라인을 통해 이루어지기 때문에, 인간 행동을 이해하려면 플랫폼을 들여다볼 수 있는 창을 갖는 일이 절대적으로 중요합니다."** 퍼실리는 사회과학자와 정책 담당 변호사의 피드백을 받으면서 법률안 초안을 작성했고, 프랜시스 하우건이 페이스북 내부고발로 상원에서 증언하는 바로 그날, 초안을 발표했다.

델라웨어주 상원의원 크리스 쿤스Chris Coons는 빠르게 퍼실리에게 연락을 취했고 당시 추진하고 있었던 투명성 관련 법안의 근거로 그의 초안을 채택했다. 퍼실리의 초안은 2021년 의회 양당의 지지를 받으며 공표된 '플랫폼 책임 및 투명성에 관한 법률Platform Accountability and Transparency Act, PATA'이 되었다. 학계의 아이디어가 법률로 제정된 것이다. 이 법에 따르면, 소셜 미디어 기업은 요청이 있을 경우에 미국 국립과학재단의 심사를 거쳐 연구자에게 반드시 데이터를 제공하도록 강제하고 있다. 회사가 이를 이행하지 않을 경우, 그 회사는 제230조에 따라 보호받지 못하며 플랫폼의 모든 사항에 책임을 져야 한다.

PATA는 각각 민주당과 공화당 소속 상원의원인 에이미 클로버샤Amy Klobuchar와 신시아 러미스Cynthia Lummis가 공동 발의한 NUDGE 법처럼 법률로 성립할 가능성이 있는 다른 법률안과 연결된다(NUDGE는 '사용자의 좋은 소셜 미디어 사용경험을 촉진하기 위한 법률Nudging Users to

Drive Good Experiences on Social Media Act'을 의미한다). 미국에서 이런 노력은 끝이라기보다는 이제 시작이다. 우리는 알고리즘 기반 피드가 개인이나 집단 차원에서 우리에게 해를 입히고 있다는 사실을 깨닫고 있지만, 정부 수준에서 그 효과를 완화할 최선의 방법이 무엇인지는 아직 잘 모르고 있다.

규제는 흔히 정치적 문제에 정치적 해결책을 제공하는 것으로 이어진다. 알고리즘 기반 피드의 가장 두드러지는 문제 몇 가지가 표현의 자유와 괴롭힘 그리고 기술적으로 코드화된 편향과 산업 자본주의를 비롯한 정치적인 문제와 관련이 있는 것은 사실이다. 하지만 필터월드의 피드는 삶의 일상적인 측면에도 영향을 미치고 있다. 온라인상의 혐오 발언을 규제하려는 시도는 결국 우리가 어떤 텔레비전 프로그램을 볼 것인지, 어떤 음반을 들을 것인지를 선택하는 방식에도 영향을 미치게 된다. 우리의 관심을 독점하는 알고리즘 역시 무너질 수 있는 것이다.

하지만 문화에 관련해서는 규제가 최선의 해결책이 되기 힘들다 (이 분야에서 정부 정책이 성공하는 경우는 드물다). 법률로 문제 있는 콘텐츠를 게시하지 못하도록 강제할 수는 있겠지만, 스포티파이가 더 도전적이거나 더 흥미로운 음악 재생목록을 사용자에게 추천하도록 하지는 못한다. 유감스럽게도 헌법에는 개인 취향에 관한 권리가 없다. 따라서 우리는 자신의 습관을 바꿔 우리가 문화를 어떻게 소비하는지 그리고 알고리즘 기반 피드라는 수동적인 경로에 어떻게 저항할 수 있을지를 더 명확히 인식해야 한다. 건강을 위해 마트에서 유기농 표시가 붙은 음식을 고르듯이, 우리는 동질화되지 않은 문화를 지지

하는 한편 예술가가 동질성이라는 압력을 받지 않고서도 자신을 표현할 수 있도록 해주는 디지털 공간을 찾아내야 한다.

우리는 어떤 피드를 팔로우하고 있는지 주의를 기울여야 하며, 우리의 관심을 어떻게 창작자에 대한 경제적 지원으로 바꿀 수 있을 것인지에 대해서도 정확히 알아야 한다(일단 표적 마케팅은 제외하자). **디지털 환경은 마치 숲과 같다. 페이스북과 틱톡 나무가 우뚝 솟아 있어 햇빛 대부분을 가릴지라도, 잘 찾아보면 그 그늘 아래에서 다른 여러 가능성이 자라나고 있다.**

예술가의 온라인 창작품을 구매하고 가격을 직접 지불하는 방법도 있다. 밴드캠프Bandcamp는 언더그라운드 음악가들을 위한 디지털 인디 레코드숍의 역할을 한다. 밴드캠프에서는 스포티파이처럼 교환을 중개하는 것이 아니라, 사용자가 직접 디지털 파일과 스트리밍 접속권을 구매할 수 있다. 패트리온Patreon은 창작가의 글이나 이미지 또는 음성처럼 자신이 선택한 그 어떤 것이라도 유료화할 수 있도록 해준다. 패트리온은 사용자가 돈을 지불하고 게시글 피드를 구독할 수 있는 방식을 제시함으로써 트위터 팔로우보다 훨씬 더 강력한 관계를 구축한다. 서브스택Substack은 이메일 소식지 구독을 패트리온과 같은 방식으로 제공한다.

2008년, 《와이어드》의 편집자 케빈 켈리Kevin Kelly는 창작자 한 명이 작품을 만들기 위해 들어가는 비용을 충당하고 생계를 꾸려나갈 수 있으려면 "1천 명의 진짜 팬", 구체적으로는 연간 100달러를 자신에게 지불할 수 있는 사람이 1천 명 있으면 된다고 했다. 이는 청중이 가능한 한 많아야 하는 거대 디지털 플랫폼과는 완전히 다른 모델이다. "1천 명의 팬도 적은 수는 아니지만 백만 명보다는 더 해볼 만한 목표다." 하지만 이런 소규모 플랫폼은 대개 최대한 많은 사용자와 창작자와 소비자에게 서비스를 제공하려고 애쓰는 과정에서 알고리즘에 의존하려는 유혹과 마주친다. 또한 자신을 인수하거나 깔아뭉갤 힘이 있는 거대 기술 기업으로부터 끊임없는 유혹과 위협에 시달린다. 그러므로 소규모 플랫폼이 계속해서 비알고리즘을 유지할 것이라고 기대하기 힘든 것이 현실이다.

가장 간단하면서도 강력한 방법은 사용자를 착취하는 플랫폼에 더 이상 관심을 주지 않는 것이다. 디지털 기술을 계속 사용하면서도 사용자를 착취하지 않는 웹사이트나 플랫폼을 고수할 수 있는 방법이 있다. 사용자 손으로 만드는, DIY에 더 가까운 인터넷으로 돌아가는 것이다. 더 극적인 선택지는 완전히 접속을 끊고 오프라인에서 문화를 지속하는 방법을 찾아보는 것이다.

지난 10년 동안 디지털 정체성 위기는 변화를 불가능한 것으로 보이게 만들었다. 페이스북은 파란색의 디지털 칡처럼 개방형 인터넷을 서서히 옥죄어왔다. 플랫폼에서 벗어날 수 없게 되면서 나는 역으로 플랫폼에 관한 관심을 잃어가고 있었다. 만약 페이스북이 전부라면, 그것은 또한 아무것도 아닐 수도 있으며, 차별성 없는 콘텐츠 덩어리에 불과했다. 다른 플랫폼들도 똑같은 방식으로 퇴락했다. 마크 저커버그의 인스타그램이나 대니얼 에크Daniel Ek의 스포티파이, 일론 머스크의 트위터를 보라. 최근 들어 소셜 미디어는 장점보다 단점이 더 두드러지는 새로운 단계에 접어든 것처럼 보인다.

요즘에는 온라인에서 조금 숨이 막히는 기분이 들곤 한다. 개인 블로그를 사용하여 사람들과 여유롭게 대화를 나누던 시절만큼 나를 표현하지 못하고 있다는 생각이 들기 때문이다. 세상은 제한적이고, 속도는 너무 빠르다. 20년 전에는 기술이 훨씬 더 열악했지만, 경험이나 생태계라는 면에서는 또 다른 장점이 있었다. 나는 그때의 창의적 에너지, 로파이의 가능성과 자유로운 분위기를 되돌릴 방법이 있다고 생각한다. 규제를 통해 알고리즘 기반 피드를 어느 정도 통제해야 한다는 최소한을 정할 수 있지만, 문화를 재건하는 일은 또 다른 이야기다. 이 과정은 나무를 심고 정원을 가꾸는 일에 더 가까우며, 시간이 걸린다. 우선은 적절한 디지털 구조를 모색하고 그다음으로 새로운 온라인 생활 방식을 결정하는 일상적인 노동을 해야 한다.

06

—

인간적
큐레이션을
찾아서

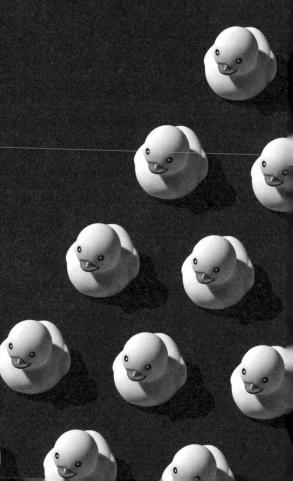

알고리즘 청소

2022년 여름, 나는 필터월드의 덫에 완전히 사로잡혀 있었다. 2년 넘게 이어진 팬데믹 덕분에 나는 내 삶의 많은 부분을 디지털 피드에 의존해서 처리했다. 페이스북으로 친구와 교류하고, 스트리밍 서비스를 통해서 텔레비전 프로그램과 영화를 보고, 트위터를 통해서 뉴스를 확인했다. 내게 도달한 모든 미디어와 텍스트는 내가 전혀 제어할 수 없는 과정을 거쳐 디지털 플랫폼을 통해 중개되었다. 내 스마트폰은 여분의 시간을 흡수하는 도구처럼 내 손에 딱 붙어 있었다. 알고리즘 피드는 내가 팔로우한 사람이 최근 무언가를 게시했든 그렇지 않든 관계없이 하루 24시간 내내 새로운 볼거리를 보장해주었다. 심지어 틱톡은 영원한 피드를 실현해냈다. 내가 새벽 3시에 잠에서 깨어나 다시 잠들지 못하든, 한낮에 반려견을 산책시키든, 저녁 식사 중 식당 화장실에 있든 중요치 않았다. 나는 끊임없이 새로고침되고 있는 새로운 콘텐츠 스트림에서 허우적대고 있었다.

알고리즘 피드가 얼마나 내 삶에 자연스럽게 스며들었는지는 아무리 강조해도 지나치지 않다. 이것은 마치 종일 줄담배를 피우는 것과 같았다. 아침에 일어나면 트위터를 훑어보면서 밤새 벌어진 뉴스를 찾아보며 정보를 폭식했고, 밤에는 넷플릭스 홈페이지를 훑어보면서 어떤 프로그램을 볼지 결정하느라 시간을 보냈다. 이런 상황에 대한 불만은 팬데믹으로 더 심해졌다. 나는 작가이자 다양한 문화의 소비자였고, 플랫폼은 새롭고 흥미로운 것과 나를 연결해주는 장소였다. 내가 트위터와 인스타그램에서 보낸 몇 년의 시간과 그 공간에서 내가 맺었던 개인적인 관계와 직업적인 관계에는 늘 감사한다. 하지만 나는 피드가 아니었다면 절대 보거나 듣지 못했을 것을 피드가 내게 가져다주면서 피드에 과도하게 의지하게 되었고, 이것은 내가 10년 넘게 잊고 지냈던 다른 경험의 영역과 나를 단절시킨다는 생각이 들기 시작했다. 내가 잊고 지냈던 영역은 무한성보다는 희소성과 마주치는 일이고, 화면을 스크롤해서 내려버리는 선택을 하지 않고 특정 시점에 내가 보고 싶은 것을 스스로 판단하고 선택하는 과정이었다.

알고리즘 불안의 형태에는 추천 알고리즘이 나를 잘못 이해할지도 모른다는 감정뿐만 아니라 추천 알고리즘이 나를 장악하고 있다는 느낌, 아무리 애를 쓰더라도 추천 알고리즘에서 벗어날 수 없을 것 같다는 느낌도 있다. 오늘날은 너무 많은 사람들이 알고리즘 피드에 의존하고 있고, 그 영향력이 만연해 있다. **추천 알고리즘에는 중독성이 있다. 이는 추천 알고리즘이 우리가 가진 문화적·정치적·사회적 편향을 미묘한 방식으로 더 확실하게 만들어주며, 우리 주변을 거울 이미지에 맞**

취 왜곡하기 때문이다. 이것이 나를 불안하게 만들었다. 나는 삶에 대한 나의 관점을 유지하고 있다고 생각하지만, 그런 관점 자체가 피드가 만들어낸 허구일지도 모른다는 생각이 들었기 때문이다. 내 친구가 무엇을 하고 있는지, 다른 나라나 도시에서 무슨 일이 벌어지고 있는지, 어떤 뉴스가 중요한지, 심지어 날씨까지, 내가 인식하고 있는 것들 대부분은 내가 자동화된 앱에서 본 내용들이었다. 게다가 알고리즘 피드는 며칠 지난 게시글을 마치 지금 벌어진 일인 양 제시하는 등 점점 더 파편화되고 결함을 드러내고 있다. 결국 내 자의식은 알고리즘으로 관심을 조종당한 보이지 않는 청중의 반응에 크게 의지하고 있는 셈이었다. 나는 추천 알고리즘이 없다면 내가 어떤 사람인지 확신할 수 없게 되었다. 몇 년이라는 시간을 디지털 플랫폼에서 보낸 사람이라면 누구든 나와 같을 것이다. 나는 흥미를 가지는 대상을 수동적으로 소비하면서 나에게 진정으로 의미 있는 것이 무엇인지 알아내고자 하는 행위 주체성을 포기해버린 것은 아닌지 두려움에 사로잡혔다.

희미하게 모습을 드러낸 허무함과 싸우기 위해서 나는 뭐라도 해보기로 했다. 우선 잠시라도 알고리즘 피드 없이 견딜 수 있을지 알아보기로 마음먹었다. 나를 위해 대신 생각해주겠다는 매력적인 제안에 '아니오'라고 답하고 스스로 생각해보려고 애를 써보기로 했다. 그건 마치 사순절 때문에 설탕을 포기하거나 1월만 되면 금주 또는 금연을 선언하는 일과 같았다.

사실 생각해보면 간단한 일이었다. 내가 해야 할 일이라곤 스마트폰에서 앱 몇 개를 삭제하고 노트북 컴퓨터로 늘상 접속하는 몇몇 사이트에서 탈퇴하는 것뿐이었다. 그러나 동시에 너무나도 어려운 일처럼 느껴지기도 했다. 나는 트위터로 일을 했고, 인스타그램으로 사회생활을 했으며, 스포티파이로 음악을 들었다. 나는 친구의 인생에 무슨 일이 생기는지 지켜보거나 마음에 드는 새 글을 읽거나 오직 온라인에서만 얻을 수 있는 일거리를 구하는 것처럼, 중요한 무언가를 놓치지나 않을까 걱정했다. '포모'라는 말로는 이런 근심을 온전히 표현할 수 없을 정도였다. 나는 온라인에서 나의 존재가 사라지지는 않을지 두렵기까지 했다. **알고리즘이 나를 알아채지 못한다면 나는 과연 존재하고 있는 걸일까?**

하지만 내 불안에 대해 다시 생각해보면서 나는 그런 것들이 중요하지 않다는 사실을 깨달았다. 어떤 친구가 휴가 가서 찍은 사진 몇 장 혹은 과대평가된 소설에 관한 최신 논평이나 입소문을 타고 특정 시점에 트위터를 장악한 주장이 무엇인지를 보지 못했다고 한들 내가 진짜로 중요한 무엇을 놓친 걸까? 나의 물리적 일상생활에서 이런 사소한 콘텐츠는 거의 아무런 영향도 주지 못했다. 나는 연결이 끊어지지 않을까 두려워했지만, 사실 온라인에서의 연결은 내가 반려견을 산책시키면서 이웃과 이런저런 잡담을 나누는 것보다 덜 직접적인 것이었다. 온라인에 접속해서 알고리즘 기반 피드의 업데이트 내용을 좇는 끊임없는 과민 의식 상태와 완전한 무지 상태, 이 둘 사이를 조율할 수 있는 무언가가 필요한 순간이었다.

나는 나를 전보다 더 건강하고 이상적인 상태로 만들기 위해 알고리즘 청소라는 정보 다이어트를 실천하기로 마음먹었다. 우선 수많은 추천의 도움을 받지 않고 동시대의 문화를 따라가기 위해 무엇이 필요한지 알아내야 했는데, 막상 결심을 실행하기가 쉽지 않아 미루고만 있었다. 그러던 어느 날 모든 것을 그만둘 계기가 마련되었다. 2022년 8월의 어느 주말, 활기 넘치는 괴짜 중의 괴짜 일론 머스크가 트위터를 인수하겠다고 발표했다(결국 10월 머스크는 트위터 인수에 성공했다). 플랫폼의 분위기는 평소보다 훨씬 더 부정적으로 바뀌었다. 게다가 인스타그램마저 틱톡을 따라잡기 위해 동영상 클립 경쟁에 뛰어들면서 사용자들의 불만을 자아냈다.

틱톡은 마치 독심술 전문가처럼 내가 원하는 동영상을 내놓고, 그저 동영상을 쳐다보기만 하면 되게 만들어 내가 생각할 필요를 완전히 없애고 감각을 마비시킨다. 나는 마치 샐비어salvia(마약으로 분류된 LSD와 비슷한 수준의 환각을 일으키는 향정신성 식물 - 옮긴이 주)에 빠진 것처럼 다른 세상으로 떠나 눈앞의 현실을 잊고 잠시 동안의(물론 잠시는 아닐 가능성이 더 크지만) 휴식을 취할 수 있다. 틱톡의 '포 유' 피드는 데이비드 포스터 월리스Davis Foster Wallace가 소설《끝없는 농담Infinite Jest》에서 이야기했던, 어떤 콘텐츠가 너무 매력적이어서 누구도 보는 것을 멈추지 못하는 '엔터테인먼트'의 실현이었다. 월리스는 소설 속의 엔터테인먼트가 중독성 있지만 "이상하게 공허하며 극적으로 눈앞에 닥친다는 감각이 없는, 즉 어떤 서사도 진짜 이야기 같지 않은" 것이라고 묘사했다. 이는 일관성 있는 정보에서 벗어나 아무 형태도 없는 분위기나 느낌을 향해 이리저리 이동하는 틱톡에 딱 들어맞는 묘사다. 확실히 이런 기술에 탐닉한다고 해서 내가 똑똑해진다거나 작가로서 나에게 필요한 더 복잡한 사유를 낳을 수 있는 능력이 생길 리도 없는 노릇이었다.

소셜 미디어를 떠나면서 나는 다양한 내 피드에서 작별 인사를 하거나 공식 발표를 하지 않았다. 공개적으로 알고리즘 청소를 인정하는 것은 소셜 미디어가 부추기는 자기 과대망상의 대표적인 예일 뿐만 아니라 스스로 징크스를 만드는 것이라는 생각이 들었기 때문이다. 당신이 언제 트윗을 그만두는지 아무도 신경 쓰지 않는다. 알고리즘은 그저 조금 더 고분고분한 참여자를 위한 자리를 만들어줄 것이다. 필터월드에서는 누구든 대체될 수 있으며, 심지어 당신의 팔로어 대다수는 당신의 부재를 눈치채지 못할 가능성이 크다. 알고리즘의 입장에서 휴면 계정은 더 이상 우선순위를 부여할 만한 가치가 없기 때문이다.

그래서 8월의 어느 금요일 저녁, 나는 접속을 끊었다. 물론 전에도 한동안 접속하지 않은 적이 있었지만, 아주 오랜 기간은 아니었다. 하지만 이번에는 적어도 몇 달 동안 알고리즘을 청소하겠다는 계획을 세웠고, 그 계획을 실천한 순간 나를 둘러싼 침묵으로 귀가 먹먹할 지경이었다. 소셜 미디어는 하루 24시간 주 7일 운영되는, 실시간 정보를 무한하게 제공하는 포털이었지만 내 스마트폰은 아무것도 전달하지 않는 벽돌이 되어버렸다.

첫 주말은 그렇게 나쁘지 않았다. 원래부터 주말은 플랫폼에 잘 접속하지 않았기 때문이다. 그저 잠시 트위터로 동료들과 수다를 떨면 참 좋겠다라는 생각을 했을 뿐이었다. 그러나 월요일부터 고문이 시작되었다. 내 엄지손가락은 화면을 이리저리 넘기고 싶어 근질근질했고 내 뇌는 끊임없이 쏟아져 들어오던 정보가 끊기면서 금단현상을 겪었다. 이 증상은 신경성 경련이 일어나거나 성격이 급해지거나 전반적으로 불편한 기분을 느끼는 것처럼 불안이 신체로 드러나는 현상과 유사했다. 나는 변화로 편안해진 것이 아니라, 부재 때문에 심리적으로 불안해졌다. 어쩌면 내가 너무 극적으로 말하고 있는지는 모르겠지만 그 차이 역시 극적이었다. 나는 하루에 수백 개에서 많게는 수천 개의 개별 정보와 멀티미디어를 보다가 갑자기 몇 개만 보는 급격한 변화를 겪었다. 알고리즘 기반 피드를 차단함으로써 디지털 소비 습관의 제동 페달을 세게 밟은 셈이었다.

수시로 접속하고 싶은 욕구를 가라앉히기 위해 나는 스마트폰에 손을 꼼지락거리면서 할 수 있는 이른바 '피젯 앱fidget apps' 몇 개를 다운로드했다. 벽돌을 쌓거나 조명 스위치를 켜는 게임 등이었는데, 마음을 진정시키는 염주의 디지털 버전이라고 할 수 있다. 진공청소기를 돌려 더러운 바닥을 깨끗하게 치우는 안티스트레스Antistress라는 게임을 하기도 했다 이 게임들은 잠시도 가만히 있지 못하는 내 성향을 잠시나마 누그러뜨려 주었지만, 이 역시 아무 의미도 없는 공허한 행동으로, 할 가치가 별로 없기로는 트윗을 날리는 일이나 매한가지였다. 그래서 나는 노트북 컴퓨터를 켜고, '트윗하지 않을 트윗Tweets, Not Tweeted'이라는 제목으로 파일을 만들어 글을 쓰기 시작했다. 나는 트위터에 게시글로 올렸을 만한 논평들을 이곳에 적어 내려갔다. 그때 썼던 '마르크스주의자 노라 에프론: 모든 게 자본이다', '나는 당신이 플립폰으로 244244라고 메시지를 보내 재잘거릴 수 있었던 시절을 그리워한다' 같은 논평들은 트위터에 올렸더라면 '좋아요'를 받을 수 있는 재치 있는 글들이었지만, 트위터 밖에서는 아무 의미도 없었다. 결국 내 감성은 트위터에 꼭 맞게 변화했던 것이었다.

알고리즘 청소 작업을 하면서 나는 추천 시스템이 생각지도 못한 장소에서 마구 튀어나온다는 사실을 알게 됐다. 나는 뉴스를 확인하기 위해 《뉴욕타임스》 앱을 사용했지만, 이 앱에도 틱톡의 '포 유'와 비슷한 기능이 있었고, 이 기능은 우리가 과거에 읽었던 기사 데이터를 행동을 이용해서 우리가 클릭할 가능성이 크다고 생각되는 여러 기사를 제안한다. 이 기능은 곧바로 나를 예술과 문화 기사 범주로 분류했고, 잘 맞지 않는 기사 같기는 했지만 고맙게도 멋진 부동산을 홍보하는 기사도 함께 제공했다. 하지만 그렇게 한정된 범위의 기사야말로 내가 피하려고 애를 쓰고 있는 것이었다. 나는 그 기능의 사용을 중지했지만, 만족스러운 결과를 얻지는 못했다. '포 유' 기능을 제한하자 뉴스 앱은 편집자가 중요하다고 여기는 몇몇 제한된 항목의 뉴스를 제공했고, 내 관심사와 동떨어진 내용도 많았다. 결국 나는 내가 개인 맞춤화를 기대하고 있다는 사실을 인정해야 했다.

2022년 9월에 영국의 엘리자베스 2세 여왕이 사망한 날에도 나는 제스가 그 소식을 전해줄 때까지 뉴스를 확인조차 하지 못하고 있었다. 결국 나는 따분함을 이기지 못하고 《뉴욕타임스》 앱으로 칼럼 기사들을 몇 개 읽었다. 갑자기 아침 식사를 하면서 신문을 펼쳐 들고 진부한 머리기사를 읽는 옛날 시트콤의 한 장면이 떠올랐다. 짬짬이 즐기던 트위터라는 재미난 드라마를 빼앗긴 지금, 이것이 그나마 새로움을 얻을 수 있는 주된 통로였다.

알고리즘에서 완전히 벗어나기란 거의 불가능하다. 어쨌거나 구글 검색은 여전히 알고리즘으로 작동하고 모든 이메일 클라이언트는 어느 정도까지는 메시지를 자동으로 분류한다. 알고리즘을 청소하겠다고 메일 필터 기능을 껐다가는 스팸 메일 폭탄을 받게 될 것이다.

게다가 나는 길치여서 구글 맵이 추천해준 경로가 없으면 길을 잃기 일쑤다. 하지만 문화 소비 면에서만큼은 피드 없이도 잘 지낼 수 있게 되었다. 추천이 없는 상태에서 이제 내가 선택할 수 있는 것은 '이메일 뉴스레터'처럼 내가 소비하기 위해 의도적으로 고른 것들뿐이었다. 손으로 직접 찍어낸 팸플릿의 디지털 버전인 이메일 뉴스레터는 내가 알고 싶은 출판사나 작가, 즉 내가 신뢰하는 목소리와 직접 연결할 수 있는 방법을 제공했다. 뉴스레터 형식은 알고리즘 기반 피드의 압도적인 영향력을 피할 수 있기 때문에 다시 인기를 끌고 있다. 나는 뉴스레터가 인쇄물처럼 구성되어 있고 한정되어 있다는 점, 즉 피드와는 반대되는 점을 높이 평가했다.

바라던 대로 나는 더욱 자주 앉은 자리에서 한 번에 긴 기사를 읽기 시작했고 대안적인 선택지가 폭포처럼 쏟아지는 사태를 마주치지 않도록 브라우저에 탭을 여러 개 열어두지 않았다. 무언가를 트윗하지 않고는 견디질 못하는 광적인 충동은 한 달쯤 지나자 가라앉았고, 280자로 제한된 짧은 농담이 아닌, 더 긴 일기식 글쓰기로 돌아섰다. 나는 '트윗하지 않을 트윗'의 목록에, 트위터에 올리는 생각은 맥락을 박탈당하고 강제로 주변 의식의 원자화된 조각으로 존재해야 하기에 평범하고 일관성 있는 생각과 얼마나 닮지 않았는지에 대한 글을 남기기도 했다(누군가 말했듯이 "트위터는 실제 삶이 아니다."). 하지만 가장 놀랄 만한 일은 사진에 관련된 변화였다. 내가 늘 갖고 다니는 아이폰의 카메라는 달라진 게 전혀 없었지만, 인스타그램을 하지 않게 되자 사진을 찍고 싶다는 욕망 또한 줄어들었다. 사진의 분위기나 피사체도 달라졌다. 이제 내가 찍는 사진에는 인스타그램의 공식 미학에 따르지 않는, 내가 찍고 싶은 것들이 담겨 있었다. 저녁 식사나 파티 자리에서 찍은 사진보다 도시의 거리 풍경이나 어둠 속에 불이 켜져 있는 집 인근의 반려견 놀이터 사진이 더 많았다. 이들은 앱의 알고리즘에는 잘 맞지 않는 이미지였다(그렇지만 내 반려견을 찍은 사진은 줄어들지 않았다).

알고리즘 청소로 내 삶이 극적으로 바뀌지는 않았지만, 나는 명료한 감각과 고요한 정신적 풍경을 얻었다. 나는 의도성이 사물에 의미를 부여한다는 것도 깨달을 수 있었다. 내가 찾겠다고 마음먹었던 것이기에 각각의 기사나 사진이나 음반을 제대로 감상할 수 있었다. **알고리즘 청소는 내가 원하는 것을 찾으려면 자동화된 콘텐츠 고속도로를 포기하고 더 많은 노력을 기울여야 한다는 것을 의미한다.** 내가 알고리즘 청소를 경험한 지 두 달이 지나고 습관이 바뀌었을 때 나는 주류 미디어가 존재하기 전인 10대 시절에 내가 인터넷과 어떻게 소통했는지를 떠올렸다.

알고리즘 이전의
디지털 문화

일본 만화가이자 작가인 아베 요시토시는 1998년에 〈연쇄 실험 레인 Serial Experiments Lain〉이라는 텔레비전 애니메이션을 발표했다. 그로부터 몇 년이 지나고, 미국에서 10대를 보내고 있던 내가 인터넷 덕분에 이 애니메이션을 발견했을 때, 이 작품은 내 미학적 감수성을 형성하는 데 영향을 미쳤을 뿐만 아니라 온라인에 존재한다는 게 무슨 의미인지를 생각해보는 계기가 되었다. 스튜디오 지브리의 작품에 비해, 아베의 작품은 미국에서 그렇게 유명하지는 않다. 하지만 그의 작품에는 카프카의 소설에 담긴 문학적 어두움과 반 고흐의 그림이 보여주는 시각적 충격이 담겨 있다. 보통 〈레인〉이라고 줄여 부르는 이 작품은 인터넷 시대의 삶을 보여주는 내용을 담고 있다. 이 애니메이션에서 레인이라는 10대 소녀는 '더 와이어드the Wired'라는 가상 세계를 발견한다. 이 작품의 색채는 어둡지만 가볍고, 한밤중 불 켜진 침실의 분위기처럼 차분하다. 레인은 시간의 대부분을 침실에서 보낸다. 이 작품을 보고 나는 데스크탑 컴퓨터가 설치되어 있던 우리 집 지하실을 떠올렸다. 이 지하실에서 나는 물리적으로는 홀로 떨어져 있지만 인터넷의 추상적인 '함께 있음'에 푹 빠져 있는 나 자신을 발견하곤 했었다.

레인의 세계에서 와이어드라는 가상 세계는 텔레비전과 전화와 인터넷 등 지상의 모든 통신이 서로 연결된 공간이다. 이들은 힘을 합쳐 물리적 세계와 가상 세계를 아우르는 총체적 합성 현실을 만들어내고 온라인에서 발생한 일이 현실 세계에 영향을 미친다는 사실을 깨닫는다. 와이어드에서의 경험을 통해서 레인은 자신만의 정체성을 발견한다. 그녀에게 와이어드는 자기를 정의할 수 있는, 완전히 독립적인 공간이다.

알고리즘 기반 피드 주변에서 멈칫하기는 했지만, 인터넷이 내 인생 전반에 걸쳐 너무도 많은 것을 가져다주었기에 나는 인터넷을 완전히 포기하지는 못한다. 인터넷의 긍정적인 면이 여전히 부정적인 면을 능가한다. 레인에게도 그랬듯이, 인터넷은 내 삶을 정의한다. 내가 풀려는 문제는 디지털 생활을 버려야 하는가가 아니라 어떻게 인터넷을 개선해서 훨씬 더 가치 있게 만들 것인가다(세계화된 세계 역시 디지털 네트워크를 포기할 가능성은 없어 보인다). 어린 시절, 지하실에 놓여 있던 오래된 데스크탑 컴퓨터에 전화선을 연결해서 접속했던 때부터 나에게 있어 인터넷은 피난처였고, 새로운 문화를 발견하고 새로운 사람을 만나는 장소였다. 또한 알렉산드리아의 대도서관처럼 24시간 열려 있으면서 늘 도움을 줄 사람으로 채워진, 내가 물리적으로 직접 접근할 수 있는 범위를 넘어서는 세계관을 구축할 수 있게 해준 공간을 제공했다. 우리 가족은 나를 위해 많은 것들을 해주었지만, 내가 온라인에서 찾아낸 소설이나 비디오 게임이나 애니메이션을 구해주지는 못했을 것이다. 10대가 즐길 만한 문화 시설도 없는 코네티컷 교외 지역에 살고 있던 나에게 인터넷은 문화적으로 가장 발전한 공간이었다.

나는 미국의 밀레니얼 세대라면 대부분 같은 것을 느끼고 있다고 생각한다. 개방형 인터넷은 즉각적이고 자유로운 결정을 가능하게 한다. 우리는 모두 서로 다른 방식으로 나름의 개인적 취향을 발전시키면서 자기가 무엇을 좋아하고 무엇을 좋아하지 않는지를 알아간다. 하지만 우리가 찾아낸 방식은 결국 시대와 기술의 지시에 따른 비슷한 것들이다. 이전 세대가 10대 시절 음악에 대한 취향을 갖도록 도움을 준 것이 댄스 홀이나 독립 라디오 방송국이었다면, 21세기의 젊은 이에게는 틱톡 피드와 스포티파이의 재생목록이 비슷한 역할을 한다. 1990년대 말에서 2000년대 초에 태어난 밀레니얼에게는 온라인 포럼과 MP3 불법 복제가 있었다. 오늘날과 달리 자기가 좋아하는 대상을 찾아 소비하려면 알고리즘 기반 피드라는 마찰 없는 방식보다 훨씬 큰 수고가 필요했다. 그런 수고를 피하는 일이 편할지는 모르겠지만, 그런 수고 없이 쉽게 얻는 개인적 취향은 얄팍해지기 마련이다.

스트리밍과 소셜 미디어 이전 시대에, 문화는 상대적으로 희소하고 유한한 것으로 여겨졌다. 멀티미디어에 대한 내 기억 중 하나는 이렇다. 어린 시절, 남동생과 나는 슈퍼 마리오 만화를 보려고 평일 아침마다 텔레비전을 켰다. 우리는 마리오가 요시를 구출하는 특정 에피소드를 녹화하기 위해 아침마다 VCR에 VHS 테이프가 잘 들어가 있는지 확인했다. 내가 원하는 특정한 에피소드를 볼 수 있는 방법은 유선 텔레비전의 방송 프로그램에 따라 우연히 보거나 타이밍 좋게 녹화를 성공하는 것뿐이었다. 오늘날에는 구글에서 검색하거나 온라인 스트리밍 서비스에서 고전 프로그램을 찾아보는 간단한 방법이 있지만 당시에는 불가능한 방법이었다. 원하는 에피소드가 성공적으로 VHS 테이프에 녹화되면, 그제야 우리는 이 에피소드를 완전히 소유해서 원할 때마다 감상할 수 있었다.

이런 경험은 느리고 마찰이 가득했다. 하지만 나는 그 에피소드를 소유하기 위해 엄청난 시간과 정서적 에너지를 쏟았고, 그 덕에 20년이 지난 지금도 여전히 그 에피소드를 기억한다. 비록 지금 그 비디오테이프가 어디 있는지는 잘 모르겠지만 말이다. 피드를 통해 전달되는 일반적인 디지털 콘텐츠는 그렇지 않다. 우리는 피드에서 흥미로운 콘텐츠를 발견하지만, 그것은 쉽게 나타나고 쉽게 사라져버린다. 그 콘텐츠가 가치 있다고 느껴진다면 사라져버리기 전에 더 깊이 파고들어야 한다. 마찰 없는 필터월드의 속도에 의식적으로 맞서 싸워야만 하는 것이다.

더 깊이 살펴보는 과정은 한때, 특히 초기 인터넷 문화에서는 반드시 필요한 기본 설정값 같은 것이었다. 내가 처음 본 일본 애니메이션은 1990년대 후반에 미국 유선방송에서 방영됐던 〈드래곤볼-Z〉이었다. 이후 다른 애니메이션도 보고 싶어진 나는 인터넷을 뒤지기 시작했다. 인터넷에서 애니메이션 관련 포럼을 여럿 발견했고, 그곳에서는 많은 애니메이션 팬들이 자신이 좋아하는 작품을 놓고 설전을 벌였다. 요즘 플랫폼처럼 팔로어를 얻거나 전문 지식으로 돈벌이를 하려는 것이 아니라 개인적인 열정으로 모인 이들이었다. 이 포럼들은 '소비 공동체'였다. 소비 공동체는 제품에 대한 정보를 교환하거나 함께 공유하는 특별한 활동을 중심으로 온라인에 모인 사람의 다양한 집단을 의미한다. 한 논문에서는 이런 소비 공동체를 '상호 학습'의 한 가지 형태라고도 설명했다. 소비 공동체는 찾고 있는 것이 무엇인지 그리고 그것을 어떻게 찾아낼지를 집단적으로 생각해낸다. 그러나 트위터나 페이스북의 '좋아요'는 계속 바뀌는 인터페이스와 조종에 능한 알고리즘 때문에 상호 학습에는 그다지 도움이 되지 않는다.

문화의 늪에 빠지는 데는 여러 가지 다양한 방법이 있다. 추천 알고리즘은 이를 거의 즉석에서 해낸다. 스펀지를 짜는 ASMR 영상이 존재하는지도 모르는 상태에서 십여 개의 틱톡 피드를 통해 관련 영상에 푹 빠져드는 상태로 바로 갈 수 있다. 나는 어느 날 아침에 그런 가속 감각을 느꼈다. 침대에 누워 틱톡 앱을 보고 있었는데 덴마크에 거주하는 미국인이 덴마크의 육아휴직 정책과 아늑한 커피숍을 자랑하는 비슷한 영상들이 쏟아지기 시작했다. 계속해서 등장하는 영상을 보다가 계정 중 몇 개를 팔로우하기도 했다. 하지만 몰려들던 관련 영상은 갑자기 뚝 끊겨버렸고, 나는 이 특정한 장르의 영상으로 다시 돌아갈 길을 찾을 수 없었다. 이 계정들을 연결하는 해시태그도 없었다. 알고리즘 기반 피드는 그 콘텐츠의 참여 패턴을 기반으로 영상을 함께 선별해서 내 계정과 연결했다. 스포티파이의 음악 가운데 특정한 장르나 트위터에서 벌어지는 논쟁에서도 똑같은 일이 일어난다. 그 순간에는 해당 콘텐츠가 전부인 것처럼 집중적으로 추천되지만 한번 관심이 떠나고 나면 완전히 하찮은 것이 되어 사라져버린다.

이처럼 모든 것이 빠르게 나타났다가 빠르게 사라지는 필터월드에 저항하기 위해서는 계정을 즐겨찾기해두고 같은 대상에 관심이 있는 다른 사람과 연락을 주고받고, 서로의 생각을 비교하는 등 문화의 연결고리를 스스로 찾아내고 자신의 길을 만들어나가는, 더 느리고 세심한 접근 방식이 필요하다. 이는 애니메이션 포럼이나 트위터 초창기, 트위터가 너무 커져서 한눈에 파악하기 어려워지기 전에 내가 했던 방식이다. 이 방식은 더 의식적이고 의도적인 소비 형태로, 피드가 온라인에서 무엇을 소비할지에 대한 우리의 선택을 알고리즘을 관리하는 외주 노동자의 손에 맡기기 전에는 필수적이었다. 이는 감정가connoisseur를 생각나게 한다. 18세기에 감식안connoisseurship을 갖췄다는 말은 그림을 오로지 눈으로 보고 어느 화가가 그린 그림인지를 구분할 수 있는 수집가에게 통용되는 말이었다. 이들은 작품에서 자신이 연구하고 목록으로 정리해두었던 그 화가의 특징적 표현 방식을 찾았다. 감정가는 전문 지식을 발전시켰고 이는 대개 소비라는 행위를 통해 이루어졌다.

틱톡에서는 전문 지식을 키운다거나 지금 보고 있는 대상의 맥락을 짜맞춰볼 기회가 거의 없기 때문에 감정가가 되기가 쉽지 않다. 감정가가 되기 위해서는 그 대상에 몰두해야 하고, 피드가 제시하는 마찰 없는 경로에서 벗어나야 하며, 자신이 추구하는 대상에 대한 지식을 점진적으로 가다듬어 나가야 한다. 더 느리고 세심한 접근방식의 이점은 이런 접근방식이 눈앞의 콘텐츠에 대한 뛰어난 감식안으로 이어지고 다른 사람을 이끌어 그들에게 콘텐츠를 감상하는 방법을 보여줄 수 있다는 점이다. 이는 문화를 찰나적이고 그저 좁은 관심 범위에만 쓸모 있는 것이 아니라 지속가능하고 더 중요한 것으로 다루는 것이다. 의도된 결과가 무엇이든 독창적인 것을 창조해내기 위해서는 엄청난 노력이 필요하다. 미술비평가 오리트 가트Orit Gat는 미술가가 그림을 그리는 데 들인 시간만큼 그 그림을 봐야 한다고 말했다. 좀 과장되기는 했지만 일리 있는 조언이다. 피드의 일관성 없는 수많은 콘텐츠를 획획 넘겨 보면, 그 콘텐츠를 충분히 소화하고 배우고 이해할 기회를 얻지 못할뿐더러 그 콘텐츠에 대한 이해를 다른 사람에게 전하는 것은 말할 필요도 없다. 이렇게 부추겨진 소비의 천박함은 필터월드에서 문화를 전반적으로 동질하게 만드는 원인이 된다.

앞에서도 언급했지만 10대 시절에 나는 일본 애니메이션에 심취했다. 포럼의 추천 덕분에 〈드래곤볼〉의 클리셰부터 〈러브 히나〉와 〈쵸비츠〉처럼 손발이 오그라드는 로맨틱 코미디 장르의 애니메이션도 감상했다. 이후 나는 아베 요시토시의 〈하이바네 연맹〉을 발견하게 된다. 음울하지만 위로를 주는 이 애니메이션은 진정으로 나 자신의 것이라고 생각했던 최초의 문화적 발견이었다. 몇 년 후에, 나는 이 애니메이션이 1985년에 첫 발간된 무라카미 하루키의 소설《세계의 끝과 하드보일드 원더랜드》에서 영감을 얻었다는 사실을 알게 되었다. 하나의 문화 창작물이 다른 창작물로 이어졌고 나는 자연스럽게 그 선을 따라갔다. 내 주변인들은 이 애니메이션에 별로 관심이 없었지만 나에게는 큰 의미가 있었고, 그것은 개인적인 취향이었다.

인터넷이 없었더라면 당시에 그런 문화에 접근할 수도 없었을 것이다. 내가 기억하기에, 당시에는 음반이나 일본 애니메이션 시즌을 완전히 다운로드하기 위해서는 며칠 심지어는 몇 달을 기다려야 했다. 다운로드 진행 상황을 보여주는 녹색 막대는 언제나 느리게 채워졌다. 느리지만 네트워크를 공유하면서 나는 나와 취향이 같은 이들과 연결되어 있다고 느꼈다. 우리 세대가 인터넷을 바탕으로 성장했다는 점은 이제 언급할 필요도 없는 말이 되었지만, 내가 처음으로 스스로를 독립된 존재라고 인식하게 된 것은 인터넷에서였다. 인터넷은 내가 찾아낸 이질적인 영감으로부터 자신을 구축할 수 있는 공간이었다. 문화를 자아 속으로 빨아들이는 일은 어쩌면 10대가 가장 잘할 수 있는 활동이다.

한때 나는 음악에 푹 빠져 있었다. 나는 1990년대 어쿠스틱 잼 밴드의 정점이었던 데이브 매슈스 밴드Dave Matthews Band를 좋아했는데, 집에서 차로 한 시간 거리에 있는 보더스Borders 매장까지 가서 CD를 구입하곤 했다. 하지만 인터넷에서 온라인 포럼을 찾아낸 이후 내 음악 취향 역시 온라인을 통해 확장되었다. 나는 AntsMarching.org라는 헌신적인 데이브 매슈스 밴드의 포럼에서 활동하다가 2000년대 초반에 UFCK.org라는 조금 더 광범위한 인디 음악 포럼으로 옮겨가 정착했다.

포럼은 밴드의 공연 실황본을 저장해두는 저장소 역할도 했다. 공연을 관람한 이들 중 몇몇은 붐 마이크, 테이프 녹음 장비 등을 가져가 녹음하고 그것을 온라인에 공유했다. 나 역시 파일 공유를 통해서 나만의 디지털 저장소에 실황 MP3를 연도별로 분류해서 모아두었다. 와인 전문가가 와인 저장고에 연도별로 와인을 보관하는 것처럼 말이다. 녹음본에 잡음이 많고 불완전하다거나 연주가 특이하다든가 하는 문제는 중요치 않았다. 의식적으로 수집물을 쌓아가고 특정한 창작자나 일단의 문화에 대해서 자신이 가장 즐기는 게 무엇인지 숙고해보는 것은 감정가가 된다는 의미다. 감정가라는 말에 가식이나 허세가 담겨 있다고 생각할 수도 있겠지만, 우리는 리얼리티 텔레비전 쇼든 노이즈 음악이든 사과파이 조리법이든 그 어떤 것에 대해서도 감정가가 될 수 있다. 감정은 예술가의 작품뿐만 아니라 우리가 가진 취향에 대해 심도 있게 평가하는 능력의 한 형태인 것이다.

엄밀하게 따지자면, 내가 10대 시절에 했던 복제 행위는 비윤리적이었을 뿐만 아니라 당시에도 불법이었다. 나는 내가 음반이나 텔레비전 프로그램을 불법적으로 소유하고 있다는 사실을 인식하고 있었다. 그 시대의 예술가들은 온라인 팬덤으로는 금전적인 이익을 얻지 못했다(이는 사실 새롭게 발생한 문제는 아니었다. 19세기에는 다른 나라에서 출판된 소설이 불법 복제되어 팔리기도 했다). 하지만 불법 복제는 문화를 유통하는 한 가지 모델로 2000년대까지 활발히 이루어졌다. 파일 공유가 이루어지는 포럼은 나의 알렉산드리아 도서관이었던 셈이다.

인터넷의 초창기는 입소문으로 문화가 홍보되는 환경이 아니었다. 당시는 전문적 지식이 한 사람에서 다른 사람으로 공유되면서 필터링되었고 집단과 커뮤니티가 서서히 구축되었으며, 전체적인 문화로 응집되었다.

이 시절에 대한 나의 예찬이 부분적으로는 향수에 근거한 것이라는 점은 인정한다. 사람들은 대부분 자아가 아직 여물지 않아 예술과의 마주침이 충격적인 힘을 가지고 있던 젊은 시절을 꿈꾸고 그리워한다. 10대는 새로운 경험에 더 개방적이다. 그런 경험을 소비하기 위해서 어떤 기술을 사용하는지는 상관없다. 10대에게는 집착에 빠지기 쉬운, 즉 감정가가 될 성향과 그럴 시간이 있다. 하지만 내가 온라인상의 소통에 대해서 높이 평가했던 것은 그런 소통이 자동화된 추천이 아니라 개인 대 개인의 추천을 바탕으로 구축된 것이라는 점을 깨달았기 때문이었다. 누군가는 내게 자신이 좋아하는 것을 말해줄 만큼 관심을 가져야 했고 나 또한 그들을 믿을 만큼 그리고 그것을 시도해볼 만큼 관심을 가져야 했다. 이런 문화적 추천을 승인하고 소통하는 것은 사회적이며 도덕적인 행동이다. 우리는 서로에게 자기가 이런 것을 좋아한다고 말한다. 벌이 꿀이 많은 꽃의 위치를 알려주려고 춤을 추는 것과 마찬가지다. 공유와 교환이 우리를 하나로 모은다.

추천 시스템은 이런 공유와 교환이 더 추상화된 버전이다. 우리의 행위는 추천 시스템 속에서 알고리즘에 의해 종합된 다음 잘게 분해되고 평균화되고 다시 내뱉어져 다른 사람에게 소비의 본보기로 제공된다. 속도를 높인다는 구실로 추천 시스템은 문화의 자연적인 발전을 방해하고, 디지털 플랫폼의 네트워크 전체에서 전파될 가능성이 가장 큰 미학과 동질성에 우선순위를 부여한다. 어떤 면에서 이 책은 추천 시스템에서 추천을 되찾아오려는 시도다. 우리는 좋아하는 대상에 대해 훨씬 더 많이 말하고, 그것을 함께 경험하며, 자기 나름의 호불호를 세심하게 구축해가야 한다. 알고리즘을 미세 조정하기 위해서가 아니라 스스로의 만족을 위해서 말이다.

무엇보다 **어떤 대상을 추천하는 일은 인간의 영역이어야 한다.** 우리에게 어떤 문화가 노출되어야 하는지 그리고 우리가 감상할 수 있는 것은 무엇인지 알아내려고 노력하는 사람들이 있다. 이들은 문화의 접근방식을 고심하고 경계를 확장한다. 이들은 미술관이나 라디오 방송국이나 영화관의 스크린 뒤에서도 찾을 수 있다. 이렇게 전문적으로 추천을 해주는 사람을 큐레이터라고 한다. 이들은 마땅히 노출될 만한 것이 노출되는지 확인한다. 또한 이들은 맥락화를 통해 동질성을 피할 수 있는 새롭고 도전적인 것을 우리에게 소개하고 소비를 이끈다. **우리에게 정말로 필요한 것은 더 많은 큐레이션, 다시 말해 개인적 취향을 구축하고 전개하는 일이다.**

큐레이션의 힘

큐레이션은 책임에서 시작한다. 1875년에 발간된 한 사전에 따르면, 이 단어의 어원학적 기원인 '쿠라토레curatore'는 고대 로마의 '관리'를 일컫는 말로서 기원후 27년에 아우구스투스 황제가 등극하기

이전부터 존재하던 직책이었다. 이들은 도시를 유지하기 위해 필요한 모든 것을 관리했다. 테베레강을 관리하고, 식량을 구입하고, 도시로 들어오는 수도교를 관리하고, 공식 시합을 주최하는 일도 쿠라토레의 직무였다. 라틴어에서 '쿠라레curare'는 '보살피다'라는 의미였고, '쿠라티오curation'는 관심과 관리를 의미했다. 시간이 흐르면서 이 단어의 뜻은 영적인 것으로 변모했지만, 여전히 돌봄과 관련이 있었다. 14세기 무렵에는 종교적 인도자를 '큐레이트curate'라고 불렀다. 1662년 영국 국교회의 《일반 기도서Book of Common Prayer》에서는 '큐레이트curate'가 교구의 부목사로 교구민을 인도하고 그들의 영혼을 "치유cure하고 돌봤다care"라고 기록되어 있다. 이후 19세기 중반, '큐레이터curator'는 구체적으로 박물관과 예술 작품, 역사적 유물과 관련된 소장품을 관리하는 사람을 일컫는 말이 되었다. 사람이 아니라 사물을 관리하는 사람으로 그 뜻이 변화한 것이다.

이 단어의 어원을 통해 우리는 **큐레이션이 그저 소비하고 취향을 드러내 보이고 자신의 본질을 확인하는 행동을 넘어 문화를 보살피는 행위이자 엄격하고 지속적인 과정**이라는 실마리를 확인할 수 있다. 20세기 후반은 유명 큐레이터가 대거 등장한 시기였고, 이들의 선택이 시대의 취향을 좌우할 만큼 강력한 취향의 선도자였다. 필립 존슨Philip Johnson은 1932년부터 뉴욕 현대 미술관 최초의 건축 큐레이터로 일을 시작했고 모더니스트 디자인 미학을 유행시키는 데 큰 역할을 한 인물 중 하나였다. 존슨은 당시로서는 다소 낯설고 충격적이기까지 한 삭막한 산업용 가구를 미술관에 보란 듯이 전시함으로써 사람들의 취향을 바꿔놓았다. 1960년대에는 벨기에 출신의 헨리 겔트잘러

Henry Geldzahler가 메트로폴리탄 미술관의 큐레이터로 일하면서 살아있는 미술가에 주목하기 시작했는데, 이런 일은 메트로폴리탄 미술관 같은 기관에서는 드문 일이었다. 겔트잘러는 초기 팝 아트 미술가를 후원했고, 여기에는 앤디 워홀과 데이비드 호크니(겔트잘러의 절친이었다)뿐만 아니라 로버트 라우셴버그Robert Rauschenberg와 재스퍼 존스 Jasper Johns 같은 화가가 포함되었다(큐레이터의 일이라는 게 어느 정도는 늘 개인적이기 마련이지만, 겔트잘러는 대부분의 큐레이터보다 더 개인적인 취향을 드러내는 데 망설이지 않았다). 지극히 뻔한 주제를 지나치게 화려하게 그린 팝 아트는 관객에게 충격으로 다가왔지만, 이 큐레이터는 팝 아트를 맥락과 연결하여 그 중요성을 옹호했고, 결국 1977년에 겔트잘러가 메트로폴리탄 미술관을 떠날 무렵에는 팝아트가 미술사의 일부로 폭넓게 인정받게 되었다.

박물관학자인 브루스 알트슐러Bruce Altshuler가 1994년에 출간한 《전시회의 아방가르드The Avant-Garde in Exhibition》에서 이야기했듯이, 수십 년 동안 "창작자로서의 큐레이터가 등장"했다. 20세기 후반과 21세기 초반, 한스 울리히 오브리스트Hans Ulrich Obrist와 캐럴린 크리스토프-바카르기예프Carolyn Christov-Bakargiev를 비롯한 일군의 유명 큐레이터들이 등장했다. 이들은 정해진 직위가 없는 외교관처럼 국제적 규모로 활동하고 다양한 기관과 협업을 진행하면서 특정한 미술관이나 화랑에서 자신의 개인적 감성과 현재의 순간을 모두 반영한 전시회를 기획했다. 큐레이션 업무는 국제적인 규모에서 눈길을 끄는 것이 무엇인지를 확실히 보여주고 이를 복원하는 전략이 되었다. 나이지리아 출신의 큐레이터 오쿠이 엔위저Okwui Enwezor는 1989년에는

〈지구의 마술사들Magiciens de la Terre〉을, 2022년에는 5년마다 열리는 독일의 현대 미술 전시회인 〈도큐멘타Documenta〉를 기획했다. 이 전시회에서 엔위저는 비주류의 국가나 예술가를 서구 예술계에서 이미 유명한 이들과 나란히 배치함으로써 현대 미술이 지구적 차원에서 이루어지는 아이디어의 교환이라는 주장을 담아냈다. 예를 들어, 그는 독일의 안젤름 키퍼Anselm Kiefer의 작품 옆에 중국의 황융핑黃永砅과 호주의 원주민 미술가 존 모우언줄John Mawurndjul의 작품을 배치했다.

어떤 의미에서, 스타 **큐레이터는 추천 알고리즘의 정반대라고 볼 수 있다. 이들은 자신의 지식과 전문 기술과 경험을 모두 살려 최대한의 감수성과 인간성을 가지고 우리에게 무엇을 보여줄지, 그것을 어떻게 보여줄지를 결정한다.** 정말 멋진 직업을 가진 이들의 능력과 영향력을 고려하면 큐레이터가 다른 사람들이 따르고 싶어 하는 매력적인 브랜드가 되었다는 사실은 놀랍지 않다. 심지어 기계조차 큐레이터가 되려고 애를 쓴다.

2010년대 초반부터 자주 등장하기 시작한 큐레이션이라는 단어는 이제 어디서나 찾아볼 수 있는 용어가 되었다. 전문가나 학자가 불가사의한 용어를 사용하기 시작하면, 인스타그램 게시글이나 화장품 색조, 패션 브랜드의 액세서리 등에 무분별하게 적용되듯이 말이다. 내가 발견한 큐레이션이라는 단어의 남용 사례 몇 가지를 들어보겠다. 인플루언서는 협찬받은 콘텐츠를 제작하는 회사나 어떤 행사의 손님 명단을 큐레이션한다. 식당 경영자는 바의 메뉴를 큐레이션하고 마트는 판매대에 전시할 상품을 큐레이션한다. 호텔은 객실 하나하나가 마치 그 자체로 특별한 경험인 양 선택할 수 있는 객실을 큐레이션한다. 스트리밍 서비스는 제공하는 콘텐츠를 큐레이션한다. 미국 공영 라디오 NPR에 따르면, 음악가조차 "색다른 경력을 큐레이션한다." 소셜 네트워크 시대에 우리는 프로필 페이지에서 자신을 가장 잘 표현할 콘텐츠가 무엇인지를 선택한다는 의미에서 정체성을 큐레이션한다.

큐레이션이라는 단어는 코냑 병에 붙은 'V.S.very special' 등급처럼 의미와 질을 전달하려는 열망을 담고 있다. 누구나 큐레이션되지 않은 것보다는 큐레이션된 것을 원할 것이다. 큐레이션은 일단의 선택지 가운데서 선택하는 일이지만, 인간이 전문 기술과 의도를 가지고 내리는 결정을 지칭하게 되었다. 하지만 추천 알고리즘도 종종 피드를 '큐레이션'한다고 표현되기도 한다. 지금 이 순간도 내 스마트폰은 내가 찍은 사진을 자동으로 '큐레이션'한 라이브러리를 제공하면서, 의미 있고 매력적인 하이라이트 사진을 분류한다(물론 그것이 어떤 기준에 따른 것인지는 말해주지 않는다). 이 단어에 의미 포화가 일어난 이유는 알고리즘의 유행이 사물 사이의 선택 자체를 참신함으로 바꿔놓았기 때문이다. **우리가 더 이상 선택할 필요가 없는 세상에서, 선택을 한다는 것은 안타깝게도 일종의 호사가 된다.** 오늘날 큐레이션의 정의에 따르면, 피드의 시대 이전에 유선으로 방영되는 텔레비전 프로그램에서부터 라디오에서 흘러나오는 노래까지 모든 것을 큐레이션이라고 말할 수 있다.

인터넷의 발달로 큐레이션이 넘쳐나는 시대가 되었지만, 장기적인 콘텐츠 관리와 조직 그리고 재구성이라는 의미에서는 충분하지 않다. 온라인 큐레이션의 모든 과정은 알고리즘에 외주로 맡겨지고 있다. 알고리즘이 빚어낸 필터월드의 교착 상태에서 큐레이션의 역할이 무엇인지 이야기하기 위해 나는 파올라 안토넬리Paola Antonelli를 만났다. 1994년에 뉴욕 현대 미술관에 입사한 안토넬리는 미술관의 건축 및 디자인 부서 소속 선임 큐레이터로 일하고 있으며, 연구개발을 책임지고 있다. 안토넬리는 우리 시대에 가장 혁신적인 큐레이터 중 한 명으로, 그녀와 나는 10년 넘게 미술, 디자인, 기술 및 문화의 미래 등에 대해 의견을 주고받는 사이다. 안토넬리는 이탈리아의 사르디니아에서 태어나 밀라노에서 건축을 공부했다. 뉴욕 현대 미술관에서 미술관의 디자인 소장품이 필립 존슨의 시대까지 거슬러 올라가 확장하는 일을 주도했고, 언뜻 보기에 미술관에 어울리지 않는 비전통적인 대상도 연이어 수집했다. 예를 들어, 안토넬리는 2012년에 〈팩맨〉, 〈테트리스〉, 〈미스트〉, 〈더 심즈〉 등 14점의 비디오 게임을 작품으로 소장했다고 밝히며 전시회를 통해 공개했다.

안토넬리는 길거리의 소화전에서부터 컴퓨터 키보드에 이르기까지 이 세계가 디자인으로 가득 차 있다고 주장한다. 안토넬리의 큐레이션 작업은 일상의 대상을 재구성하고, 그 안에 담긴 천재성을 조명한다. 안토넬리는 "사람과 사물 사이의 소통"을 이야기하는 사물을 모아 보여주는 〈나에게 말 걸기Talk to Me〉(2011)라는 전시회를 기획하면서 전시회의 콘셉트에 대해 다음과 같이 말했다. "사물이 우리에게 말을 건다." 이 전시회는 QR코드가 적용된 여러 가지 물건부터 생리통을 모방하는 장치, 1999년에 실제로 사용되었던 뉴욕시 지하철 카드 무인 판매기에 이르기까지 다양한 물품을 전시했다. 이 전시회는 현대 미술 전시회가 흔히 보여주는 간결하면서도 단조로운 방식이 아니라, 전시 공간 가운데 밝은 주황색 선반 모듈을 설치하고 그 위에 물품을 배치함으로써 흥미로움으로 가득 찬 소매점 같은 분위기를 풍겼다.

이 전시회를 처음 관람했을 때, 그 배치가 내뿜는 에너지에 충격을 받았던 기억이 생생하다. 대상을 3차원으로 묶어놓은 안토넬리의 콜라주는 디지털 장치와 물리적 장치가 끊임없이 우리의 대인관계를 매개하고 있는 대화형 기술의 세계를 떠올리게 했다. 안토넬리는 이 세계를 아우르는 철학을 소박하면서도 절제된 방식으로 표현할 수 있는 작품을 선별하였고, 그 기준에 따르면 알고리즘 기반 피드가 이 전시회의 대상으로 가장 적당한 것이었을지도 모르겠다.

몇 년 전에 안토넬리는 최고의 큐레이터는 "신뢰받는 안내자"라고 말한 적이 있었다. 안토넬리는 "큐레이터는 마트에서 파는 올리브 오일이든 1960년대 미국 회화든 무언가에 전문적입니다"라고 말했다. 더군다나 큐레이션은 양방향이다. 한쪽은 늘 관객의 인식과 반응과 심지어 감정적인 상태에 열려 있어야 한다. 안토넬리는 "이것도 행위예술이라면 행위예술일 수 있겠죠"라고 말했다. "당신의 믿음, 당신의 신용을 얻고, 일단 이런 것들을 얻으면 그것들을 지켜내야 해요." 전시회가 시작돼도 큐레이터의 예술은 끝나지 않는다.

큐레이터는 관객의 행위 주체성을 존중해야 한다. 따라서 안토넬리는 자신이 기획한 전시회의 완성도를 "90퍼센트 정도"로 조절한다. 나머지 10퍼센트는 관객이 자신의 경험과 작품을 연결 짓고 스스로 새로운 결론을 내리면서 완성되는 것이다. 작품이 사전에 정의된 틀에 지나치게 맞춰져 있으면 관객은 행위 주체성을 느끼지 못해 소외된다. 안토넬리는 "나는 내 일이 사람들에게 무엇이 좋고 무엇이 나쁜지를 알려주는 것이라기보다는 그들 나름의 비평적 안목을 자극하는 데 목적이 있다고 생각해요"라고 말했다. 요리사의 전채요리가 입맛을 돋워 그 뒤에 나오는 식사를 더 잘 음미할 수 있도록 하는 것처럼, 큐레이터가 선별한 작품 또한 우리 앞에 놓인 작품을 곰곰이 생각해보도록 우리의 감각을 돋우는 것이다. 이러한 감수성은 알고리즘 기반 피드가 복제할 수 없다.

자신의 접근 방식을 설명하기 위해 안토넬리는 216번 전시실로 나를 이끌었다. 이 전시실은 디자인과 건축이 일부 시각 예술과 뒤섞여 있는 곳으로, 안토넬리가 뉴욕 현대 미술관을 대표하여 구입했던 수많은 작품이 전시돼 있다. 안토넬리는 이 전시실을 채울 첫 작품으로 미술가이자 연구자인 케이트 크로퍼드Kate Crawford와 블라단 욜러Vladan Joler의 작품을 선택했다. 〈AI 시스템의 해부학Anatomy of an AI System〉이라는 이 작품은 아마존 작업장 내에서 자동화 로봇을 운용하는 직원의 작업공간에 대한 특허에 관련된 것으로 벽 한 면을 채울 정도의 크기의 검은 바탕에 그려진 인포그래픽이다. 전시실의 첫 번째 코너에는 〈AI 시스템의 해부학〉과 엎드려 있는 암소를 닮았지만 벤치 기능을 하는 가죽 형태의 작품과 구글 지도에서 친숙하게 볼 수 있는 장소 표시 아이콘이 6피트 높이로 설치되어 있었다.

줄리아 로만Julia Lohmann의 〈'발트라우트' 암소-벤치 "Waltraud" Cow-Bench〉는 머리가 없는 오싹하면서도 매력적인 형태로, 유광의 밤색 가죽은 이 작품이 한때는 살아 있었던 암소에서 벗겨낸 가죽으로 만들어졌고 다시 한번 암소 형상으로 제작되었음을 알려준다. "이 암소는 기억을 상기시키는 것입니다. 이 전시실의 바탕을 이루는 요소나 마찬가지예요"라고 안토넬리는 설명했다. 이 작품은 세밀하게 다듬어진 작품을 만들기 위해서 동물과 환경이라는 자원을 추출하는 사태를 표현하고 있다. 구글 지도의 핀 아이콘은 2005년에 옌스 에일스트루프 라스무센Jens Eilstrup Rasmussen이 디자인한 것으로 안토넬리의 요청으로 구글이 뉴욕 현대 미술관 측에 기증한 것이다. 안토넬리는 이 아이콘을 화면에 보이는 것보다 훨씬 더 크게 인쇄했고, 붉은색의 둥근 눈물방울 형태는 거의 추상화처럼 느껴진다.

시각적으로나 개념적으로 모두 눈에 띄는 세 작품은 이 전시실 특유의 광경을 만들어낸다. 각각의 작품은 매체와 주체라는 점에서 독특하지만, 안토넬리가 이 작품들을 가까이 배치하고자 했던 의도 섞인 특정한 분위기를 공유한다. 이들은 서로를 보완해준다거나 스포티파이 라디오의 재생목록처럼 함께 부드럽게 흘러가기보다 서로 대조되고 충돌하면서 각 작품이 지닌 새로운 측면을 끌어낸다.

안토넬리는 전시실을 훑어보다가 몇 가지 문제가 있다는 사실을 알아차렸다. 한 전시실의 작품 설명 라벨은 너무 낡고 귀퉁이가 접혀 있었다. 다른 전시실에서는 프로젝터가 전시회 제목을 비춰 글자를 완성해야 했는데 고장이 나 있었고, 또 다른 전시실에는 경비원이 배치되어 있지 않았다. 이 전시실에 전시된 작품은 쌍방향 비디오 게임으로 경비원이 꼭 필요한 장소였다. 안토넬리가 직원에게 문자 메시지로 지시를 내리자 보조 책임자가 부리나케 달려 내려와 문제를 해결했다. 관객의 믿음을 얻으려면 세부 사항 하나하나를 모두 신경 써야 한다.

큐레이션 과정은 맥락 없이 빠르게 작동하는 인터넷과 달리 천천히 진행된다. 안토넬리는 "소셜 미디어는 백색 소음이고, 죽은 공간이에요"라고 말했다(그 어느 것도 두드러지는 것 없는 필터월드에 대한 적절한 묘사다). "그곳은 알고리즘이 당신의 적대자가 되는 곳이죠"라고 안토넬리는 말을 이었다. 알고리즘 기반 피드는 큐레이션을 방해할 뿐만 아니라 어떤 주제가 여러 대상을 하나로 결합하고 어떤 측면이 대상을 분리하는지, 광범위한 문화를 해석하고 이해하기 어렵게 만든다. 우리는 경험을 통한 생산적인 발전 대신 점점 더 분간하기 힘든 수렁에 빠져든다. 인터넷을 사용해본 사람이라면 누구나 알고 있듯이, 피드를 통해서 배움을 얻기는 힘들다. 이해란 차곡차곡 쌓여나가는 것이며, 학습은 플랫폼에서 벗어나 당신이 스스로 이런저런 대상을 하나로 모아볼 시간을 가질 때 일어난다. 심지어 인터넷에 자료를 체계적으로 정리하는 일은, 미술가 할리 베이트먼이 말했듯이 파도가 밀려오는 해변에 모래성을 쌓는 일과 같다. 당신이 주의를 기울여 모아놓은 것들은 거의 필연적으로 파괴된다. 한때 스포티파이의 인터페이스 변화가 내가 모아놓은 음악을 가지고 장난질을 쳤던 것처럼 말이다.

뉴욕 현대 미술관의 소장품은 우리 시대를 기록하는 의미 있는 자료이기 때문에 매우 중요하다. 세상에는 너무 많은 물건과 콘텐츠와 인공물이 있기 때문에, 무엇을 소비하고 무엇을 보존할지 선택해야 할 필요가 있다. 어떤 큐레이터든 자신만의 관점을 제시한다. 인류는 문화에서 중요하다고 인정한 것들을 기록으로 쌓아나가는데, 이것을 '정전canon'이라고 한다. 정전은 바뀔 수도 있고, 새로운 아이디어를 받아들이기 위해 확장되기도 하지만, 그 존재만큼은 필연적이며, 인기와는 상관없다. 안토넬리는 이에 대해 이렇게 말했다. "더 이상 정전 따위는 원치 않는다고 말하는 큐레이터도 있어요. 하지만 그거 아세요? 우리는 정전에서 벗어날 수 없고, 그렇다면 그냥 받아들이는 편이 더 낫다는 것 말이에요." 큐레이터의 개입 또는 도움으로 정전은 누가 봐도 아름답고 매력적인 대상뿐만 아니라 낯설거나 불안감을 주거나 불편하게 만들거나 충격을 주는 대상을 포함한다. 큐레이터는 우리에게 특정한 대상이나 미학적 경험이 무엇을 의미하는지 숙고해보라고 강력히 권한다.

안토넬리와 헤어진 후, 미술관 안을 이리저리 돌아다니다가 1913년에 태어나 1985년에 사망한 프랑스의 초현실주의 화가인 메레 오펜하임Meret Oppenheim의 회고전에 발길이 이르렀다. 나는 오펜하임의 1936년 작 〈오브제Object〉(부제: 모피 입은 아침식사Breakfast in Fur)라는 커피잔과 받침 접시와 스푼에 가젤의 털을 입힌 유명한 작품을 제외하면 이 작가에 대해서 아는 게 거의 없었다. 〈오브제〉는 초현실주의의 상징과도 같은 작품으로, 우리에게 친숙한 물품에 모피를 입혀 무언가 기괴하면서도 매력적인 것으로 바꿔놓는다. 오펜하임의 회고전에 배치된 작품들은 젊은 시절에 그린 재미있는 회화부터 이교도풍의 자연신을 묘사한 독립형 조각물에 이르기까지 다양했고, 그녀의 작품은 경이로움 그 자체였다. 전시회를 다 둘러보자 마치 신선한 공기를 한껏 들이마신 기분이 들었다. 오펜하임의 회고전은 한 예술가가 전 생애에 걸쳐 이루어낸 창작 작업이 얼마나 복합적인 것인지를 잘 포착해냈다. 그녀의 존재감과 관점을 세심하게 포착해낸 큐레이션은 우리와 다른 시대를 살아온 오펜하임의 작품을 이 시대에 고스란히 옮겨놓은 듯 느껴지게 만들었다.

어쩌면 인스타그램의 내 추천 페이지에서 오펜하임의 커피잔과 그녀의 매력 넘치는 흑백 초상사진을 봤을지도 모르겠다. 시각적으로 놀라움과 즐거움을 주는 오펜하임의 미술은 정확히 플랫폼에서 성공할 법한 그런 종류의 미술이다. 그러나 인스타그램에서 발견할 수 있는 오펜하임의 이미지는 번개처럼 피드를 스쳐 지나면서 영감을 불러일으킬 수도 있겠지만, 마치 낙서 같은 그녀의 초기 작품이나 고급 양장점과 협업을 했다거나 20세기 중반의 여성 예술가로서 그리 큰 인기를 끌지 못했다 같은 심도 있는 내용까지 이어지지는 못했을 것이다. 그렇다고 해서 우리가 미술관 전시회를 통해서만 미술에 대한 이해를 쌓아가야 한다는 이야기는 아니다. 우리가 알고리즘 기반 피드를 통해서 갖게 된 문화에 대한 관점이 매우 편협할 수 있다는 말을 하는 것이다. **필터월드에서는 눈에 보이는 것을 넘어서라고 격려를 받거나 그것을 넘어설 만큼 충분한 정보를 얻지 못한다. 왜냐하면 그런 행동은 앱의 광고 수익에 하등 쓸모가 없기 때문이다.** 반면 인간 큐레이션은 확장되고 깊어진 시야를 통해 궁극적으로 더 큰 만족감을 준다.

우리가 알고리즘 기반 피드에 얼마나 많이 의존하든 아니면 얼마나 많이 알고리즘 기반 피드의 탓으로 돌리든, 알고리즘 기반 피드의 핵심 기능은 (그것이 넷플릭스든, 스포티파이든, 페이스북이든, 틱톡이든) 콘텐츠 옆에 다음 콘텐츠를 가져다놓는 것이다. 추천은 무엇을 함께 포함할 것인지 결정하고, 사용자가 따르게 될 경로를 지시하며, 마음속에서 필연적인 서사를 만들어낸다. 내가 안토넬리를 비롯한 다른 큐레이터가 수행하는 큐레이션이 중요하다고 재차 강조하는 까닭은 한 대상을 다른 대상 옆에 가져다놓는 행동은 굉장히 중요한 행동이고 눈앞의 주제에 대해 깊은 지식이나 열정을 지닌 사람에게, 즉 그 중요성에 관심을 가지는 사람에게 맡겨야 하기 때문이다. 이들이 바로 안토넬리가 말한 '신뢰받는 안내자'다. 이것은 그 자체로도 하나의 예술 형식이 될 수도 있다.

큐레이터로서의 DJ

큐레이션이 중요한 행동이고 감정과 지성 모두를 바탕으로 내려야 하는 결정이기는 하지만, 그렇게 드물게 일어나는 행동은 아니다. 우리는 수많은 다른 분야에서 이와 유사한 행동을 찾아볼 수 있지만, 그것을 그냥 지나치거나 아니면 거기에 들어가는 수고를 당연한 것으로 여기기 쉽다. 나는 아주 먼 거리를 자동차로 이동하면서 아주 고되기는 했지만, 자동화된 피드에 대조되는 큐레이션이 얼마나 중요한지를 다시 한번 깨닫게 된 일이 있었다.

추수감사절 다음 주는 미국인 대부분이 고향을 방문했다가 집으로 돌아가기 위해 다시 길에 오르는 시기다. 2022년, 제스와 나 역시 고향인 코네티컷 방문을 마치고 차를 몰아 워싱턴 D.C.로 돌아가고 있었다. 꽉 막힌 도로에서 우리는 우연히 한 라디오 방송을 듣게 되었다. WFUV이라는 라디오 방송국이었는데, 폴 캐벌컨테Paul Cavalconte라는 이름의 DJ가 밤 8시부터 11시까지 〈캐벌케이드Cavalcade〉라는 주간 방송을 진행하고 있었다.

그때만 해도 나는 캐벌컨테에 대해 전혀 몰랐다. 그는 부드럽고 다정한 목소리로 우리를 유리창 너머 어딘가에 있을 것 같은 자신만의 음악 세계로 이끌었다. 그는 추수감사절이라는 상황을 반영해서 '남겨진 것들Leftovers'이라는 주제로 방송을 구성했다. 그는 커버곡이나 B면 수록곡 같은, 히트하지는 못했어도 나중에 좋은 평가를 받은 곡으로 꾸려진 선곡을 들려주었다. 그가 선곡한 노래를 들으면서 우리는 그의 좀 더 깊은 의도를 알아차릴 수 있었다. 캐벌컨테는 커버곡으로 일종의 순차적인 연결을 만들어냈다. 데스 캡 포 큐티라는 밴드가 캣 파워의 〈메탈 하트Metal Heart〉를 커버하고, 캣 파워는 밥 딜런의 〈스마트폰에 틀어박혀 멤피스 블루스나 다시 부르지Stuck Inside of Mobile with the Memphis Blues Again〉를 커버하고, 밥 딜런은 조니 미첼의 〈커다란 노란 택시Big Yellow Taxi〉를 커버하는 식이었다. 이렇게 커버곡을 줄줄이 이어놓는 것은 싱어송라이터 세계에서 영향력이 어떻게 이어지고 있는지를 잘 보여주는 구성이었다. 각각의 음악가는 다른 음악가의 팬이었고 자신만의 음악적 감수성을 암시하는 특징을 커버곡에 담았다. 예를 들어, 캣 파워는 밥 딜런의 절제된 멜로디와 밀고 나가는 힘을 그녀만의 탁하고 뒤틀린 목소리로 강조했다. 나는 당시 알고리즘 청소를 하느라 추천에 굶주려 있었기 때문에, 이 방송은 강력한 인상을 심어주었다.

파올라 안토넬리가 뉴욕 현대 미술관에서 예술 작품을 배치하듯이, 캐벌컨테는 노래를 배치하여 문화에 대한 큰 그림을 구상하고 노래에 자신만의 관점을 담아 전달했다. 그런 면에서 DJ 역시 큐레이터라고 할 수 있다. 선곡 목록에서 우리는 목록을 준비하는 데 필요한 깊은 전문 지식과 감수성을 감지할 수 있었다. 나는 스포티파이가 자동화된 라디오 모드로 전환됐을 때 답답함을 느꼈다. 장르나 사운드의 동질성을 제외하면 라디오 모드에는 한데 모아놓은 곡을 연결하는 것이 아무것도 없기 때문이다. 반면에 캐벌컨테의 방송을 들으면서 나는 그 이면에 놓인 인간 지성을 느낄 수 있었고, 이는 그의 방송을 매력적인 것으로 만들었다. 전시회의 각 작품에 붙은 설명 라벨처럼, 캐벌컨테 역시 노래 사이사이에 음악의 역사라든가 특정한 한 묶음의 곡에 대한 자신의 개인적 관점을 이야기했다. 오늘날에는 DJ의 역할이 그리 큰 주목을 받지 못하지만(이 또한 부분적으로는 알고리즘의 침입 때문이다) DJ 역시 큐레이터로서 청취자가 새로운 문화를 발견하는 중요한 과정에 도움을 준다.

나는 이 책을 쓰면서 라디오 DJ가 알고리즘에 기반하지 않고 문화를 확산시키는 이상적인 형식일 수도 있겠다라는 생각이 머릿속을 떠나지 않았다. 라디오 방송국은 이미 오래전부터 모두 인간이 직접 선별한 음악과 정보를 24시간 내내 송출해왔다. 라디오 방송은 전파의 주파수가 지리적 위치에 따라 다르고, 그것이 날씨든 시간이든 아니면 지역이든 청취자와 공유하는 맥락에 대응하면서 실시간으로 존재했다. 이렇게 설명하면 라디오 방송을 너무 예찬하는 것처럼 보일지도 모르겠지만, 라디오 방송은 일상적이기도 하다. 사람들은 이제 스피커를 통해 누군가의 말을 듣는 기적에 익숙해졌지만, 한때는 기계가 선별한 콘텐츠의 디지털 피드처럼 신기하고 이례적인 일이었다. 하지만 요즘에도 신뢰받는 라디오 방송국 DJ가 음악을 재생하면, 곧바로 다음 추천으로 건너뛸 수 있는 피드보다는 더 길게 관심을 기울이면서 더 오래 듣는 경향은 여전히 남아 있다.

알고리즘은 인간 DJ의 다운그레이드된 버전이라고 할 수 있다. 어쩌면 스포티파이도 알고 있을 것이다. 2023년에 스포티파이는 간간이 청취자에게 알고리즘이 만든 재생목록의 곡명을 알려줄 수 있는 인공지능 DJ를 출시했지만, 이 기능을 사용해보면 혁신적이 아니라 모욕적이라는 느낌이 더 강하게 든다. 창의성이 필요하다. 나는 추수감사절이 끝나고 집에 돌아오면서 제스와 들었던 폴 캐벌컨테의 WFUV 방송을 떠올렸다. 나는 일상의 기적과도 같았던 재생목록 하나가 어떻게 만들어졌는지, 알고리즘 기반 피드 시대에 자신의 역할이 어떻게 변화할 거라고 보는지 알고 싶어서 캐벌컨테를 인터뷰했다.

캐벌컨테는 30년 넘게 DJ로 일해왔고, 약간은 한 우물만 파는 괴짜 같은 이미지에 큰 눈과 전염될 것만 같은 열정을 전하는 큰 웃음까지, 내가 상상했던 모습 그대로였다. 그는 WFUV 스튜디오에서 차로 10분 거리에 있는 집에서 가족과 함께 살고 있다. 그는 집 지하실에 수천 장의 레코드를 보관하고 자신만의 사운드 스튜디오를 만들어놓았다. 그는 클래식과 재즈 음반 수집이라는 형태로 처음 음악을 접했다고 한다. 캐벌컨테는 1980년대 초에 포덤대학교를 다녔고, 당시 학생 자원봉사자로만 운영되었던 라디오 방송국에서 일했다. 나이를 먹어가면서 FM 전성시대가 왔고 그는 "그때 라디오 DJ는 일종의 문화적 심판자였어요"라며 당시를 떠올렸다. 내가 라디오에서 들었던, 뉴욕 억양이 살짝 묻어나는 부드러운 목소리였다.

캐벌컨테가 처음으로 일자리를 얻은 곳은 롱아일랜드에 위치한 프로그레시브 록 전문 방송국인 WLIR이었다. 이 방송국은 DJ가 방송에서 일상적인 어투를 사용하고 잘 알려지지 않은 앨범 수록곡을 틀어주는 것으로 유명했다. 이 방송국이 틀어주는 음악은 주류의 음악적 취향에서 살짝 어긋나 있다. 이 방송국의 목적은 문화의 비주류에 머물면서 청취자에게 큐레이션된 채널을 제공하는 데 있었다. WLIR 이후로도 캐벌컨테의 경력은 AM, WNCN, Q104.3, CD101.9, WRXP 같은 뉴욕의 여러 라디오 방송국과 이어지면서 계속되었다. 이 방송국들은 모두 자체적인 형식과 특징, 즉 지금이라면 브랜드라고 부를 만한 것을 갖추고 있던 곳들이었다.

캐벌컨테는 DJ로서 클래식과 재즈 음악방송을 진행했고, 방송에 필요하다면 어떤 형식이든 받아들였다. 그는 2013년에 WFUV로 복귀했고, 2015년에는 〈캐벌케이드〉 프로그램을 시작했다. 그는 선곡한 곡들 사이사이에 재치 있지만 자극적이지 않은 농담을 건넸고 멋진 목소리로 청취자들을 자신만의 음악 세계에 끌어들였다. 캐벌컨테는 인터뷰 도중 슬며시 라디오 방송 모드로 들어갔고, 단어 하나하나를 천천히 그리고 또박또박 발음했다. 그러자 소름이 쫙 돋았다. 그는 이렇게 말했다. "내가 자랄 때는 DJ가 모두 이렇게 듣기 좋은 목소리를 가지고 있었어요. 목소리가 너무 섹시하게 들렸죠. 나는 DJ가 이끄는 곳으로 가고 싶어요. 흐릿한 조명과 재떨이에서는 담배 연기가 피어오르는 것 같은 그런 세계 말이에요. 방송이 다 끝난 후 라디오 스튜디오의 분위기를 상상해봐요. 목소리 톤만으로도 당신을 그곳으로 데려가는 겁니다. DJ는 일종의 인플루언서라고 할 수 있어요. 우리는 늘 그런 일을 하면서 돈을 버는 사람들을 부러워하죠. 옷은 게으름 뱅이처럼 입고서 공짜 맥주에 공짜 음악을 즐기다니 말이죠."

미술관에서 일하는 큐레이터처럼 DJ도 소비자가 새로운 문화를 받아들일 수 있도록 신뢰를 쌓을 수 있다. 캐벌컨테는 "근사한 목소리를 가진 사람이 그 집단에 들어오라고 당신을 유혹한다면 아마 마술 같은 일이 일어나겠죠. 그런 종류의 동료애 같은 게 필요해요. 큐레이션은 동반자 같은 거죠." 이 이야기를 듣고 나는 알고리즘 기반 피드가 어째서 동반자가 되지 못하는지를 생각해봤다. 알고리즘 기반 피드는 그저 콘텐츠를 추천하고 당신이 인내심을 잃고 다음 곡이나 영상으로 건너뛰겠다고 결정할 때까지 그 콘텐츠와 함께 그대로 놔둘 뿐이다.

인디 라디오 방송국에 자리를 잡은 DJ는 당신을 대신해 상세히 계획을 세워 놓은 총체적 몰입의 대상이자 큐레이터의 취향과 지식이 반영된 경험을 제공한다. 캐벌컨테에 따르면 음악 선곡은 "더 큰 스토리텔링 개념"을 형성한다. 물론 더 많은 영리 방송국이 기업적인 선곡 목록과 엄격한 노래 할당량이라는 요구를 따르지만, 캐벌컨테가 진행하는 WFUV의 주간 프로그램의 경우에 그는 그저 자신만의 음악 취향을 시대와 장르를 가로지르며 더듬어볼 뿐이다. 그는 "취향은 기준이 되는 더 큰 틀이죠. 취향은 당신이 의식적으로든 무의식적으로든 계속해서 내려왔던 일련의 복잡한 가치 판단이에요"라고 말했다. 큐레이터 입장에서 추천 알고리즘은 일종의 라이벌이다. 추천 알고리즘은 마치 기차 터널을 뚫기 위해서 존 헨리John Henry와 겨뤘던 증기 기계 같은 것이다. 캐벌컨테는 "알고리즘이라는 사물이 이제 당신의 친구가 되고 취향의 심판자가 되었다는 사실이 역겨워요. 나는 그런 알고리즘의 어떤 일부도 되고 싶지 않아요. 나는 진짜 사람, 몰두하고 싶은 누군가를 원합니다"라고 말했다.

캐벌컨테는 다음과 같이 말을 이었다. "내가 그 일을 해나가는 방식은 알고리즘과 닮았지만, 나만의 생각과 나만의 경험에서 얻은 틀에서 나온 것들입니다. 가능한 한 자유롭게 연상하려 애를 써요. 심리학자의 의자에 나 자신을 앉히고 게임을 하는 거예요. 만약 그게 우스운 것이더라도 받아들이는 거죠." 추수감사절 방송을 진행하는 동안, 그는 테일러 스위프트의 노래 몇 곡을 추가했다. 그는 유행하는 팝스타의 노래를 선택한 것은 클래식 음악과 커버 곡이 더 많은 구성에 추가된 "역설적인 붓질"이었다고 설명했다(스포티파이 알고리즘에서 역설이나 유머를 찾아볼 수 있을까?). 사람과 사람 사이의 추천은 양방향이다. 큐레이터는 자신이 전하고 있는 것이 가치 있는 것인지 고려해야 하고 소비자는 즉각적으로 마음에 와닿지 않더라도 그 곡을 건너뛴다는 선택지를 포기하고 열린 마음을 유지해야 한다.

개인화된 추천 알고리즘은 가장 반대가 적을 만한 선택지를 제공함으로써 친숙하고 쉽게 알아볼 수 있는 것을 강조하지만, DJ는 낯설고 색다른 것을 강조하려고 노력한다. 자신이 틀어주는 음악을 청취자들이 좋아하리라는 보장이 없어도, 적어도 관심이라도 가졌으면 하고 바란다. 이런 차이는 문화에서도 마찬가지로 중요하다. 어려운 음악 작품이나 추상 회화의 경우처럼 좋아하지는 않더라도 관심을 갖는 일은 가능한 일이다. 어떤 예술 작품은 우리의 마음을 혼란스럽게 하거나 동요를 일으키면서도 묘하게 끌리는 매력을 발산한다. 필터월드에서는 넷플릭스에서 방영한 〈에밀리, 파리에 가다〉의 경우처럼 무언가를 좋아하면서도 매력을 느끼지 않을 수 있다. 이 드라마는 충분히 보고 즐길 만하지만 끝나고 나면 탄산수의 거품처럼 뇌리에서 사라져버린다. 큐레이션은 끝없이 반복되는 원이 아니라 앞을 향해 나아가는 것이다. 캐벌컨테는 "큐레이션이 없었더라면 그것에 관해 알지도 못했을 누군가가 그것을 사용할 수 있도록 만드는 문제"라고 말했다. "그걸 가지고 나서야 비로소 당신이 무엇을 원하는지 알게 되는 거죠."

큐레이션이라는 마찰이 더해지지 않는다면, 문화는 특징 없는 일반적인 것이 되기 쉽다. 캐벌컨테는 직업적으로나 개인적으로 관심을 가지고 있는 알고리즘 기반 피드 시대의 음악을 예로 들면서 이런 효과에 관해 이야기했다. "사람들은 이 기술을 통해서 음악에 훨씬 더 빠르게 접근할 수 있고, 한 곡 한 곡 들을 때마다 음반의 메시지가 펼쳐지는 따분하고 소설 같은 방식이 아니라 연이어 쏟아지는 속사포 같은 방식으로 음악에 관한 취향을 테스트할 수 있게 됐습니다." 개별 트랙이 앨범을 대체하게 되었고, 앨범은 그저 분위기에 맞춰 이리저리 뻗어나가다가 흘러넘친 소재들은 대충 모아놓은 집합체가 되고 말았다. 레코드판이나 카세트테이프와 달리 스트리밍이라는 형식은 시간 제약이 없다. 트랙이 많으면 많을수록 추천 알고리즘에 적합하고 스트림을 기반으로 더 널리 퍼져나간다.

테일러 스위프트의 음악이 만들어낸 결과를 한번 살펴보자. 그녀는 2020년부터 2022년 사이에 3장의 음반을 발매했고 초창기 음반을 다시 녹음한 음반 2장도 발매했다. 이는 이 시대의 음악가라면 반드시 꾸준히 새 음반을 발표해야 한다는 스포티파이의 최고경영자 대니얼 에크의 요구를 충실히 따른 것이다(2020년에 에크는 음악가가 몇 년에 한 번씩 음반을 발표하는 것으로는 충분치 않으며, "자기 팬에게 끊임없이 소통"해야 한다고 말했다). 2014년에 스포티파이가 자기 음악을 평가절하하고 있다는 이유로, 스위프트가 스포티파이에서 자기 음악을 내린 적이 있기는 하지만, 결국에는 콘텐츠의 끊임없는 스트리밍을 받아들였다. 그녀의 오리지널 음반 가운데 〈포크로어Folklore〉와 〈에버모어Evermore〉는 다운비트 포크 음악 음반으로 거의 구분하기 힘들다. 2022년에 발표한 〈미드나이츠Midnights〉는 느긋하고 사색적이며 신시사이저 소리가 강한 곡으로 구성된 음반으로, 역시 비슷한 7곡이 이어진다. 청취자는 더 많은 곡을 들을 수 있게 되었지만, 결국에는 다 같은 곡처럼 느껴지는 것이다. 세계적인 팝스타 드레이크도 2022년에 〈솔직히, 괜찮아Honestly, Nevermind〉를 비롯해 믹스테이프를 연이어 발표했는데, 잔잔한 신시사이저 소리 위로 자기도취적 불안이 담긴 가사가 반복되는 곡들이 대부분이었다.

미니멀리즘 스타일의 아무 특징 없는 일반적인 인스타그램 디자인 미학처럼, 음악도 알고리즘 기반 피드의 압력을 받으며 특징 없는 일반적 스타일에 안착했다. 캐벌컨테는 필터월드 시대에 출현한 스타 중 한 명인 빌리 아일리시의 '침실용 팝'이라는 말을 인용하면서 "모든 음악이 1차원적 사운드를 가진 루프처럼 들려요. 리듬이 멜로디보다 더 우세한 것이 가장 대표적인 특징이죠"라고 말했다. 짧은 데다가 바로 건너뛸 수 있는 틱톡 영상의 특징이 음악의 예술성을 몇 초 길이로 압축시켰고, 이는 '사운드'가 사용자의 관심을 사로잡아야 한다는 뜻이다. 몇 분 넘게 전개되는 멜로디는 이제 선택지에 없다.

"이 시대의 음악에 조바꿈은 거의 존재하지 않아요. 왜냐하면 그게 더 이상 아무 효과도 없는 훅이 되어버렸기 때문이죠"라고 캐벌컨테는 말했다. 그는 휘트니 휴스턴의 '누군가와 춤추고 싶어요I Wanna Dance with Somebody'를 클라이맥스 부분의 조바꿈까지 포함해서 몇 소절 흥얼거렸다. 그런 기법에는 멜로디의 대조를 설정해서 이전과 이후를 구분하는 음악적 서사가 필요하다. 이는 몇 초 길이의 짧은 음악으로는 표현할 수 없는 것이다. 캐벌컨테는 이렇게 말했다. "이건 긴장감을 구축하는 작업이에요. 하지만 요즘은 아무것도 구축하지 않아요. 모든 게 30초 안에 끝나야 하죠."

캐벌컨테만 이런 생각을 한 것은 아니다. 한 연구자는 1960년대부터 1990년대 사이에 빌보드 핫 100에 오른 곡 중에 조바꿈이 포함된 곡은 4분의 1 정도지만, 2010년대에는 단 한 곡뿐이라는 사실을 알아냈다. 1990년대에는 비지스Biggies의 '주시Juicy', 팀 맥그로Tim McGraw의 '그런 것Something Like That'나 스트리츠Streets의 2004년 컨셉 음반인 〈대박은 거저 오지 않아A Grand Don't Come for Free〉처럼 장황한 서사를 가진 노래가 있었지만, 최근에는 전반적인 느낌과 분위기를 선호하면서 팝 음악에서 스토리텔링은 줄어드는 추세다.

스트리밍 시대의 노래는 짧은 경우가 많다. 그라임스Grimes는 2020년 〈미스 인류세Miss Anthropocene〉의 디럭스 버전을 위해서 '알고리즘 믹스' 버전의 곡을 몇 곡 발표했는데, 곡의 재생 시간을 줄이고 더 밀도 있고 더 즉각적인 매력을 느낄 수 있도록 편곡하여 알고리즘 기반 피드에 더 잘 어울리는 곡을 만들어냈다. 지난 20년 동안 히

트곡의 평균 길이는 계속 짧아지고 있다. 1995년에는 4분 30초였는데, 2019년에는 3분 42초로 30초 이상이 줄어들었다. UCLA의 데이터 분석 연구원들은 과학자들은 2020년 스포티파이에서 발매된 곡의 평균 길이가 3분 17초라고 발표했는데, 이 길이는 더 짧아지는 추세다. 음악학자인 네이트 슬론Nate Sloan은 곡의 길이가 짧아지는 이유는 스트리밍 서비스의 인센티브 때문이라고 주장했다. 예를 들어, 스포티파이는 30초를 들어야 '재생'으로 간주해서 그 기준을 바탕으로 인세를 지급한다. 더 길어져 봐야 금전적인 이득은 하나도 없다는 이야기다.

그렇다고 요즘 음악이 10년 전 음악보다 못하다거나 음악가들이 충분한 노력을 기울이지 않는다는 말이 아니다(나는 앰비언트 음악의 열성팬으로서 개인적으로 분위기라는 특징을 포용한 점을 높이 평가한다). 하지만 기본적인 문화의 형태가 음악가 개인의 창의성만큼이나 플랫폼의 요구에 따라서 결정된다는 점은 분명하다. 이 같은 자기 강화적 순환을 끊어내기 위해서는 피드의 흐름을 그저 따라가기보다 인간 큐레이터를 찾는 것이 도움이 될 수 있다. 새로운 것에 우리를 노출하고, 더욱 진정성 있는 방식으로 문화를 경험하도록 돕는 것이 큐레이터의 임무이기 때문이다.

캐벌컨테는 "더 급진적으로, 더 흥미롭게 만드는 것, 그게 바로 내 일이죠"라고 말했다. 그는 15세기 피렌체의 화가였던 산드로 보티첼리Sandro Botticelli를 예로 들었다. 보티첼리는 1480년에 바다에서 떠오르는 여신을 묘사한 〈비너스의 탄생The Birth of Venus〉을 그렸다. 오늘날 이 그림은 미술사에서 가장 유명한 그림 중 하나지만, 아마 이 그림이

인스타그램에 등장했다면 그 누구도 '좋아요'를 누르지 않았을, 당시
로는 충격적이고 기이한 그림이었다. 취향은 상상력의 실행이고 이
는 불편함을 야기하기 마련이다.

온라인 큐레이션의 부활

큐레이션은 아날로그적 과정으로, 자동화되거나 소셜 네트워크의 피
드 방식으로 확장하지 못한다. 큐레이션은 결국 인간이 대상을 승인
하고 선별하고 배치해야 하는 것이다. 하지만 그렇다고 해서 큐레이
션이 온라인에 존재할 수 없다는 말은 아니다. 2010년대 후반 문화
에서 알고리즘 기반 피드의 우위가 빚어낸 동질화 효과를 목도해왔
기 때문에, 기업가와 설계자들은 큐레이션을 우선하고 자동화된 추
천을 덜 중요시하는 새로운 디지털 플랫폼을 구상하고 있다. 이 플랫
폼들은 의도했거나 아니면 어쩔 수 없이 페이스북과 스포티파이의
'좋아요'보다는 규모가 훨씬 작다.

　크라이테리언 컬렉션The Criterion Collection은 전 세계의 현대 영화 가
운데 정전이 될 만한 작품을 모아서 라이선스를 부여하고 비디오테
이프나 CD-ROM, DVD 같은 다양한 형태로 발매한다는 목적을 가
지고 1984년에 설립된 회사다. 크라이테리언은 영화 큐레이션 분야
에서는 가장 많이 알려진 브랜드가 되었다. 일종의 영화계의 미슐랭
가이드 역할을 하지만 집에서 소비할 수 있다는 점이 다르다. 이 회
사는 1천여 점으로 구성된 라이브러리를 구축하고 있으며, 장 콕토에

서 구로사와 아키라, 스파이크 리, 알폰소 쿠아론에 이르기까지 한 세기를 대표하는 가치 있는 작품을 비롯하여, 독립 영화 히트작과 예술 영화 등을 소장하고 있다. 이 회사는 시대와 기술의 변화에 따라 보존 방식을 바꿔나가면서, 그렇지 않았더라면 기술 변화에 따라서 유실되었을지도 모르는 예술 작품을 보존해왔다.

크라이테리언은 2008년부터 온라인을 통해 서비스를 제공하기 시작했다. 처음에는 무비mubi라는 스트리밍 서비스를 이용했고, 훌루Hulu를 거쳐 나중에는 터너 클래식 무비Turner Classic Movies가 설립한 또 다른 가입형 스트리밍 서비스인 필름스트럭FilmStruck을 통해서 서비스를 제공하게 되었다. 또한 사용자가 라이브러리와 다른 기관을 통해 접속할 수 있는 서비스인 캐노피Kanopy에서도 이용할 수 있다. 그러나 2018년에 필름스트럭 서비스가 문을 닫았다. 당시 《뉴욕타임스》는 이 소식을 "엄청나게 충격적"이라고 보도하면서 이 서비스가 사라지기 전에 꼭 봐야 할 최고의 작품 목록을 게재하기도 했다. 이 사태로 크라이테리언은 크라이테리언 채널Criterion Channel이라는 자체 디지털 스트리밍 서비스를 출시하게 됐다. 현재 넷플릭스의 초강력 큐레이션 버전인 크라이테리언은 인터넷 연결이 가능한 곳이라면 어디서나 이용할 수 있다. 크라이테리언의 라이브러리는 시청 가이드, 감독과의 인터뷰, 비평가의 영상 비평, 시기에 맞는 영화 선정 목록을 풍부하게 갖추고 있으며, 이곳에서 제공되는 맞춤형 추천과 관련 자료는 알고리즘으로 작동하는 넷플릭스 홈페이지와 차별화된다.

나는 2022년까지 크라이테리언 채널의 프로그램 편성 책임자로 일했던 페넬로페 바틀렛Penelope Bartlett과 이야기를 나눌 기회가 있었다. 바틀렛은 여러 영화제와 영화사에서 제작자로 일하다가 2016년에 크라이테리언에서 어떤 영화를 제공할지 결정하는 큐레이터인 편성 책임자로 일을 시작했다. 그는 "이 일은 예술 영화 상영관의 편성 책임자가 하는 일과 아주 비슷해요. 주제에 맞는 프로그램을 선정해서 여러 영화를 흥미롭고 매력적인 꾸러미로 포장하죠"라고 말했다. 특정 감독이나 배우의 회고전 형식을 취하기도 하는데, 이들의 경력에 따라 영화를 편성하거나, 특히 좋은 영화를 선정하여 동시상영을 구성하는 식이다.

바틀렛은 "어떤 알고리즘 같은 게 아니라 크라이테리언 컬렉티브 직원들이 정말 공들여서 큐레이션합니다"라고 말했다. 추천 알고리즘의 도움을 받더라도 온라인에서 이용할 수 있는 콘텐츠의 양이 너무 많으면 일종의 결정 장애를 불러올 수 있다. 그는 다음과 같이 말을 이었다. "사람들은 종종 스트리밍 공간에 무수히 많은 선택지가 있다는 사실에 압도당하곤 해요. 크라이테리언의 프로그램 편성은 사람들이 하룻저녁이면 다 볼 수 있도록 구성하여 감당할 만하다고 느낄 수 있게 해주며, 흥미진진한 방식으로 영화를 즐기고 발견할 수 있도록 도움을 주려고 합니다."

바틀렛은 자신의 역할을 "사람들의 손을 잡으려는 시도"라고 설명했다. "때로 사람들은 어떤 영화 감독이 이미 서른 편의 영화를 만들었다고 하면 일단 겁을 집어먹어요. 어디에서 시작해야 할지도 모르겠는 거죠. 들어가는 지점을 확신하지 못하니까 결국에는 영화를 한 편도 보지 않게 되는 겁니다." 어떤 영화를 가장 많이 시청했는지에 기반한 추천 알고리즘은 최고의 선택이 아닐 수도 있다. 크라이테리언의 목표는 피상적인 추천을 넘어서는 것이다. "그저 내가 무슨 영화를 봐야 하는가가 아니라 내가 이 영화를 왜 꼭 봐야만 하고 그 영화와 함께 다른 어떤 영화를 볼 수 있는가가 문제죠." 크라이테리언은 관객 수나 매출액이 아니라 큐레이터가 판단한 순수한 예술성으로 결정되는, 콘텐츠에 붙은 일종의 공식 승인 표시 같은 역할을 한다.

나 역시 크라이테리언 덕분에 영화에 대한 새로운 취향을 발견한 경험이 있다. 홍콩 영화감독인 왕가위는 재기 넘치는 시각적 미학과 느리고 향수 어린 낭만적인 이야기 전개로, 내가 가장 좋아하는 감독 중 한 사람이다. 나는 10대 시절에 동네 비디오 대여점의 외국 영화 선반에서 왕가위 감독의 영화 〈화양연화〉를 발견했다. DVD 케이스에는 크라이테리언의 로고가 붙어 있었다. 20세기 중반 홍콩에서 배우자의 불륜을 눈치챈 한 커플의 가슴 아픈 초상과 잃어버린 사랑의 관계는 그 이후로 늘 내 마음속에 아련하게 자리 잡고 있었다. 내가 왕가위의 작품을 접하게 된 것은 DVD 케이스에 붙어 있던 크라이테리언의 로고와 이 DVD를 비치해둔 대여점의 직원 덕분이라고 할 수 있다. 나는 〈화양연화〉에서 시작해서 희극 누와르인 〈중경삼림〉, 조금 더 모호하고 공상과학 영화 쪽으로 변형된 〈화양연화〉의 속편인 〈2046〉까지 내 취향을 발전시켜나갔다.

비디오 대여점에서의 뜻밖의 발견이 아니었더라면 내 취향이 형성되는 시기에 왕가위의 작품을 볼 수 없었을 것이다. 나는 그동안 영화제나 다양한 영화를 번갈아 상영하는 예술 영화관에 갈 기회가 거의 없었지만, 이제 이런 영화들은 모두 온라인에서 볼 수 있다. 크라이테리언 채널의 스트리밍 서비스는 즉각적이고 지리적 위치에 얽매이지 않는 인터넷의 접근성 그리고 도서관이나 미술관 같은 심도 있고 책임성 있는 큐레이션을 하나로 묶고 있다. 이는 무한한 피드가 가차 없이 주의를 흩어놓는 일이 없는 양쪽 세계의 장점을 모두 담은 것이다. 이는 우리가 그래야 한다고 결정하기만 하면, 인터넷이 어떻게 작동할 수 있는지를 보여주는 비전이다.

온라인 문화의 유료화

큐레이션이 더 강화된 인터넷을 향해 나아가기 위한 또 하나의 발걸음은 우리가 사용하는 플랫폼을 움직이는 비즈니스 모델에 관해 더 주의를 기울여 생각해보는 것이다. 다음은 '2010 메타필터 포럼'의 한 발언에서 비롯된 인터넷에 관련된 격언 중 하나다. **"만약 당신이 돈을 내지 않는다면, 당신은 고객이 아니라 판매되는 제품이다." 디지털 플랫폼에서 콘텐츠는 기업이 광고를 활용해서 돈을 벌기 위해 사용하는 미끼일 뿐이다.** 하지만 콘텐츠 자체에 직접 돈을 지불하게 되면, 그 콘텐츠는 경제적 측면에서 지속가능성이 더 커지고 더 많은 투자를 받을 가능성이 높아진다. 이는 창작자와 소비자 모두에게 더 나은 결과를 가져온다. 넷플릭스나 스포티파이 같은 스트리밍 서비스에서 사용자는 콘텐츠에 접근하는 대가로 구독료를 지불하지만, 그 돈은 해당 플랫폼의 콘텐츠 전체로 분산된다. 그래서 이들 두 기업은 신규 구독의 성장이 둔화하자 수익을 확보하기 위해서 점점 더 광고에 의존하고 있다.

크라이테리언 같은 더 작은 규모의 스트리밍 서비스가 대안이 될 수 있다. 이런 곳에서는 큐레이션된 일단의 특정 콘텐츠를 구독하고 더 나은 방식으로 그 창작자를 후원할 수 있다. 크라이테리언뿐만 아니라 영국 텔레비전 프로그램이나 스릴러 영화 또는 일본 애니메이션을 주로 제공하는 스트리밍 서비스도 있다. 틸 얀츠코비치Till Janczukowicz가 만든 클래식 음악 스트리밍 서비스 이다지오Idagio는 "공정 거래 스트리밍"이라는 취지 아래 2015년에 출시됐다. 이것은 마치 커피 농사를 짓는 농부의 편에서 착취가 없는 거래를 약속하는 공정 무역 커피 회사와 같다. 스포티파이는 30초 이상 지속된 청취 횟수를 기반으로 음악가와 음반사에 돈을 지불하지만, 이다지오는 일반적인 팝송보다 훨씬 긴 녹음을 호스팅하기 때문에 사용자가 특정 음반을 듣는 시간을 초 단위까지 기록하고 그 비율을 계산한 후 돈을 지불한다. 가령, 어떤 사용자가 총 청취 시간의 30퍼센트를 들여서 도이체 그라모폰Deutsche Grammophon 음반사가 발매한 음반을 들었다면, 100년의 역사를 자랑하는 이 독일 음반사는 해당 사용자의 구독료 가운데 30퍼센트를 받는다. 플랫폼이 비율에 근거해서 직접 콘텐츠 창작자에게 사용료를 지불하므로 해당 플랫폼의 지속가능성이 커진다.

지난 수십 년 동안 인터넷은 가능한 한 무료인 콘텐츠를 전제로 작동되었다. 1990년대와 2000년대 초반까지만 해도 웹사이트는 기업의 입장에서는 그다지 중요하지 않은 부분이었고, 주류 상품도 아니었다. 이후 구글 검색과 애드센스가 등장하게 되면서 광고가 인터넷의 주요 사업 모델이 되었다. 트래픽은 곧 돈을 의미했기 때문에,

접근을 제한하는 일은 말도 안 되는 일이었다. 소셜 네트워크가 등장하자 페이스북이나 트위터, 유튜브 같은 회사가 알고리즘 기반 피드로 사용자의 관심을 사로잡아 광고를 판매함으로써 더 많은 광고 수익을 가져갔고, 이는 창작자와 발행자가 그 시스템을 역이용하지 않으면 안 되도록 만들었다. 최근에야 우리는 관심을 판매하는 일이 피드의 중개를 거치지 않고 콘텐츠를 파는 일보다 더 어렵고, 지속가능성은 더 낮다는 사실을 깨닫기 시작했다.

2011년 3월까지는 누구나 온라인에서 《뉴욕타임스》를 읽을 수 있었다. 그러나 이후 유료화 정책을 도입하여 독자에게 디지털 콘텐츠 사용료를 부과하자, 독자들이 떠나갈 것이라고 우려하는 사람들도 있었고, 지금까지의 관행에서 벗어난 일이라며 눈살을 찌푸리는 이들도 있었다. 그러나 현재 《뉴욕타임스》는 900만 명 이상의 디지털 구독자를 거느린 성공적인 언론 기업 중 하나로 자리매김했고, 이는 이 회사가 유료화 정책을 일찍 받아들인 것도 한몫한 것으로 보인다. **온라인에서 문화에 직접 비용을 지불하는 일이 문화의 상품화를 한층 심화하는 것으로 보일지도 모르겠지만, 사용자의 관심이 상품화되는 것보다는 낫다. 이다지오가 제공하는 클래식 음악처럼 상품은 당신의 관심이 아니라 문화여야 하는 것이다.**

얀츠코비치가 전통 클래식 음악계에서 디지털 기술을 적용한 이유는 자신이 사랑했던 문화가 인터넷 시대에 뒤처지고 있는 모습을 목격했기 때문이었다. 독일의 극장 기획자였던 얀츠코비치는 다섯 살 때 피아노를 처음 시작했지만, 나이를 먹어가면서 점차 클래식 음악을 작곡하고 워크숍을 기획하고 음반을 제작하고 유명 음악가와 지휘자를 관리하는 쪽으로 방향을 돌렸다. 그는 중국 피아니스트인 랑랑이나 일본 지휘자인 오자와 세이지 그리고 핀란드 지휘자인 유카-페카 사라스테 등과 함께 일했다. 경력을 쌓아나가면서 얀츠코비치는 사람들이 이들의 음악을 듣는 일이 생각보다 쉽지 않다는 사실을 알아차렸다. 얀츠코비치는 "디지털 공간에서 이들의 음악이 재생되지 못하면, 이들은 사회적 적합성을 잃을지도 모르는 상황이었죠"라고 말했다. 그는 이다지오의 목표를 이렇게 요약했다. "우리가 여기 있는 이유는 스트리밍 서비스를 구축하려는 게 아니에요. 이다지오의 주된 동력이자 사명은 문화를 유지하기 위해서 기술을 어떻게 이용할 것인지입니다." 필터월드에서는 모두가 최소공통분모가 되기 위해 가속화된 경쟁을 펼치므로 문화를 유지하는 일이 쉽지 않다.

스포티파이의 알고리즘이 사용자를 인기 있는 팝 음악으로 이끌어가는 일은 필연적이지만, 얀츠코비치는 이다지오가 더 많은 틈새의 예술 창작을 지원할 수 있도록 노력할 것이라고 말했다. 이다지오 서비스의 '콘텐츠는 완전'하다. 이다지오는 200만 곡 이상에 대한 라이선스 계약을 체결했으며, 관현악단 500곳과 지휘자 6천 명을 포함해서, 지금까지 제작된 모든 클래식 음반을 호스팅하고 있다. 한 달에 10달러만 내면 완벽한 클래식 음악 디지털 도서관을 내 손 안에 쥘 수 있다는 이야기다. 이다지오에서는 어떤 클래식 음반이라도 찾을 수 있고, 앨범의 세부 사항을 기반으로 추가적인 검색도 가능하다. 물론, 이런 일은 범위가 더 넓은 다른 장르가 아닌 클래식 음악처럼 한정된 장르이기 때문에 가능한 일이다. 하지만 다른 수많은 기술 기업과 달리, 이다지오는 어떤 대가를 치르더라도 규모를 늘리지 않을 생각이다. 무한히 확장해서 모든 장르를 제공할 필요가 없다고 생각하는 것이다. 크라이테리언의 바틀렛은 이렇게 말했다. "우리는 그렇게 거대한 스트리밍 서비스처럼 될 필요가 없어요. 우리에게 충실하고 헌신적인 관객이 있다면 계속해나가는 데 필요한 수준에서 우리를 유지할 수 있으면 되는 거죠." 필터월드의 문화가 동질화되는 데는 기술 외에도, 어떤 대가를 치르더라도 성장해야 한다는 자본주의 사고방식에도 근본적인 책임이 있다.

모든 사용자의 구미를 맞추기 위해서는 유용성을 대가로 치러야 한다. 페이스북이 온라인상에서 모든 형태의 콘텐츠를 받아들일 수 있도록 확장한 것과 마찬가지로 스트리밍 서비스 역시 모든 소비자에서 모든 것을 제공하려고 시도하곤 했다. 더 많은 사람에게 호소하려고 하거나 불쾌감을 주지 않는 방향을 쫓는 길은 동질화로 이어진다. 그리고 동질화는 필연적으로 백인이고 생물학적 성이 성 정체성과 일치하며 이성애자인 주류 집단의 틀에 따라서 이루어진다. 한 번에 수십억 명에 적용할 목적으로 만들어진 알고리즘에 기반한 틀을 통해서 개인의 정체성을 발전시키기란 어렵다. 반대로, 구체적인 주제에 몰두하는 작은 소비 공동체를 구축하는 일은 콘텐츠에 대해서든 사용자에 대해서든 한층 더 깊은 참여의식으로 이어질 수 있다. 작은 규모에서의 지속가능성은 여전히 성공적이다. 그것은 인터넷이 마찰 없는 편리함과 한 번에 가능한 한 많은 사람에게 전파하는 일에 우선순위를 두면서 우리가 잃어버린 것이었다.

얀츠코비치는 "저는 버튼 한 번 눌러서 즉시 음악을 들을 수 있는, 이 고립된 편리함을 믿지 않습니다"라고 말했다. 이 발언은 스포티파이의 인터페이스를 떠올리게 만든다. 이다지오에서 원하는 음악을 언제든 스트리밍할 수 있지만 "나는 그 맥락에도 관심이 있다." 예를 들어, 어떤 청취자는 차이콥스키 공연을 보고 나서 이 러시아 작곡가가 쓴 다른 교향곡을 찾아보고 싶다거나 같은 관현악단이 연주한 베토벤의 교향곡을 찾아보고 싶을 수 있다. 스포티파이에서는 그런 수준의 세분화가 거의 불가능하다. 하지만 세계적인 산업디자이너 디터 람스Dieter Rams가 디자인한, 간결한 기하학적 형상 그리고 이미지보다는 텍스트를 강조하는 이다지오의 인터페이스는 그런 세분화를 수월하게 만든다. 사용자는 이다지오에서 작곡가나 연주자 또는 구성이나 연대를 기준으로 검색할 수 있고, 모든 연주자를 확인할 수 있으며, 실황 음반에는 스튜디오 녹음과는 다른 라벨이 달려 있다. CD 속지 소책자의 PDF 파일도 버튼 한 번 클릭하면 다운로드할 수 있다. 뜻밖에도 이다지오는 "디지털 플랫폼은 차별성이 없는 죽은 공간"이라는 파올라 안토넬리의 비판에 대한 해결책이 될 수 있다. **우리는 대부분의 플랫폼이 추천 알고리즘을 선호하는 방향으로 나아가면서 얼마나 많은 정보와 검색을 놓치게 되었는지, 그것을 복원할 때까지는 알지 못할 것이다.**

나는 이다지오에서 내가 좋아하는 프랑스 작곡가 에릭 사티Erik Satie가 1888년에 발표한 〈짐노페디 1번Gymnopédie No. 1〉을 발견하고서는 무척이나 기뻤다. 이 곡의 온화하면서도 가냘픈 듯한 피아노 독주는 마치 비 오는 날 정처 없이 산책을 하는 것처럼 들린다. 이 곡은 틱톡에서 꽤 인기를 끌었는데, 해파리 영상에서부터 사랑에 빠진 이야기에 이르기까지 15만 개의 영상에 배경음악으로 사용되고 있다. 나는 곧바로 이다지오에서 다른 음악가가 이 곡을 연주한 적이 있는지 찾아보았고, 이다지오는 세계 각국의 음악가가 지난 반세기 동안 연주한 수십 개의 목록을 보여주었다. 여기에는 아주 느리고 낭랑한 예룬 판 페인의 연주, 1890년대의 피아노로 연주한 오가와 노리코의 연주 그리고 1951년에 프랑시스 풀랑크가 연주한 조금 더 경쾌한 버전이 포함되어 있었다. 사티는 원래 이 곡에 "느리고 슬프게" 연주하라는 메모만을 남겼다. 각 음반은 내게 이 곡에 대해서 그리고 시간이 흐르면서 이 곡이 어떻게 재해석돼 왔는지에 대해서 다양한 관점을 제공했다. 이다지오 플랫폼의 구조는 특정 콘텐츠에 맞춰져 있어서 문화적 경험을 향상시킨다. 반면에, 틱톡에서 〈짐노페디 1번〉을 들을 수는 있지만, 그 어디에도 사티에 대한 언급은 없다. 스포티파이에서는 앨범을 너무 다양한 방식으로 목록화하여 연주자와 연주 일시를 파악하는 일이 거의 불가능할 정도다.

이다지오를 자주 사용하게 되면서 나는 문득 내가 이 서비스가 없었더라면 절대 할 수 없었던 자연스러운 방식으로 클래식 음악의 회랑을 거닐고 있음을 깨닫게 되었다. 조재혁 같은 특정 피아니스트의 연주를 찾아 듣기도 했고, 쇼팽이 작곡한 녹턴을 여러 다른 연주와 작품으로 들으면서 깊이 파고들기도 했다. 나는 클래식 음악에 거의 문외한이나 다름없지만 이 서비스는 클래식 라디오 방송이 두려운, 나 같은 이들에게도 즐거운 경험을 안겨주었다.

온라인에서 알고리즘 기반 피드의 도움을 받지 않고도 문화적 창작물을 호스팅하는 일은 얼마든지 가능하다. 무엇보다 각 예술가가 서로에게 영향을 주고 영감을 불러일으키면서 역사를 참조하고 구축되기 때문에 문화가 따라야 할 일종의 알고리즘을 제공한다. 이는 폴 캐벌컨테가 라디오 선곡 목록을 구성하면서 음악가와 음악가를 연결할 때 중요하게 고려한 부분이기도 하다. 나는 '문화를 유지할 필요성'에 대해 이야기한 얀츠코비치를 떠올렸다. 그의 이야기는 그저 클래식 음악을 온라인에서 들을 수 있어야 한다는 뜻이 아니라, 그 음악이 수동적 소비를 넘어서 배움으로 이어질 수 있도록 일관성 있게 제시되어야 한다는 뜻이다. 다른 문화적 형식도 마찬가지다. 무언가를 즐긴다면 왜 그 대상에 대해 더 많이 배우고 깊이 파고들지 않는 것인가?

여러 큐레이터와 대화하면서 나는 초대형 디지털 플랫폼이 놓치고 있는 돌봄과 보살핌이라는 논조를 발견했다. 디지털 플랫폼은 모든 문화를 마치 무차별적으로 그리고 대량으로 좁은 통로를 따라 이동해야 할 콘텐츠로 취급하면서 소비자가 항상 그 표면에만 머무르도록 부추긴다. 유튜브를 예로 들어보자면, 한 영상을 보고 나면 계속해서 비슷한 다음 영상이 대기한다. 중요한 것은 당신이 그 영상을 클릭하여 광고에 노출될 가능성이 높은가 아닌가 하는 문제일 뿐이다. 그러나 사용자와 문화 모두에게 예술 작품이나 음반이나 영화를 올바른 방식으로 제시한다는, 아름다운 돌봄의 미학은 문화와의 마주침을 한층 더 나은 것으로 만들 수 있다. 이는 예술가가 애써 성취한 것이 제대로 이해되고 평가받는다는 측면에서도 더 나은 것이다. 이 것이 바로 예술의 목표이기도 하다.

우리는 예술과의 연결을 위해 기술에 의존하지만, 알고리즘 기반 피드가 우리에게 안겨주는 것은 순수한 소비뿐이다. 진정으로 예술과 연결되려면 피드의 장악에서 벗어나는 지점까지 속도를 늦춰야 한다. CD 케이스 속에 들어있는 소책자를 읽는 동안에는 알고리즘에서 잠시 벗어날 수 있는 것처럼 말이다.

피드로 복귀하다

알고리즘 청소를 시작하고 첫 몇 주는 힘들었지만, 나는 조금씩 적응해갔고 시간은 빠르게 흘렀다. 디지털 세계로 돌아가고 싶은 불타는 욕망 따위는 사라진 지 오래였다. 하지만 3개월이 지나고 나는 돌아가기로 마음먹었다. 가장 큰 이유는 뉴스의 순환 주기 때문이었다. 기술 문제를 다루는 기자로서 나는 온라인에서 무슨 일이 일어나고 있는지를 알아야 했고, 당시 사회의 주된 주제는 일론 머스크의 트위터 인수를 비롯한 소셜 미디어 자체였다.

나는 3개월 동안 늘 내 주변을 공기처럼 떠돌던, 친구들의 삶을 관찰하지 못했다. 인스타그램에서 친구들이 코모 호수에서 휴가를 보내면서 찍은 사진 폭탄을 맞지 않아도 된다는 점에는 감사했지만, 책 추천이나 근사한 요리 그리고 귀여운 반려동물의 스냅사진을 보지 못한 점은 좀 아쉬웠다. 알고리즘 청소를 하지 않았다면 이 모든 것을 알고리즘이 전해주었을 텐데 말이다. 나는 마지못해 스마트폰에 다시 앱을 설치하고 로그인했다. 그리고 내 엄지손가락은 이내 과거의 패턴을 되찾았다.

하지만 소셜 미디어를 벗어나서 보낸 시간이 비교적 짧았음에도 내 뇌의 화학 작용에 변화가 생겼음을 알고는 놀라움에 빠졌다. 알고리즘 기반 피드에서 벗어나는 것은 마치 채식주의자가 되어 육즙이 넘치는 스테이크를 보는 것과 마찬가지다. 한때는 매력적이었을지도 모르는 것이 이제는 더 이상 끌리지 않는다. 내 소비 속도는 느려졌고, 읽거나 듣거나 시청할 것을 선택하는 데 훨씬 더 신중해졌다. 돌아와서 다시 만난 알고리즘 피드는 너무 빠르고 혼란스럽게 느껴졌다.

시간이 흐르면서 나는 점점 피드에 다시 익숙해졌지만 반감은 여전했다. 일시적인 중단 덕분에 나는 트위터 피드의 드라마가 오프라인에서의 일상생활과 아무 관련이 없음을 알게 되었다(애초에 내가 이 사실을 깨달았다는 것 자체가 내가 피드에 얼마나 빠져 있었는지를 말해준다). '좋아요'와 팔로어가 의미 있는 플랫폼에서 그렇게 많은 시간을 보내지 않게 되면서, 마치 게임처럼 내 게시글에서 '좋아요'를 얻으려 했던 일도 의미를 잃었다. 나는 제스에게 내 행동이나 태도가 알고리즘 청소를 하던 때와 비교하여 어떻게 달라졌는지 물었다. 제스는 처음에는 짜증이 심했지만, 전반적으로 더 침착해졌고 "온라인에서 일어나는 일에 대해서 덜 불안해했다"고 대답했다(하지만 제스는 잘 나온 자기 사진을 내가 인스타그램에 올릴 수 없다는 사실에 대해서만큼은 크게 불평했다). 친구들과 시간을 보내면서 친구들이 스마트폰을 들여다볼 때 나는 다른 것에 더 많은 시간을 투자했다. 정확히는 내 스마트폰에는 내 관심을 끌 만한 것이 별로 없었기 때문이었다.

알고리즘 기반 피드는 마치 저타르 담배를 만드는 담배 회사처럼 해결되었다고 홍보할 수 있는 문제를 만들어낸다. 우리는 가장 매력적이라고 생각하는 순서로 정렬된, 하루에도 수천 번씩 업데이트되는 콘텐츠에 노출될 필요가 없다. 완전 탈퇴까지는 아니더라도, 시간 순 피드를 적용하고 게시글을 더 적게 올리려는 시도가 우리에게 그리고 문화에 더 나은 것일 수 있다.

나는 알고리즘을 사용하지 않고 지냈던 시간 동안 내가 흥미롭다고 여기는 것을 조사하면서 온라인에서 아무 목적도 없이 보내며 찾고 있던 게 무엇인지 알아낼 수 있었다. 그 시간 동안 나는 소수의 문화 창작자에게 집중할 수 있어서 매우 만족스러웠다. 한 해 동안 나의 취향을 요약하는 2022년 스포티파이 랩드Wrapped 연말 결산을 통해서 내가 1960년대에 인기 있었던 재즈 피아니스트 빌 에번스Bill Evans 의 청취자 가운데 상위 0.1퍼센트라는 사실을 알게 되었다. 이 숫자가 너무 극단적이어서 다소 민망하기는 했지만, 왜 내가 그런 수치를 얻었는지는 곧 이해할 수 있었다. 나는 글을 쓰면서 늘 배경음악처럼 빌 에번스 트리오의 1961년 빌리지 뱅거드 실황 음반을 틀어놓았다. 전체 녹음이 CD 석 장을 넘는 긴 음반이었지만, 나는 이 음반에 대해 속속들이 알고 있었다. '글로리아스 스텝'의 첫 번째 연주에서 들리는 테이프의 불가피한 작은 결함에서부터 공연을 마무리하는 '제이드 비전스'를 두 차례에 걸쳐 연이어 연주한 것에 이르기까지 말이다. 리듬감 넘치는 베이스 코드가 분위기를 살리는 '제이드 비전스'는 트리오의 베이스 연주자였던 스콧 라파로가 작곡했다. 라파로는 1961년 말 교통사고로 향년 25세에 목숨을 잃었다. 마치 내가 소장한 음반은 이것밖에 없는 것처럼 이 음반을 자주 들었고, 그럴수록 음반에 대해 더 많은 것을 알게 되었다. 추천 알고리즘이 내가 다른 음악가나 음반에 푹 빠지게 만든 이후에도 나는 오랫동안 이 음반을 들었다.

나는 아무 특징 없는 일반적인 것의 덫에서 벗어나기 위해서는 무엇이든 자신이 끌리는 특별한 것을 찾아야 한다는 사실을 알았다. 감정가가 되기 위해서 자격증을 얻거나 직업적인 수준의 전문 지식을 가질 필요는 없다. **알고리즘은 로봇의 팔다리처럼 당신을 위해 취향을 바꿔주겠다고 약속하지만, 자기만의 취향을 형성하는 데 필요한 것은 생각과 의도와 돌봄뿐이다.** 큐레이션은 인간 행동의 자연스러운 한 부분이다. 우리가 어떤 음식을 먹고 어떤 색이 어울릴지를 선택하듯이 어떤 문화 창작물이 호소력 있고 어떤 것은 그렇지 않은지에 관한 의견을 만들어가는 것이다.

　스포티파이의 라디오나 틱톡의 '포 유' 피드 같은 기술이 부추기는 수동적 소비가 꼭 필요한 순간도 있겠지만, 나는 그 근본적 수동성이 문화적 혁신 전반의 가치를 떨어뜨리고 우리가 예술을 향유하는 행동을 비하하는 건 아닐지 걱정스럽다. 문화는 우리가 사랑하는 대상을 공유하고 해석하고 그에 응답하는 것이기 때문에, 자동화된 추천이 아니라 개인 간의 추천을 바탕으로 구축되어야 한다. 이런 인간적인 추천 과정은 친구에게 그 친구가 좋아할 만한 무언가에 관한 링크를 보낼 때, 그 친구가 좋아할 만한 이유를 설명한 말 몇 마디와 함께 보내는 것으로 시작할 수 있다. 이 작은 한 걸음에서 그 문화가 당신과 친구 모두에게 어떤 의미인지에 대한 대화가 시작된다.

나의 추천

인간적 큐레이션을 다룬 이 장을, 나의 개인적인 추천과 취향으로 마무리하는 것도 좋겠다는 생각이 든다. 사토 히로시가 1982년에 발표한 〈각성Awakening〉이라는 앨범은 처음에는 알고리즘 기반 피드를 통해 발견했지만, 어느새 내 취향이 되어버렸다. 이 앨범은 이 책에서 언급한 필터월드의 다양한 측면을 완벽하게 담고 있는 예다. 내가 처음 사토의 음악을 접한 건 유튜브의 추천 알고리즘 덕분이었다. 나는 우연히 이 앨범 수록곡 중 하나인 '안녕이라고 말해요Say Goodbye'를 듣게 되었는데, 유튜브에 올라온 버전은 '이 소년This Boy'이라는 제목의 리메이크 버전으로, '부기80'이라는 채널에 올라온 영상이었다. 다른 정보는 없었지만, 바다에서 수영하는 그을린 남자의 모습을 담은 이미지와 모듈러 신시사이저로 연주되는 도입부의 경쾌한 화음은 곧바로 나를 사로잡았다.

사토의 앨범은 곧 내가 저녁을 준비할 때 듣는 음악이 되었고(팬데믹 동안 매일같이 이 앨범 전체를 들었다) 제스와 나는 이 음악에 맞춰 부엌에서 같이 춤을 추면서 우리를 완전히 다른 곳으로 데려다줄 것 같은 예술적인 순간에 빠져들기도 했다. 〈각성〉에는 '우울하고 씁쓸한 음악Blue and Moody Music'이라는 곡이 두 가지 버전으로 실려 있는데, 첫 번째는 사토 혼자서 녹음한 버전으로 키보드의 화려한 연주에 잘 어울리는 느긋한 박자로 연주된다. 휘황찬란한 도시의 야경을 내려다보며 그랜드 피아노 앞에 앉아 있는 음악가를 상상하게 만드는 분위기다. 두 번째 버전은 완전히 다른 분위기를 풍긴다. 신시사이저의 트릴이 몰아치고 배경에는 전자 기타의 리프연주가 계속해서 깔린다. 매슈스는 밤하늘을 가로지르는 유성처럼 완전히 오페라풍으로 노래하고 거친 사토의 목소리는 매슈스를 보완하면서 서브 보컬을 담당한다. 이 녹음은 그저 그 끝을 향해 빠르게 달려갈 뿐이다. 마치 영원히 계속될 것처럼 활짝 피어났다가 서서히 사라져간다. '우울하고 씁쓸한 음악'(웬디 버전)은 시대를 뛰어넘는 비범하고 특별한 음악이지만, 스포티파이 재생 횟수는 28만 회에 불과하다('안녕이라고 말해요'의 유튜브 시청 횟수는 300만이 넘는다).

남들은 잘 안 듣는 이 곡에 빠져든 나는 이 곡이 어떻게 처음 만들어지게 되었는지부터 조사하기 시작했다. 2012년에 사망한 사토는 일본에서 유명한 피아노 연주자이자 프로듀서였고 작곡가였다. 그의 음악이 미국 청취자에게까지 노출된 배경에는 알고리즘이 있다. 2010년대 중반, 유튜브는 '시티 팝City Pop'이라는 일본 음악 장르를 추천하기 시작했다. 시티 팝 장르는 1970년대 말에서 1980년대 초에 등장했던 다소 모호한 음악적 움직임이었다. 도쿄에서 인기를 끌었던 해피엔드Happy End라는 밴드에서 시작됐는데, 이들은 일본어 가사를 붙인 록 음악과 사이키델릭 포크를 연주했다. 해피엔드는 오래가지 않았지만, 그 멤버 중 호소노 하루오미는 사토 같은 수많은 다른 음악가와 협업했고 조금 더 전위적 밴드였던 옐로우 매직 오케스트라에서 신시사이저로 음악적인 실험을 감행하기도 했다(호소노는 나중에 최초의 무인양품 매장에서 사용될 배경음악으로 앰비언트 전자 음악을 만들기도 했는데, 이는 필터월드에 잘 들어맞는 미학이었다).

사토와 호소노 등은 비치보이스 같은 미국 밴드에서 유래한 서프

록과 요트 록 사운드를 자기들만의 기술 지향적 감수성과 하나로 합치기 시작했다. 1977년에 음악 비평가인 키요카즈 도노는 '시티 팝'을 '도시적 감성'을 가진 음악이라고 설명했다. 하지만 이 비평가는 이어서 이 용어가 "어떤 특별히 깊은 의미를 지니고 있지는 않으며, 당신이 이해하는 것처럼 보이지만 실은 이해하지 못하는 무엇이다"라고 언급했다. 즉 이 장르의 본질은 모호함이다. 이 장르는 당신이 무엇을 투사하든 그것을 되돌려 반사하는 애매한 것이다. 호소노가 작업에 참여했던 야마시타 타츠로의 1978년 앨범 〈퍼시픽Pacific〉은 이를 잘 보여주는 예다. 이 앨범은 느슨하게 조율된 기타 연주에 파도 소리를 샘플링하는 등 하와이언 음악의 영향을 고스란히 드러낸다. 하지만 흠잡을 데 없이 깔끔한 트로피컬 음악처럼 보인 이 음반의 마지막 곡은 마치 섬이 기계화된 공상과학소설 속의 디스토피아라도 되는 것처럼 신시사이저 연주와 불협화음이 가득하며 흡사 로봇 같은 음악적 풍경을 보여준다.

시티 팝은 또 하나의 기술적 진보에 영향을 받았다. 바로 1979년, 소니 워크맨의 발명이 그것이다. 이 기기가 만들어진 이유는 소니의 전임 최고경영자였던 이부카 마사루가 국제선 항공기로 이동하면서 긴 클래식 음반을 들을 수 있기를 원했기 때문이라고 한다. 이부카는 회사에 자신에게 음악을 들을 수 있는 휴대용 장치를 요구했고, 회사의 기술자들은 휴대용 녹음기를 개조해서 워크맨을 만들었다. 이 기기가 무척이나 마음에 든 이부카는 이를 회장인 모리타 아키오에게 보여주었고, 모리타는 이 기기를 생산하기로 결정했다(시장 예측에 근거한 것이 아니라 순전히 직감에 따른 결정이었다. 왜냐하면 이 기기 자체가 완전히 새로운 것이었기 때문이다). 소니 워크맨은 수십만 대가 넘게 팔렸다. 이제 어디를 가든 자기가 듣고 싶은 음악을 들을 수 있게 되었다. 워크맨은 알고리즘 기반 피드처럼 개인 맞춤화가 극적으로 진행된 형태라고 할 수 있다. 1984년에 《대중음악Popular Music》에 실린 〈워크맨 효과The Walkman Effect〉라는 논문에서 일본의 음악학자 호소카와 슈헤이는 "청취자는 '개인적인' 청취 영역의 완벽함을 추구하면서 실제로 살아가는 외부 세계와의 청각적 접촉을 끊어버린 것처럼 보인다"라고 썼다. 마치 추천 알고리즘이 디지털 공간을 사용자의 욕구에 맞게 조정하는 것처럼, 워크맨을 사용하면 물리적 현실은 청취자의 기분에 맞춰졌다.

이 기기는 휴대할 수 있었고, 인생의 배경음악처럼 반쯤은 무시할 수 있는 음악의 필요성을 만들어냈다. 일본의 중산층 인구가 증가하면서 이들은 경제 호황의 또 다른 특권인 자동차를 타고 주말 드라이브에 나섰고 이는 주변에서 늘 흘러나오는 음악을 듣는 또 다른 기회를 제공했다. 시티 팝은 걷거나 산책하거나 쇼핑을 하거나 열차에 앉아서 듣기에 적합한 음악이다. 시티 팝 음악가 중 일부는 상업 광고용 배경음악으로 곡을 팔거나 쓰기도 했다. 그들은 쟁쟁거리는 기타와 관현악용 호른으로 눈부시고 낭만적인 분위기를 만들어내 자본주의적 소비지상주의에 동참했다.

시티 팝이 인기는 몇 년 지나지 않아 사그라들었다. 이 장르는 먼지 쌓인 LP 레코드판으로 남아 음반 매장의 구석에 머물러 있었다. 그러다가 2000년대가 되어 음반 가게의 옛 음반 상자를 뒤지던 일본의 DJ들이 이 장르를 재발견하면서 시티 팝에 생명을 다시 불어넣었다(디지털 파일이나 파일 호스팅 플랫폼의 수명이 상대적으로 아주 짧다는 점을 감안하면, 미래에는 이런 부활이 훨씬 더 힘들 것으로 보인다). 부활한 시티 팝은 틈새 포럼이나 블로그를 통해 해외로 퍼져나가면서 유튜브를 강타했고 전 세계적인 대세가 되었다.

사토의 음악과 비슷한 음악들이 추천 알고리즘을 통해 사람들에게 알려지기 시작했다. 특히 타케우치 마리야가 1984년에 발표한 '플라스틱 러브Plastic Love'는 큰 인기를 끌었다. 이 노래는 셔플 리듬의 백비트와 부드러운 신시사이저 건반으로 연주된 곡으로 귓가에 맴도는 곡조가 인상적이다. 유튜브 '플라스틱 러버'라는 계정에 올라온 이 노래는 6,300만이라는 조회 수를 기록했고, 이는 잘 알려지지 않았던 곡일 경우 달성하기 힘든 수치였다. 이 곡은 알고리즘 기반 피드의 홍보를 통해 알려졌는데, 익명의 업로더 역시 피드 덕에 처음 이 곡을 접했다고 한다. 그는 《피치포크》의 작가 캣 장Cat Zhang과의 인터뷰에서 다음과 같이 말했다. "사람들은 늘 추천 목록에서 곡을 발견한다고 내게 말하는데, 내게도 그런 일이 일어났다. 나는 이 노래를 맨 처음 올린 사람도 아니었고, 처음에는 이 노래에 정말 관심이 없었다. 하지만 이 노래가 내 추천 목록에 계속해서 나타났다." 이 노래가 큰 인기를 얻은 원인은 알고리즘이었다. 시티 팝이 짧은 시간 만에 성공을 거두자 이에 대해 다양한 해석이 뒤따랐다. 어떤 작가는 시티 팝의 성공을 유튜브에서 '로파이 칠Lo-fi Chill'의 스트리밍이 인기를 얻고 있는 현상과 연결하기도 했다. 로파이 칠 음악은 공부하거나 일할 때 배경음악이 되는 느긋한 분위기의 일렉트로니카 음악이다. 이런 음악을 듣는 청취자 수백만 명에게 신시사이저 풍의 요란스럽지 않으면서 중간 빠르기로 연주되는 또 다른 음악이 추천되는 것은 당연한 것일지도 모르겠다. 장은 "알고리즘은 단순히 청취자를 '로파이 비트' 음악에서 '플라스틱 러브'로 보낸 것뿐이다"라는 사실을 알아냈다.

지난 몇 년 동안, 시티 팝 장르는 플랫폼 자체와 같은 의미를 갖는 말이 됐다. 레이트 유어 뮤직Rate Your Music의 웹사이트에서 심지어 한 사용자는 "일본 유튜브 추천 핵심"이라는 주제 아래 조회 수가 10만 이상인 시티 팝 유튜브 영상을 모아 언급하기도 했다. '플라스틱 러브'의 경우, 유튜브 동영상을 가득 채운, 더없이 행복해 보이는 가수의 흑백사진 덕을 봤을 수도 있다. 타케우치가 눈을 동그랗게 뜨고서 크게 웃고 있고 동작 때문에 살짝 초점이 흔들린 듯 흐릿해진 이 이미지는 완전한 자유와 아무 걱정도 없는 행복감을 느끼게 한다. 이 사진을 찍은 사진작가 앨런 레븐슨Alan Levenson은 "이 노래와 이 사진은 천생연분이었다"고 말했다. 인스타그램에서 자주 볼 수 있는 흰색 배경에 밝게 채색된 자기 꽃병처럼 이 이미지는 유튜브 추천 섬네일에 딱 알맞은 사진이었다.

비주류 음악인 갤럭시 500 밴드의 나머지 작품과는 동떨어진 장르의 '스트레인지'가 스포티파이에서 입소문을 타는 바람에 밴드의 대표곡이 되어 인기를 끌었던 것처럼 시티 팝은 한번 클릭하면 굳이 벗어날 생각이 들지 않을 만큼 가장 일반적이고 선뜻 받아들일 만한 평균적인 팝 사운드일 것이다. 이 장르는 그동안 크게 알려지지 않았지만, 국제적인 플랫폼에서 사용자들이 쉽게 접근할 수 있는 평균적인 음악 스타일이었다. 시티 팝의 청각적 미학은 그 창작자가 일본인이라는 점에서 동양적이고, 영감 면에서는 서구적이며, 2010년대에서 바라본 1980년대의 감성이라는 면에서는 향수를 느낄 수 있고, 신시사이저와 전자 드럼처럼 당시로서는 새로운 음악적 기술을 받아들였다는 점에서는 미래적이기도 했다. 시티 팝은 매력적인 재료를 모아 버무린 일종의 정크푸드 음악이라고 할 수 있다.

그 명칭 자체가 도움이 됐을 가능성도 있다. 시티 팝은 그 모호한 이름만큼이나 어느 도시, 어느 곳과도 동일시될 수 있으며, 음악에 적용하지는 않았지만 내가 에어비앤비 사례를 통해 주목했던 에어스페이스 미학과도 그 궤를 같이한다. 앤디 쿠시Andy Cush는 《스핀Spin》에서 비슷비슷한 일본 앰비언트 음반 가운데 유튜브에서 인기를 얻게 된 음반에 대해서 "만약 음악이 매력적이지 않았다면, 아마 덫처럼 느껴졌을 것"이라고 말했다. 물론 이는 필터월드의 덫이 맞다. 알고리즘 기반 피드가 만들어내는 문화의 형태는 아주 매력적이지만 맥락에서 떨어져나와 광범위하게 퍼져나가기 때문에 공허하고 무의미하며, 내용 없는 수많은 미학을 제공할 뿐이다.

여러 가지 면에서 이렇게 공허해지는 과정이 이미 시티 팝 내에서는 벌어졌다. 2015년, 《재팬 타임스Japan Times》에 실린 한 기사에 따르면, 이 장르는 "세련되고 유행을 따르고 향수 어린 감정을 끌어내는 데 사용되는, 단순화된 인디 유행어에 불과"하다. 시티 팝을 듣는 잠재적 청중이 포화 상태에 이르고 이들이 점점 지루함을 느끼게 되면, 추천 알고리즘은 디지털 소비라는 공장에서 쓰일 새로운 재료를 찾아야 할 것이다. 나는 최근에 우연히 '인도네시아 시티 팝'에 대해 듣게 되었다. 2020년 12월에 유튜브에 올라온 한 영상은 달콤한 멜로디를 연주하는 신시사이저 중심의 소프트 록 음악 수십 개를 모아놓은 것으로 조회 수가 거의 200만에 육박하고 있었다. 영상의 제목은 '자카르타 야간 드라이브—80년대 인도네시아 팝 창작곡/시티 팝/재즈 메가믹스'로 검색 알고리즘에 최적화된 여러 단어가 뒤죽박죽으로 섞여 있다. 영상 속 배경은 도시 야경 애니메이션이 무한 반복되는데 인도네시아보다는 일본과 더 관련이 있어 보였다.

'자카르타 야간 드라이브' 영상에 담긴 특정한 문화는 온라인에서 가능한 한 빠르고 멀리 배포되어 피상적인 참여를 끌어내고 창작자와 플랫폼을 위해 광고 수익을 창출한다. 이 영상에 달린 한 댓글은 이러한 과정을 잘 요약해 보여준다. "알고리즘을 타고 한국에서 여기까지 왔다." **수많은 왕나비가 본능적으로 멕시코의 특정한 전나무 숲으로 이동하는 것처럼 피드의 추천을 따라서 전 세계의 사용자는 특별한 문화적 주제로 모여든다.**

이러한 주제는 보통 인간 문화의 바탕에 놓여 있는 공통성에 관련된 것이다. 짧은 노래, 일관성 있는 백비트, 극적인 시각적 선명성, 밝은 색깔, 촌철살인의 유머와 논쟁거리가 될 만한 주장에 이르기까지 모두 우리가 사랑하지 않을 수 없는 것들이다. 하지만 필터월드에서는 문화가 디지털 플랫폼 구조에 의해 좌우되고 있으며, 몇 개의 미학적 양식을 지루할 정도로 어디서나 볼 수 있는 것은 플랫폼의 세계화와 독점화가 빚어낸 결과다. **필터월드는 근본적이고 피할 수 없는 하나의 현실로 귀결된다.** 인류 역사에서 이렇게 많은 사람이 똑같은 것을 경험한 적은 한 번도 없었고, 똑같은 콘텐츠는 피드를 통해 곧바로 퍼져나가 개인이 갖고 있는 스마트폰 화면에 이르게 된다. 모든 결과는 바로 이 사실에서 비롯된다.

'자카르타 야간 드라이브'를 유튜브에서 마주치는 일은 좋지도 나쁘지도 않다. 사실 그 영상은 꽤 멋진 창작물이고 플랫폼이 없었더라면 내가 절대로 보지 못했을 문화의 한 모퉁이를 마주하는 일이기도 하다. 하지만 더 중요한 것은 사용자로서 당신이 이 영상을 보고 나서, 그 음악이 당신의 뇌리에 박히고 나서 무엇을 하는가다. 그 영상이 스쳐 지나가도록 내버려두고 언젠가 추천 알고리즘이 그 영상을 다시 추천해줄 때가 있을 것이라고 믿을 수도 있다. 그러면 언젠가는 그 영상을 다시 볼 수 있게 될 수도 있다. 아니면 그 영상의 DJ를 확인하고 그의 문화적 큐레이션에 소소한 대가를 지불할 수도 있다. 그것도 아니면 인도네시아 대중음악의 역사를 살펴보고 독재 치하의 이 나라에서 대중음악이 어떻게 점증하는 국제 자본주의의 영향력을 뒤따라갔는지 추적해볼 수도 있을 것이다. 그 어떤 것이라도 전자만 아니라면 문화의 지속적 생존과 힘을 위해서 그리고 소비자로서의 만족을 위해서, 피드가 미학적 아우라로 당신을 덮치도록 놔두는 것보다 더 나을 것이다.

필터월드에 맞서려면 우리는 스스로 큐레이터가 되어 우리가 소비하고 있는 대상에 대한 책임을 떠안아야 한다. 통제권을 되찾는 일은 어렵지 않다. 당신은 개인적인 선택을 내리고 의도적으로 자기가 몰두할 수 있는 문화적 대상을 찾으면 된다. 이는 당신을 새로운 방향으로, 하지만 더 독립적인 결정으로 이끌 것이다. 시간이 지나면서 이런 결정은 취향에 대한 의식과 그리고 궁극적으로 자아에 대한 의식과 하나가 된다.

마치는 글

1939년에 발터 벤야민은 〈기술 복제 시대의 예술 작품The Work of Art in the Age of Mechanical Reproduction〉이라는 글의 수정본을 완성했다. 이 글에서 벤야민은 사진 기술에 대해 언급하고 있다. 1838년에 루이 다게르Louis Daguerre가 인간의 모습이 담긴 최초의 사진을 찍었다. 다게르는 작업실 창으로 보이는 파리의 거리 모습을 사진으로 남겼는데, 아주 평범한 장면이었지만 이 사진은 이후 전대미문의 업적으로 기록되었다. 시간이 흐르면서 사진은 점점 아주 흔한 것이 되었다. 누구든 자기 모습이 담긴 초상사진을 찍을 수 있었고, 그림 같은 장면을 사진으로 찍어 우편엽서를 만들면 많은 이들이 사진을 즐길 수 있었다. 벤야민은 자신의 글에서 사진이 특정한 예술 작품의 독특함에 대한 우리의 감각을 교란함으로써 어떻게 문화를 바꿔놓았는지에 대해 이야기했다. 벤야민은 사진이나 축음기 같은 복제 기술이 "원작으로 하여금 수용자의 요구에 부응하도록 해준다"라고 주장했다. "성당은 제 자리를 떠나 예술 애호가의 작업실에서 수용된다." 복제물은 원본과 같지 않고 우편엽서는 그저 실제 성당의 그림자에 불과하기에, 사진 의 시대에 접어들면서 특정한 형태의 진품성은 잃었으나 접근 가능 성을 얻게 되었다. 벤야민이 예찬했던 세련된 고급문화는 이제 대중 의 경험이 되었다. 벤야민은 이를 다른 글에서 "대중 예술"이라고 칭 했다.

벤야민은 "비교적 큰 규모의 역사적 시공간 내부에서 인간 집단 의 존재 방식과 더불어 그들의 지각의 종류와 방식도 변화한다"고 썼 다. 기술은 우리가 만들어내는 문화의 형식 그리고 문화에 대한 우리 의 지각, 즉 인간이 만들어놓은 주변 세계를 받아들이는 방식 모두를 변화시킨다(이런 변화는 동시에 일어난다). 벤야민은 새로운 지각 형식인 사진이 널리 퍼져나가면서 시각 예술이 위기를 맞이하게 됐다고 주 장했다. 사진이 궁극적으로 시각 예술로 하여금 현실을 기록할 필요 성에서 해방하고(이는 사진이 더 잘하는 일이었다) '순수' 예술의 이념을 고양했기 때문이었다. 순수 예술이란 19세기 미학적 신조가 주장하 는 재현이나 어떤 사회적 기능과도 무관한 예술, 즉 '예술을 위한 예 술'이었다.

벤야민은 1935년에 쓴 〈파리, 19세기의 수도Paris, the Capital of the Nineteenth Century〉라는 글에서, 사진은 "이전에는 전혀 손에 넣을 수 없 었거나 아니면 유일한 고객을 위한 그림의 형태로만 주어질 수 있었던 인물, 풍경, 사건을 시장에 무제한 공급함으로써"세계를 상품화했다고 언급했다. 사진은 문화에 사진에 적합해야 한다는, 즉 사진으로 유통돼야 한다는 압력을 가했고 이제 문화는 여기에 적응하는 수밖에 없었다. 벤야민은 "복제된 작품은 복제가 가능하도록 고안된 작품의 복제"라고 썼다.

내가 벤야민을 다시 한번 언급하는 이유는 문화를 형성하는 기술의 힘이 영원히 지속되고 있으며 그 힘이 중립적이며, 본질적으로 부정적이지 않다는 사실을 지적하기 위해서다. 사진이 독특한 예술 작품의 아우라를 아무리 교란한다고 해도, 오늘날 더 이상 이미지를 복제하지 말자고 요구하거나 녹음된 음악은 포기하고 오로지 실황 연주만을 듣자고 주장하는 사람은 아무도 없다(벤야민의 글은 사실 사진에 대한 혹평이 아니라 찬양에 더 가깝다). 게다가 어떤 기술이 문화 형식에 어떻게 영향을 주는지를 알아내는 데는 수십 년이 걸린다. 예술가는 그 기술을 창작 과정에 포함하고 소비자는 서서히 그 기술을 일상적으로 받아들인다. 새로운 도구가 더는 특별할 것 없이 평범해졌을 때에야 그 도구의 효과를 판단할 수 있는 것이다. 우리는 디지털 플랫폼과 알고리즘 기반 피드가 세계화되는 시대에 똑같은 과정을 목도하고 있다. 즉, 사진의 발명이 그랬듯 새로운 기술이 우리의 지각을 변화시키고 있다. 기술과 지각은 불가분의 관계다.

문화는 특정 시대를 관통하는 지배적 지각 방식을 따라야 한다. 20세기의 건물이 사진 촬영에 적합하게 설계되었다면, 21세기의 예술 작품은 코르타도를 화려하게 찍은 패트릭 저넬의 인스타그램 사진이나 나이절 카비나의 틱톡 요리 영상처럼 '복제 가능성에 맞춰 설계'된다. 이들은 각자 아무 특징도 없고 동질화되었으며 복제할 수 있는 미학의 탄생에 기여하면서 또 그런 미학에 순응하기도 한다. 이런 이유로 권태감과 소진이라는 일반적 상태, 새로운 건 아무것도 없다는 감각에 빠져든다.

심지어 등장한 지 얼마 되지 않았음에도 추천 알고리즘은 시각 예술부터 제품 디자인, 작곡과 안무, 도시 생활과 음식과 패션에 이르기까지 모든 것을 왜곡한다. 모든 종류의 문화적 경험은 동질적인 디지털 콘텐츠의 범주로 축소되고, 알고리즘의 중요 변수인 참여의 법칙을 준수하도록 만들어진다. 이미지든 영상이든 사운드든 텍스트든 어떤 콘텐츠라도 시청자에게 즉각적인 반응을 불러일으켜야 한다. 콘텐츠는 시청자가 '좋아요'나 공유 버튼을 누르게 하거나, 멈춤이나 건너뛰기를 누르지 않도록, 피드에 지장을 줄 만한 것은 그 무엇이라도 피해야 한다. 창작자가 참여를 유도하면서 동시에 소외를 피해야 한다는 이중의 압력은 수많은 문화 형식이 즉각적으로 매력적이면서 찰나적인 것이 되어 분위기 외에는 아무것도 남겨두지 않게 되었음을 의미한다. 이렇게 강요된 감정의 찰나성과 맥락의 일시성은 오늘날의 문화를 텅 비게 만든다.

추천 알고리즘은 새로운 문화적 심판자로서 그 영향력을 키워가고 있다. 이는 알고리즘이 어디에나 있고 소비자로서의 일상적 습관을 통해 친

숙해졌기 때문이다. 스마트폰 화면을 통해서 우리는 언제 어디서나 인 터넷에 접속할 수 있고 인터넷은 디지털 플랫폼의 피드를 우리에게 전달한다. 이 과정에서 피드는 모든 것을 피드에 연료를 제공할 콘텐 츠로 압축한다. 컵에 담긴 물처럼, 창작의 충동은 우리가 충동을 배출 할 용기의 형태에 맞춰 변화한다. 오늘날 가장 일반적인 용기는 페이 스북, 인스타그램, 트위터, 스포티파이, 유튜브 그리고 틱톡의 피드다.

문화가 우리에게 도달하는 방식 면에서 보면, 추천 알고리즘은 인 간 뉴스 편집자나 소매 편집숍의 구매 담당자, 화랑의 큐레이터나 라 디오 DJ 등, 우리에게 색다르고 혁신적인 취향을 제공하는 이들을 대 체해왔다. 이제 우리에게는 추천의 우선순위를 좌우하는 기술 기업 이 있고, 이들의 추천은 광고를 통한 수익 창출에 종속되어 있다. **필 터월드에서 가장 인기 있는 문화는 또한 가장 생기 없는 것이기도 하다. 이런 문화는 마치 비타민 영양제가 필요한 성분을 함유하고는 있지만 막 상 대단한 효과가 있다거나 활력을 주지는 않는 것처럼 합리적이지만 별 다를 것 없는 일반적인 특징을 가진다.** 이 과정은 창작자가 자발적으로 알고리즘 노출과 청중에 대한 접근을 동기 삼아 작품을 만들면서 일 어난다. 이는 창작자가 이익만 생각한다는 말이 아니다. 디지털 플랫 폼에서 관심을 끄는 일이 21세기 초반 인터넷 문화 산업에서 살아남 을 수 있는 가장 확실한 방법이기에 창작자에게는 별다른 선택의 여 지가 없을 뿐이다. 우리는 알고리즘이라는 가속을 통해 더 많은 콘텐 츠를 더 빠르게 얻을 수 있지만, 위대한 예술 작품을 매력적으로 만드는 개성과 독특함을 잃게 되었다.

별다른 특징 없이 지하철역의 타일로 벽을 마감한 미니멀리즘 스타일의 실내 디자인, 뜨거운 우유 거품을 올린 에스프레소 커피, 성형 수술로 강화된 인스타그램 페이스의 인공적인 통통한 입술과 높은 광대, 프로그램이 입력된 드럼 비트에 맞춰 속삭이듯 부르는 노래와 파도처럼 끊임없이 반복되면서 마음을 달래주는 신시사이저의 소리, 스마트폰 카메라로 찍어서 작은 화면에 복제되기 좋게 파스텔 색상으로 그려진 추상적인 방울 무늬. 우리에게 남겨진 것이라고는 이렇게 널리 받아들여지지만 디지털로 세계화된 문명을 보여주는, 뿌리도 의미도 없는 상징뿐이다. 물론 이 같은 상징도 시간이 흐르면서 유행과 개인적 취향의 물결에 따라 변화할 것이다. 하지만 이들의 동질성은 플랫폼 생태계가 끝이 날 때까지는 사라지지 않을 것이다.

알고리즘 기반 피드는 카메라 필름이나 텔레비전 화면처럼 색다르고 새로운 형식을 제시하는 것만이 아니라는 점에서 다른 기술 혁신과는 다르다. 피드는 데이터 감시와 기계학습이라는 새로 발견된 도구를 이용해서 추천을 개인화하는 과정에서 우리의 개인적인 문화적 욕망을 예측하려고 시도한다. 알고리즘 기반 피드는 인간 창작자와 소비자 사이에서, 문화에 대한 끊임없는 결정을 내린다. 기술이 이토록 널리 적용되고 삶의 개인적인 측면에서 지속적으로 경험된 적은 일찌감치 없었다. 사진이 예술 작품을 복제했다면, 추천 알고리즘은 예술에 대한 욕구 자체를 복제하고 창작을 위한 호기심이라는 감정의 가치를 낮추거나 죽여서 더 적은 것으로 쉽게 만족할 수 있도록 만든다. 피드가 유발하는 이러한 변화는 미학적이기도 하지만 정신적인 것이기도 하다.

마찰 없는 알고리즘에 저항하는 일에는 의지력이 담긴 행동, 즉 이 세계를 다른 방식으로 헤쳐 나가겠다는 선택이 필요하다. 그렇다고 그런 행동이 꼭 극적일 필요는 없다.

어느 날 오후에 나는 몇 년 동안 어떤 카페 앞을 수백 번 걸어 지나쳤으면서도 한번도 그곳에 들어가본 적이 없다는 사실을 새삼 깨닫게 됐다. 카페 이름은 졸트 앤 볼트Jolt n' Bolt였는데, 1994년에 문을 연 커피 체인점 중 하나였다. 내가 이 카페에 들어가지 않았던 이유는 카페의 이름이나 클립아트 스타일의 로고, 어두운 실내 등, 흥미를 느낄 만한 요소는 하나도 찾을 수 없었기 때문이다. 한마디로 말하자면 이 카페는 인스타그램에 적합하지 않았다. 하지만 그날따라 이 카페에 한번 들어가보고 싶은 마음이 들었다. 실내는 검은색 무광 페인트로 칠해 있었고, 카운터 위에 걸려 있는 메뉴 간판까지 정말 1990년대 분위기가 물씬 풍기는 곳이었다. 인공 목재 합판으로 된 작은 테이블과 쿠션이 들어간 철제 의자가 놓여 있었으며, 지역 화가가 그린 유화 여러 점이 벽에 걸려 있었다. 드립 커피는 거의 탔다고 해도 좋을 만큼 강하게 로스팅된 원두를 사용한 듯했다. 이곳은 포틀랜드나 보스턴이나 워싱턴 D.C.처럼 규모가 작고 삶이 느리게 흘러가는 도시에 여전히 살아남아 있는, 다소 지저분한 듯한 느낌의 카페였다.

나는 이것이 색다른 경험이고 마치 미술관을 방문한 것 같다는 생각을 하면서 당혹스러움과 슬픔을 동시에 느꼈다. 스마트폰과 피드가 우리의 관심을 흡수하여 우리의 선택을 지배하게 되면서 미리 정해진 편안한 길에서 벗어나 색다른 것을 선택하는 행동은 다소 급진적인 것이 되어버렸다. 이는 패션뿐만 아니라 음식, 텔레비전 프로그램, 가구, 여행지도 마찬가지다. **우리가 알고리즘에 기반한 디지털 플랫폼에서 벗어나, 모든 것이 참여로 평가되지 않는 물리적인 실제 세계에 우선순위를 부여한다면, 우리는 더 나은 문화, 더 나은 공동체, 더 나은 관계, 더 나은 정치를 구축할 수 있을 것이다.** 인류학자 데이비드 그레이버David Graeber는 이렇게 말한 바 있다. "이 세계의 궁극적인 그리고 숨겨진 진실은 이 세계는 우리가 만드는 것이고 그만큼 쉽게 다른 세계를 만들 수 있다는 것이다." 인터넷도 마찬가지다.

기술의 영향을 받지 않고 순수하게 발생하는 형식은 없고, 문화를 소비하는 단 하나이자 최고의 방법도 없다. **우리는 알고리즘의 영향력에서 벗어날 수 없다. 알고리즘 기술이 이미 우리 시대를 만들어왔고 이를 멈출 수 없기 때문이다. 하지만 알고리즘의 손아귀에서 탈출하는 첫걸음은 알고리즘을 아는 것이다.** 수동적 소비라는 정신상태에서 벗어나 알고리즘 이후의 디지털 생태계에 관해 생각함으로써, 우리는 알고리즘의 영향력이 필연적이지도 그렇다고 영원하지도 않다는 사실을 입증하는 대안의 마련을 시작해야 한다. 결국 필터월드 자체는 유한한 문화의 한 단계로 밝혀질 것이다. 언젠가는 필터월드의 연료가

다 떨어지고 자기 강화성에 의해 좌초할 것이기 때문이다. 새로운 무언가가 곧 일어날 듯하다. 인공지능 기계가 생성한 훨씬 더 인공적인 콘텐츠가 범람하게 될지 인간의 자기표현이 다시 부흥하게 될지는 우리의 선택에 달렸다. 벤야민은 이렇게 말했다. "사실 모든 시대는 바로 다음 시대를 꿈꾸는데, 그뿐만 아니라 꿈을 꾸면서 꿈으로부터의 각성을 재촉하기도 한다. 모든 시대는 자체의 종말을 안에 품고 있다."

감사의 글

믿기 힘들 정도로 뛰어난 편집자, 더블데이 출판사의 토마스 거브레메드힌이 없었다면 이 책은 존재하지 않았을 것이다. 그는 이 책에 관해서 대화를 나누다가 곧바로 그 중요성을 알아차렸다. 원고를 읽어 나가면서 책의 내용에 공감해주거나 파트너 역할을 해줄 사람으로 그보다 나은 사람을 기대하기는 어렵지 싶다. 온라인에서 문화 큐레이션의 필요성에 의문이 있는 사람이라면 누구든 그의 인스타그램 스토리를 봐야 한다. 이 출판사를 이끌고 있는 빌 토머스와 그 아래에서 일하는 조녀선 즈위너, 노라 라이커드, 엘러너 허시, 앤 제이커넷을 비롯한 더블데이 전 직원 덕분에 출판의 모든 과정에 기쁨이 충만했다. 표지 디자인을 위해 지칠 줄 모르는 노력을 보여주었고 마음에 쏙 드는 완벽한 결과를 만들어낸 올리버 먼데이에게 감사를 전한다. 내 에이전트이자 친구인 캐롤라인 아이젠먼은 늘 그렇듯 아무나

흉내 내지 못하고 포기할 줄 모르는 자신만의 방식으로 이 책에 담긴 생각의 씨앗이 일관성을 갖도록 해주었다.

책에 관해서 생각하고 또 책을 쓰는 과정에서 수많은 경험을 하게 되고 책의 일부가 되지는 못했더라도 그 그림자처럼 계속 이어지는 수많은 경험이 있다. 이 책에 공을 들이는 동안에, 나는 감히 내 평생의 사랑이라고 말할 수 있을 제스 비드굿과 결혼했다. 우리는 결혼 전에 나의 또 다른 사랑인 루바브라는 반려견을 얻었다. 나는 이 기간에 세상을 떠난 이들, 특히 내가 사랑하는 할아버지 알폰스 데살비오와 할머니 메리 데살비오를 기억하고 싶다. 두 분은 자신만의 비전을 따르는 일이 어떤 것인지를 내게 수없이 보여주셨다.

2010년대 인터넷의 폐허를 다루면서 갈팡질팡하는 책을 두고 한결같은 위로를 보내주었던 델리아 카이를 비롯한 친구들에게 감사한다. 닉 쿠아는 미디어 업계의 싸움에 관한 이야기를 공유해주었고, 타티아나 베르그, 그레고리 젠터트와 에릭 하이먼은 먼로 스트릿에서 나를 따뜻하게 맞이해주었다. 또 우리 그룹 채팅방 멤버들과의 아주 시의적절했던 프로방스 여행까지, 이 모든 것에 감사한다. 나와 수많은 대화를 나눠주었던 케이티 월드먼과 네이트 갤런트에게도 감사를 드린다.

내 연구 조교 에나 알바라도의 도움도 매우 소중했다. 마이클 젤렌코, 윌리엄 스테일리, 줄리아 루빈을 비롯한 출판 편집자 여러분에게도 감사를 드린다. 여러 해에 걸친 이들의 조언과 응원이 이 책 곳곳에 녹아 있다. 《뉴요커》의 내 편집자인 레이철 아론스는 우리가 인터넷의 부조리를 취재하려고 애쓰고 있을 때, 안정감과 영감과 적지 않은 웃음의 원천이 되어주었다. 이 잡지에서 내가 하는 일을 응원하고 격려해준 마이클 루오와 데이비드 렘닉에게도 감사를 전한다.

워싱턴 D.C.의 우리 아파트에서 한 블록 떨어진 곳에는 천장이 높은 바실리카 양식으로 개장된 라인 호텔이 있다. 나는 이 호텔 로비에 있는 카페에서 이 책의 대부분을 썼다. 여기서 친절한 바리스타 DJ 그리고 메이샤와 가까워졌다. 좋은 책을 쓰려면 좋은 분위기가 필요한 법이다.

필터월드
알고리즘이 찍어내는 똑같은 세상

초판 1쇄 발행 2024년 7월 25일
초판 2쇄 발행 2024년 10월 11일

지은이 카일 차이카
옮긴이 김익성
펴낸이 성의현
펴낸곳 미래의창

편집주간 김성옥
편집 정보라
디자인 공미향 · 강혜민

출판 신고 2019년 10월 28일 제2019-000291호
주소 서울시 마포구 잔다리로 62-1 미래의창빌딩(서교동 376-15, 5층)
전화 070-8693-1719 **팩스** 0507-0301-1585
홈페이지 www.miraebook.co.kr
ISBN 979-11-93638-36-1 (03320)

※ 책값은 뒤표지에 표기되어 있습니다.

생각이 글이 되고, 글이 책이 되는 놀라운 경험. 미래의창과 함께라면 가능합니다.
책을 통해 여러분의 생각과 아이디어를 더 많은 사람들과 공유하시기 바랍니다.
투고메일 togo@miraebook.co.kr (홈페이지와 블로그에서 양식을 다운로드하세요)
제휴 및 기타 문의 ask@miraebook.co.kr